Alexander von Schönburg
Die Kunst des lässigen Anstands

PIPER

Zu diesem Buch

»Es gibt Wege, der niederen und kleinherzigen und rohen Instinkte in uns Herr zu werden. Durch Zivilisation. Durch Ritterlichkeit. Dieses Buch zeigt, wie das auch heute möglich ist, wie man dem allgemeinen Credo der Selbstbezogenheit und Beliebigkeit etwas entgegensetzen kann. Wir bestimmen durch unser eigenes Verhalten ja mit, wie die Welt beschaffen ist. Wenn alle um uns herum kulturell abgleiten und nur noch mit Bildschirm vor der Nase und wahlweise Jogginghose oder Rollkoffer durch die Welt rauschen, ist das kein Grund, mit abzugleiten. Im Gegenteil: Bewahrer tradierter und altmodischer Vorstellungen zu sein ist in Zeiten, in denen die Mehrheit dabei ist, alles Bewährte und Gelehrte aus dem Fenster zu schmeißen, die rebellischere Haltung.«

Alexander von Schönburg, Jahrgang 1969, lebt ein Doppelleben: Er arbeitet als Journalist und ist gleichzeitig Chef eines einst bedeutenden Adelsgeschlechts. Er war u.a. Redakteur der *FAZ* und Chefredakteur von *Park Avenue,* seit 2009 schreibt er für *BILD.* Seine Bücher *Die Kunst des stilvollen Verarmens* (2005), *Das Lexikon der überflüssigen Dinge* (2006), *Smalltalk* (2015) und *Weltgeschichte to go* (2016) waren Bestseller. Alexander von Schönburg lebt mit seiner Familie in Berlin.

Alexander von Schönburg

DIE KUNST DES LÄSSIGEN ANSTANDS

27 altmodische Tugenden für heute

PIPER

Mehr über unsere Autoren und Bücher:
www.piper.de

MIX
Papier aus verantwortungsvollen Quellen
FSC® C083411
FSC
www.fsc.org

Ungekürzte Taschenbuchausgabe
ISBN 978-3-492-31632-3
April 2020

Umschlaggestaltung: zeromedia.net, München
Umschlagabbildung: John William Waterhouse, Tristan und Isolde (Ritter); imagenavi/getty images (Rolltreppe); Finepic® (Verlauf)
Satz: psb, Berlin
Gesetzt aus der Garamond Premier Pro
Druck und Bindung: CPI books GmbH, Leck
Printed in the EU

INHALT

Worum es geht 7
Die Tugenden 25
1 Klugheit 37
2 Humor 46
3 Weltoffenheit 56
4 Bescheidenheit 70
5 Höflichkeit 86
6 Demut 98
7 Treue 113
8 Keuschheit 130
9 Mitgefühl 144
10 Geduld 158
11 Gerechtigkeit 166
12 Sportlichkeit 176
13 Gehorsam 186
14 Dekorum 195
15 Freundlichkeit 205
16 Milde 213
17 Aufrichtigkeit 221
18 Großzügigkeit 237
19 Maß 248
20 Diskretion 257
21 Coolness 267
22 Fleiß 277
23 Zucht 289
24 Mut 300
25 Toleranz 312
26 Selbstbewusstsein 326
27 Dankbarkeit 335
Letzte Fragen 348
Quellen und Literaturhinweise 360

La bellezza vincerà.
Florentinische Weisheit

Be kind but be fierce, you are needed now more than ever.
Winston Churchill

Rejuvenecer las ideas marchitas es la tarea des humanista.
Nicolás Gómez Dávila

WORUM ES GEHT

Vor lauter Fortschrittsseligkeit haben wir den Sinn für das Märchenhafte und Geheimnisvolle verloren. Daher möchte ich dieses Buch mit einem Märchen beginnen. Alte Geschichten sind immer gut. In ihnen werden über die Generationen hinweg Wahrheiten weitergegeben, in alten Geschichten hören wir Dinge, die wir im Tiefsten unseres Herzens eigentlich schon längst wissen. Märchen bewegen sich noch dazu in der Welt des Unbewussten. Wenn wir etwas über uns und unsere Sehnsüchte herausfinden wollen, sind sie eine gute Quelle. Dieses hier stammt aus dem Schatz der Geschichten um König Arthus und geht so:

König Arthus ist mit seinen Kameraden auf der Jagd im Inglewood. Plötzlich merkt er, dass er von seinen Jagdkumpanen getrennt worden ist. Der Inglewood, muss man wissen, ist der Wald, in dem die Anderswelt zu Hause ist, der Wohnort verschiedener mystischer Wesen, von denen einem nicht alle wohlgesinnt sind. In diesem Wald trifft Arthus zu seinem Unglück auf einen Typen, der aus einem Film der Coen-Brüder stammen könnte, einen, der das Urböse repräsentiert: den Hexenmeister Sir Gromer. Arthus hat keine Chance gegen Gromer. Seltsamerweise aber – wir befinden uns in einem Märchen – gewährt Gromer seinem Opfer eine Fluchtmöglichkeit. Unter einer Bedingung: Er muss in genau einem Jahr wiederkommen und ihm die Antwort auf eine Frage geben. Kennt er die Antwort, darf er leben, kennt er sie nicht, muss er sterben. König Arthus kehrt bedrückt nach Carlisle Castle zurück, und es dauert nicht lange, bis sein engster Vertrauter, sein Neffe Sir Gawain, wissen will, was los ist. Deprimiert sein war in der Glanzzeit des Rittertums tabu, Melancholie galt als schlechtes Benehmen, das durfte sich nur erlauben, wer unglücklich verliebt war, und das dann auch nur für kurze Zeit. Arthus vertraut sich also seinem Freund an, den vor allem, wie uns alle, interessiert, welche Rätselfrage der böse Sir Gromer gestellt hat. Die Frage ist eine der Urfragen überhaupt und lautete: »Was ist der größte Wunsch einer Frau?« Damit nahm der böse Gromer eine Frage vorweg, die Sigmund Freud ganz ähnlich stellte (»Was will das Weib?«), aber das war etwa anderthalb Jahrtausende später, und Arthus hatte nur ein Jahr Zeit, die richtige Antwort herauszufinden.

Gawains Reaktion? Die einzig richtige: »Lass uns hinausziehen und die Antwort herausfinden!« Was die beiden auf ihrer Erkundungstour erleben, können wir uns ausmalen, sie gehen getrennte Wege und treffen sich, da es noch kein WhatsApp gab, immer wieder, um ihre Erfahrungen zu vergleichen. Keine der gewonnenen Antworten stellt die beiden aber zufrieden. Wie es sich für gute Märchen gehört, bekommt Arthus aber eine kleine Hilfestellung. Bei einem seiner Ausritte gerät er nämlich wieder in den Inglewood, und diesmal begegnet er einer Hexe. Lady Ragnelle. Diese Person wird in sämtlichen Versionen der Geschichte als besonders hässlich beschrieben, damit dem Zuhörer (einst wurden solche Geschichten vorgetragen) übel würde. Ekzeme im Gesicht, faule Zähne, Buckel, eitrige Füße, fettige Haare und so weiter. Die Alte will Arthus die Antwort auf die Frage verraten – aber wiederum nur unter einer Bedingung: Sie will einen der Ritter von Arthus' Tafelrunde zum Gatten, und zwar Sir Gawain. Der ist damals ein aufstrebender Star am Hof (etwa wie Tom Cruise nach »Top Gun«) und genießt einen gewissen Ruf für *»luf talkying«* (Süßholzraspeln), wie es in der berühmtesten, auf Mittelenglisch gedichteten und Thomas Malory zugeschriebenen Version des Märchens heißt, er ist also ein bekannter Schwerenöter.

Als Arthus nach Carlisle zurückkommt, erzählt er Gawain

natürlich nichts. Arthus wirkt zwar traumatisiert, doch er will seinem Vertrauten ums Verrecken nicht verraten, was im Wald vorgefallen ist. Man muss vielleicht darauf hinweisen, dass sowohl der Hexenmeister als auch die Hexe nicht einfach »das Böse« darstellen in diesem Drama. Figuren im Wald haben in solchen alten Geschichten eine ganz andere Funktion. Sie stehen archetypisch für das Ungezähmte im Menschen, das Wilde, das Natürliche, das absolute Gegenbild zu dem domestizierten Menschen, deren überzüchtetste Version die Menschen am Hofe darstellen. Die Menschen in der Welt des Arthus sind gespreizt, affektkontrolliert, gesittet. Im Wald ist er mit der ungezähmten Welt konfrontiert, die auch in ihm schlummert. Auch deshalb will Arthus mit Gawain nicht über das reden, was im Wald vorgefallen ist. Irgendwann tut er es dann doch, beim Wein, im Suff. Und da Versprechen, die im Suff gegeben werden, nichts gelten, eröffnet Gawain Arthus erst am nächsten Tag, dass es ihm selbstverständlich eine Ehre sein werde, sich zur Rettung seines Lebens zur Verfügung zu stellen und die unansehnliche Alte zu heiraten. »Um euer Leben zu retten, würde ich sogar den Teufel zum Altar führen.«

Gawain lässt sich das nicht ausreden, und so reitet Arthus in den Wald zurück, um dem Weibsstück die erfreuliche Nachricht zu überbringen. Die Hexe kann sich vor Freude darüber, den begehrtesten Junggesellen im Land abzubekommen, kaum einkriegen und verrät Arthus, ohne länger zu zögern, die Antwort auf die große Frage. Interessant ist hier: Sie muss nicht erst den Vollzug der Ehe abwarten, das Wort eines Ritters gilt, das weiß man auch im tiefsten Wald. Sie verrät ihm also umgehend des Rätsels Lösung: »Manche Leute sagen, wir wollen schön sein oder geliebt und geachtet werden, andere sagen, wir wollen reich sein und keine Lasten tragen, aber all das trifft nicht zu«, erklärt ihm die Frau. Aber was ist es nun, was *»wemen desyren moste specialle?«*, was sie wirklich wollen, wie es in der berühmtesten Fassung der Geschichte im charmanten Mittelenglisch heißt, das im 14. Jahrhundert das noch viel französischer klingende Anglonormannisch als Hof- und Literatursprache abgelöst hatte. »Was wir vor allen Dingen am meisten wünschen, ist … (hier bitte Trommelwirbel hinzudenken) … *Eigenständigkeit.*« Im Original ist das Wort *»sovereynté«*. Die Souveränität, das Recht, das Leben selbst zu bestimmen. »Nun gehe hin, Sire, denn nun ist dein Leben gerettet.«

Arthus begibt sich also auf den Weg zu Sir Gromer und kann dem Drecksack die Antwort hinschleudern. Wütend muss Sir Gromer Arthus gehen lassen, auf dem Rückweg holt der die Lady ab und bringt sie an den Hof. Dort herrscht gedämpfter Enthusiasmus, die Vorbereitungen zum Hochzeitsfest laufen schon, dank Klatschmäulern, den Vorläufern von Twitterern und Klatschportalen, sind Details der Verlobung Gawains an die Öffentlichkeit gelangt. Es wird gelästert, nicht zuletzt über das unhöfische Milieu, aus dem die Braut stammt. Als die Hochzeit dann gefeiert wird, geschieht das allerdings in aller gebotenen Festlichkeit, es wird fröhlich, das Volk darf zechen, Feuerspucker und Hofnarren treten auf, der Höhepunkt ist ein großes Hoffest. Interessanterweise schildert das berühmte Gedicht aus dem 15. Jahrhundert mit großer Detailversessenheit, wie übel sich Lady Ragnelle bei den Hochzeitsfeierlichkeiten benommen hat. Angeblich soll sie unmäßig gefressen, gepöbelt und sogar andere Hochzeitsgäste bespuckt haben. Es kann sein, dass der Autor dies aber auch nur eingeflochten hat, um – indirekt – das zum Teil raue Betragen mancher Adeliger seiner Zeit aufs Korn zu nehmen. Vielleicht sollte durch diesen Exkurs aber auch hervorgehoben werden, dass Lady Ragnelle eben nicht aus dem gesellschaftlichen Umfeld des Hofes stammt.

Irgendwann ist unweigerlich der Moment der Hochzeitsnacht gekommen. Die beiden Frischvermählten ziehen sich ins Schlafgemach zurück, das der König ihnen zur Verfügung gestellt hat. Die Diener zünden den Kamin an, tragen Wein auf, etwas Obst und schließen die Türen hinter dem Paar. »Sir

Gawain, jetzt, da wir alleine sind«, sagt Lady Ragnelle, »bitte ich höflich um den Hochzeitskuss.« Wir wissen alle, was mit »Kuss« gemeint ist. Sir Gawain zögert nicht. Das Wort eines Ritters! Kaum steigt er zu ihr ins Bett und küsst sie, Sie haben es sicher schon geahnt, verwandelt sich seine abstoßende Braut in das schönste Geschöpf, das er je zu Gesicht bekommen hat. Gawain stürzt sich in ihre Arme und »gab ihr viele Küsse«, was eine wirklich elegante Umschreibung dessen ist, was damals in der Honeymoon-Suite von Carlisle Castle vonstattengegangen sein muss.

Hier kommt noch nicht der Abspann. Das ist noch nicht das Happy End. Die Geschichte hat noch einen Haken. Lady Ragnelle erzählt Gawain, dass ein Teil des Bannes immer noch auf ihr laste. Durch seine Liebe habe Gawain sie zwar befreit – nur eben leider nicht ganz. »Meine Schönheit, wie du sie jetzt siehst, ist nicht von Dauer. Du musst dich entscheiden, ob ich am Tag oder in der Nacht schön bin. Der Bann erlaubt nicht beides.« Gawain: »Dann sollst du in der Nacht für mich schön sein.« Sie: »Dann aber werden sich die Leute am Tage das Maul über mich zerreißen.« Er: »Nein! Das soll nicht sein! Dann sollst du nur am Tag schön sein!« Sie: »Aber mein Liebster, das würde mir das Herz brechen, dass in der Zeit, in der wir einander haben und allein sind, ich mich nicht in meiner wahren Erscheinung zeigen kann.«

»Ich kann und will es nicht entscheiden«, sagt schließlich Gawain, »ich muss die Entscheidung, ob du am Tag oder in der Nacht schön sein willst, in deine Hände geben. Wie du dich auch immer entscheidest, mir soll es gefallen.« – »Danke, edelster Ritter«, jubelt Lady Ragnelle, ich vereinfache hier das Mittelenglische, »gesegnet bist du, denn nun bin ich endgültig von dem Bann befreit und vollständig von dem bösen Zauber erlöst. Nun wird meine Schönheit bei Tag und bei Nacht sichtbar sein. Nur diese Antwort konnte mich ganz vom Bann erlösen.« In der frühesten bekannten irischen Fassung der Geschichte gewinnt Gawain durch sein Opfer nicht nur die schönste Frau weit und breit, sondern auch Land, Reichtum und Macht, in der berühmtesten, Sir Thomas Malory zugeschriebenen Version, bringt Lady Ragnelle den ersehnten Sohn, Gingalain, zur Welt, und sie und Gawain führen so etwas wie eine Musterehe, denn er hat das mit der Souveränität seiner Frau anscheinend auch im täglichen Leben durchgezogen (*»Gawen gave her the sovereynté every delle«*). Eine moderne Ehe.

Was lernen wir nun daraus?

Zunächst einmal, dass es im Mittelalter auch schon Mädchen wie Meghan Markle gab, die ein paar Klassenschranken übersprungen haben, und dass sich darüber schon damals das Maul zerrissen wurde. Wir lernen auch viel über Treue und darüber, dass ein gegebenes Wort Vertragskraft hat. Wir lernen, dass Zivilisation immer dann einen Sprung nach vorne macht, wenn Frauen als vollwertige Gegenüber und Handelnde auftreten. In der märchenhaften Erzählung bringt Lady Ragnelle den ersehnten Erben zur Welt, zieht ihn groß und ist die bestimmende Figur bei Hofe, im realen Mittelalter tauchen Figuren wie Eleonore von Aquitanien auf, die halb Europa beherrschen. Die ältesten Rittergeschichten, wie das Rolandslied, spielen an der Front, in der höfischen Dichtung des Hochmittelalters stehen plötzlich die Frauen im Mittelpunkt, ihre Überhöhung zum reineren und vollkommeneren Geschöpf in der höfischen Minnedichtung ist ein erstes Aufblitzen der Moderne.

Was uns alle mittelalterlichen Rittergeschichten aber vermitteln, ist vor allem die Botschaft: Es gibt Wege, der niederen und kleinherzigen und rohen Instinkte in uns Herr zu werden. Durch Zivilisation. Durch Ritterlichkeit.

Dieses Buch geht der Frage auf den Grund, ob und wie es auch heute möglich ist, dem allgemeinen Credo der Selbstbezogenheit und Beliebigkeit etwas entgegenzusetzen. Wir bestimmen durch unser eigenes Verhalten ja mit, wie die Welt beschaffen ist. Wenn alle um uns herum kulturell abgleiten und nur noch mit Bildschirm vor der Nase und wahlweise Jogginghose oder Rollkoffer durch die Welt rauschen, ist das kein Grund, mit abzugleiten. Im Gegenteil: Bewahrer tradierter und altmodischer Vorstellungen zu sein ist in Zeiten, in denen die Mehrheit dabei ist, alles Bewährte und Gelehrte aus dem Fenster zu schmeißen, die rebellischere Haltung.

Die gesamte Ratgeberliteratur, die ganze Kultur der *How-to*-Bücher, beruht auf dem Versprechen, das »Ich« zu optimieren. Der wichtigste Anspruch unserer Zeit ist es, die eigene Identität frei konstruieren zu können. So fühlt sich die moderne Elite nur noch sich selbst gegenüber verantwortlich, diesem Ideal gehorchend, versucht sie, alle Konventionen und Dogmen, die den Menschen belasten, loszuwerden und Selbstbestimmtheit als einzigen Sinn und Zweck des Daseins zu betrachten. Wir leben im Zeitalter des Poststrukturalismus und damit geht der Verlust jeglicher Schranken und Gewissheiten einher.

Aber zu jeder Entwicklung gibt es eine Gegenentwicklung. Was, wenn man der Geisteshaltung der modernen Elite Widerstand leistet und ihr eine neue Form von Nobilität entgegenhält? Der Begriff »Manieren« wurde auch beim Festungsbau verwendet und bezeichnete das jeweils notwendige Befestigungssystem. Je nach Bedrohungspotential variierten die Manieren, nach denen gebaut wurde. Vielleicht ist es heute an der Zeit, wieder ein paar Gedanken auf unsere Baugesetze zu verschwenden, damit alle Menschen – nicht zuletzt die am Rande der Gesellschaft – darin ihren Platz finden können. Die Zeit, in der Eleganz per se verdächtig ist, ist vorbei. Jede Zeit hat die Helden, die sie benötigt. Nach dem mit perfekt geschnittenem Anzug auftretenden James Bond der 50-er bis 90-er Jahre, für den das Wort *»suave«* passte, folgte der unrasierte, deutlich vulgärere, von Daniel Craig verkörperte Bond, nach dem soignierten Derrick folgte der Kult der unrasierten und äußerlich verwahrlosten Schimanskis und Tschillers. Aber das ist jetzt vorbei. Craig hat versprochen, aufzuhören, Götz George lebt nicht mehr und Til Schweiger nervt, der Proletenkult, die »populäre Feier des Vulgären« (Jens Jessen) liegt in den letzten Zügen, es gibt ein weitverbreitetes Unbehagen an der Formlosigkeit und in der entscheidenden Runde in diesem Duell gilt es, auf der richtigen Seite zu stehen.

Begriffe ändern ihre Bedeutung. So wie Höflichkeit nicht mehr unmittelbar mit höfischem Benehmen zu tun hat, so haben Nobilität und Ritterlichkeit heute, anders als früher, nichts mehr mit Pferden zu tun. An der Stelle, apropos Pferd, ein Dialog aus Friedrich Torbergs »Tante Jolesch«: Zwei Freunde sitzen im Kaffeehaus, da kommt ein Mann mit Reitstiefeln herein. Sagt der eine zum anderen: »Ich hab ja auch kein Pferd, aber dermaßen kein Pferd wie der habe ich nicht.« Pardon! Ich musste das einfach zitieren, auch wenn es hier nichts zur Sache tut. Was ich eigentlich sagen will: Nobilität ist auch ohne Pferd möglich. Ursprünglich wollte ich dieses Buch mal »Wie man ohne Titel adelig wird« nennen, worauf es mir ankommt, ist jedenfalls, dass Adel nichts mit Geburt, aber sehr viel mit Kultur zu tun hat, die man sich aneignen kann. Oder eben nicht.

Nicht alles, was der Adel bewirkt hat, war segensreich, aber niemand wird leugnen, dass es ein paar Werte, Traditionen, Denkweisen und tugendhafte Eigenarten gibt, die in Adelskreisen besonders hochgehalten worden sind und ein bewahrenswertes kulturelles Reservoir darstellen. Auf der Suche nach Eigenarten, die man mal als »edel« bezeichnete, werde ich immer wieder auf Beispiele aus der ritterlichen Literatur zurückgreifen, weil gerade in den Archetypen der ritterlichen Epik etwas sehr Schönes, etwas spezifisch Abendländisches, aufscheint: Ritterlichkeit vereint auf ziemlich unwiderstehliche Art das Ethische und das Ästhetische mit dem Starken. Ein ritterlicher Held ist immer auf der Seite des Guten und verbindet das immer mit Stärke. Ein Ritter ist eben nicht per se ein Mr. Nice Guy aber er verteidigt das Gute und kämpft für die Schwachen. Bei aller Anmut ist da eine starke Dosis Wehrhaftigkeit im Spiel. Das Faszinierende an der Ritterlichkeit ist, dass sie es im Idealfall schafft, das Unversöhnliche zu versöhnen: Anmut und Stärke, Kraft und Milde.

Die eigentliche Herausforderung liegt letztlich darin, Coolness und Kindness miteinander unter einen Hut zu bringen und damit gedanklich den Widerspruch zwischen zwei eigentlich unvereinbaren Polen zu versöhnen, die um den Kern der Ritterlichkeit kreisen. Ich meine den ewigen Widerspruch zwischen weltmännischer Lässigkeit und mitfühlender Güte. Das aus der Antike geerbte Heldenideal ist eher kalt, also »cool«, es favorisiert Tatkraft, Überlegenheit, Macht, Ruhm und Ehre. Das postantike, christliche Ideal besingt eher die Milde, den Kult des Schwachen, der Selbstverleugnung. Es geht, um es mit vertrauten Bildern zu illustrieren, darum, wie man die Menschenfreundlichkeit eines Ned Flanders von den »Simpsons« mit der Härte eines Kriegers à la Django unter einen Hut kriegt.

Und als wäre das nicht Anspruch genug, verlangt Ritterlichkeit auch eine Mischung aus Keckheit, Selbstsicherheit und Eleganz, für die Kenner den schönen Begriff *désinvolture* reserviert haben. Bei diesem Begriff müssen wir uns kurz aufhalten. *Désinvolture* ist ein Wort, das kaum übersetzbar ist. Wörtlich heißt es so viel wie »Unverdrehtheit«, es beschreibt die Fähigkeit, mühelos Rückgrat zu zeigen, auf der Seite des Wahren, Guten und Schönen zu stehen und dies mit größtmöglicher Anmut und Lässigkeit zu verbinden. Und es bezeichnet die absolute Verfügungsgewalt über eine Situation, besonders wenn sie kritisch ist. Der Begriff umfasst mehr, als man womöglich überhaupt in Worte fassen kann. Ernst Jünger schreibt zu *désinvolture* in der zweiten Fassung von »Das abenteuerliche Herz«: »Man findet das Wort meist durch ›Ungeniertheit‹ übersetzt; und das trifft insofern zu, als es ein Gebaren bezeichnet, das keine Umschweife kennt. Zugleich aber verbirgt sich in ihm noch ein anderer Sinn, und zwar der göttergleichen Überlegenheit. In diesem Sinne verstehe ich unter Désinvolture die Unschuld der Macht.« Vielleicht ist James Bond deshalb so eine populäre Heldenfigur? Er ist jedenfalls eine dieser archetypischen Figuren, die Lässigkeit und Anstand, Ritterlichkeit und *désinvolture* ausstrahlen. Er ist immer Herr der Lage und sieht dabei auch noch gut aus. Wer hat noch *désinvolture*? Ein Jedi-Ritter, wenn er die Bar auf dem Planeten Tatooine betritt. Cecil, ein Bekannter von mir, der sich auch mit Sakko und Einstecktuch in Antifa-Kneipen in Hamburger Hinterhöfen herumtreibt, wenn es dort ein gutes Konzert gibt, und nie doof angemacht wird. Oder auch Schwedens berühmt cooler König Karl XII.: Voltaire beschreibt ihn als jemanden mit geradezu übermäßiger Lässigkeit und *désinvolture*: Mitten im Krieg gegen Sachsens August sagte er sich zum Überraschungsbesuch in Dresden an. Er kam mit seiner Kutsche angerauscht, ohne Begleitschutz: *»Déjeuner surprise!«* Die Sachsen waren so verblüfft, dass sie ihn staunend durchließen, die beiden Herrscher speisten, danach ließ Karl sich wieder in seinen Stützpunkt in Stralsund bringen, und der Krieg konnte weitergehen. Voltaire erzählt in seiner 1732 verfassten Biografie Karls XII. auch, wie dieser schwedische Oberchiller in Stralsund einen Brief diktiert und eine Bombe im Zimmer einschlägt. Der Sekretär hört auf zu schreiben. »Was gibt es?«, fragt Karl. »Die Bombe, Sire!« Darauf Karl: »Was hat die Bombe mit dem Brief zu tun?«

Kann man das lernen? Wie wird man nobel?

Ritterlichkeit war nie eine Frage der Geburt und kann es heute erst recht nicht mehr sein, weil die alte Aristokratie längst ihre historische und soziologische Bedeutung verloren hat, ein neuer Adel aber noch nicht sichtbar ist. Wir befinden uns also in einer Übergangszeit, in der sich Nobilität erst wieder neu konstituieren muss. Eigentlich ein idealer Zeitpunkt für so ein Buch, und wer sonst als ein Angehöriger der untergegangenen Oberklasse sollte es schreiben, der auf dem Boden einer modernen Angestelltenexistenz steht, also den Vorteil hat, als Brücke zwischen Altem und Neuem zu fungieren.

Neuen Adel gab es schon immer. Im Grunde besteht der ganze Adel aus neuem Adel. Ein König hat immer einen Ahnen, der sich irgendwann nach oben geputscht hat. Und es gab historisch immer verschiedenste Möglichkeiten, adelig zu werden. Bei den Germanen wurden aus manchen Freien Edelfreie, die mehr Ansehen und Führungsanspruch hatten, weil sie im Kampf besonders erfolgreich waren und eine große Gefolgschaft hatten. Andere wurden adelig, weil sie das Vertrauen des Häuptlings genossen, und gehörten, streng genommen, zum Dienstpersonal. Familien wie meine waren Knechte am Hof von Kaiser Barbarossa, der vertraute seinen Dienstboten mehr als irgendwelchen großkopferten Edelfreien, hob deshalb Leute wie meine Vorfahren in den Adelsstand und schickte sie in abgelegene Kolonialgebiete, in unserem Fall das heutige Südwestsachsen, um dort für Ordnung zu sorgen. Dass ein Großteil des karolingischen und kapetingischen Hochadels ursprünglich aus dem Dienstpersonal stammt, ist übrigens auch an manchen Titeln und Ehrenbezeichnungen abzulesen. In dem Titel Marschall steckt sogar noch das Wort *marescalsus*, das ursprünglich »Pferdeknecht« hieß. Der Kämmerer, eine Position, aus der später der Finanzminister wurde, war ursprünglich dafür zuständig, dass Betten bei Hofe hergerichtet waren, erst mit der Zeit wurden aus Dienerrollen die mächtigsten Posten des Landes.

Erlauben Sie mir an der Stelle bitte einen kleinen Exkurs zum Adel: Die Entstehung des Adels in Europa fällt in eine Epoche, die sehr schlecht beleuchtet ist. Die Völker und Stämme, die zu Beginn unserer Zeitrechnung jenseits des Limes, also außerhalb des Römischen Reiches, lebten, kannten keine Schriftkultur. Was wir über sie wissen, ist rudimentär, die einzigen Quellen, die es gibt, sind unzuverlässig, da sie von römischen Autoren stammen, deren Ehrgeiz nicht so sehr darin bestand, im heutigen Sinne Anthropologie zu betreiben, die fremden Menschen und ihre Sitten also wirklich zu verstehen, sondern dem heimischen Publikum, den zunehmend wohlstandsverwahrlosten besseren Kreisen Roms, mit der Schilderung stolzer, unverdorbener Naturburschen einen Spiegel seiner eigenen Dekadenz vorzuhalten. Was Tacitus zum Beispiel über die Germanen schrieb, stützte sich hauptsächlich auf Hörensagen und zeichnete ein bewusst idealisiertes Bild der Germanen. Überhaupt war der Begriff »Germanen« ziemlich willkürlich, eigentlich diente er den Römern nur als Sammelbegriff für eine unübersehbare Anzahl von Stämmen, über die man herzlich wenig wusste. In den Regionen entlang des Limes allerdings, in denen die unstrittig eher rohe Welt der sogenannten Germanen die verfeinerte Welt der Römer berührte, kam es zu einem ziemlich interessanten und Früchte tragenden Austausch auf kulturellem, kommerziellem, technischem und sogar personellem Gebiet. Immer dort, wo es zum Clash kommt, wie entlang des Limes zwischen nordisch-germanischer und romanisch-mediterraner Welt, entstehen interessante Dinge. Die beiden Welten mischten sich. So war der berühmte germanische Anführer Arminius, der Held vom Teutoburger Wald, eigentlich römischer Legionär, und viele germanische Häuptlinge ahmten den Lifestyle der Römer jenseits der Grenzen nach. Anführer auf der germanischen Seite fanden es schick, womöglich nach sanftem Druck ihrer Frauen, sich nach römischer Sitte regelmäßig zu baden, in Togas zu hüllen, römisches Geschirr zu benutzen und römischen Schmuck zu besitzen. Nach den Erschütterungen zwischen dem 2. und 5. Jahrhundert, nach der Völkerwanderung, die die europäischen Völker und Stämme wie in einer Moulinex-Maschine vermischte, und dann schließlich nach dem Untergang Roms hausten in ehemals römischen Kerngebieten plötzlich Germanen, deren Väter noch lange Bärte hatten und beim Essen die Knochen hinter sich schmissen, und machten in den inzwischen etwas heruntergekommenen Thermen einen auf feine Römer. Im ehemals römischen Gallien hatten sich die Besatzer ziemlich gründlich mit der ansässigen Bevölkerung vermischt, so sah sich dort nach dem Untergang des Römischen Reiches eine landbesitzende gallorömische Elite mit Neuankömmlingen aus dem germanischen Westen konfrontiert, mit denen sie sich abwechselnd schlugen und arrangierten. Besonders in dem Raum, der von den heutigen Beneluxländern bis ins heutige südöstliche Frankreich reicht, muss zwischen 5. und 8. Jahrhundert ein ziemliches Hauen und Stechen geherrscht haben. Aus wahrscheinlich zunächst eher pragmatischen Gründen entwickelten sich in dieser Zeit und in dieser Region allmählich gemeinsame Spielregeln für den Krieg untereinander. Statt den Gegner nach dem Sieg immer gleich zu töten, begann man, einen Kodex zu entwickeln, der ehrenhafte Niederlagen möglich machte. Das war schon allein deshalb sehr praktisch, weil man sich so mehrmals im Kampfe gegenüberstehen konnte. Paradoxerweise sorgte das dafür, dass kriegerische Auseinandersetzungen unter unseren Vorfahren eine ständige Plage blieben, der ständige Kampf war gebändigter und dadurch risikoloser geworden. Der Verlierer von heute konnte der Gewinner von morgen sein. Ein bisschen wie in der englischen Premier League, nur brutaler. Im nördlichen Rheinland, genau dort, wo alte und neue Welt sich berührten, setzte sich Ende des 5., Anfang des 6. Jahrhunderts als Dauergewinner der Stamm der Franken durch, die unter der Führung wechselnder Dynastien schließlich ein Reich gründeten, das später den Anspruch erhob, in Kontinuität zum alten Römischen Reich zu stehen.

Drei wesentliche Faktoren begünstigten die Entstehung von noblen Idealen und Ritterlichkeit: Erstens der Trend, im Kampf Zurückhaltung zu üben. Zweitens der wachsende Einfluss des Christentums (der Gegner, der einem gegenüberstand, war nun eben plötzlich ein Mitchrist statt irgendeines fremden Wilden). Drittens: die Frau. Womit wir wieder bei Lady Ragnelle sind. Oder Eleonore von Aquitanien. Oder Isolde. Viel ist über den Einfluss der Kirche bei der Zügelung jener germanischen Raubeine geschrieben worden, Bischöfe sorgten dafür, dass Krieger sich an Grundregeln zu halten begannen, kein Waffengebrauch am Sonntag, Hände weg von Frauen, Kindern, Waisen, Klerikern und Kaufleuten, aber die größte zivilisatorische Wirkung hatten, bei Lichte besehen, die Frauen. »Überall dort, wo die Männer zum Verzicht auf körperliche Gewalt gezwungen sind, stieg das soziale Gewicht der Frauen«, schreibt Norbert Elias, einer der Väter der Soziologie des 20. Jahrhhunderts. Wer in der Kriegergesellschaft des Mittelalters etwas auf sich hielt, zerrte Frauen nun nicht mehr an den Haaren in sein stinkendes Gemach, sondern zog sich, wenn er eine Frau begehrte, was Anständiges an, vielleicht wusch er sich vorher sogar und unterhielt sich mit ihr, machte ihr, wie man später sagte, den Hof. Das war vermutlich nicht so sehr eine Frage des Bedürfnisses, sondern des Prestiges. Wer feinere Sitten hatte, signalisierte damit gesellschaftlich seine Position und innerhalb des Stammes oder der Großfamilie seinen Führungsanspruch. In den Ritterdichtungen des 9. und 10. Jahrhunderts, dem Minnegesang, begegnet uns bereits ein völlig neuer Kriegertypus. Der moderne Krieger hatte nun plötzlich galant gegenüber Frauen zu sein. Zwar waren die befestigten Höfe und die in dieser Zeit entstehenden Burgen weiterhin typischerweise Männerherrschaften, aber Frauen waren definitiv die treibende Kraft hinter der Verfeinerung des Burglebens, sie waren es, die Dichter, Sänger und Kleriker, die Intellektuellen jener Tage, anlockten, Kriegerschanzen zu Orten geistiger Regsamkeit machten und Luxusbedürfnisse auf Burgen wachküssten, an denen all das bis dahin fremd gewesen war.

Für so manchen altmodischen germanischen Kriegertypen war dieses neumodische Zeug, all das, was Freud als »Affektzügelung« und Elias als »Zivilisation« bezeichnete, sicher überflüssiger Schnickschnack, aber das änderte nichts daran, dass sich – aus Prestigedruck – ein neuer Verhaltenskodex entwickelte. Die Bändigung des Kriegers auf dem Schlachtfeld durch die Praxis der *milte*, die Bändigung des Ritters durch von den Troubadours herbeigesungene Ideale der höfischen Liebe begannen mehr und mehr eine soziale Kaste zu demarkieren, die sich »edel«, also adelig, benahm. Um sich von nachrückenden Parvenüs abzugrenzen, entwickelte diese Kriegerschicht immer ausgefeiltere Tugend- und Verhaltenskodexe, in deren Zentrum christliche Motive, allen voran die Verteidigung von Schwachen, Alten und Armen, standen.

Die neuralgischen Punkte zur Verfeinerung der Sitten waren die sich bildenden kleineren und größeren Fürstenhöfe des Mittelalters. Je wirtschaftlich potenter diese Burgen waren, desto mehr zogen sie Nachkommen weniger bemittelter freier Familien, arme Ritter, die sprichwörtlichen Glücksritter, an.

Einen Geburtsadel im strengen Sinne hat es also nie gegeben. Was es aber sehr wohl gab und gibt, sind gemeinsame Werte, Ideale, Verhaltensnormen und Rituale. Und die haben sich von den kulturellen Zentren aus, in Europa waren das ab dem Mittelalter die Höfe, in überlappenden Kreisen verbreitet. Wer sich zur gesellschaftlichen Elite zählte, hatte gemeinsame Vorstellungen davon, was richtig und was falsch war und wie man sich in Gesellschaft zu verhalten hatte. Das, was als notwendig, *comme il faut*, betrachtet wurde, war nie ein esoterisches Wissen, sondern zu jeder Zeit erlernbar und verbreitete sich schon dadurch, dass sich nachrückende soziale Schichten daran orientierten. Das war immer so und ist es auch weiterhin.

Wenn Sie mich nun fragen, ob mich als Angehöriger des historischen Adels irgendetwas von, sagen wir, Carsten M. oder Mario B. unterscheidet, muss ich leider antworten: Nein. In unseren Adern fließt das gleiche Blut, Stoffwechsel und Verdauung funktionieren ähnlich. Wenn es etwas gibt, das uns unterscheidet, dann ist es nur der Umstand, dass wir früher damit angefangen haben, uns zusammenzureißen. Alle waren wir mal langbärtige Wilde. Es bedarf eines gewissen Trainings, um nicht zu fressen und zu vögeln, wenn einem gerade der Sinn danach steht, um manchmal auch Verzicht zu üben, um seine egoistischen Instinkte zu überwinden, um aus der Notwendigkeit, sich zu ernähren, so etwas wie Esskultur zu machen – um all diese Dinge irgendwann auf die Reihe zu kriegen, braucht es Generationen, und bei Familien wie meiner hat dieses Training einfach einen Tick früher angefangen.

Wenn der von den Futtertrögen der Macht längst verdrängte historische Adel heute überhaupt noch irgendeine Rolle zu spielen hat, dann also höchstens als Konservator gewisser zivilisatorischer Errungenschaften, die in unserem Zeitalter der Beliebigkeit der Verteidigung bedürfen. Wenn Zivilisation etwas wert ist, dann können sich die letzten Angehörigen des untergehenden historischen Adels vielleicht dabei nützlich machen, sich an der Verteidigung derselben zu beteiligen.

Ende Exkurs.

Wie, das ist die Frage, der ich in diesem Buch auf den Grund gehen will, kann man heute Ritterlichkeit leben? Was ist Nobilität, was ist Anstand heute? Ich erörtere diese Frage immer wieder aus adeliger und christlicher Perspektive, denn das ist die einzige Perspektive, die mir zur Verfügung steht. Ich orientiere mich dafür an den klassischen Tugenden und habe dort, wo es mir notwendig schien, ein kleines Update vorgenommen. Man kann, zumindest in Europa, nur über Tugenden sprechen, wenn man das auf der Basis der im Abendland vermittelten klassischen Tugendlehre tut.

In Abwesenheit eines gemeinsamen sittlichen Koordinatensystems ist ein Buch über Tugenden, speziell ritterliche Tugenden, eigentlich völlig abwegig und dadurch paradoxerweise absolut notwendig. Die Wertedebatten der vergangenen Jahre waren ein Anfang, auch wenn ihr biederer Grundton zutiefst abstoßend war, aber sie zeigten immerhin, dass uns langsam unwohl bei dem Anblick des sich immer rascher leerenden Reservoirs tradierter Vorstellungen wird. Wir tun übrigens auch den Menschen, die aus fremden Kulturen zu uns kommen, keinen Gefallen, wenn wir ihnen vermitteln, sie seien in ein Land gekommen, das keine spezifischen kulturellen Vorstellungen, also auch keine allgemeinen Regeln und Gebräuche kenne. Die Menschen, die Europa so attraktiv finden, tun dies ja nicht nur, weil sie unser Sozialsystem, sondern auch unsere Kultur anzieht. Wenn wir unsere eigene Kultur verleugnen, begehen wir also Verrat an denen, die bei uns Zuflucht suchen.

Diese Alles-ist-okay-Welt, diese Kultur der völligen Beliebigkeit, der wir ausgeliefert sind, geht eigentlich inzwischen jedem halbwegs vernünftigen Menschen auf den Wecker. Wir können uns glücklich schätzen, in einer Gesellschaft zu leben, die liberaler, weltoffener und toleranter ist als alle Gesellschaften vor uns, aber wenn wir an den Punkt kämen, dass alles gleichermaßen zulässig wäre und nur das Überlieferte als per se überholt und falsch angesehen würde, dann wäre das Projekt der Moderne an sein natürliches Ende gelangt.

Noch eine Vorwarnung: Von Ritterlichkeit und Anstand zu reden, anderen darüber etwas beibringen zu wollen ist natürlich gewagt. Dieses Buch enthält zum Beispiel ein Kapitel über die Tugend des Maßhaltens, eine besonders wichtige Tugend, eine der vier sogenannten Kardinaltugenden. Dieses Kapitel steht hier, obwohl ich gestern Abend drei Nogger gegessen habe, nicht *nach*, sondern *zum* Abendessen. Wenn die Autorschaft eines solchen Buches voraussetzen würde, dass der Erzähler von einem Podest moralischer Überlegenheit herabspricht, würde das, fürchte ich, sowohl den Verfasser als auch die Leser überfordern. Es hat immer wieder Bücher wie dieses gegeben, auch gute, und sie sind in den seltensten Fällen von besonders tugendhaften Autoren verfasst worden. Sir Thomas Malory, von dem die eingangs erzählte Geschichte von Gawain und Ragnelle stammt, der wichtigste englische Autor von Arthusgeschichten, verfasste die meisten seiner Werke (darunter auch »Le Morte d'Arthur«) im Gefängnis, sein Strafregister reichte von Wilderei über Diebstahl bis zu Vergewaltigung und Mord. Eines der berühmtesten Werke instruktiver Ritterliteratur ist das »Libre del ordre de cavayleria«. Es ist im Jahr 1274 entstanden, eine raue Zeit, und der Verfasser, Ramón Llull, war alles andere als ein Saubermann. Sein Vater, der mitgeholfen hatte, die Sarazenen von der Insel Mallorca zu vertreiben, hatte ihn mit ein paar Gütern um Palma belohnt, wo er als ziemlicher Wüstling herrschte. Ramón Llull war ein untreuer Ehegatte, er war herrisch, unwirsch und streitsüchtig, aber sein Buch über Ritterlichkeit war ein wichtiger Leitfaden für aufstrebende Ritter, die ihr raues Dasein hinter sich lassen wollten.

Der Punkt ist: Es ist gar nicht vermeidbar, immer wieder zum Heuchler zu werden. Die einfachste Art, nicht zu heucheln, ist, gar keine moralischen Prinzipien zu haben. Moralische Prinzipien, Standards, Koordinatensysteme sind aber wichtig, auch wenn man ihnen nicht immer gerecht werden kann. Verschwinden diese Koordinaten ganz, ist sogar die theoretische Möglichkeit futsch. Um es mit Max Scheler, dem Verfasser des Werks »Der Formalismus in der Ethik und die materiale Wertethik«, zu sagen, der auf dem Weg aus dem Bordell gesehen und daraufhin gefragt wurde, wie er das mit seinen Theorien zur Ethik vereinbaren könne: »Der Wegweiser geht auch nicht den Weg, den er weist.«

Jedes Buch ist ja auch eine Form der Eigentherapie. Vielleicht beschreibe ich in diesem Buch einfach nur die Person, die ich gerne irgendwann sein *würde*. Folgenden Satz finde ich da in diesem Zusammenhang tröstlich: *»La civilisation ... n'est pas encore terminée.«* Norbert Elias hat diesen Satz seinem Monumentalwerk »Über den Prozess der Zivilisation« vorangestellt. Er wird sich etwas dabei gedacht haben. Wenn Zivilisation kein abgeschlossener Prozess ist, dann ist es meine eigene – und unser aller – Zivilisiertheit auch nicht.

DIE TUGENDEN

Eine Gebrauchsanweisung

Malen Sie sich bitte eine Person aus, die in allen Lebenslagen lässig wirkt, die jegliche Mühen mit Leichtigkeit auf sich nimmt, die meist gut gelaunt ist, immer einen ermunternden Witz auf den Lippen hat, der es gelingt, zu allen Anlässen immer genau das Richtige anzuhaben, die selbstsicher, aber nie arrogant, hilfsbereit, aber nie gönnerhaft ist, die unverrückbare Prinzipien hat, ihre Meinung unmissverständlich sagt, die aber auch weiß, wann man schweigen und wann man ein Auge zudrücken muss, eine Person, die in heiklen Situationen zu schlichten versteht, die Menschen gut führen kann, ihnen sogar Unangenehmes annehmbar zu vermitteln vermag, weil sie Zuversicht ausstrahlt. Jeder möchte so sein. Und jeder möchte in Gesellschaft eines solchen Menschen sein.

Aristoteles (384–322 v. Chr.) war der Überzeugung, dass es solche Menschen gibt und dass wir alle danach streben sollten, so zu sein. In der »Nikomachischen Ethik«, verfasst für seinen Sohn Nikomachos, stehen Dinge, an denen niemand, der sich danach wieder mit diesem Thema befasste, fortan vorbeikam.

Das griechische Fundament

Aristoteles' Überlegungen fußten auf der Annahme, dass Menschen – wie alles auf der Welt – einen Wesenskern haben. Um zu erkennen, wo der Wesenskern einer Sache liegt, muss man sie nur beobachten. Ein Messer schneidet, auf einem

Stuhl sitzt man. Es wäre Unsinn, mit einem Stuhl ein Brot zu schneiden und sich auf ein Messer zu setzen. Menschen haben vieles mit Tieren gemein, wir wachsen, wir ernähren uns, wir pflanzen uns fort, aber darüber hinaus sind wir, beobachtete Aristoteles, *denkende* und *soziale* Tiere, also hängt die Frage, ob wir unserem Wesenskern gerecht werden, auch damit zusammen, ob wir diese beiden Kapazitäten recht nutzen. Es genügt für einen Menschen also zum Beispiel nicht, den ganzen Tag in Jogginghosen herumzuliegen, zu fressen und zu scheißen, wohingegen das für eine Lebensform, die ausschließlich dem Stoffwechsel gewidmet ist, wie eine Holothurie, eine Wassergurke, zum Beispiel, völlig okay wäre.

Tugendhaftigkeit ist für Aristoteles nicht etwas, das einem in die Wiege gelegt ist, sondern das einem durch hartnäckige Übung beigebracht werden muss. Wie bei einem Musikinstrument, so die These, kann man durch Übung – instruiert durch die richtigen Lehrer – zum Meister werden. Tatsächlich sagen wir, wenn jemand mit großer Leichtigkeit schwierige Musikstücke spielt, er oder sie spiele »virtuos« (das lateinische *virtus* heißt »Tugend«), da steckt die Ahnung drin, dass man durch Übung irgendwann dahin kommt, dass alles leicht aussieht.

Tugenden sind für Aristoteles nie absolut, sondern befinden sich zwischen zwei Extremen, meist ziemlich genau in der Mitte. Von jeder Tugend, sagt er, gebe es überdrehte Versionen, die das Gute ins Lasterhafte steigerten. Hingegen gebe es von allen Tugenden unterentwickelte Abarten, die die Tugend in eine Untugend verwandeln. Am Beispiel der Tapferkeit hieße das: Ein Mangel an Tapferkeit ist ein Laster – die Feigheit. Auf der anderen Seite des Spektrums ist die Tugend der Tapferkeit einfach bescheuert, »tollkühn«, wie man früher sagte. Tugendhaft ist Tapferkeit nur in der Mitte von beiden. Da ist nicht viel Platz. Diese Stelle, der *sweet spot*, der süße Punkt, ist nicht immer ganz leicht zu finden, da die Tapferkeit dem Wagemut natürlich näher steht als der Feigheit. Wo sich der *sweet spot* befindet, das ist bei Aristoteles genau wie in Frauenmagazinen, was diesen und andere Punkte anbetrifft, immer nur eine Frage der richtigen Instruktion, dann findet man den schon. Zuschauen und Nachahmen sind die probatesten Methoden. Wichtig ist allerdings eines: Man muss sich gute Gesellschaft aussuchen. Und dass man danach handelt, ist eher die Ausnahme. Die Grundregel im Leben ist, leider: Runter ist immer leichter als rauf. Feige statt mutig zu sein ist leicht. Das, was man heute erledigen muss, auf morgen zu verschieben ist leicht. Seinen Partner zu betrügen ist (abgesehen von logistischen Fragen) leicht. Das Laster oder das Scheitern muss man nicht groß erklären. Das Heroische, das, was Überwindung kostet, ist erklärungsbedürftig, weil außergewöhnlich. Thomas von Aquin nennt das Phänomen *acedia*, eine Mischung aus Trägheit und Traurigkeit. Der Mensch meidet das Gute, weil das Überwindung und Mühe kostet. Runter ist wie gesagt immer leichter als rauf.

Der Geheimtrick ist, wie gesagt, sich in gute Gesellschaft zu begeben und Leute zu finden, zu denen man aufschauen kann, die einen überragen, die klüger sind als wir und uns herausfordern. Die Fähigkeit, tugendhafte Menschen zu erkennen, sagt Aristoteles, ist übrigens bei uns eingebaut, wir müssen nur genauer hinsehen und nicht halb blind durchs Leben taumeln. Die Herausforderung ist jedoch, dass man sich dafür geistig und körperlich aus seiner Komfortzone herausbewegen muss.

Läuft man nicht Gefahr, ein wenig bemüht zu wirken, wenn man ständig dabei ist, zu anderen aufzuschauen und sie in ihrer ach so tollen Tugendhaftigkeit nachzuahmen? Ja, stimmt, anfangs schon, sagt Aristoteles, aber nach einer Weile legt sich das, denn nach und nach wird das gute Verhalten irgendwann Gewohnheit, zum Teil unserer Natur, und irgendwann müssen wir uns dafür dann gar keine Mühe mehr geben. *Fake it 'til you make it*, frei nach Alfred Adler, dem Vater der Individualpsychologie, oder, »Zum zehnten Mal wiederholt, wird es gefallen«, wie Horaz sagt. Wenn man nur lange genug so tut, als wäre man zum Beispiel ehrlich, und sich kleine Unehrlichkeiten wie Flunkereien oder Schwarzfahren verkneift, wird man durch diese Praxis auf die Dauer tatsächlich immer ein bisschen ehrlicher. Alles, was wir tun, jede kleine Entscheidung, formt unweigerlich unsere Persönlichkeit. Das Werk des Tuns sind wir selbst, oder so ähnlich, hat ein sehr kluger Mann einmal gesagt.

Was aber, wenn man gar nicht unbedingt das Verlangen hat, Everybody's Darling zu sein? Ich war mit meiner Frau in Padua und habe mir angesehen, wie Giotto die Tugenden und wie er die Laster gemalt hat. Ehrlich: Die Laster sehen interessanter aus, mehr Drama, mehr Action, mehr Leidenschaft. Auch ein Joschka Fischer hat ja mal zugegeben, dass er die Hölle immer viel interessanter findet und ihn die Aussicht, in einem langen, weißen Nachthemd Halleluja zu singen, langweilt. Heißt es nicht auch *nice guys finish last* und *good girls go to heaven, bad girls go everywhere*? Diese Sprüche haben es immerhin auf Millionen Kissen und T-Shirts gebracht. Die kurze Antwort auf diese Frage ist eine Gegenfrage: *Do you really want to go everywhere?* Das kann ziemlich anstrengend und unerquicklich werden. Ich kenne Leute, die dort waren. In einem Gedicht von Bertolt Brecht heißt es: »An meiner Wand hängt ein japanisches Holzwerk/Maske eines bösen Dämons, bemalt mit Goldlack./Mitfühlend sehe ich/Die geschwollenen Stirnadern, andeutend/Wie anstrengend es ist, böse zu sein.«

Kein Aristoteles, kein Thomas von Aquin, kein Brecht trauen uns zu, dass wir immer hübsch artig bleiben. Aber sie sagen uns auch: Die Abkehr von der Tugend, ob aus Gründen der Bequemlichkeit oder aus mangelnder Einsicht, endet ziemlich weit unten, wo es nicht besonders hübsch ist, in der Hölle, und die sieht nicht notwendigerweise so aus wie bei Hieronymus Bosch, in der kann man auch stecken, wenn man äußerlich erfolgreich im Leben steht. Das komplett egogesteuerte, nur dem eigenen Selbst und uneingeschränkten

Vergnügen gewidmete Leben, da muss man auf Giottos Fresken in der Scrovegni-Kapelle* nur genau hinsehen, sieht ziemlich bitter aus. Die Figur des Zorns, zum Beispiel, mag dramatisch mehr Unterhaltungswert bieten, es ist eine Figur, die sich mit dramatischer Geste regelrecht in der Mitte entzweireißt, aber es ist eben auch ein Bild der Selbstzerstörung.

Der Grund, warum wir nach Tugendhaftigkeit streben sollten, hat für Aristoteles, in dessen Konzept Gott und Jenseits keine Rolle spielen, nichts mit Note Eins, mit Sternchen und Herzchen in einem großen goldenen Tugendbuch zu tun, sondern mit Erfüllung, mit einem gelungenen, fruchtbaren, menschengemäßen Leben – der sogenannten *eudaimonía*, manchmal mit »gedeihliche Lebensführung«, manchmal schlicht mit »Glück« übersetzt. Je besser der Mensch sein Potenzial ausschöpft, so das aristotelische und damit gesamte klassische Denken, desto geglückter, desto »eudaimonistischer« das Leben. Es geht um nichts Geringeres als das gelungene, geglückte Leben. Man sollte übrigens das Wort »eudaimonistisch« öfter ins Gespräch einstreuen.

Eine eudaimonistische Existenz bedeutet aber (Achtung, das ist jetzt wichtig!) nicht ein Leben am Pool bei angenehmen 25 Grad im Schatten und Drinks mit bunten Schirmchen, es heißt vielmehr, dass man immer wieder an seine Grenzen geht. Es geht darum, über sich hinauszuwachsen und die bestmögliche Version seiner selbst aus sich herauszukitzeln. *Eudaimonía* riecht ein wenig wie der Schweiß bei einer anstrengenden Bergtour und fühlt sich an wie die Müdigkeit nach einem Tag, an dem man viel geschafft hat. *Eudaimonía* ist ein lebenslanger Prozess, der nie abgeschlossen ist, weil man sich fortwährend neue Ziele setzen muss.

Das habe ich jetzt bewusst verkürzt dargestellt, um dem

* Scrovegni-Kapelle, Piazza Eremitani 8; um die Ecke gibt es ein köstliches kleines indisches Lokal, Buddha, nur falls Sie schon immer in Norditalien indisch essen wollten.

ehrwürdigen Aristoteles nicht näher auf die Pelle rücken zu müssen. Würde man das nämlich tun, müsste man feststellen, dass er ein ziemlicher Snob war und fest daran glaubte, dass das alles nur für eine hauchdünne Schicht überhaupt eine Rolle spielt. Wenn Widrigkeiten wie niedere Geburt oder Hässlichkeit ins Spiel kommen, da war Aristoteles leider gnadenlos, hat man sowieso keine Chance, da kann man das ganze Bemühen auch sein lassen. Sklaven und Ausländer geht das mit der *eudaimonía* aus seiner Sicht schon gar nichts an, die zählen gar nicht. Man muss da natürlich Aristoteles' Zeit und seine Kultur im Hinterkopf haben. Athen war eine aristokratische Kultur, in der nur die reichen Städter was zu sagen hatten und all die anderen, die arbeitende Bevölkerung, die Ausländer und Sklaven, etwa 80 Prozent der Gesamtbevölkerung, gar nicht zählten. Ich musste das jetzt unfairerweise doch erzählen, denn nur dann versteht man auch, was das Neue an der Tugendlehre war, die – auf Aristoteles aufbauend – folgte. Spätestens ab dem 4. Jahrhundert mit christlichen Denkern wie Ambrosius von Mailand, und dann Hunderte Jahre später mit Thomas von Aquin (13. Jahrhundert) sah man manches anders.

Der christliche Twist

Auch die christliche Ethik lehrt, dass Tugendhaftigkeit etwas ist, das man durch gute Lehrer lernen und durch Übung erwerben kann, auch hier wird betont, dass das keine Frage von lästiger Verpflichtung ist, sondern es um die Verwirklichung von Glück, um das geglückte, gelungene, gute Leben geht, also um etwas, das äußerst lohnend ist; Tugendhaftigkeit bedeutet »die treffliche und gelungene Erfüllung von Zwecken unserer Natur«. Das ist noch Aristoteles pur. Aber – und diese Behauptung ist das Neue im christlichen Menschenbild und für nicht Gläubige schwer nachvollziehbar – *alleine* kriegt der Mensch das nicht hin.

Die Ursünde besteht nach christlichem Verständnis darin, dass der Mensch aus Stolz darauf besteht, besser zu wissen, was für ihn gut ist, der Griff nach dem Apfel repräsentiert bildhaft den Willen, selbst das Ruder zu übernehmen, wie Gott sein zu wollen, nicht mehr nur Geschöpf, sondern lieber selbst Schöpfer sein zu wollen. Wir wollen nicht von einer höheren Macht abhängig sein, wir wollen selbst bestimmen, wer wir sind. Die ganze Bibel kann als Liebesgeschichte zwischen Gott und dem Menschen gelesen werden, in der der Mensch sich von Gott losreißt, der ihn aber nie aufgibt, und der Mensch die Chance erhält, zurückzukehren, aber diesmal freiwillig, aus einer Position der Stärke heraus, voll angezogen, nicht nackt, als selbstbewusster Macher, nicht als dummer Paradiesbewohner, der alles frei Haus geliefert bekommt. Dem Menschen ging es ja im Paradies hervorragend, an einer Stelle der Genesis heißt es sogar, dass Gott in dem Garten, den er für die Menschen geschaffen hatte, gelegentlich spazieren ging, und zwar vormittags, wenn es noch nicht so heiß war. Ein ziemlich anrührendes Bild, das von inniger Gemeinschaft von Gott und Mensch erzählt, eigentlich eine unfassbare Vorstellung. Der Mensch, der sich gegen diese Gemeinschaft entschließt, kann noch so guten Willens sein, wenn er sich alleine auf sich verlässt, sagt die christliche Lehre, geht das schief.

Und noch etwas Neues, noch Wesentlicheres kam hinzu: War das Gute, das Richtige, das Tugendhafte, das Heroische, das gute Leben für Aristoteles & Co. etwas, das nur die Oberklasse anging, sind nach biblischer Auffassung *alle* dazu berufen. Das ist schon im Judentum angelegt, findet aber dann mit Jesus seinen Höhepunkt. Der Völkerapostel Paulus, ohne den das Christentum eine kleine Sekte geblieben wäre und den Spötter auch gerne als den faktischen Gründer des Christentums als Weltreligion bezeichnen, erklärt das so: Durch den Tod von Jesus stirbt der Mensch mit ihm, durch seine Auferstehung, die in der Taufe mitvollzogen wird, wird er wiedergeboren und ist ab dem Moment Gottessohn und Königskind, egal, in welche Klasse man hineingeboren wurde. Das Wasser der Taufe (früher musste man dabei untertauchen) ist gleichbedeutend mit einem kleinen Tod, die Salbung, die nach der Taufe erfolgt, ist ein uraltes jüdisches Ritual, mit dem Könige ausgezeichnet wurden. Ab jetzt ist jeder, der getauft ist, Königssohn und Königstochter und hat sich auch gefälligst so zu benehmen. Für Griechen war das gute Leben eine Sache der oberen Zehntausend, die Bergpredigt – die zentrale Botschaft, quasi das Grundgesetz des Christentums – hingegen richtet sich an alle, und zwar angefangen mit den Armen, Hässlichen und Benachteiligten. Die heutige Obsession, jedem moralische und intellektuelle Hoheit zuzugestehen, der für sich geltend machen kann, einer Minderheit anzugehören oder irgendwie verfolgt zu sein, geht eigentlich auf etwas ursprünglich sehr Schönes zurück, auf diese christliche Denkart nämlich, die Idee von Nobilität auf den Kopf und den Schwachen in den Vordergrund zu stellen. Die Ironie ist, dass vieles, was das Christentum erst in die Welt gebracht hat, Individualität, das über die Grenzen des eigenen Stammes bis hin zum Feind Reichende, die Vielfalt, die Inklusion, die Gleichberechtigung, sich heute letztlich gegen seine Geburtshelfer gewendet hat und unsere Kultur sich damit verrät.

Das Christentum hat so manches vom Gedankengut der Antike verworfen, was heute wieder modern ist: das Interesse an Vollkommenheit, an makelloser Schönheit, die Faszination mit optimiertem Gengut, selbst entworfenen Menschen. In der Bibel wird ständig darauf verwiesen, dass das Krumme eine Chance hat, gerade zu werden. Nach biblischer Vorstellung arbeitet Gott mit den Schwachen und den Unperfekten, er hat nämlich gar keine andere Wahl, wenn er die Freiheit zulässt. Die Bibel ist jedenfalls voll von krummen Lebenslinien. Das Alte Testament verdankt so manche seiner schönsten Passagen den Klageliedern des zum Mörder und Ehebrecher gewordenen Königs David und ist voller Versager, die doch noch irgendwie die Kurve gekriegt haben. Noah hat getrunken, Jakob war ein Betrüger, Moses war ein Totschläger, und Jesus hat seine Kirche zwar mit ein paar ziemlich fähigen Jungs gegründet, aber wenn es darauf ankam, waren sie auch ziemliche Penner. Seine Lieblingsjünger, das ist mehrfach und für sie wenig schmeichelhaft festgehalten, schliefen immer genau dann, wenn es darauf ankam.

Aristoteles hätte wahrscheinlich über die Geschichte des geläuterten Räubers, der neben Jesus am Kreuz hängt und für den angeblich in der letzten Sekunde seines verpfuschten Lebens alles wieder gut sein soll, den Kopf geschüttelt. Für Aristoteles war das Erreichen von *eudaimonía* zwar ein fortwährender, nie endender Prozess, aber es kam schon auf das Gesamtbild an, für ein völlig verpfuschtes, kriminelles Leben in allerletzter Minute die Absolution zu bekommen ist nach aristotelischen Maßstäben absurd, so viel Großzügigkeit wäre in seinem Tugendspektrum weit im roten Bereich der Unangemessenheit, um nicht zu sagen der Idiotie, gewesen. Das Eigenartige an den ritterlichen Tugenden ist, wie eingangs erwähnt, dass sie auf gewisse Weise eine Synthese hinbekommen haben, zwischen dem Perfektion, Schönheit und Kraft huldigenden Ideal der Antike und dem Sinn für das Schiefe und Krumme des Christentums sowie seiner auf Barmherzigkeit, also Altruismus, hinauslaufenden Ethik. Deswegen werde ich immer wieder, wenn es nun um die einzelnen Tugenden geht, auf die ritterliche Idealvorstellung zurückgreifen. Sie scheint mir ein ideales Rezept für eine Zeit zu sein, die damit hadert, auf welchen sogenannten Werten sie fußt.

Aristoteles' Lehre, dass der Mensch sein Leben lang unterwegs zu Höherem ist, fiel im Mittelalter auf fruchtbaren Boden, bekam aber durch christliche Denker, allen voran Thomas von Aquin, eine völlig neue Wendung. Die Vorstellung, dass sich der Mensch *in via* befindet, auf lebenslanger Wanderschaft, ist durch und durch auch eine christliche geworden, neu war aber der Twist, dass Stolperer, Rückfälle und Ausrutscher plötzlich geradezu notwendige Bestandteile des

Weges sein sollten, dass ein Mensch aus Gebrochenheit auch gestärkt hervorgehen und zu seiner eigentlichen Bestimmung kommen kann, dass Unzulänglichkeiten zum Weg gehören, weil sie den Menschen an seine Hilfsbedürftigkeit erinnern. Vielleicht ist überhaupt das, was die Gemeinsamkeit der antiken griechischen mit der heutigen Kultur ausmacht, was sie gleichzeitig vom christlich-jüdischen Denken trennt: Die Griechen glaubten mit Aristoteles und Platon – und wie es die heutigen Prediger der Selbstbestimmung auch wieder tun – an die Möglichkeit zur menschlichen (Selbst-)Perfektion. Juden und Christen sind hinsichtlich Bemühungen, Perfektion zu erreichen, ob als Gesellschaft oder persönlich, traditionell skeptisch. Die Geschichte der Menschheit hat den Skeptikern bisher recht gegeben. Deshalb werden Sie in diesem Buch keinen Leitfaden finden, der Ihnen zur Perfektion verhilft, allein den Versuch, diese exakt zu bestimmen, halte ich für anmaßend. Ich hoffe aber, Sie stimmen mir darin zu, dass es sich sehr wohl lohnt, sich darüber Gedanken zu machen, in welche Richtung man denn schauen müsste, um Perfektion zu finden. Heute tun viele so, als wäre alles gleichgültig. Es gibt keine Standards mehr, alles ist beliebig. Das gefällt natürlich, da kann sich jeder alles nach Belieben schönreden, dann ist alles »irgendwie okay«. Aber das kann es ja nicht sein. Man muss sich schon die Mühe machen, sich ernsthaft auf die Suche nach dem Richtigen zu begeben. Wie könnte das Leben aussehen, wenn man es besser, schöner, anspruchsvoller führte? Wenn man sich ein wenig streckte? Wenn man seiner Bequemlichkeit nicht nachgäbe und sich stattdessen manchmal ein bisschen in den Arsch treten würde? Und zwar bei den kleinen Dingen des täglichen Lebens begänne, bei sich selbst, im eigenen unmittelbaren Umfeld! Was geschieht, wenn man erst einmal seine kleinen, täglichen destruktiven Gewohnheiten in den Griff bekommt, bevor man sich gleich etwas Riesengroßes vornimmt, an dem man garantiert scheitert? Um dahin zu kommen, muss man erst einmal einsehen, dass wir a) noch nicht perfekt sind, dass unser Charakter, unser Verhalten, unser Sein noch deutlich Luft nach oben aufweisen, und dass wir b) die glatte, makellose Perfektion wohl nie erreichen werden, was auch irgendwie beruhigend ist, denn wer kann oder will schon perfekt sein. Nur weil heutzutage vermeintlich der völlig idiotische Anspruch der Makellosigkeit erfüllt werden muss, kann auch der robespierrehafte Rigorismus immer dann sein hässliches Haupt erheben, wenn irgendwer wieder mit irgendeiner Verfehlung erwischt worden ist. Gesünder und lebensnaher wäre es, wir würden endlich einsehen, dass keiner von uns Grund zur moralischen Erhabenheit hat, dass jeder von uns über einen gewissen A-Loch-Faktor verfügt. Sigmund Freud kannte keine Schuld, sondern nur Schuldgefühle und lag damit grundlegend falsch. Es gehört zum Leben, sowohl Täter als auch Opfer zu sein. Obwohl das so ist, sagt der Wiener Psychiater und Neurowissenschaftler Raphael Bonelli, ist das Bewusstsein eigener Schuld eher die Ausnahme: »Die wenigsten Patienten kommen mit Schuldgefühlen, aber viele mit Beschuldigungen.« Dabei habe jeder, so Bonelli, ein Gefühl dafür, dass wir zu Ungerechtigkeit fähig sind, »spätestens, wenn einem selbst Unrecht angetan wird«. Wir werden schuldig allein schon dadurch, dass wir leben, wir können nicht anders. Leben heißt verzehren. »Schon vor aller willentlichen Schuld«, sagt die Philosophin Hanna-Barbara Gerl-Falkovitz, »steht der Mensch auf schrägem Boden, weil Leben anderes Leben verbraucht, meist danklos«. Oder, um es mit dem Vokabular der Umweltschützer zu sagen: Jeder von uns hinterlässt einen ökologischen Footprint auf der Erde, ob er will oder nicht. Das »Ihr seid schon gut so, wie ihr seid«, welches uns von der Unterhaltungsindustrie eingebläut wird, weil sie von der Angleichung der Standards nach unten lebt, ist eine Lüge. Nehmen Sie zum Beispiel ruhig einmal an, dass Sie einen genervten und lieblosen Ton an den Tag gelegt haben, als Sie sich zuletzt ein Wortgefecht mit Ihrer Partnerin oder Ihrem Partner geliefert haben. Man muss zu seiner eigenen Doofheit stehen, man muss dazu stehen, dass man immer wieder die Benchmark verfehlt, um überhaupt das Bewusstsein dafür wachzuhalten, dass es eine Benchmark gibt, um somit auch die Bereitschaft aufzubringen, sich zu bessern. Vor allem aber, um Doppelmoral zu vermeiden und nicht hämisch zu reagieren, wenn andere fallen, wie das heute zum allgemeinen Verhalten gehört. Wenn sich endlich mal herumsprechen würde, dass keiner von uns blitzblank-picobellissimo ist, wären wir per se schon bessere Menschen. Das ist auch der Grund dafür, dass es 27 und nicht 28 Tugenden geworden sind, die hier behandelt werden. 28 ist eine sogenannte perfekte Zahl (sie besteht aus der Summe ihrer Divisoren 1 + 2 + 4 + 7 + 14), und Perfektion ist unrealistisch. Und kalt. In der Grammatik ist das Perfekte das Abgeschlossene, das Vergangene. *Perficere* bedeutet »etwas durchmachen, zu Ende bringen«. Perfektion hat etwas Totes und Starres. Für unsere Zwecke ist 27 perfekt, weil die Zahl eben nicht perfekt ist, aber knapp darunter liegt und wir damit einräumen, dass wir die Richtung vor Augen haben, aber nicht den Anspruch erheben, das Ziel bereits erreicht zu haben.

1 KLUGHEIT

Was Wissen schafft

Die gute Nachricht: Klugheit hat nichts mit Intelligenz zu tun.

Évariste Galois, zum Beispiel, war ein bedeutender Mathematiker im Paris des 19. Jahrhunderts. Wegen einer Frau, sie war Tochter eines Arztes, willigte er in ein Duell ein. Die Nacht vor dem Duell, von dem er ahnte, dass er es nicht überleben würde, verbrachte er damit, dass er ein mehr als sechzig Seiten langes, eng mit mathematischen Theorien bekritzeltes Papier verfasste. Am Morgen des 30. Mai 1832 wurde er in einem Straßengraben mit Bauchdurchschuss von einem Bauern gefunden, einen Tag später war er tot. In den nach seinem Tod gefundenen eiligen Aufzeichnungen entdeckte man die Grundlagen für die Beweise der Unlösbarkeit von gleich zwei der drei klassischen Problemen der Mathematik – der Dreiteilung des Winkels und der Verdoppelung des Würfels.

Niemand wird bestreiten, dass Galois intelligent war, wahrscheinlich gehörte er sogar zu den genialsten jungen Köpfen seiner Zeit, aber klug war er nicht. Die Arzttochter wollte damals, so viel man weiß, überhaupt nichts von ihm wissen, er wollte mit seiner Teilnahme am Duell ein Ausrufezeichen setzen, im 19. Jahrhundert waren solche Idiotien in besseren Kreisen keine Seltenheit. Vielleicht glaubte er auch, die Behörden beeindrucken zu können, mit denen er als leidenschaftlicher Republikaner immer wieder in Konflikt geraten war. Ein verschwendetes Leben. Als Galois starb, war er gerade mal zwanzig Jahre alt, wäre er klug und nicht bloß intelligent gewesen, er wäre wahrscheinlich als der größte Mathematiker des 19. Jahrhunderts in die Geschichte eingegangen. Vielleicht wäre er größer gewesen als Einstein, würden wir heute Zeitreisen unternehmen.

Klugheit ist so vorteilhaft und gewinnbringend, dass Kant in ihr gar keine Tugend erkennen konnte. Es ist klug, nicht zu rauchen, aber ist es deshalb schon ein Verdienst? Kant tappt damit in die bekannte Falle: die Annahme, dass alles, was einem Vorteil oder Lustgewinn beschert, unmöglich tugendhaft sein kann. Was moralisch ist, hat gefälligst auch ein wenig bitter zu schmecken. Dieses Missverständnis, dem nicht nur Kant, sondern viele vor und nach ihm aufgesessen sind, hat katastrophale Folgen. Statt Tugendlehren als Richtlinien für ein gelungenes und vergnügliches Leben anzusehen, verfestigt sich so das Bild eines humorlosen Maßnahmenkatalogs, der auf Verzichten, Unterlassen und ein Leben voller Neinsagen und Unfreiheit hinausläuft. Das eigentliche Paradox, dass gerade die Selbstüberwindung der Steigerung des Lebensgenusses, der Intensivierung der Lust dient, dass der Mensch eben nicht glücklich werden kann, wenn er immer nur den leichten Weg nimmt, ist darin gar nicht erfasst. Für den großen Thomas-von-Aquin-Gelehrten Josef Pieper hat Moral zunächst einmal etwas mit ethischer Mündigkeit zu tun. Klugheit als »vollendetes Können wirklichkeitsgerechter Entscheidungen« benötigt Freiheit, um irgendeinen Wert zu haben, nur wer das Richtige aus freien Stücken tut, handelt ehrenvoll. In der thomistischen Tugendlehre gilt die Klugheit im Sinne des griechischen Wortes *phronesis* als Erste unter den Tugenden, sie ist überhaupt die Bedingung für die anderen Tugenden.

Wie Aristoteles ist auch Thomas von Aquin davon überzeugt, dass man zur Klugheit, wie zu jeder anderen Tugend, erzogen werden muss, weil sie keinem in die Wiege gelegt ist. Ein Kleinkind weiß zunächst nicht zwischen moralischen und rein praktischen Verboten zu unterscheiden, erst später lernt

Wie schützt man seine Privatsphäre?

Gar nicht.
Man hat sich gefälligst im Privaten exakt so zu benehmen, als ob tausend Augen auf einen gerichtet seien (das ist spätestens seit Google und Amazon Echo ohnehin so). Das nennt man Leben aus einem Guss.

es, dass es keine Willkür, sondern eine Frage der Schmerzvermeidung, also klug ist, sich regelmäßig die Zähne zu putzen oder nicht auf die heiße Herdplatte zu fassen. Verschiedene Dinge lernen wir erst, zum Beispiel, dass wir manchmal Unannehmlichkeiten hinnehmen müssen, um größere Unannehmlichkeiten auf Dauer zu verhindern, wir lernen erst mit der Zeit, die gegenwärtige Anstrengung für das Gute von morgen in Kauf zu nehmen. Wir lernen auch, dass es keinen Anspruch gibt, niemals verletzt zu werden, weil die Inkaufnahme eines Schmerzes jetzt (etwa die Spritze beim Arzt) das größere Leiden später verhindern kann.

Folgen wir dem thomistischen Gedanken, dass Klugheit die Vorbedingung für alle anderen Tugenden ist, dann ist es um so interessanter, ein Auge darauf zu werfen, was für Thomas von Aquin die Bedingung für die Bedingung ist: Es ist etwas, das einem nicht so einfach in den Schoß fällt, für das man sich ein wenig strecken muss: das Sich-etwas-sagen-lassen-Können! *Docilitas*, sagt der Lateiner. Josef Pieper schreibt: »*Docilitas* aber ist natürlich nicht die ›Gelehrigkeit‹ und der besinnungslose Eifer des ›guten Schülers‹. Gemeint ist die Belehrbarkeit, die darauf verzichtet, sich angesichts der realen Vielfalt der erfahrbaren Dinge und Situationen engstirnig in die absurde Autarkie eines vermeintlichen Wissens zu flüchten.« Diese erwachse nicht aus einer vagen Bescheidenheit, sondern aus einem Willen zu wirklicher Erkenntnis, denn, so Pieper, »Unbelehrbarkeit und Besserwisserei sind im Grunde Formen des Widerstandes gegen die Wahrheit der wirklichen Dinge«.

Die Fähigkeit, sich etwas sagen zu lassen, steigt bekanntlich nicht kongruent zum Status gesellschaftlicher oder beruflicher Achtung, aber Unbelehrbarkeit ist keineswegs nur ein Problem in Chefetagen. Wenn Klugheit mit dem Erkennen der Wirklichkeit zu tun hat, mit dem Bemühen, *wirklich* zu erfahren, wie die Dinge liegen, dann ist Dummheit etwas höchst Unansehnliches: ein Handeln ohne jeden Willen zur

Kenntnis der Wirklichkeit. Wer relevante Informationen ausblendet, wer, ohne rechts und links zu schauen, durchs Leben geht, handelt demnach dumm. Es kommen einem die in den Sinn, die soziale Medien als primäre Informationsquelle nutzen. Ich kenne intelligente Menschen in verantwortungsvollen Positionen, die es nicht einmal als Manko empfinden, dass sie nur noch mit Informationen und Kommentaren in Berührung kommen, die ihr eigenes Weltbild stützen, weil alles, was ihnen zugespielt wird, von freundlichen Algorithmen und wohlmeinenden Freunden ausgesucht worden ist. Auch hier könnte man übrigens argumentieren, dass dies nicht nur bescheuert ist, sondern auch, wie alle Verletzung von Tugenden, vergnügungsmindernd wirkt. Wer erinnert sich überhaupt noch an die Freude, mit der man beim Zeitungslesen über eine Meldung stolperte, nach der man garantiert nie im Internet Ausschau gehalten hätte? Klugheit setzt voraus, dass man auch bereit ist, seine Sichtweisen infrage zu stellen, man muss Kollisionen zulassen, um Erkenntnis zu gewinnen.

Eine der begehrenswertesten Komponenten der Klugheit ist nach Thomas von Aquin die sogenannte *solertia*, die Fähigkeit, komplexe Situationen schnell zu erfassen und umgehend die richtige Entscheidung zu treffen. In Thomas von Aquins »Summa theologica« wird *solertia* als etwas überaus Schmückendes hervorgehoben. Lange überlegen müsse schon manchmal sein, so Thomas von Aquin, aber das Schönste sei doch rasche und dabei überlegt wirkende Tat. Die überlegte Schnelltat. Die Klugheit, da ist man sich im Abendland eigentlich weitgehend einig, wurzelt in dem Willen, die Wirklichkeit zu kennen und dementsprechend zu handeln.

Die Klugheit wirkt, wenn die eingespeisten GPS-Daten stimmen, wie ein gut funktionierendes, schnell rechnendes Navigationssystem, sie muss ständig, je nach Situation, zwischen der Gewichtung verschiedener Tugenden entscheiden. Klugheit ist die Fähigkeit, abwägen zu können, *solertia* ist die Fähigkeit, das schnell zu tun. Manchmal ist blanke Ehrlichkeit angesagt. Manchmal nicht. Sie müssen Ihren Kollegen nicht unbedingt auf den Riesenpickel auf seiner Nase ansprechen, wenn hingegen Ihre Tochter Sie fragt, ob ihr das Kleid stehe, hängt die richtige Antwort entscheidend davon ab, ob sie noch stundenlang Zeit hat oder ob sie schon auf dem Weg zum Ball ist. Erasmus von Rotterdam empfiehlt, jemandem, der einem nahesteht und irgendwo danebengreift, dies auch zu sagen – aber diskret: »… sage es ihm allein und sage es ihm freundlich.« Aber es geht eben auch *zu* freundlich. Wenn ein Kopilot seinen Kapitän auf einen Fehler aufmerksam macht, dann möglichst direkt und präzise und besser nicht, indem er mit aller Höflichkeit darauf achtet, dass sein Vorgesetzter sein Gesicht wahrt.

Ein schönes Beispiel für direkte und zugleich höfliche Kommunikation ist Galateo, eine legendäre Figur aus der Mitte des 16. Jahrhunderts, ein Mann, wenn man den Berichten glaubt, der vollendete Manieren mit Führungsstärke und Liebenswürdigkeit mit Schärfe zu verbinden wusste. Die reale Person, die sich hinter der Hauptfigur in Giovanni Della Casas Buch »Galateo« (1558) verbirgt, war wahrscheinlich Galeazzo Florimonte, einst Privatsekretär des Bischofs von Verona, später selbst Bischof im süditalienischen Sessa Aurunca. Norbert Elias erzählt in »Über den Prozeß der Zivilisation« folgende Geschichte aus dem »Galateo«:

Zu dem Bischof von Verona kommt ein Gast, Graf Richard, ein tadelloser Gentleman (*»gentilissime cavaliere e di bellissime maniere«*). Ein einziger Fehler fällt dem Gastgeber auf: Er schmatzt. Natürlich lassen sich weder der Bischof noch sein Privatsekretär, Galateo, etwas anmerken. Nach dem Essen begleitet Galateo den Grafen hinaus. Beim Abschied sagt er ihm auf möglichst freundliche Weise und so diskret, dass es niemand mitbekommt, der Bischof bedanke sich sehr für seinen Besuch, er habe nie im Leben einen Edelmann von besseren Manieren gesehen als den Grafen. Er habe nur einen klitzekleinen Fehler an ihm entdeckt: Er schmatze beim Essen. Das mitzuteilen, sei das Abschiedsgeschenk des Bischofs. Ich bin sicher, das saß.

Noch ein paar Worte zu einem Spross der Klugheit. Dem egoistischen Enkel Cleverness. Wenn man in England über jemanden sagt, er sei »clever«, ist das so ziemlich das Unfreundlichste, das man über ihn sagen kann. Zu Recht. Der Clevere hat immer nur das eigene kleine Ich im Blick. Das schöne lateinische Wort *prudentia*, ursprünglich »Klugheit« in dem oben beschriebenen Sinne, ist im Französischen leider auch in die Bedeutungsrichtung von »Cleverness« abgedriftet, *prudence* hat dort auch einen egoistischen Klang, da schwingt Berechnung und Strategie mit. Attraktiver ist das französische Wort *sagesse*, dessen deutsche Entsprechung die »Besonnenheit« ist. Die hat im ritterlichen Kontext einen ganz besonderen Klang. *Sagesse*, die Besonnenheit, spielt die Hauptrolle in dem ersten großen ritterlichen Epos Europas, dem Rolandslied.

Zur Erinnerung: Das Rolandslied, im 11. Jahrhundert erstmals aufgeschrieben, erzählt die Geschichte vom heldenhaften Recken Roland, dessen Weg an die Sarazenen verraten wird und der so in einen Hinterhalt gerät. Statt auf den Rat seines besonnenen Kameraden Olivier zu hören und mit dem Signalhorn, dem Oliphant (so hieß die Trillerpfeife wirklich), das Heer Karls des Großen zu Hilfe zu rufen, stürzt Roland sich und seine Truppe voller Stolz in die aussichtslose Schlacht. Das gebietet ihm angeblich die Ehre:

Olivier: »Die Heiden kommen mit großem Heer. Wir Franken, scheint mir, sind nur sehr wenige. Darum Roland, mein Gefährte, blas Dein Horn: Karl wird es hören, und das Heer kommt zurück.«

Roland: »Das hieße handeln wie ein Narr! Im süßen Frankreich würde ich dadurch meine Ehre verlieren.«

Das geht eine ganze Zeit lang so weiter. Eine einzige große Debatte zwischen Vernunft und Ehre.

Olivier: »Gefährte Roland, blas dein Oliphant! Wenn Karl es hört, der jetzt den Pass überschreitet, werden die Franken sofort zurückkommen.«

Roland: »Gott will nicht, dass jemals ein lebendiger Mensch sagen kann, ich hätte wegen Heiden mein Horn geblasen. Nie wird man meinen Gesippen diesen Vorwurf machen ...«

Olivier: »Ich weiß nicht, was da zu tadeln wäre. Ich habe die Sarazenen aus Spanien gesehen. Die Täler und Berge sind von ihnen bedeckt, und die Abhänge und alle Ebenen. Groß sind die Armeen dieses fremden Volkes. Wir haben ein sehr kleines Heer.«

Roland: »Meine Kampfeslust ist umso größer. Das will Gott nicht und nicht seine heiligsten Engel, dass Frankreich durch mich sein Ansehen verliert.«

In der Originaldichtung heißt es: *»Rollandz est pruz et Olliviers est sage.«* Roland ist kühn, und Olivier ist klug. Am Ende sind nach heldenhaften Kämpfen fast alle tot. Die Moral des Rolandslieds ist eindeutig: Ein guter Ritter hat nicht tollkühn, sondern auch besonnen zu sein. Wem nützen hehre Vorstellungen von Ehre, wenn alle deine Männer am Ende draufgehen?

Die ritterliche Tugend der *prouesse*, das althochdeutsche Wort für den Mut des Recken, des Einzelkämpfers, den wir als Archetypen aus allen unseren Heldengeschichten kennen, von Siegfried über Tarzan bis Spiderman, genießt zwar seit jeher einen besonderen Ruf. Aber sie verlor mit der Zeit, mit jeder Stufe der Zivilisation, immer mehr an Stellenwert. In unseren archetypischen Heldengeschichten verehren wir den Einzelgänger und Draufgänger zwar, aber nur, weil er – oder sie, siehe Lara Croft, Katniss Everdeen und anderen – etwas ausleben, was wir uns in unserer zivilisierten, beherrschten Gesellschaft aus guten Gründen nicht mehr erlauben. Besonnenheit ist zu einer zentralen Komponente unseres Miteinanders geworden. Man schlägt sich gegenseitig nicht mehr auf die Rübe, wenn man ein Problem miteinander hat. Mit zunehmendem Zivilisationsgrad ist Besonnenheit immer wichtiger geworden – und zwar so weit, dass man inzwischen wieder daran erinnern muss, dass *sagesse* die rechte Wahl der Mittel verlangt, nicht den Verzicht auf Mittel. Eine Gesellschaft kann vor lauter Besonnenheit auch komatös werden. Man soll schon handeln, wenn was schiefläuft, aber immer nur so maximal wie nötig und so minimal wie möglich. Das rechte Maß. Geht es darum nicht immer?

Was geht's mich an?

Die entscheidende Zutat bei der Tugend der Klugheit ist die Bereitschaft, *dazu*lernen zu wollen. Der klügste Kanzler, den Deutschland je hatte, Konrad Adenauer, soll einmal gesagt haben: »Es kann mich niemand hindern, jeden Tag klüger zu werden.« Wer klug ist, ist sich auch nicht zu fein dafür, Hilfe anzunehmen. Und: Dummheit ist in den allermeisten Fällen mit Beratungsresistenz gepaart, was die Sache nicht einfacher macht. Die »Sesamstraße« hatte schon recht: »Wer nicht fragt, bleibt dumm.« Wer sich an fremden Ideen nicht stößt, ist von vornherein chancenlos.

2 HUMOR

Vom Sinn des Unsinns

Humor ist praktizierte Lässigkeit. Eine der wichtigsten Funktionen des Humors ist es, ein Gefühl der Vertrautheit herzustellen. Wenn ich mit einem Kollegen spreche und nur über nüchterne, dienstliche Dinge mit ihm rede, baue ich Distanz auf. Indem ich einen kleinen Witz mache, signalisiere ich ihm, dass wir etwas gemeinsam haben, wir gewisse Werte und Hintergrundwissen teilen, sonst würde ein Witz nicht funktionieren. Die Fachwelt nennt das Scherzkommunikation. Sie leitet den Übergang zu einer höheren Vertrautheitsstufe ein. Somit ist Humor auch Machtmittel. In der direkten Kommunikation, auf Partys, im Salon, ist das evident. Ein guter Unterhalter hält die Fäden des Gesprächs in der Hand, er kann mehrere Leute gleichzeitig mit dem, was er erzählt, in seinen Bann ziehen, er kann die Mimik der Zuhörer deuten, weiß, wann er schweigen und wann er wieder das Wort ergreifen muss, wie lange er die Zügel der Konversation locker lassen und wann er sie wieder anziehen soll. All das kann nur der, der nicht selbstverliebt ist, der nicht doziert, der nicht langweilt, der Pointen zu setzen gewillt ist, weil er nicht den Anspruch erhebt, dass alles, was er erzählt, von Interesse ist. Leute, die sich zu wichtig nehmen, sind in puncto Humor schwer im Nachteil. Deshalb tun sich so oft mächtige, wichtige und reiche Leute schwer mit Humor, sie sind es gewöhnt, dass man nickend zuhört, das schärft nicht den Sinn für Pointen. Humor kann – viel effizienter noch als die hehre Tugend der Gerechtigkeit – in strittigen Situationen für Entspannung sorgen. Stellen Sie sich vor, Sie zoffen sich mit jemandem, Sie schreien sich vielleicht sogar an. Und plötzlich tut der etwas, das Sie zum Lachen bringt. Er lässt etwas fallen, einen fahren oder was auch immer. Nach dem Lachen werden Sie nicht weiterstreiten können. Humor ist ein Friedensinstrument.

Vor allem aber ist Humor immer ein Zeichen von Intelligenz. Wirklich witzig kann man nur über etwas sprechen, das man bis in die letzten Winkel durchschaut hat. Vielleicht sind 99 Prozent unseres Lachens Höflichkeits- und Verlegenheitslachen, aber in jenem magischen Einprozentbereich, in Momenten, in denen wir unwillkürlich lachen *müssen*, haben wir etwas zutiefst verstanden. Humor benötigt ein hohes Maß an Bewusstsein.

Anders gesagt: Nur intelligente Menschen können überhaupt humorvoll sein. Je intelligenter, desto humorvoller. Ein Extrembeispiel. Der Philosoph Ludwig Wittgenstein. Den konnte es schon zum Lachen bringen, wenn er nur aus dem Fenster blickte und den blauen Himmel betrachtete. Er besaß die Fähigkeit, im völlig Alltäglichen das Überraschende zu erkennen. In seinem »Vortrag über Ethik« erklärt er das mit seinem berühmten Löwenkopf-Beispiel. Jeder wäre überrascht, wenn er eines Morgens aufwachen und feststellen würde, dass er den Kopf eines Löwen hat. Man hielte das zu Recht für außergewöhnlich. Aber ist nicht das Gewöhnliche das eigentlich Überraschende? Also, dass wir morgens aufstehen, dass wir leben, dass wir lieben, dass wir trauern, dass wir Schönheit sehen. Alles. Wittgenstein staunte darüber, dass er überhaupt aufwachte, ihn erstaunte die Existenz der Welt, sein Bewusstsein, gerade die Fähigkeit, über so etwas nachdenken zu können. Wittgenstein benötigte keinen Löwenkopf, um in sich ein Gefühl des Staunens hervorzurufen. Wittgenstein: »Die Aussage ›Ich staune darüber‹, dass das und das der Fall ist, hat nur dann Sinn, wenn ich mir vorstellen kann, dass es nicht der Fall ist, ich könnte zum Beispiel darüber staunen, dass der Himmel blau ist – im Gegensatz etwa zu dem Fall, in dem er bewölkt ist.« Wittgenstein staunte, dass der Himmel *überhaupt* da ist: O-Ton Wittgenstein: »Egal, wie er aussieht.«

Um Humor zu haben, muss man staunen können. Kann man Staunen lernen? Kann man Humor lernen?

Als Deutscher ist man da erst einmal im Nachteil. Wir lesen zu viele deutsche Autoren. Das ist nicht humorfördernd. Meine Mutter, Ungarin, hat mich, als sie mich mal mit Nietzsche erwischte, sachte zur Seite genommen und mir mehr Bücher aus dem ungarisch-österreichisch-böhmischen Raum nahegelegt, Torberg, Herzmanovsky, Werfel, Joseph Roth. Das hat tatsächlich ein wenig geholfen. Einen großen Einfluss in puncto Humor hatte auf mich mein 1990 verstorbener Schwager Johannes Thurn und Taxis, dessen Humor war allerdings sehr trocken bis schwarz. Rose Macaulay, die sanftmütigste der britischen Romanciers des 20. Jahrhunderts, sagte ja: »Ohne ein bisschen Bosheit kann man unmöglich witzig sein.« Johannes hätte das bestätigt. Er war, um genau zu sein, ein Großmeister in der Kunst des *practical joke*, das sind im wirklichen Leben inszenierte Situationen, Impromptu-Happenings, die vor allem einen selbst zum Lachen bringen, mit dem zusätzlichen Reiz, dass man dabei nicht lachen darf, dies nur rückblickend kann. Ich war dabei, wie in seiner Gegenwart ein Tablett mit Weinkrügen in den Schoß von Henry Kissinger und eine Gruppe von bolivianischen Milliardären flog. Dank eines kleinen Handgriffs meines Schwagers, der völlig unsichtbar blieb. Auf einer Party des Schahs von Persien in St. Moritz behandelte er, so sagt die Legende, nachdem er den Schah für seine idiotische Politik und seine Luxus-Exzesse beschimpft hatte, die Herrengarderobe mit Enthaarungsmittel, er fand Männer mit Pelz affig; einer Münchner Privatbankiers-Familie, die besonders stolz auf ihr Aquarium war (und sich später als betrügerisch herausstellte), brachte er »als Mitbringsel aus Brasilien« Piranhas mit. Die Gründe für Johannes' abgründigen Sinn für das Absurde seien, sagt zumindest die in solchen Fällen oft ziemlich akkurate

Küchenpsychologie, in seiner Kindheit zu suchen. Bei Kriegsbeginn 1939 war er zehn Jahre alt. Sein Vater, der alte Fürst Karl August, war Hardcore-Katholik und lautstarker Nazigegner. Er war zu reich und mächtig, um von den Nazis in Regensburg verhaftet zu werden, eine Stadt, die Hitler verhasst war und die er nur einmal nach seiner Machtergreifung 1934 betreten hatte. In keiner bayerischen Stadt hatte die NSDAP schlechtere Wahlergebnisse. Den Fürsten umgab ein unsichtbarer Sicherheitskordon. Er lebte in einem durch Lakaien in Uniform und Perücke von der vulgären Außenwelt isolierten Schloss. Johannes, sein Sohn, nicht. Der alte Fürst hatte absichtlich auf Privatunterricht für seinen Sohn verzichtet und Johannes zur Abhärtung auf die öffentliche Volksschule geschickt, wo er als Sohn des Fürsten und Nicht-HJler täglichen Demütigungen ausgesetzt war. Als er einmal blutend nach Hause ins Schloss kam, eine Gruppe der Hitlerjugend hatte ihm aufgelauert, sagte ihm der alte Fürst: »Der heilige Sebastian hat für die höhere Ehre des Herrn den Märtyrertod erlitten, da wirst du ein paar Schrammen wohl auch hinnehmen wollen.« Er sagte das vermutlich auf Latein oder Französisch.

Humor scheint besonders bei all jenen Menschen sehr ausgeprägt zu sein, die in jungen Jahren relativ viel wegstecken mussten. Die meisten Komiker haben eine traurige Geschichte. Der berühmteste Clown der Welt, Oleg Popow, musste mit ansehen, wie sein Vater, ein Uhrmacher, vom KGB verhaftet wurde und im Gefängnis starb, er wuchs in den 1930ern allein mit seiner Mutter in einem der ärmsten Vororte Moskaus auf, kannte schon als Kind Hunger, Angst und Verzweiflung. Chaplin wuchs, nachdem sich die Eltern getrennt hatten, teils bei seiner psychisch kranken Mutter, teils in Londoner Armenhäusern auf. Die Liste ließe sich unendlich fortsetzen. Vielleicht ist Humor, wie immer behauptet wird, tatsächlich eine Art Selbstmedikation des Gehirns. Der berühmte Psychiater Viktor Frankl, der Erfinder der Logotherapie, behauptete, er habe nur deshalb das KZ überlebt, weil er sich

Ist Ironie komisch?

Nein. Man kann sich aber sehr gut dahinter verbarrikadieren (wer's nötig hat). »Frauen, Kinder und Revolutionäre hassen die Ironie, weil sie Treue, Tatendurst und alles tief Gefühlte unterwandert« (Joseph Conrad).

dort regelmäßig mit anderen Insassen verabredet habe, um sich Witze zu erzählen.

Von Werner Finck, dem berühmten Kabarettisten der Dreißigerjahre (er erhielt 1939 Berufsverbot), stammt der Satz: »Humor beginnt da, wo der Spaß aufhört.« Es gibt Dinge, die sind so ernst, dass man sie nur in einem Witz sagen kann. Deshalb hatte Mark Twain natürlich recht, als er die These aufstellte, der Himmel müsse ein komplett witzloser Ort sein, denn dort sei ja alles in bester Ordnung. Wo es keine Probleme gibt, kann es auch keine Witze geben. Humor ist immer auch die Einsicht in unsere Unvollkommenheit, Gebrochenheit, Hilfsbedürftigkeit. Humor bedeutet aber auch die Zuversicht, dass mein Wert als Mensch nicht beschädigt ist, wenn mir mal etwas in die Hose geht. Im Humor liegt eine Erhabenheit, von der andere Tugenden nur träumen können. Der Delinquent, der am Montag zum Galgen geführt wird und »Die Woche fängt ja schön an!« seufzt, ist an Lässigkeit nicht zu übertreffen.

Aber ist Humor im strengen Sinne überhaupt eine Tugend? Müssen Tugenden nicht streng genommen erlernbar und einübbar sein? Vielleicht kommt man der Frage, ob Humor eine Tugend ist, auf den Grund, wenn man sich ihr theologisch nähert. Spätestens seit Umberto Ecos Welterfolg »Der Name der Rose« gilt es ja als ausgemacht, dass Glaube humorfeindlich sei. Kierkegaard war ähnlicher Meinung, aber das ist ein Sonderfall, der Mann war zu schwermütig, um da klar sehen zu können. Im Roman von Eco will der böse blinde Mönch verhindern, dass das einzige Exemplar eines Buches an die Öffentlichkeit gerät, in dem Aristoteles die Frivolität besitzt, den Humor zu verteidigen. Im Film bildet den Höhepunkt des Ganzen ein Streitgespräch über Humor. Auf der einen Seite Sean Connery, pardon, der Franziskaner William of Baskerville, auf der anderen Seite der böse, blinde, hässliche Benediktiner Jorge de Burgos. Sie bekriegen sich mit Worten, in der Kulisse stehen staunend fast alle Mönche des Klosters:

Der böse Burgos: »Das Lachen ist ein teuflischer Wind, der die Gesichtszüge aufs Unnatürlichste verzerrt und die Menschen wie wilde Affen aussehen lässt.«

Der gute Baskerville: »Ehrwürdiger Jorge, Affen lachen nicht. Lachen ist eine Eigenart des Menschen.«

Burgos: »So wie die Sünde! Christus hat nie gelacht!«

Baskerville: »Können wir da so sicher sein?«

Burgos: »Es steht nichts in der Heiligen Schrift darüber, dass er es je tat.«

Baskerville: »Und es steht nichts in der Heiligen Schrift, dass er es nicht tat. Wir wissen, dass selbst die Heiligen sich der Komik bedienten, um die Feinde des Glaubens der Lächerlichkeit preiszugeben. Nur ein Beispiel: Als man den heiligen Maurus bei den Heiden ins kochende Wasser tauchte, beklagte er sich, sein Bad wäre zu kalt. Der Sultan hielt seine Hand hinein und verbrühte sie sich.«

Burgos: »Ein Heiliger, den man ins kochende Wasser getaucht hat, der erlaubt sich keine kindischen Streiche, er unterdrückt seine Schreie und leidet für die Wahrheit.«

Baskerville: »Vergesst nicht: Aristoteles bezeichnete sein zweites Buch der Poetik der Komödie als ein Instrument der Wahrheit!«

Burgos: »Habt Ihr dieses Werk gelesen?«

Baskerville: »Nein, natürlich nicht, es ist seit vielen Jahrhunderten verschollen.«

Burgos: »Nein, das ist es nicht! Es wurde nie geschrieben! Weil die Vorsehung es nicht gestattet, dass nutzlose Dinge verherrlicht werden ...«

Wie immer hat natürlich Sean Connery recht. Natürlich hat Gott Humor. Sonst hätte er nicht den freien Willen erlaubt. Auch Jesus hatte garantiert Humor, er war jedenfalls keine Spaßbremse, sein erstes Wunder wirkte er auf einer Party, einer Hochzeitsparty, auch das ist relevant, bei der der Alkohol ausgegangen war. Er sorgte dabei gleich für Unmengen, für Überfluss, und es wird auch explizit hervorgehoben, dass es außerordentlich guter Wein war. Jesus, der noch dazu von manchen als »Fresser und Säufer« verschrien wurde, als Partymuffel zu bezeichnen, wäre Unsinn. Das Alte Testament liest sich zum Teil wie ein Comedy-Skript. Es beginnt ja bereits mit einer Komödie. Die Auftaktszene hat was von Larry David in »Curb Your Enthusiasm«: Adam versteckt sich vorm allwissenden Gott im Garten Eden. Allein das ist ja schon absurd. Und dann dieser Dialog. Gott: »Wo bist du?« Adam: »Och, ich hab mich versteckt.« Eine Verlegenheitsantwort. Und dann: »Ich bin nämlich nackt.« Gott: »Woher weißt du das denn?« Adam: »Ups!« Am Ende schiebt er alles auf seine Frau. Das hat fast schon Slapstick-Niveau.

Wer seinen Humor trainieren will, muss den Blick für das Absurde schulen. Dort, wo etwas ist, was eigentlich nicht sein kann, da hockt der Witz. Die Giraffe, die in eine Bar kommt, der Non-sens, das Unsinnige. Die Kognitionsforschung sagt, dass der Mensch den Zwang hat, ständig Ursache-Wirkungs-Beziehungen herzustellen. Das Gehirn verfrachtet alles fortwährend in logische Schubladen. Der Humor-Therapeut Eckart von Hirschhausen sagt, dass wir Humor geradezu körperlich brauchen, und zwar als Korrektiv für diesen Erklärungswahn. Weil nur so der Mensch damit klarkommt, dass nicht immer alles aufgeht und erklärbar und planbar ist. Um immer wieder zu lernen, dass nicht alles logisch ist. Paul Watzlawicks berühmtes Beispiel, um die Kraft und die Komik des Unlogischen zu demonstrieren: Geht ein Mann über die Straße und klatscht immer wieder in die Hände. Ein Passant fragt ihn, warum er das tue. »Ich vertreibe die Elefanten.« – »Aber hier gibt's doch keine Elefanten.« – »Na, sehen Sie!«

Humor stellt sich ein, wenn der Sinn schwankt, wenn unsere Wirklichkeit Risse bekommt. Der Reiz tragischer Geschichten beruht darauf, dass sie Sinn ergeben. Man schaut sich sein oft chaotisches Leben an und ist beruhigt, dass Geschichten auf der Bühne oder dem Bildschirm dank Anfang,

Mitte und Ende einen klaren Sinn ergeben. Komische Geschichten tun etwas sehr viel Raffinierteres. Sie schulen unsere Fähigkeit, scheinbare Sinnlosigkeit auszuhalten. Besser gesagt: Sie schulen unsere Demut, weil wir einsehen müssen, dass sehr wohl etwas Sinn haben könnte, das wir nicht bis ins Letzte durchschauen. Humor, schreibt Chesterton, habe immer einen Sinn für letzte Geheimnisse.

Humor muss schon deshalb recht weit oben auf der Tugendliste stehen, weil er der ersten, der aus theologischer Sicht größten menschlichen Sünde so dermaßen entgegengesetzt ist – dem Stolz. Jemand mit Humor, der sich selbst besonders ernst und wichtig findet, ist ein Widerspruch in sich. Wer Humor hat, neigt eher dazu, sich selbst nicht so ernst zu nehmen und das Absurde vor allem bei sich selbst zu suchen. Humor ist daher auch unerreichbar für Technokraten, die behaupten, alles erklären zu können, sowie für Menschen, die alles immer selbst in der Hand haben wollen und überzeugt sind, alles exakt vorausplanen zu können. Die Geschichten der Bibel und damit auch das europäische Abendland lehren jedenfalls, dass der Mensch dazu bereit sein muss, sich überraschen zu lassen. Noah, Abraham, Jakob, David, Joseph – also sowohl der ägyptische Kanzler als auch der Mann von Maria, die ja auch offen für Überraschungen war –, auf der ritterlichen Seite Arthus, der ähnlich unverhofft zum König wird wie David, und all die Rittergeschichten mit ihrem in jeder Wendung gewärtigen Unerwarteten. Überraschungen sind Grundbestandteil der archetypischen biblischen und aller Rittergeschichten, das Mindesterfordernis an einen Witz ist ebenfalls, dass er unerwartet sein muss. Der Ausrutscher auf der Banane. Warum der lustig ist? Weil wir Menschen uns so verdammt ernst nehmen. Wir gehen mit erhobener Nase unseren Geschäften nach und ... *pardauz*! Der Ausrutscher auf der Banane ist eine archetypische Geschichte, vielleicht die kürzeste überhaupt, und sie lehrt: Vorausschau ist klug, aber am allerklügsten ist es, sich auf Überraschungen gefasst zu machen. Deshalb ist auch der Clown eine so urkomische Figur, weil er uns zum Lachen über uns selbst bringt, die wir uns so ernst nehmen und die Allergrößten sein wollen und doch völlig aufgeschmissen sind, wenn wir glauben, alles unter Kontrolle zu haben.

Apropos Überraschungen. Hier ein klassischer jüdischer Witz zu dem Thema: Geht einer die Straße entlang und sieht ein Geschäft mit Uhren in der Auslage. Da er eine neue Uhr braucht, geht er hinein. »Ich hätte gern eine Uhr.« – »Haben wir leider nicht«, sagt der Mann im Laden, Bart, Kippa auf dem Kopf, und natürlich mit jiddischem Zungenschlag. »Na, und warum haben Sie dann Uhren im Schaufenster?« – »Nu ja«, antwortet der alte Herr, »i bin a *Mohel*, was soll ich Ihrer Meinung nach ins Schaufenster tun?« Der *Mohel* ist in der jüdischen Gemeinde der Mann, der gegen Gebühr Beschneidungen durchführt.

Was geht's mich an?

Üben Sie bewusst, das Absurde – und sich selbst – zu belächeln! Versuchen Sie, nicht so viel zu planen! Lassen Sie sich überraschen! Nehmen Sie eine Einladung an, die Sie normalerweise ablehnen würden; wenn Sie einen Flug verpassen, nehmen Sie es als willkommene, unvorhergesehene Wendung an. Und: Schauen und lesen Sie mehr gute Comedy mit biblischem Humor, also mehr Larry David und öfter in die fünf Bücher Mose! Das hilft garantiert.

3 WELTOFFENHEIT

Sind Sie Kosmopolit?

In einem Hochglanzmagazin ist einmal ein kleiner Psychotest erschienen. Die Frage war: »Sind Sie ein echter Globetrotter?« oder »Sind Sie ein Mann von Welt?« oder so ähnlich. Ich erinnere mich nicht mehr an den genauen Wortlaut, aber er muss in etwa diese Richtung gegangen sein (Sie brauchen jetzt einen Stift, um mitzumachen). Mehrfachnennungen sind möglich.

Frage 1: Sie sind in New York und unterhalten sich mit einem Geschäftspartner. Mitten im Gespräch tippt er sich mit dem Zeigefinder auf die Stirn. Was will er damit zum Ausdruck bringen? A) Dass Sie ein Idiot sind. B) Dass Sie ganz schön clever sind. C) Dass er sich das, was Sie gerade gesagt haben, merken möchte.

Frage 2: Sie sind in Taiwan, schenken einem dortigen Geschäftspartner eine Uhr, der reagiert entsetzt. Was haben Sie falsch gemacht? A) Ich habe ihm eine normale GMT-Master und keine Rolex-Daytona geschenkt. B) Es wäre seine Frau gewesen, die ich statt ihm hätte beschenken sollen. C) Uhren und Schuhe sind in Taiwan als Geschenke tabu, weil die Wörter dafür so ähnlich klingen wie das Wort für Tod.

Frage 3: Warum sollten Sie in Nairobi niemals einen weißen Anzug oder ein weißes Kleid tragen? A) Weil die Luft so schmutzig ist, dass Sie spätestens mittags Grau tragen. B) Weil Weiß in Kenia eine Trauerfarbe ist. C) Die Frage ist falsch. Sie tragen im Sommer in Ihrem Klub dort immer einen weißen Anzug, und zwar den, den Sie sich in Hongkong bei W. W. Chan & Sons haben schneidern lassen.

Die richtigen Antworten lauten: 1 B, 2 C, 3 A und C. Wenn Sie bei allen drei Fragen falschliegen, machen Sie sich bitte keine Sorgen. Das ist höchst sympathisch. Wenn Sie alle drei Fragen richtig beantwortet haben, gratuliere ich herzlichst. Sie sind ein echter Kosmopolit und auf der ganzen Welt zu Hause. Sie sollten das Buch allerdings jetzt zur Seite legen. Ihr Flug geht in zwei Stunden, und laut Waze ist der Verkehr zum Flughafen derzeit ziemlich zäh.

Warum ist es überhaupt so begehrenswert, als Kosmopolit zu gelten? Ist es nicht auch ein wenig nervig, wenn Leute von sich behaupten, »Weltbürger« zu sein, damit angeben, dass sie »aus dem Koffer leben«, am liebsten immer dieselbe Hotelkette nutzen, um ortsunabhängig sicher sein zu können, dass alles den gewohnten Standard hat, die beim schicken Italiener gschaftlhuberisch die Weinkarte begutachten und nörgeln, dass man »einen schönen Montefalco« eigentlich nur in Umbrien findet, beim Vorschlag, ein paar Sushi zu essen, die Augen verdrehen, weil es gute Sushi angeblich nur in London gibt (»Abgesehen von Tokio natürlich, da muss man zu Jiro gehen, eine Offenbarung, danach isst du nie mehr Sushi in Europa!«). Mir gehen solche Leute unfassbar auf die Nerven.

Es ist interessanterweise eine uradelige Forderung, sich auf der ganzen Welt wie zu Hause bewegen zu können. Manieren sind überhaupt nur für den interessant, der viel rumkommt und sich in Kulturen mit verschiedenen Sitten zurechtfinden muss. Nicht »jede Sitte taugt für jedes Land«, argumentierte schon Giovanni Della Casa im 16. Jahrhundert im »Galateo«: »Die Sitten der Neapolitaner, einer Stadt, in der viele reiche Männer und Barone von hohem Rang leben«, sind »nicht für die Bewohner von Lucca und Florenz geeignet, die eher Kaufleute und einfache Edelleute sind und kaum Prinzen, Grafen oder Barone unter sich kennen.« Höflichkeit ist, wie der Kulturwissenschaftler Thomas Macho schreibt, ein Topos für den

Reisenden, den Kaufmann, Wissenschaftler, Künstler, Diplomaten, der zur Überschreitung von Grenzen gezwungen ist. Von ihm werde erwartet, dass er seine Zugehörigkeit wechseln könne und dabei weder angepasst noch fremd erscheine. Dem Adel, der immer auf weitverbreitete Allianzen aus war, blieb gar nichts anderes übrig, als Weltoffenheit und Kosmopolitismus zu seinen zentralen Erziehungszielen zu erklären. Vorurteile gegenüber fremden Kulturen und Provinzialität gelten in der ritterlichen Dichtung als schwerer Makel. Wolfram von Eschenbachs Parzival-Epos beginnt zum Beispiel damit, dass Gahmuret, Parzivals Vater, in den fernen Orient zieht. Dort dient er am Hofe des Kalifen von Bagdad, kämpft für die »Mohrenkönigin« Belacane von Zazamanc (bei dem es sich, wie manche Forscher behaupten, um eine Stadt im heutigen Libyen handelt), heiratet sie und zeugt mit ihr einen Sohn – Parzivals Halbbruder Feirefiz*.

In meiner eigenen Familie galt jedes Fremdeln mit anderen Kulturen und anderen Sitten als zutiefst spießig und unerwünscht. Meine älteren Schwestern können bis heute manche Koransuren auswendig, die sie damals auf der Schule in Somalia lernen mussten. Ich bin in Mogadischu geboren, mein Bruder in Lomé, auf der gegenüberliegenden Seite des afrikanischen Kontinents. Ich glaube, mein Vater war zeitlebens von Sehnsucht nach einer Art Zazamanc getrieben. Als Kind bin ich so oft umgezogen, dass ich manchmal das Gefühl hatte,

* Xenophobe Snobs, die sich über die Hochzeit von Englands Prinz Harry mit Meghan Markle echauffierten und offen oder unterschwellig dafür ihre dunkle Hautfarbe ins Felde führten, wird das hoffentlich zu denken geben. Der Vollständigkeit halber ist allerdings zu erwähnen, dass die romantische Beziehung zwischen Belacane und Gahmuret zwar intensiv, aber nur von kurzer Dauer ist. Gahmuret verlässt Zazamanc nach wenigen Monaten schon fluchtartig und hinterlässt ihr einen ziemlich heuchlerischen Brief, in dem er vorschiebt, er könne nicht bei ihr bleiben, da sie keine Christin sei. Bis dahin hatte es ihn nicht gestört.

es lohne sich gar nicht, die Umzugskisten auszupacken. Vielleicht kompensierte er mit seiner Rastlosigkeit, die er nach dem Verlust unserer Besitztümer in der sowjetischen Besatzungszone als Heimatloser ausleben konnte, die außergewöhnlich lange Zeit der Immobilität unserer Vorfahren. Fast neunhundert Jahre war die Familie Schönburg am selben Ort ansässig gewesen. Kaiser Barbarossa, heißt es zumindest in den Familienanalen, hatte uns seinerzeit in den – aus damaliger Sicht – fernen Urwald in den Osten geschickt, um die damals im Pleißenland (im heutigen Sachsen) ansässigen Slawen zu kolonisieren.

Heute hat die Region, in der die Wurzeln meiner Familie liegen, also das südliche Sachsen, ja den Ruf, einer liberalen Zuwanderungspolitik ausgesprochen skeptisch gegenüberzustehen. Ich hoffe, ich habe das jetzt vorsichtig genug formuliert. Zur Verteidigung der Menschen in unserer alten Heimat möchte ich aber geltend machen, dass die Xenophobie dort so etwas wie eine historische Altlast ist. Bevor sich die Menschen aus dem heutigen Westdeutschland dort ansiedelten, war dies, wie gesagt, slawisches Gebiet. Über Generationen hinweg musste man damit leben, dass die Ureinwohner und die unmittelbaren Nachbarn einem nicht freundlich gesinnt waren. Dass sich also eine gewisse Trutzburgmentalität entwickelte, ist verständlich. Am freundlichen Bodensee oder am Rhein ist es leicht, fremdenfreundlich zu sein, an der Schwelle zu Osteuropa war das Fremde seit jeher das Feindliche, etwas, wogegen man sich zur Wehr setzen musste, um zu überleben. Mit dem nun doch sehr deutlichen Abstand von fast tausend Jahren darf ruhig mal die unbefangene Frage erlaubt sein, ob es rückblickend wirklich eine gute Idee Karls des Großen und seiner Nachfolger war, bei ihren Eroberungen nicht an der Elbe haltzumachen. Vielleicht machte das Heilige Römische Reich einfach den gleichen Fehler wie die EU heute – dass man sich über seine natürlichen Grenzen ausgebreitet hat.

Entschuldigung, ich bin kurz abgeschweift. Ich wollte ja eigentlich über das Ideal des Weltbürgertums erzählen:

Ideengeschichtlich hat der Kosmopolitismus einen ziemlich interessanten Stammbaum. Der Erste, der von sich behauptete, Weltbürger zu sein, war angeblich Diogenes. Den wollen wir hier überspringen, ein Mann, der in der Tonne lebt und Alexander dem Großen, der ihn eigens aufsucht, um ihm seine Reverenz zu erweisen, wirsch anknurrt, er solle ihm aus der Sonne gehen, hilft uns in Fragen der Eleganz nicht weiter. Wir spulen rund fünfhundert Jahre nach vorne und landen bei Seneca, der davon spricht, dass es wichtig sei, die ganze Welt als sein Zuhause zu betrachten, aber auch darauf wollen wir nicht weiter eingehen. Jemand, dessen Hauptaufgabe darin bestand, den jungen Kaiser Nero zu erziehen, und daran so kläglich scheiterte, ist auch keine Autorität. Wie wichtig Weltläufigkeit in den Frühzeiten des Adels war, habe ich erwähnt. Richtig interessant wird es danach erst wieder mit Immanuel Kant, geboren 1724 in Königsberg (dem heutigen Kaliningrad), gestorben ebenda knapp achtzig Jahre später.

Neben seiner »Kritik der reinen Vernunft«, erschienen zwei Jahre nach Ausbruch der Französischen Revolution, ist sein berühmtestes Werk das träumerische Traktat »Zum ewigen Frieden«. Bei den meisten ist es so, dass sie als junge Menschen zu Optimismus neigen und im Alter Pessimisten werden, bei Kant war es andersherum. Als »Zum ewigen Frieden« erstmals erschien, war er bereits in seinen Siebzigern. Die dort entwickelte politische Philosophie geht von der These des vermutlich wichtigsten englischen Denkers des 17. Jahrhunderts, Thomas Hobbes, aus. Hobbes' berühmte Behauptung lautet: Im »Naturzustand«, also bevor es Gesellschaften gab, die entlang so etwas wie verbindlichen Rechtsnormen organisiert waren, war das Leben von uns Menschen *»solitary, poore, nasty, brutish, and short«*, also einsam, armselig, ekelhaft, brutal und kurz. Jeder hatte ein natürliches »Recht auf alles«, jeder hatte für sich selbst zuzusehen, dass er zu seinem Recht kam, jeder war sein eigener Gesetzgeber, seine eigene Regierung, es herrschte ein ständiger Kampf um überlebenswichtige Ressourcen. Der »Naturzustand« des Menschen war der Zustand des »Krieges aller gegen alle«, in dem die einzig geltenden Tugenden List, Gewaltbereitschaft und Stärke waren. Hobbes stellte die bis heute gültige Arbeitsthese auf, dass es den Menschen irgendwann zu bunt wurde. Der Zustand war für alle Beteiligten auf Dauer unerträglich, denn in so einem »Naturzustand« gibt es »für Fleiß keinen Raum, da man sich seiner Früchte nicht sicher sein kann; und folglich gibt es keinen Ackerbau, keine Schifffahrt, keine Waren ..., keine bequemen Gebäude, ... keine gesellschaftlichen Beziehungen, und es herrscht, was das Schlimmste von allem ist, beständige Furcht und Gefahr eines gewaltsamen Todes«. Da die Menschen sich – aus gutem Grund – aber nicht allein auf lose Vereinbarungen verlassen wollten, benötigte man eine gemeinsame Instanz, die für die Einhaltung von Recht und Ordnung sorgt und im Falle von Zuwiderhandlung »das Schwert der Gerechtigkeit« in die Hand nehmen kann – so entstanden Frühformen des Staates.

Kant griff diesen großen hobbesschen Gedanken, der jedem Politologiestudenten im ersten Semester beigebracht wird, auf. Er rühmte den modernen Staat als »Gehege«, der es den Menschen erst möglich mache, »nebeneinander bestehen zu können«, er ging aber einen Schritt weiter. Die Übereinkunft auf gemeinsame Regeln und Normen habe zwar *innerhalb* der Staaten zu zivilisatorischem Fortschritt geführt, endlich konnten wir Häuser bauen, Städte gründen und so weiter, *zwischen* den Staaten, beklagte er, setze sich dieses menschliche »Possenspiel der Gewalt« aber fort. Nach Kant muss die Logik, die Hobbes zwischen Menschen ausmachte, auf lange Sicht auch für das Verhältnis zwischen Staaten gelten. Das hat für ihn nichts mit moralischer Norm, sondern mit Einsicht zu tun: »Für Staaten, im Verhältnis untereinander, kann es nach der Vernunft keine andere Art geben, aus dem gesetzlosen Zustande, der lauter Krieg enthält, herauszukommen, als dass sie, ebenso wie einzelne Menschen, ihre wilde (gesetzlose) Freiheit aufgeben, sich zu öffentlichen Zwangsgesetzen bequemen, und so einen (freilich immer wachsenden) Völkerstaat (*civitas gentium*), der zuletzt alle Völker der Erde befassen würde, bilden.« Der Weltfriede, sagt Kant, sei nur in einer zu schaffenden »Weltrepublik« zu erreichen.

Hiermit betritt erstmals mit aller Wucht das Ideal einer entgrenzten Welt und das Ideal des Weltbürgers die Bühne.

Kant ahnte übrigens, dass es vor allem der »Handelsgeist« sein werde, der seine Vision eines Tages am meisten voranbringen werde. Er ahnte auch eine Welt voraus, in der »die Rechtsverletzung an *einem* Platz der Erde an *allen* gefühlt« werde, er sprach vom »Weltbürgerrecht« und nahm damit etwas vorweg, was später dank der Medien und mit Mitteln wie der Menschenrechtskonvention der Vereinten Nationen, zumindest auf dem Papier, tatsächlich Realität wurde. Kant war andererseits, bei allem Altersoptimismus, Realist genug, um zu ahnen, dass seine Vision einer »Weltrepublik« vermutlich niemals so ganz Wirklichkeit werden würde, dazu sei der Mensch, wie er sich ausdrückte, aus zu »krumme[m] Holze geschnitzt«, aber die Annäherung an diese Idee, darauf bestand er, sei uns »von der Natur auferlegt«.

Nun kann man darüber streiten, wie weit Kants Idee von der entgrenzten Welt bereits Realität geworden ist. Und ob eine »Weltrepublik« überhaupt wünschenswert wäre. Hier ein paar Gegenargumente:

Zunächst einmal ist der Begriff »Weltbürger« dem Wortsinn nach ein Widerspruch in sich. »Bürger« leitet sich von »Burg« ab. Bürger sind Menschen, die hinter den Mauern einer Burg Schutz finden. Wenn es keine Mauern und keine Grenzen mehr gibt, ist der Begriff »Bürger« nicht mehr anwendbar. Das ist mehr als Wortklauberei, und das sage nicht nur ich, das sagen auch seriöse Menschen. Der Begriff »Bürger«, sagt zum Beispiel Matthias Möhring-Hesse, Professor für Sozialethik an der Universität Tübingen, lasse sich nicht ohne Weiteres auf transnationale Zusammenhänge übertragen. Er plädiert stattdessen dafür, nationalgesellschaftlich verortete Bürgerinnen und Bürger sachte und stetig auf ihre wachsende transnationale Verantwortung hin zu erziehen. Ein überschaubarer Staat erwirtschaftet im Kollektiv einen gewissen Wohlstand, der sich nach gemeinsam beschlossenen Kriterien umverteilen lässt. »So schulden sich Bürgerinnen und Bürger den Ausgleich ihrer sozialen Ungleichheiten, um sich nicht nur gleiche Rechte, sondern auch vergleichbare Chancen ... zu gewährleisten«, so Möhring-Hesse. Ein globaler Superstaat hätte kein gemeinsames Sozialprodukt, das sich verteilen ließe. Und wenn es ihn doch gäbe, wäre die Verteilung hoffnungslos intransparent, schwer zu kontrollieren und verlöre, da es ja auch kein frei gewähltes Weltparlament gäbe, jede demokratische Legitimation.

Womit wir bei einem der Haupteinwände gegen den Traum von der »Weltrepublik« sind. Bereits heute ist es so, dass die wichtigsten politischen Fragen zwischen Staatschefs und deren Stäben auf Weltwirtschaftsgipfeln und G8-Treffen unter sich ausgehandelt werden. Sogar der Mittelstürmer des kosmopolitischen Gedankens, der 2015 verstorbene Münchner Soziologe Ulrich Beck, räumte in seinem berühmt gewordenen Appell »Weltbürger aller Länder, vereinigt euch!« ein, dass bereits eine Institution wie die Europäische Union zunehmend an demokratischem Legitimationsdefizit leidet. Mehr und mehr Entscheidungen werden autonom von der EU getroffen und von den Mitgliedsstaaten nur noch exekutiert: »Hier zeigt sich das Demokratie-Dilemma im Zeitalter der Globalisierung: Während im Rahmen der demokratisch konstituierten, nationalstaatlichen Politik ... das Verharren politisch legitimiert wird, werden im transnationalen Rahmen ... Entscheidungen großer Reichweite getroffen, denen jede demokratische Legitimation fehlt.« Das »Regieren ohne Regierung« (ein Begriff des amerikanischen Politikwissenschaftlers

Was tun, wenn einem beim Dinner das Essen nicht schmeckt oder etwas serviert wird, was man nicht verträgt?

Sich über serviertes Essen zu beschweren ist absolut indiskutabel. Nehmen Sie sich ein Beispiel an der englischen Königin, die bei ihren inzwischen Tausenden Staatsbesuchen schon die absurdesten Dinge serviert bekam und sich nie darüber beschwert hat. Bei ihrem Staatsbesuch in Belize wurde ihr zum Beispiel Rattenfleisch serviert, später berichtete sie, es habe *»rather like rabbit«* geschmeckt, also ein bisschen wie Kaninchenfleisch.

James N. Rosenau), das von internationalen Organisationen praktiziert werde, sei zwar absolut notwendig, aber eben demokratisch nicht legitimiert. Das fördert ein allgemeines Unbehagen gegen einen Staat, der mehr und mehr unsichtbar wird.

Dann gibt es noch ein Problem. Die grenzenlose Welt ist ein Traum von Eliten. Das war es immer schon. Wenn zum Beispiel einer der Hauptvertreter des sogenannten deutschen Idealismus, Johann Gottlieb Fichte, ein Zeitgenosse Kants, nur zwanzig Jahre jünger, vom »Weltbürgersinn« schwärmte, dann hatte er zwar die ganze Menschheit im Blick, aber wenn er von »Menschheit« sprach, dann sollte die in seinen Augen möglichst so ticken wie die besseren Leuten in den deutschen Ländern, kultiviert, belesen, aufgeklärt. Gut hundert Jahre später lief das auf den lieb gemeinten, aber fürchterlichen Schlachtruf »Am deutschen Wesen mag die Welt genesen« hinaus. Genau diese Mentalität ist es, die der heutigen globalen Elite eigen ist: Wir beurteilen aus rheinischer, skandinavischer oder nordamerikanischer Sicht, mit welchen Modernisierungsmaßnahmen wir die Welt beglücken wollen, vergessen dabei aber, denen, die wir beglücken, eine Stimme zu geben, behandeln sie wie Subalterne und sind dann ganz erstaunt, dass wir dort, wo wir für Beglückung sorgen, in Afrika, in Asien, in arabischen Ländern, den einen oder anderen Abwehrimpuls provozieren.

Ein guter Kosmopolitismus müsste das Anderssein der anderen in Kauf nehmen, respektieren, es sogar pflegen. Selbst aus touristischer Perspektive ist das Verschwinden kultureller Differenzen ja ein Verlust. In Prag habe ich mich mal auf die Suche nach Powidldatschgerln gemacht. Powidldatschgerl, muss man dazu wissen, sind die mit Abstand köstlichste Süßspeise der Welt, eine Art süße Ravioli – serviert mit viel flüssiger Butter und Unmengen Puderzucker. »Die böhmische Küche ist hier schon lange verschwunden«, erklärte mir der Hotelconcierge, als ich mir nach vergeblicher Suche endlich professionelle Hilfe suchte, »aber bei uns im Bistro können wir Ihnen original amerikanischen Cheesecake anbieten.« Das Verschwinden der Powidldatschgerl wird Sie womöglich angesichts anderer dringenderer Probleme nicht so sehr beunruhigen, für mich steht die Powidldatschgerl-Problematik stellvertretend für die alle regionalen Eigenarten platt walzende Gewalt, die mit dem Verschwinden von Grenzen einhergeht.

Alle reden immer von Diversität, tatsächlich schaffen wir uns eine Welt, in der alles gleich schmeckt, gleich aussieht und gleich denken soll. Das spiegelt sich auch in unserer Obsession mit der sakrosankten Integration wieder. Anerkennend von Immigranten sprechen wir vor allem dann, wenn sie sich auf »Integrationsbemühungen und den westlichen Lebensstil einlassen«. Ich finde, dass aus dem fortwährenden Gerede von der Integration eine gewaltige kultur-kolonialistische Arroganz spricht – nach dem Motto »ein guter Immigrant ist ein assimilierter Immigrant«. Mir persönlich sind Fremde, die sich in kürzester Zeit auf Buletten mit Kartoffelsalat essende DIN-A4-Deutsche zurechtschleifen lassen, suspekt. Wer seine Kultur wie ein nasses Kleidungsstück einfach abstreifen kann, ist in meinen Augen entweder kulturlos oder hat kein Rückgrat.

Dazu – weil sie einfach zu schön ist – eine kleine Anekdote: Eine Freundin meiner Frau – leider kann ich ihren Namen nicht sagen, sonst steht die Story morgen in der *Bunten* – lebt mit ihrem Mann und ihren Kindern in einem der schönen Villenviertel Düsseldorfs, eine ihrer Töchter hat sich in der Schule mit einem arabischen Mädchen angefreundet. Eines Tages erreichte die Freundin meiner Frau eine freundlich formulierte SMS von der Mutter des arabischen Mädchens. Diese bat sie darum, ob es möglich wäre, ihrer Tochter keine Schinkensemmeln mehr als Pausenbrot mitzugeben, für ihre eigene Tochter sei schon der Geruch unerträglich. Die Freundin meiner Frau versprach, die Pausenbrote künftig mit Käse oder Pute zu belegen. Sie wollte ja die Freundschaft ihrer Tochter zu dem süßen Mädchen aus dem Orient nicht gefährden, das auch immer mal wieder zu Besuch kam und in der Familie für viel Freude sorgte. Irgendwann durfte das Mädchen aber nicht mehr zu Besuch kommen. Erst nach mehrmaligem Nachfragen wurde der Mutter mitgeteilt, warum. Ihr Haus befindet sich in einer Straße, die den schönen Namen Schweinheimer Weg trägt, und außerdem hat die Familie einen Familienhund namens Würstchen – das war für die arme Frau aus dem Orient einfach zu viel.

Sie finden das nicht komisch? In unserem Bekanntenkreis sorgt die Geschichte immer für große Heiterkeit, und ich hege eine große Sympathie für die Dame aus dem Orient. Es muss furchtbar schwer sein, in einer fremden Welt die eigene Kultur notdürftig aufrechtzuerhalten. Ich würde mir, wenn ich nach Casablanca oder Istanbul ziehen müsste, mir meine Art zu leben ja auch nicht nehmen lassen. Das homogenisierende Konzept der deutschen Einwanderungspolitik, die den zu Integrierenden als bedauernswerte Gestalt betrachtet, dessen Fremdheit sich schnellstmöglich ändern müsse, um dazuzugehören, finde ich geradezu verstörend. Irgendwann lösen wir uns dann alle in einer großen, gleichgeschalteten Einheitssuppe auf.

Das kanadische Modell ist mir sehr viel sympathischer. Kanada ist ein Land, das sich selbst als Einwanderungsland bezeichnet. Multikulturalität gibt es dort auch, nur anders, durchdachter. Einwanderung gilt in Kanada als Wirtschaftsfaktor, wobei die Frage, ob jemand eingebürgert wird, an Kriterien wie Ausbildung, Beruf und Sprachkenntnisse geknüpft ist. 1982 wurde in Kanada der »Multiculturalism Act« verabschiedet. Die Professorin für Erziehungswissenschaft Astrid Messerschmidt, deren Kernforschungsgebiet Diversität ist, erklärt die kanadische Auffassung von Multikulturalität so: Leitmotiv sei »das Recht jeder sich kulturell definierenden Gruppe, ihr eigenes kulturelles Erbe zu bewahren, die Zusicherung, am öffentlichen Leben ohne Diskriminierung teilnehmen zu dürfen«. Während das deutsche Modell auf Assimilation abziele, werde hier die Beteiligung aller an der Gesellschaft gefördert – unabhängig von ihrem Glauben, ihren Lebensauffassungen oder ihrer Hautfarbe. In Deutschland hingegen herrsche die Auffassung, dass wir ein »ethnisch homogenes Kollektiv« seien, in der Abstammung immer unter dem Verdacht der Nichtzugehörigkeit stehe. Die kanadische Integrationsrichtung sei im Gegensatz zu unserer harmonisierend und spreche die Sprache der Verständigung und des Voneinanderlernens. Ein gutes Beispiel ist der Chef der New Democracy Party Kanadas, Jagmeet Singh, einer der populärsten Politiker des Landes. Er ist populär, obwohl (oder weil?) er sich zu seiner Herkunft und zu seinem Glauben bekennt. Seine Eltern sind Einwanderer aus dem indischen Bundesstaat Punjab, er selbst ist in Toronto geboren, gehört aber, wie seine Eltern, zur Glaubensgemeinschaft der Sikhs. Mit seinem Turban, den er wie alle gläubigen Sikhs stets trägt (immer in poppigen Farben), sticht er auf der Coolness-Skala sogar den populären Premierminister Justin Trudeau aus (ein Faktor dafür ist natürlich auch, dass Trudeau in seiner Freizeit nur boxt, während Singh brasilianisches Jiu-Jitsu betreibt). Im Februar 2018 heiratete er die kanadische Modedesignerin Gurkiran Kaur Sidhu, die ebenfalls punjabische Wurzeln hat, in einer farbenprächtigen traditionell-indischen Zeremonie. Stellen Sie sich eine deutsche Bundespolitikerin wie Aydan Özoğuz von der SPD in traditionell anatolischer Tracht vor ...

Was uns in Deutschland gut zu Gesicht stünde, wäre erst einmal, das Eigene wieder schätzen zu lernen. Wenn wir selbst uns nicht für unsere Kultur begeistern, wie wollen wir das dann ernsthaft von Fremden erwarten? Das Ideale wäre die Entdeckung eines »patriotischen Kosmopolitismus«, der das Eigene schätzt und kennt und ehrt sowie das Fremde respektiert. Statt Hybridität *echte* Diversität, wie sie auch der in London geborene New Yorker Philosoph Kwame Anthony Appiah fordert, von dem der Begriff stammt. Wie ist das zu erreichen? Durch Erziehung. Durch Bildung. Dazu noch einmal Kant: »Sich selbst besser machen, sich selbst kultivieren, und wenn er böse ist, Moralität bei sich hervorbringen, das soll der Mensch. Wenn man das aber reiflich überdenkt, so findet man, dass dieses sehr schwer ist. Daher ist die Erziehung das größeste Problem, und das schwerste, was dem Menschen kann aufgegeben werden.«

Was geht's mich an?

Wahrer Kosmopolitismus bedeutet nicht die Schaffung einer einheitlichen Welt nach westlichem Muster, sondern die Fähigkeit, andere anders sein zu lassen. Um aber das andere zu respektieren, müssen wir erst wieder lernen, das Eigene schätzen zu lernen.

4 BESCHEIDENHEIT

Die gezügelte Kraft

Gerne würde ich bei diesem Thema mit einfachen Antworten aufwarten. Antworten, die auf einen Bierdeckel passen. Ein paar nette Anekdoten über kauzige Anspruchslosigkeitsathleten, als Sättigungsbeilage ein paar markige Merksätze über die Kunst des Understatements, fertig. Das wäre relativ einfach, schließlich habe ich vor ein paar Jahren ein ganzes Buch verfasst, in dem ich die Eleganz der Bescheidenheit besungen habe, ich müsste da einfach nur ein paar Strophen hinzufügen. Nur wäre das leider unehrlich. Die Wahrheit ist: Vieles, was ich in »Die Kunst des stilvollen Verarmens« mit unbekümmerter Emphase in die Welt posaunt habe, sehe ich inzwischen in mehr Grautönen. Ehrlich gesagt, hadere ich sogar mit der Frage, ob Bescheidenheit oft nicht in Wahrheit snobistische Pose ist. Gerade im Adel gibt es ja so etwas wie Bescheidenheitsprotzerei. Man versucht sich gegenseitig durch Understatements zu übertrumpfen.

Wann ist Bescheidenheit Koketterie, wann ist sie echt?

Vielleicht hilft es weiter, sich dem Thema zunächst über die Etymologie zu nähern. Das Wort entstammt der Rechtssprache. Das wird all die nicht überraschen, die schon einmal einen amtlichen Bescheid erhalten haben. Das althochdeutsche Wort *bisceidan* ist gleichbedeutend mit »zuteilen«. Wenn sich unsere bärtigen Vorfahren nach einem Eroberungszug irgendwo niederließen und nach dem Schlachtgetümmel nicht ganz klar war, wem nun welches Stück Land zusteht, fiel vermutlich dem Anführer, der das Richteramt innehatte, die

Aufgabe zu, die Zuteilung vorzunehmen – also zu *bisceidan*. Im Verlauf der Zeit machte die Bedeutung des Wortes einen Wandel durch. Irgendwann galt wohl der als bescheiden, der sich mit dem, was ihm beschieden wurde, zufriedengab. Dazu muss man wissen, dass die alten Germanen nach heutigem Forschungsstand ein ziemlich egalitärer Haufen gewesen sein müssen. Gefangene und Sklaven hatten zwar nichts zu sagen, aber unter den Freien galt gleiches Recht für alle. Wer sich also mit weniger zufriedengab, als zu beanspruchen er das Recht hatte, leistete diesen Verzicht nicht deshalb, weil er sich nicht durchsetzen konnte. Es war ein *freiwilliger* Verzicht. Bescheiden sein heißt also eigentlich: Ich könnte anders, wenn ich wollte, tue es aber nicht. Wenn wir also heute das Wort »Bescheidenheit« als Synonym für »Anspruchslosigkeit« verwenden, verfälschen wir den ursprünglichen Wortsinn. Wer anspruchs*los* ist, hat ja eben *keinen* Anspruch – und wer keinen Anspruch hat, kann diesen auch nicht geltend machen.

Bescheidenheit in Form von freiwilligem Verzicht, also etwas Großes, Starkes, Heroisches, es hat mit Herrschaft zu tun, nämlich mit Freisein von Stolz und Ichsucht und Habgier. Nicht mit Unterwürfigkeit und Kleinbeigeben. Nur aus der Position der Stärke ist Bescheidenheit interessant und attraktiv. Als unscheinbares, armes Würstchen, das sich kleinmütig und genügsam verhält, kann man leider nicht für sich beanspruchen, bescheiden zu sein. Man hat ja keine andere Wahl. Man kann dann, wie ich in »Die Kunst des stilvollen Verarmens«, den Trick des Fuchses in der Fabel anwenden und die Trauben, die man nicht haben kann, in dem Fall materiellen Wohlstand und Luxus miesmachen –, nur ist Bescheidenheit ohne Anspruch eben keine Bescheidenheit im eigentlichen Sinn. Der asthmatische Regenwurm aus einer anderen, weniger bekannten Fabel (vom fast vergessenen Fred Endrikat) ist jedenfalls ehrlicher als Äsops Fuchs. Endrikats Wurm seufzt:

Ich steck im Dreck, ob's regnet oder stürmt.
Ach, wie mich armen Wurm das furchtbar würmt.
Die andern Tiere können laufen, schwimmen oder fliegen.
Ich muss mit nacktem Bauche auf dem Boden liegen
und schiel nach oben, seufz betrübten Blicks:
Ich kann bloß husten, weiter kann ich nix.

Der Regenwurm ist anspruchslos, bescheiden ist er nicht (aber wenigstens ist er kein Angeber wie Äsops Fuchs).

Anziehend wirkt Bescheidenheit immer nur dann, wenn dahinter ein Paradox lauert – das Vermögen, und damit meine ich nicht allein Vermögen im materiellen Sinn, sondern auch im Sinne von »imstande sein«. Um es auf eine Formel zu bringen: Bescheidenheit ist gezügelte Stärke. Wenn Sie als Literaturkritiker der *FAZ* mit einem weniger gebildeten Menschen über die Weltlage diskutieren, wäre es lächerlich, wenn Sie ihn kraft Ihrer Belesenheit in Grund und Boden argumentieren würden, Sie würden wahrscheinlich sogar die Gelegenheit nutzen, ihm zuzuhören, in der Hoffnung, etwas zu erfahren, was Sie im Kollegenkreis nicht zu hören bekämen. Wenn Sie mit einem drei Jahre alten Kind herumtollen und dabei so tun, als würden Sie kämpfen, wäre es idiotisch, es mit voller Muskelkraft zu Boden zu ringen. Ein Tennislehrer würde sich lächerlich machen, wenn er seinen Schüler in einem Match demütigen würde, um zu zeigen, wie viel besser er ist. Bescheiden ist der König aus dem Märchen, der sich, als Bettler verkleidet, unters Volk mischt, um zu erfahren, wie man draußen, vor den Toren seines Schlosses, über ihn denkt.

Vielleicht kommt man der Bescheidenheit am ehesten auf die Spur, indem man ihr Gegenteil betrachtet. Der Chef, der alle spüren lässt, dass er der Boss ist. Der Gast im Luxushotel, der sich darüber beschwert, dass sein Zimmer nicht die gewünschte Größe aufweist, obwohl man dort mühelos ein Fußballturnier veranstalten könnte? Nero, der sich in Rom den wohl luxuriösesten Palast bauen ließ, den es je gab, mit vergoldeten Wänden und Decken, aus denen Parfüm sprühte und Blumen regneten, und der, als der Palast endlich fertiggestellt war, seufzte: »Endlich kann ich menschenwürdig leben.«

Ich kann von mir nicht behaupten, bescheiden zu sein. Ich versuche immer möglichst gut dazustehen und andere zu beeindrucken. Wenn ich mich frage, warum das so ist, komme ich nicht daran vorbei, meine Erziehung zu betrachten. Keine Ermahnung habe ich in meiner Kindheit öfter gehört als die zur Bescheidenheit. Wirklich notwendig gewesen wäre das nicht. Mein Vater fuhr Lada, meine Klassenkameraden wurden im BMW in der Schule vorgefahren, bei meinen Freunden standen Granini-Säfte und Coca-Cola im Kühlschrank, bei uns gab's Wasser aus dem Wasserhahn. Meine Eltern waren beide Flüchtlinge, mein Vater floh aus der sowjetischen Besatzungszone in den Westen, meine Mutter aus Ungarn. Um aus einer Position der Bescheidenheit über Konsumverzicht reden zu können – das habe ich beim Verfassen meiner oben erwähnten Kampfschrift für Frugalität nicht bedacht –, wäre es überzeugender gewesen, wenn ich auf eine Kindheit hätte zurückblicken können, in der ich im Pyjama über poliertes Parkett geschlittert und umgeben von Kandelabern und Alten Meistern aufgewachsen wäre. Tatsache ist aber, dass ich meine Jugend zwischen Ikea-Möbeln verbracht habe, über die zwar geschmackvolle Stoffe drapiert waren, um unserem Zuhause ein wenig »schlossigen« Touch zu verleihen, aber Konsumverzicht war bei uns eben kein Akt der Bescheidenheit, es war schlicht Notwendigkeit. Für meinen Vater war die Enteignung unserer Schlösser zwischen 1945 und 1949 eine Zäsur. Mein Vater wurde 1929 geboren. Er war – im Gegensatz zu mir und meinen Geschwistern – als Kind tatsächlich noch auf Parkettböden herumgerutscht, aber sein Zuhause – Schloss Wechselburg – war kein Domus aurea im Stile Neros. Meines Wissens regneten dort keine Blumen von der Decke. Der Glanz unserer Schlösser war damals schon verblichen, sie hatten schon ziemlich deutlich Patina angesetzt. Unsere ehemalige Hauptresidenz in Glauchau, zum Beispiel, war ursprünglich eine mittelalterliche Burg und wurde dann erst im 16. Jahrhundert so gut es ging zu einer Schlossanlage im Stile der Renaissance umgebaut. Obwohl wir als souveräne Landesherren regierten, waren unsere Residenzen im 18. Jahrhundert bereits derart veraltet, dass der Komfort weit unter dem der meisten sächsischen Landadeligen lag. Der Charme unseres Minireichs lag zwar in einer Hofhaltung, aber auf pittoresker Sparflamme. Im Inneren wurden die alten Fahnen geflickt, veraltete Waffen notdürftig repariert, abgetragene Uniformen ausgebessert, nach außen zeigte man sich als eigenständiger Staat mit eigenen Maßen und Gewichten, eigenen Gesangbüchern und eigenen Feiertagen. Ende des 18. Jahrhunderts haben die Wettiner das von uns souveräne Land ihrem Königreich Sachsen einverleibt, meine unmittelbaren Vorfahren lebten ein ländlich-informelles, wenn auch sicher irgendwie elegantes Leben, während um sie herum der wirtschaftliche Aufstieg tobte und Südwestsachsen zum Kernland der Industrialisierung in Deutschland wurde und die großen Textil- und Motorenunternehmer in unserer Nachbarschaft ein sehr viel aufwendigeres Leben führten. Sind wir bescheiden aufgewachsen? Nein, sind wir nicht, denn wir hatten keine andere Wahl, es war halt so. Und als die Generation meines Vaters nach 1945, als die Besitzungen dann futsch waren, mit leeren Taschen bei unserer Verwandtschaft im Westen in der Schlossauffahrt stand, war es keine Bescheidenheit, die uns gebot, uns als Gäste zu fühlen und keine Ansprüche erheben zu können, es war halt so.

Wenn wir bei unseren Verwandten zu Gast waren, die auf Schlössern wohnten, in denen es Personal gab, war es uns Kindern unter Androhung von Kerkerhaft untersagt, bei einem der Diener etwas zu bestellen. Das stand uns nicht zu. Luxus umgab uns sehr selten, und meistens hatten wir damit nur aus der Entfernung zu tun. Ehrlich gesagt, habe ich mich schon als Kind dagegen aufgelehnt – aber nicht mit offener Rebellion, sondern heimlich. Wenn ich meine Großtante im Schwarzwald besuchte und mich meine Mutter in München zum Bahnsteig brachte, stieg ich im Zweiter-Klasse-Waggon ein, winkte von dort brav aus dem Fenster. Sobald der Zug losfuhr und ich in sicherer Entfernung war, wechselte ich in die erste Klasse, zahlte dort aus meinem Ersparten die Preisdifferenz und verbrachte die knapp vier Stunden mit diebischem Vergnügen im Luxus. Kurz vor der Ankunft ging ich dann wieder in einen Waggon der zweiten Klasse, um, weil ich abgeholt wurde, wieder aus dem mir zustehenden Waggon zu steigen. Bis heute ist es so, dass ich bei meinem Erscheinen auf einem Familienfest darauf achtgebe, einen eleganten, aber möglichst auch etwas verschlissenen Anzug zu tragen. Die Frage »Ist der etwa neu?« gilt in meiner Familie als scharfe Form der Missbilligung.

Womit ich bei einem weiteren Grund gelandet bin, der mich mit dem Thema Bescheidenheit hadern lässt. Wie ich eingangs erwähnt habe, herrscht im Adel – nicht nur in Familien, die ihre Besitztümer verloren haben, sondern auch unter jenen, die noch über Vermögen verfügen – eine Art fortlaufender Frugalitätsolympiade. Die meisten meiner Verwandten versuchen mit aller Gewalt den Eindruck zu vermeiden, sie würden es sich gut gehen lassen.

In einem Schloss hat es gefälligst nach nassem Hund zu riechen, die Möbel haben alt und ein wenig abgenutzt zu sein und wenn man reinkommt, wird man nicht von Personal in Empfang genommen, sondern stolpert über dreckige Gummistiefel. Wenn die Dame des Hauses schon morgens geschminkt und mit Schmuck behangen erscheint, weiß jeder, dass sie »von draußen« eingeheiratet hat. Für Herren gilt die Faustregel: Wenn Sie einen perfekt gekleideten Herrn vor sich sehen, der nach Ihrem Dafürhalten »wie ein Herzog« aussieht, handelt es sich wahrscheinlich um einen Hochstapler. Begegnet man einem etwas nachlässig gekleideten Herrn, der einen mehrfach geflickten und vielleicht sogar an einigen Stellen fleckigen Uralt-Tweed trägt, ist er wahrscheinlich ein Lobkowicz oder Löwenstein oder Schwarzenberg.

In England ist das noch schlimmer. William Cavendish zum Beispiel, der Sohn des Herzogs von Devonshire, ist der Erbe einer der ältesten und vornehmsten Familien des Landes, er ist in Eton zur Schule und in Cambridge auf die Universität gegangen, er wird eines Tages ein Vermögen von 800 Millionen Euro erben. Wenn Sie ihm ohne Vorwarnung begegneten, würden Sie glauben, seine Hose und sein Pullover seien aus der Altkleidersammlung. Fragten Sie ihn, was er beruflich mache, wird er Sie erst skeptisch mustern, weil er auf so eine vulgäre Frage nicht vorbereitet ist, und nach einigem Zögern behaupten, er sei Fotograf. Am liebsten hält er sich auf dem irischen Besitz seiner Familie auf, Lismore Castle, einem zugigen, neogotischen Kasten unweit von Dublin. Seine Frau, ein ehemaliges Model, arbeitete früher für Modemagazine wie *Harper's Bazaar* und war schon morgens wie für den Laufsteg gekleidet. Seit sie mit ihm verheiratet ist, kleidet sie sich wie ihre eigene Gärtnerin. Lädt William auf Lismore Castle zu einer Dinner-Party, was selten vorkommt, wird zwar Smoking getragen, aber sein Samtsmoking ist an mehreren Stellen abgewetzt, die Smokingpantoffeln, die er trägt, sind zwar mit einem Monogramm versehen (einem mit Goldfaden aufgestickten, geschwungenen »W«), aber der rechte Pantoffel weist ein daumengroßes Loch auf. Ist das nun Bescheidenheit oder Hochnäsigkeit? Die Familie Cavendish, muss man wissen, gehört bereits seit dem 15. Jahrhundert zu den mächtigsten und reichsten Familien des Landes, aus ihrer Sicht sind selbst die englischen Royals Parvenüs, also Emporkömmlinge (sie sind ja erst seit dem 18. Jahrhundert aus Hannover in ihr Land gekommen). Mit ihrem betont nachlässigen Stil signalisieren die Cavendishs jedem, dem sie begegnen, dass er es nicht wert ist, sich für ihn in Schale zu werfen. Das Loch in Williams Smokingpantoffeln schreit ziemlich laut und vernehmbar:

»Ich bin so vornehm, ich muss mir keine Mühe geben, das unter Beweis zu stellen!«

Wer in England etwas auf sich hält, demonstriert seine Eleganz dadurch, dass er möglichst wie ein Sozialhilfeempfänger rumläuft. Mit dem Zustrom von Neureichen aus China, Indien und Russland hat sich dieser Trend weiter verschärft. Aus lauter Angst für eine Oligarchen-Gattin gehalten zu werden, läuft man nicht mehr nur auf dem heimischen Landsitz so herum, als käme man gerade aus dem Stall, selbst wenn man sich in London mit Freundinnen zum Lunch trifft, kleiden sich die Damen nun betont nachlässig. Auch Handtaschen sind längst *demodé*. Wer seinen Status demonstrieren will, verstaut seine Habseligkeiten in ... Plastiktüten. Die Modeindustrie hat dank ihrer ungeheuren Fähigkeit, Trends abzuernten, mit Luxus-Accessoires reagiert, die sündteuer sind, aber billig aussehen. Eines der erfolgreichsten Produkte von Chanel der Saison 2018 waren durchsichtige Plastikhüte, die man am Bahnhof für drei Pfund bekommt, bei Chanel dafür aber 1500 Euro zahlt, der Renner der Saison der Pariser Modefirma Céline waren transparente Plastiktüten, deren Preis knapp 599,95 Euro über dem Materialwert liegen (sie kosten etwa 600 Euro). Den Aufpreis bezahlt man für das Céline-Logo, das malerisch auf der Tüte prangt.

Wie, um Himmels willen, soll man sich dem Bling-Bling widersetzen, wenn auch Anti-Bling-Bling von der Bling-Bling-Industrie usurpiert wird? Der prominenteste Rebell in diesem schier aussichtslosen Konflikt residiert übrigens in der Modemetropole Rom. Es ist Papst Franziskus. Der von ihm kultivierte Nah-bei-de-Leut-Stil ist beeindruckend, aber auch bei ihm kann man sich nie ganz sicher sein, wie viel davon authentische Bescheidenheit und wie viel PR-Masche ist. Für Boulevardjournalisten ist der Papst natürlich ein Geschenk. Das erste Foto, das von ihm als frisch gewähltem Papst um die Welt ging, zeigt ihn ganz in Weiß, brav an der Rezeption des

Wohnheims Domus Paolo VI. anstehend, um dort wie Otto Normalbürger die Rechnung zu begleichen. Später wurde bekannt, dass er sich nach seiner Wahl weigerte, in der Sixtinischen Kapelle auf dem Papstthron Platz zu nehmen, die traditionelle Huldigung durch die Kardinäle ablehnte und stattdessen Glückwünsche lieber stehend entgegennahm. Als er in den Apostolischen Palast ziehen sollte, ließ er (öffentlichkeitswirksam) wissen, dass ihm der Palast zu protzig sei und er lieber im öffentlich zugänglichen (und sehr komfortablen) Gästehaus des Vatikans, Santa Marta, wohnen wolle. Dort residiert er bis heute. Das kommt beim Publikum natürlich an. Weniger bekannt ist, dass dieses demonstrative Understatement zwar Beliebtheitspunkte einbringt, seinen Mitarbeitern aber erhebliche Kopfzerbrechen bereitet. Der Aufwand, den seine Leibwächter betreiben müssen, um ihn in Santa Marta zu schützen, ist erheblich größer, als wenn er im Apostolischen Palast wohnen würde. Im Unterschied zu früheren Päpsten, die an normalen Arbeitstagen ohne Leibwächter auskamen, muss Franziskus nun rund um die Uhr von Dutzenden Sicherheitsleuten bewacht werden, zum Beispiel, wenn er mittags – ganz bescheiden – in der Mensa des Gästehauses isst. Und seinen Ruf als bodenständiger Papst mehrt es natürlich, dass er sich dort an der Essensausgabe mit einem Plastiktablett in die Schlange einreiht, für den Sicherheitsapparat ist das indes ein Albtraum.

Zugute halten muss man dem Papst, dass er ein Gespür dafür hat, wann Understatement und wann Gepränge angesagt ist. Als US-Präsident Donald Trump nach dem G7-Treffen in Sizilien einen Zwischenstopp in Rom einlegte, um Papst Franziskus zu treffen, ließ dieser alles auffahren, was der Vatikan bling-bling-mäßig zu bieten hatte. Trump wurde natürlich nicht in Santa Marta, sondern im Apostolischen Palast empfangen. Dort wurde er, vorbei an stramm salutierenden Schweizergardisten, durch die endlosen, prachtvollen Säle und Audienzhallen mit den berühmten Fresken geleitet, deren

Darf man Fotos in seiner Wohnung haben, die einen mit berühmten Menschen zeigen?

Nein. Das ist affig und angeberisch. Bei mir hängt allerdings ein Foto, das mich mit Henry Kissinger zeigt. Und eines mit Helmut Berger. Ach, und eine uralte Weihnachtskarte, die ich mir einmal von Ronald Reagan erschlichen habe. Man sollte nicht zu streng sein.

Bildsprache, die von der Macht der Kirche kündet, ihre einschüchternde Wirkung nicht verfehlt. Das jedenfalls hat mir Barbara Jatta versichert, die Chefin der Vatikanischen Museen, die ich dazu befragen durfte. Ihr war die Aufgabe zugefallen, Trump durch die Sala Regia, die Sala Ducale und die Sixtinische Kapelle erklärend zu begleiten. »*Which picture is the nicest?*«, welches Bild (er meinte, welche der Fresken) »das schönste« sei, fragte Trump die Museemsdirektorin beim Rundgang, »darauf konnte ich ihm natürlich keine Antwort geben, er hatte auch offenbar noch nie von Michelangelo gehört, aber es war ganz deutlich, dass die Würde, die diese Räume ausstrahlen, ihm intuitiv Respekt einflößten«, sagte mir Barbara Jatta. Man muss nichts von Renaissancekunst verstehen, um bei einem Rundgang durch den Apostolischen Palast den Fundus europäischer Kultur zu spüren, der einem von den Decken ins Auge springt. Der Papst empfing Trump in der Sala Regia, deren Fresken unter anderem von der Demütigung königlicher – also staatlicher – gegenüber kirchlicher Macht künden. Das Fresko Giuseppe Portas, in dem Kaiser Barbarossa Papst Alexander III. die Füße küsst und der ihm den Fuß auf den Kopf stellt, wird Trump nicht bewusst wahrgenommen haben, aber es hat vermutlich seine Wirkung dennoch nicht verfehlt.

Wäre Trump beeindruckt gewesen, wenn der Papst ihn mit dem Fiat durch die Vatikanischen Gärten gefahren und anschließend mit ihm, Plastiktablett in der Hand, in der Kantine von Santa Marta an der Essensausgabe angestanden hätte? Es gibt Momente, da scheint ein bisschen Angeben, ein bisschen Pracht durchaus eine wichtige Funktion zu erfüllen, gerade wenn man es mit Leuten zu tun hat, die etwas zu sehr von sich und ihrer Position überzeugt sind. Vielleicht war in diesem Fall Prachtentfaltung gerade deshalb angebracht, weil der Papst den US-Präsidenten ja nicht als Privatmann empfing, sondern als Papst, als Repräsentant einer Institution, die größer ist als er selbst.

Das ist es auch, was mich an den sorgsamen Gesten der Demut, für die Papst Franziskus berühmt ist, auch manchmal ein wenig stutzig macht. Mir scheint, dass gerade Amtsträger mit großer Machtfülle oft der Versuchung erliegen, ihre Person mit ihrem Amt zu verwechseln. Und dahinter schlummert dann, obwohl das auf den ersten Blick sympathisch wirkt, doch wieder eine gewisse Selbstüberschätzung. Dem 1957 erschienenen Buch »The King's Two Bodies« des Princeton-Gelehrten Ernst H. Kantorowicz verdanken wir, dass eine uralte Idee, die zum Kerngedanken der Monarchie gehört, nicht in Vergessenheit geraten ist. Ein Monarch – und das ist Franziskus ja – verfügt nämlich nach klassischer Sicht über *zwei* Körper: einen irdischen und einen übernatürlichen. Erstmals zu Papier gebracht wurde dieses für jede Monarchie grundlegende Prinzip 653 im Konzil von Toledo. In der »Encyclopaedia Britannica« heißt es in der Passage über das Konzil: »Zum König macht ihn das Recht, nicht seine eigene Person, weil er nicht dank seiner Mittelmäßigkeit König ist, sondern dank der Erhabenheit seines Amtes.« Wenn man einem König oder einem Papst die Ehre erweist, indem man sich vor ihm verbeugt, ehrt man also nicht die Person, man ehrt sein Amt. Und vor diesem Amt hat man das Recht, sich zu verneigen.

Wenn meine Frau ihre Großtante, die englische Königin, begrüßt, wird diese sehr abstrakte Idee der zwei Körper des Monarchen sehr schön sichtbar: Zunächst macht sie vor ihr einen tiefen Knicks – damit verneigt sie sich vor der Königin –, danach richtet sie sich auf und küsst sie auf beide Wangen – damit begrüßt sie dann ihre Großtante. Sie grüßt also eigentlich *zwei* Personen. Lehnte die Königin den Knicks ab, wäre dies kein Zeichen von Bescheidenheit, sondern hochmütig, weil sie so dem Amt, das sie innehat, ihre Person überstülpen und es damit verletzen würde.

Überhaupt: die Queen. Ich habe lange überlegt, wem ich hier ein paar Zeilen widmen könnte, um ein Vorbild echter

Bescheidenheit zu präsentieren. Ich glaube, mit der Queen ist man da auf einer ganz guten Spur. Die Königin pflegt den eher bodenständigen Lebensstil einer englischen Landedelfrau. Wenn sie in offizieller Funktion unterwegs ist, würde es ihr nicht in den Sinn kommen, irgendeine Form demonstrativen Understatements zu zelebrieren, das widerspräche ihrem Amtsverständnis, sie weiß, wann sie die Krone repräsentiert und wann sie als Lilibeth Windsor unterwegs ist. Wenn sie sich auf ihrem Privatsitz in Sandringham aufhält und dort mit ihren Hunden im Park spazieren geht, ist sie ganz sie selbst. Sie trägt dann einen alten Trenchcoat, ein seidenes Kopftuch, Gummistiefel. Will sie damit irgendjemandem irgendetwas beweisen? Wohl kaum. Sie ist wirklich so. Als sie den saudischen Thronfolger Mohammed Bin Salman im Buckingham-Palast empfing, ging ein Foto um die Welt, das die beiden vor dem Kamin ihres privaten Salons stehend zeigte und einen Eindruck davon vermittelte, wie sie tickt. Wer genau hinsah, konnte bemerken, dass im Kamin statt eines säuberlichen Stapels Brennholz ein kleiner, mickriger Elektroofen stand. Wollte sie mit diesem Elektroofen irgendein Statement abgeben? Oder stand der dort, weil er immer dort steht? Ich tippe auf Letzteres.

Es gibt übrigens eine Dame, von der bekannt ist, dass die Queen für sie eine außerordentliche Bewunderung hegte: die russische Großfürstin Olga. Sie war die Schwester des letzten russischen Zaren und das einzige Mitglied der russischen Herrscherfamilie, dem nach der Revolution 1917 die Flucht in den Westen gelang (der Rest ihrer Familie wurde von den Revolutionären unter bestialischen Umständen ermordet). Ihre Jugend hatte sie in unbeschreiblichem Luxus verbracht, jedes der Zarenkinder hatten eigene Adjutanten und Lakaien. Die letzten Jahre ihres Lebens lebte sie völlig verarmt in Kanada außerhalb von Toronto – oberhalb einer Metzgerei. Als die Queen 1959 an Bord der Jacht *Britannia* zu einem offiziellen Besuch nach Kanada kam, wurde der mittellosen Großfürstin eine Einladung zum Empfang in die Residenz des Gouverneurs nach Toronto zugestellt. Die Großfürstin sagte ab. Sie hatte weder das Geld für eine Fahrkarte nach Toronto, noch besaß sie ein passendes Kleid. Als die Queen davon erfuhr, beschloss sie, ihrer entfernten Cousine einen Besuch abzustatten. Die Großfürstin sah sich also gezwungen, sich für diesen Anlass etwas zum Anziehen zu besorgen und kaufte sich bei Woolworth ein einfaches schwarzes Kleid mit großen weißen Punkten und empfing die Königin in ihrer Einzimmerwohnung. Man stelle sich vor, wie die beiden Damen in der winzigen Wohnung oberhalb der Metzgerei sitzen. Sagen solche Bilder nicht mehr über Bescheidenheit aus als alle meine Versuche, den Begriff zu definieren?

Die Anekdoten, die in Toronto über die verarmte Großfürstin kursieren, füllen ganze Bände. Sie erzählen von einer Dame, die sich in ihr Schicksal – und in ihre Armut – mit beeindruckender Gleichgültigkeit fügte. Woher nahm sie die? Warum war ihr jedes Jammern über den Verlust ihres Status fremd? Ich hatte eine Großtante, die Schwester meiner Großmutter mütterlicherseits, die eine ähnliche Geschichte wie Großfürstin Olga hatte, nur ein paar Nummern kleiner. Sie war nicht die Tochter des Zaren, aber immerhin die Tochter des russischen Fürsten Galitzin, sie wuchs nicht am Zarenhof auf, aber immerhin auf einem sehr schönen Schloss außerhalb von St. Petersburg, San Marino. Auch sie, wir nannten sie Tante Aga, floh über die Krim in den Westen, auch sie lebte als alte Dame in einer Einzimmerwohnung (in Salzburg). Ich erinnere mich noch sehr genau an ihre winzige, von Ikonen, gerahmten Bildern und religiösen Büchern vollgestopften kleinen Wohnung in einer ziemlich hässlichen Gegend der Stadt. Sie war arm und strahlte dabei eine Eleganz und Würde aus, mit der keine meiner Verwandten, die in Schlössern residierten, mithalten konnte. Mein Vater hatte ja nicht viel Geld, aber wenn wir sie besuchten, wollte er sie immer zum Essen ausführen – in einem der eleganten Restaurants der Stadt.

Tante Aga lehnte das stets ab und bestand darauf, uns mit ein paar Broten ein Festmahl zu bereiten.

Was war ihr Geheimnis? Bescheiden im oben definierten Sinne war sie, streng genommen, ja nicht. Ihr Luxusverzicht war alles andere als freiwillig. Aber er *wirkte* freiwillig. Was war es dann? Selbstbewusstsein? Oder sogar Stolz?

Im »Gattopardo« von Giuseppe Tomasi di Lampedusa gibt es einen berühmten Monolog, in dem Pater Pirrone einem Kräutermann die Eigenarten des Adels zu erklären versucht. Dort spricht er von der seltsamen »Gleichgültigkeit gegenüber den irdischen Gütern« der »hohen Herrschaften«. Er erklärt diese Gleichgültigkeit damit, dass sie daran gewöhnt sind: »Vielleicht achten sie darum nicht auf gewisse Dinge, an denen uns anderen so viel liegt; wer im Gebirge lebt, kümmert sich nicht um die Stechmücken der Ebene.« Vielleicht genügt es, vom Leben im Gebirge geprägt worden zu sein, um selbst dann, wenn man längst im Tal lebt, Stechmücken gegenüber gleichgültig zu sein.

Jedenfalls scheint es einen geheimnisvollen Zusammenhang zwischen Selbstwertgefühl und Bescheidenheit zu geben. Und vielleicht ist das der Grund, warum ich mich mit der Bescheidenheit so schwertue. Zwar bin ich mit einem Namen geboren, der die Erinnerung an das Leben im Gebirge noch wach hält, aber aufgewachsen bin ich nun einmal im Tal. Aus der Sicht der Zukurzgekommenen wirkt Selbstbewusstsein ja oft wie Arroganz. Vielleicht muss man sich erst einmal seiner eigenen Größe bewusst geworden sein, um wirklich bescheiden sein zu können. Und vielleicht ist es völliger Unsinn, Nero für seinen pompösen Palast und den Satz, den er da rausgehauen hat, zu verurteilen! Es ist ja eigentlich vollkommen richtig, dass nur das Allerschönste und Größte dem Menschen angemessen ist. Dass das nicht jedem vergönnt ist, ist wieder eine andere Sache. Dazu bitte zum Thema Gerechtigkeit blättern.

Was geht's mich an?

Luxus ist an sich nichts Verwerfliches. Die Frage ist allerdings, ob man an den Dingen hängt. Echte Bescheidenheit ist eine Form von innerer Herrschaft. Es geht um Befreiung von Habgier und Eigensucht. Es gibt Arme, die von dem wenigen, was sie haben, gefangen sind, und Arme, denen ihr Hab und Gut egal ist. Ebenso gibt es Reiche, die mit Bescheidenheit hochmütig kokettieren, und solche, die tatsächlich unabhängig von äußerem Gepränge sind. Das Geheimnis hinter echter Bescheidenheit scheint ein gesundes Selbstwertgefühl zu sein. Wie man das hinkriegt? Ich arbeite noch daran, das herauszufinden. Ein guter erster Schritt ist, vermute ich, andere nicht beeindrucken zu wollen. Wenn ich akzeptiert habe, dass andere mich überragen – an Status, an Reichtum, an Klugheit, an was auch immer – wäre das ein Zeichen von Selbstbewusstsein *und* Bescheidenheit.

5 HÖFLICHKEIT

Muss es gleich so förmlich sein?

Am Bahnhof Zoo in Berlin habe ich neulich etwas beobachtet, das meine Vorurteile über die Höflichkeit erschüttert hat. Ich war auf dem Weg zu dem Kiosk, der, obwohl hier unhöflicherweise keine wichtigen Züge mehr halten, immer noch in heroischem Beharrungswillen alle großen Zeitungen der Welt anbietet, als ich an einem Mann vorbeikam, der auf mich, wie er da auf der Bank saß, nicht den Eindruck machte, als ob Formfragen in seinem Leben noch eine große Rolle spielten. Die Nacht hatte er bestenfalls in einer Art Männerwohnheim oder einer Unterkunft der Caritas verbracht. Als sich ein weiterer, deutlich alkoholisierter Bekannter näherte, erhob sich der Mann für ein paar Zentimeter von der Bank und deutete ein Aufstehen an. Sein Bekannter hatte die kleine Geste bemerkt und seinerseits mit einem Lächeln und einer Handbewegung zum Sitzenbleiben reagiert.

Ich stehe in der Regel *nicht* auf, auch nicht angedeutet, wenn sich (männliche) Freunde oder Kollegen nähern. Das war früher normal. Heute macht das keiner mehr. Also warum sollte man es selbst tun? Das Problem ist nur, dass der Verlust von Manieren ansteckend wirkt. Wenn alle sagen: »Macht doch jeder so«, sinkt kollektiv das Grundniveau der Gesellschaft. Mir fällt das an Kleinigkeiten auf. In der U-Bahn, wenn niemand mehr für eine ältere Dame aufsteht, in der Schlange vor der Kinokasse, wenn andere sich vordrängeln, im Easyjet-Flug, bei dem manche nach der Landung, ohne nach rechts oder links zu schauen, nach vorne drängeln, Hauptsache, *sie* kommen schnell voran, im Straßenverkehr, wo früher Handbewegungen als Dank üblich waren, aber vollkommen aus der Mode gekommen sind und daher schnell fehlgedeutet werden.

Nach Schopenhauer ist das alles nicht beklagenswert, denn Höflichkeit, in welcher Form auch immer, war in seinen Augen pure Heuchelei. Für Schopenhauer sind wir alle Egoisten und bekleiden unsere Selbstbezogenheit mit kleinen Gesten, deren Funktion alleine darin besteht, unsere Grässlichkeit zu verbergen, so wie man »widerliche Gegenstände wenigstens durch einen Vorhang bedeckt wissen will«. Das ist der alte, vor allem in Deutschland verbreitete Vorwurf, Höflichkeit sei bloßer Schein. Aber mal im Ernst, lieber Herr Schopenhauer, was folgt denn daraus? Die ultimative Natürlichkeit? Die deutsche Romantik? Jeder im Wald und mit Morgentau im Haar? Ein Paradies der Natürlichkeit und Ungehemmtheit, in dem jeder immer einzig das tut, worauf er gerade Bock hat? Wer möchte in so einer Gesellschaft leben? Was wäre denn so schlimm daran, wenn Höflichkeit manchmal keine Heuchelei wäre, wenn, wie Schopenhauer schreibt, dies lediglich eine stillschweigende Übereinkunft wäre, die moralische Beschaffenheit des Gegenübers zu ignorieren?

Der Kolumnist Rainer Erlinger macht einen sehr genauen Unterschied zwischen Höflichkeit und Etikette. Höflichkeit habe immer mit Achtung zu tun, die man einem Gegenüber zolle, Etiketteregeln hingegen hätten weniger mit dem Gegenüber als mit einem selbst zu tun. Sie dienen, behauptet er, vor allem dazu, den eigenen gesellschaftlichen Status sichtbar zu machen. Ich finde, das Beispiel von dem abgerissenen Herrn am Bahnhof Zoo zeigt, dass sich Höflichkeit und Etikette durchaus überschneiden können. Das angedeutete Aufstehen ist reine Etikette, jeder weiß, dass daraus kein richtiges Aufstehen wird, aber verrät die Geste nicht auch – wenngleich ritualisiert – so etwas wie Achtung?

Die höchste Form der Höflichkeit ist, wenn man Erlinger

Muss ich über schlechte Witze lachen?

Die Höflichkeit gebietet: Ja! Es gibt einen Weg, das zu umschiffen: Sobald jemand zu einem Witz anhebt, möglichst früh mit einem »Kenn ich schon« unterbrechen und dann das Thema wechseln. »Kennen Sie ›Der Gaulschreck im Rosennetz‹?« Oder: »Waren Sie schon mal im Winter in Venedig?«

folgt, der Takt, ihm fehlt nämlich das Sichtbare der Etikette. Dem Taktvollen geht es darum, das Gesicht des anderen zu wahren, und zwar *ohne* dass der das mitbekommt. Das klassische Beispiel ist jene Szene in Marcel Prousts »Auf der Suche nach der verlorenen Zeit«, in der der Erzähler zu spät zu einem Abendessen beim Herzog von Guermantes erscheint und dieser sich als perfekter Gastgeber zeigt, indem er dem Nachzügler noch ganz in Ruhe in einem anderen Stockwerk einige Aquarelle zeigt, um ja den Eindruck zu zerstreuen, man habe auf ihn gewartet oder es bestehe irgendein Grund zur Eile.

Der oft geäußerte Vorwurf gegen die Höflichkeit, sie sei bloßer Schein und stehe quasi im Widerspruch zu Natürlichkeit und Güte, geht ins Leere. Wenn wir jemandem den Vortritt lassen, wenn wir jemandem die Tür aufhalten, in den Mantel helfen, das Gepäck abnehmen, so sind das Gesten der Achtung, nicht der Heuchelei. Höflichkeit beruht auf der Einsicht, dass Menschen Respekt verdienen und man diesen Respekt durch kleine Gesten unterstreichen kann. Wenn Höflichkeit nur eine »grinsende Maske« ist, wie Schopenhauer behauptet, die, wenn abgeworfen, den egoistischen, selbstsüchtigen Menschen freilegt, dann ist es mir ganz recht, dass Masken getragen werden. Ich glaube ja auch, dass so tun als ob irgendwie abfärbt, dass Masken Abdrücke hinterlassen. Irgendwann ist es auch dem egoistischen, selbstsüchtigen Menschen durchaus möglich, sich in den Kleinigkeiten des alltäglichen Lebens so zu verhalten, dass die Menschen, mit denen er verkehrt, sich in seiner Gegenwart wohlfühlen – wenn er sich denn bemüht, das ist schlicht eine Frage der Wiederholung und damit der Übung. Wenn ein egoistischer und selbstsüchtiger Mensch sich nur lang genug darin übt, seine Mitmenschen in den Vordergrund zu stellen, ist er irgendwann zumindest weniger egoistisch und selbstsüchtig als er es vorher war.

Die Tatsache, dass wir nicht nur über gutes Benehmen, sondern auch den Begriff »Höflichkeit« diskutieren müssen, beweist, dass wir uns in einem Zeitalter des Verfalls befinden. Das muss nicht schlimm sein. Meist folgt dem ja was Neues. Jedenfalls hat vieles, was einmal als selbstverständlich galt, keine Allgemeingültigkeit mehr. Der Kulturwissenschaftler Thomas Macho sagt, dass Höflichkeit als Kulturtechnik überhaupt nur deshalb zum Diskursthema werden konnte, weil es eine Frage von gestern ist. Er zitiert Hegel (»die Eule der Minerva beginnt erst mit der einbrechenden Dämmerung ihren Flug«) und fährt fort: »Was er [Hegel] meinte, liegt auf der Hand: Historische Begriffe werden regelmäßig gebildet, sobald deren Gegenstand ihre umfassende, lebensorientierende Bedeutung eingebüßt hat.« Über Umgangsformen könne erst theoretisiert und reflektiert werden, sobald sie sich nicht mehr von selbst verstünden. Höflichkeit ist ja auch nicht in erster Linie ein Thema der höfischen Gesellschaft gewesen, die wusste ja, wie das geht, es war ein Sujet, das in Büchern wie Castigliones »Corteganio« (um das Musterbeispiel des 16. Jahrhunderts zu nennen) verbreitet wurde, und ist, wie Macho schreibt, »ein Thema der Übergänge, Brüche und Auflösungen bestimmter soziokultureller Ordnungen«.

Eine gute Phase also, um noch einmal ein paar Prämissen in Erinnerung zu rufen. Erstens: Höflichkeit – also der von Gesten des gegenseitigen Respekts und der Rücksichtnahme geprägte Umgang miteinander – ist keine konservative oder gar reaktionäre Frage, es ist eine der Moderne. Das liegt schon allein daran, dass es ein Thema der Übergänge ist, sogar im räumlichen Sinne. Regeln der Höflichkeit sind vor allem für jene von Interesse, die viel rumkommen und mit vielen verschiedenen Menschen zu tun haben. Der alte Brummsack, der alleine lebt, der nie reist, der immer nur mit den gleichen paar Leuten zu tun hat, der muss sich mit Fragen der Manieren nicht beschäftigen. Wohl aber der Reisende, der Kaufmann, einer, der rumkommt, also der moderne Mensch.

Zweitens: Höflichkeit ist, wie alle anderen Tugenden auch, eine Frage des richtigen Maßes. Auf der einen Seite die Vordrängler, die Rüpel, die, die jede Form für überholt halten, die in Jogginghosen reisen und in Adiletten zum Hotelfrühstück erscheinen, die jede Form von Manieren für gekünstelt halten. Auf der anderen Seite der Skala die Extremisten. Ich kenne einen Mann in Hamburg, er ist jünger als ich, der, auch wenn er allein ist, jeden Tag Krawatte trägt (»Ich fühle mich unwohl ohne«), der sich, behauptet er wenigstens, jeden Abend zum Abendessen umzieht, auch wenn er alleine isst. Er isst nicht in der Küche, sondern an einem gedeckten Tisch. Seine Wohnung ist winzig klein, aber auf seinem kleinen Esstisch besteht er. Wenn man ihn besucht, brennen meistens irgendwo Kerzen, und es ist immer picobello aufgeräumt.

Was ist es, das das allzu Formelle so unattraktiv macht? Es fehlt das Improvisierte, die kleinen Makel, der Charme der Fehlerhaftigkeit. Es gibt sogar einen Begriff dafür: *sprezzatura*. Wikipedia sagt, er bedeute die Fähigkeit, anstrengende Taten leicht und mühelos erscheinen zu lassen. Das kommt dem schon recht nahe. Mein alter Chef bei der *FAZ*, Alfons Kaiser, beschreibt die Bedeutung des Wortes so: »Es bezeichnet die größte Lässigkeit, die man sich denken kann: Der italienische Mann muss die *sprezzatura* einfach so geerbt haben. Hantiert locker mit dem Handy, hat höchstens eine Hand am Lenkrad, raucht ganz easy, ohne dass die Kippe hinfällt, schmiert sich Gel ins Haar und sieht trotzdem nicht schmierig aus – meistens jedenfalls. Das muss man erst mal können! Einmal stand ich mit ein paar Italienern herum und war der Einzige, der zum Anzug Socken trug. Seitdem weiß ich: locker, mühelos, leicht – das kann man nicht üben.« Alfons ist aus dem Sauerland. Er hatte also keinen Startvorteil, aber jeder der ihn kennt, wird bestätigen: Sie ist erlernbar. Was die Übersetzung von *sprezzatura* so schwierig macht, ist, dass kein Wort so recht das darunterliegende Geheimnis hervorfunkeln lässt: die kleinen Fehler. Die blitzblank geputzten Schuhe, die aber schon einmal geflickt wurden, der gut sitzende Anzug, der bei genauem Hinsehen Gebrauchsspuren hat, die kleine Schramme an der geerbten Porzellan-Teekanne, die diese erst wertvoll macht. Das »Oxford English Dictionary« übersetzt *sprezzatura* mit *»studied carelessness«*, einstudierte Nachlässigkeit. Das ist wieder zu viel und im Grunde auch eine Unverschämtheit. Eine Nachlässigkeit, die einstudiert ist, wirkt nicht mühelos, Mühelosigkeit ist wiederum die einzig wirklich unverhandelbare Grundbedingung für *sprezzatura*. Der Eintrag ist offenbar von einem misstrauischen Antisnob verfasst worden, der im Internat von seinen Mitschülern gehänselt worden sein muss. Aber immerhin hat der Mann verstanden, dass *carelessness* eine Rolle spielt. Das beste deutsche Wort für *carelessness* ist »Lässigkeit«. Warum tun wir Deutsche uns eigentlich oft in dieser Hinsicht so schwer? Es hat damit zu tun, das in Deutschland die Fürstenhöfe und die Gesellschaft lange voneinander isoliert existierten, Bürgerlichen waren Adelige suspekt und umgekehrt.

In Frankreich war das immer anders. Deshalb ist elegante Lässigkeit auch häufiger westlich als östlich des Rheins anzutreffen. Frankreich hat immer – übrigens ganz ähnlich wie das österreichische k.-u.-k.-System – kulturell nicht nur nach außen, sondern auch nach innen kolonisiert. Das heißt: Zu den Grundfunktionen des Königshofs gehörte es, die höfischen Sitten zu verbreiten, man hatte die Tendenz, nachrückende Bevölkerungsschichten kulturell zu assimilieren. Die ständischen Grenzen verwischten, weil die aufsteigende städtische Schicht den Geschmack und die Sitten der alten Oberklasse übernahm und sich durch Heirat und politische Allianzen mit ihnen verbündete. Spätestens nach drei Päpsten aus der Kaufmannsfamilie Medici und der Hochzeit der Bankierstochter Caterina de' Medici aus der Bankenmetropole Florenz mit Frankreichs König (1547), war allen in Europa – außer den Deutschen – klar, dass ein neues Zeitalter begonnen hatte, in dem der Adel mit seinen langen Stammbäumen ausgedient hatte. Die Französische Revolution war ja dann auch, wie sich inzwischen herumgesprochen haben sollte, kein Auf-

Darf man als Gast Essenssonderwünsche äußern?

Eine von mir sehr geschätzte Frau ist Vegetarierin. Ihr käme es niemals in den Sinn, bei einer Einladung zum Abendessen ihre Gastgeber mit Sonderwünschen zu belästigen. Sie isst dann nur Beilagen und verbittet sich jede unnötige Aufmerksamkeit. Inzwischen ist es leider so, dass Gastgeber ihren Einladungen Zettel beilegen, auf denen man ankreuzen kann, ob man Vegetarier, Veganer, Ovo-Lacto-Vegetarier oder sonst etwas ist, ob man unter Glutenintoleranz und was es nicht alles gibt leidet. Klar ist das rücksichtsvoll … aber leider fürchterlich spießig.

stand der Arbeiterklasse, sondern des unterhalb des Königs stehenden Adels und der privilegierten Bourgeoisie.

In England ist das Prinzip der sich ständig neu aus dem Bürgertum rekrutierenden Oberklasse noch tiefer ins System eingeschrieben. England ist bis heute eine klassenfixierte Gesellschaft, aber zum Wesenskern der englischen Gesellschaft gehört, dass sie einem ermöglicht, durch die Adaption gewisser Regeln und Gepflogenheiten in die nächst höhere Klasse aufzusteigen. Das britische Klassensystem war immer durchlässiger als jedes andere in Europa, die einzige Eintrittskarte war dort die Assimilation. David Beckham hat inzwischen mehr Personal als die Queen (bezeichnenderweise heuerte er sogar ehemalige Palastangestellte an), der Großvater des jetzigen Lord Sainsbury besaß noch Krämerläden. Weder in Frankreich noch in England war die Welt des Bürgertums und des Adels jemals streng voneinander getrennt, die Mauern, die die Oberklasse umgaben, hatten immer weite Tore. Italien mit seinen schon früh fortgeschrittenen Städten und seiner Kaufmannselite kannte diese Trennung ohnehin nie.

In Deutschland liegen die Dinge völlig anders. Hier herrscht traditionell eine fast unüberwindliche Trennung zwischen Adel und Bürgertum. Das Bürgertum verspottet die Adeligen, die Adeligen haben schon früh kulturell ihre Burgtore verrammelt. Verantwortlich ist, wie Norbert Elias in »Über den Prozeß der Zivilisation« erklärt, die relative wirtschaftliche Verkümmerung Deutschlands nach dem Mittelalter. Während Frankreich, Italien und England wirtschaftlich expandieren und die Städte blühen, fällt Deutschland, und hier insbesondere der Adel, zurück. Aus Trotz, aus Verärgerung darüber, wirtschaftlich nicht mithalten zu können, drängt es den Adel zu stärkerer Abschottung, man pocht auf adelige Heirat, eigene Rituale und Sitten, verweigert sich der Vermischung mit dem Bürgertum und verhindert so die Erneuerung durch den Geldadel.

Die gesellschaftliche Trennung von Adel und Bürgertum hat eine Mentalität gegenseitigen Misstrauens hervorgebracht. Universitäten wurden zu Gegenpolen der Höfe, die ganze Bewegung des Sturm und Drang kann als Ablehnung des Höfischen, Formellen, Französischen gelesen werden. Die Romantik schwärmt vom »natürlichen« Leben und wendet sich vom affektkontrollierten höfischen Lebensideal ab. Alles Gezierte gilt als »zu französisch«. Isaiah Berlin ging übrigens so weit, die gesamte deutsche Romantik mit ihrer Auflehnung gegen die Vernunft und ihrer vagen Sehnsucht nach Ursprünglichkeit als eine Art Minderwertigkeitsreaktion auf die überlegene, überzivilisierte französische Kultur zu bezeichnen.

In Goethes »Werther« gibt es eine Szene, die die krampfhafte deutsche Trennung zwischen Intelligenz und Hof sehr schön illustriert. Unter dem 15. März 1772 heißt es: »Ich knirsche mit den Zähnen, Teufel! ... Ich speise bei dem Grafen und nach dem Tisch gehn wir im großen Saale auf und ab ... Und so rückt die Stunde der Gesellschaft heran. Ich denke, Gott weiß, an nichts.«

Plötzlich gibt es ein Geflüster, die Leute schauen verlegen, schließlich bittet ihn der Graf zu gehen, die Adelsgesellschaft fühle sich beleidigt, einen Bürgerlichen unter sich zu sehen. Seine Reaktion? »Ich strich mich sachte aus der vornehmen Gesellschaft ... und fuhr nach M., dort vom Hügel die Sonne untergehen zu sehen und dabei in meinem Homer den herrlichen Gesang zu lesen, wie Ulysses von dem trefflichen Schweinehirten bewirtet wird.«

In Frankreich, England und Italien wurden Talente von der aristokratischen Gesellschaft, der »Society«, aufgeschluckt und assimiliert, in Deutschland blieben die Söhne des aufsteigenden Mittelstandes vom höfisch-aristokratischen Leben ausgesperrt. »Einigen wenigen, wie Goethe, Urgroßvater Hufschmied, gelingt eine Art von Aufstieg in diesen Kreis«, schreibt Norbert Elias, »aber ganz abgesehen davon, dass der Hof von Sachsen-Weimar klein und relativ arm war, gehört Goethe zu den Ausnahmen. Im Ganzen blieben die Mauern zwischen der mittelständischen Intelligenz und der aristokratischen Oberschicht in Deutschland, verglichen mit den westlichen Ländern, sehr hoch.«

Einzelne, wie Adolph Freiherr von Knigge, haben versucht, diese Mauern abzubauen, sein ein Jahr vor der Französischen Revolution erschienener Klassiker »Über den Umgang mit Menschen« hatte einen zutiefst demokratischen Ansatz, aber Benehmen im Schloss und Benehmen bei Bürgern, das blieben eigentlich immer voneinander unberührte Sphären. Auf der einen Seite wurde ein bewusst antistädtischer Snobismus bis hin zu einer eigenen Schloss-Sprache (zumindest im süddeutschen Raum) gepflegt, gutbürgerliches Benehmen wiederum verharrte bei altdeutschem Charme, irgendwo zwischen schwerem, furniertem Nussbaum und: »Es ist etwas kühl für diese Jahreszeit.« – »Dafür hatten wir im Mai drei schöne Tage.« Eine Fusion hat nie wirklich stattgefunden.*

Deutschlands Intelligenzija verharrt bis heute in einem trotzigen Widerstand gegen alles Höfliche. Vielleicht ist es jetzt, 250 Jahre nach der Düpierung von Goethes Werther-Figur beim Flanieren im Park, an der Zeit, diese Blasiertheit abzulegen? Unsere Redlichkeit, unsere angebliche Ungekünsteltheit, die jeder Finesse im Weg steht, nimmt uns ohnehin niemand mehr ab. Es weiß jeder längst, dass wir weder die ehrlicheren Banker sind noch die umweltfreundlicheren Autos bauen. Wir können uns nicht mehr darauf hinausreden, dass uns zwar die Eleganz fehlt, wir aber dafür so viel solider sind als alle anderen. Das ist nun passé. Nietzsche verspottete die typisch deutsche Überhöhung von Natürlichkeit übrigens schon 1886, in »Jenseits von Gut und Böse«: »Wie bequem ist es, offen und bieder zu sein! Es ist heute vielleicht die gefährlichste und glücklichste Verkleidung, auf die sich der

* Es gibt Ausnahmen. Die Habsburgs haben immerhin zum Beispiel mit Thyssen fusioniert.

Deutsche versteht, dies Zutrauliche, Entgegenkommende, Die-Karten-Aufdeckende der deutschen Redlichkeit.«

Während die Franzosen, statt über die Oberklasse zu lästern, sie lieber köpften, dabei aber keinen Grund sahen, sich nicht deren Kulturfertigkeiten abzuschauen, blieb die deutsche Kritik an der höfischen Kultur zahnlos und führte nur zu Spießigkeit und Ressentiments.

Was geht's mich an?

Wir befinden uns in einer Zeit, in der Fragen der Höflichkeit neu verhandelt werden. Wenn andere meinen, tradierte Umgangsformen seien überholt, müssen wir uns dem nicht fügen. Durch kleine Akte des zivilen Widerstandes können wir der Höflichkeit Raum schaffen. Und zwar in unserem unmittelbaren Umfeld. Lassen Sie anderen den Vortritt, halten Sie anderen die Tür auf, nehmen Sie gezielt für andere kleine Unannehmlichkeiten in Kauf. Höflich ist der, um es aufs Wesentliche zu reduzieren, der anderen die geringste Mühe macht.

6 DEMUT

Die überschätzte Tugend

Demut ist eine der wenigen Tugenden, von denen man zu viel haben kann. Man kann nie zu gerecht, zu liebevoll oder zu maßvoll sein. Zu demütig sein – das geht. Als ich klein war, hörte ich oft den Satz: »Kinder soll man sehen, aber nicht hören.« Die Message, die bei mir hängen blieb, war: »Du bist nicht bedeutend, keiner interessiert sich für deine Meinung, also Klappe halten!« Gerade im Adel ist diese Mentalität sehr verbreitet. Man wächst unter Ahnenbildern auf, die einen mit strengen Blicken überwachen. Ich erinnere mich, dass ich als Kind manchmal versucht habe, mich ihren Blicken zu entziehen, und fand es verstörend, dass die Blicke einem folgten. Zu den Ahnenbildern, die einen ständig daran erinnern, dass es Leute vor einem gab, die so Großes erreicht haben, dass man ihren Ansprüchen kaum Genüge tun kann, kamen all die strengen Onkel und Tanten, deren Hauptaufgabe darin zu bestehen schien, einem jeden Anflug von Übermut auszutreiben.

Meine Mutter setzte da glücklicherweise andere Akzente. Ich empfand sie immer als Fürsprecherin. Ich musste eigentlich nicht viel tun, um sie zu beeindrucken. Sie ist – wie schon erwähnt – Ungarin. Das Bonmot »Warum gibt es so viele Genies unter Juden? Weil jüdische Mütter ihren Kindern von klein auf sagen: ›Du bist so ein Genie!‹« gilt auch für Ungarn. Meine Mutter erzählte mir viel über ihren berühmtesten Ahnen, István Széchenyi, den Nationalhelden und Sozialreformer im 19. Jahrhundert – aber nicht, um mich einzuschüchtern, sondern immer mit dem ermutigenden (wenn auch vermutlich nicht ganz ernst gemeinten) Hinweis, ich sei ihm irgendwie ähnlich. Es ist daher nicht wirklich überraschend, dass ich zum Unmut manch strenger Onkel und Tanten den Ruf als vorlautes Kind genoss. Meine Mutter gab mir immer das Gefühl, dass meine Stimme zählt, und hätte sie das nicht getan, hätte ich nie gewagt, einen Stift in die Hand zu nehmen und meine Gedanken aufzuschreiben.

Es ist nicht leicht, den Mittelweg zwischen Hochmut und Demut zu finden. Wer mit einer »Kinder soll man sehen, aber nicht hören«-Mentalität kleingehalten wird, läuft Gefahr, niemals seine eigene Stimme zu finden. Wer schon früh mit Lorbeeren überhäuft wird, neigt irgendwann zu Überheblichkeit und fällt früher oder später auf die Schnauze.

Wie findet man da seinen Weg?

Vielleicht hilft uns die berühmteste *Coming-of-age*-Geschichte des Mittelalters weiter. Die Geschichte von »Érec et Énide«.

Sie stammt von Chrétien de Troyes, der etwa von 1140 bis 1190 lebte. Hartmann von Aue adaptierte den Stoff um 1180 herum.

Érec ist der Nachwuchsstar am Hofe von König Arthus. Er sieht brillant aus, er ist Thronfolger eines kleinen benachbarten Hofes namens Karnant, er ist tapfer, gebildet und hat vorzügliche Manieren. Alle sind davon überzeugt, dass er das Zeug hat, auf die Dauer sogar einem Gawain Konkurrenz zu machen. Wie immer bei den Arthussagen beginnt alles mit einer großen Party. Es geht hoch her, alle sind fröhlich. Bis König Arthus auf die blöde Idee mit dem weißen Hirsch kommt. Er will den alten Brauch aufleben lassen, eine Jagd auf den weißen Hirschen zu veranstalten. Wer den Hirsch erlegt, darf – #MeToo war da noch weit weg – die schönste Dame am Hof küssen.

Érec, der Jungstar, wir nennen ihn ab jetzt Erec, uns interessiert nämlich vor allem die deutsche Fassung,* bekommt

* Wir könnten ihn auch Erich nennen, aber das wäre irgendwie unromantisch.

die ehrenvolle Aufgabe, Arthus' Gattin, Königin Ginover, auf die Jagd zu begleiten. Kaum sind sie losgeritten, begegnen die beiden einem fremden Ritter, der von einem hässlichen Zwerg begleitet wird. Die Königin, arglos wie sie ist, bittet um den Namen des Ritters und bekommt vom Zwerg statt einer Antwort einen Peitschenhieb ins Gesicht. Erec kann sie nicht verteidigen, er hat die Königin im jugendlichen Übermut nur leicht bewaffnet begleitet. Auch er bekommt vom Zwerg Haue. Jetzt kann man sich natürlich fragen, was mitten im Arthusreich ein fremder Ritter zu suchen hat, der die Unverfrorenheit besitzt, die Landesherrin von ihn begleitenden Zwergen vermöbeln zu lassen, aber es gehört zum Baugesetz jedes Arthusromans, dass man, sobald man den Hof verlässt, eine andere Welt betritt, in der die höfischen Formen und Regeln außer Kraft gesetzt sind. »Es ist der befremdliche Bereich der *âventiure*, eine zugleich wunderbare und bedrohliche Welt, in der das Unwahrscheinliche keiner Begründung bedarf«, heißt es bei Joachim Bumke, der das Standardwerk über Hartmann von Aues Schriften verfasst hat. Interessant an dieser Episode ist aber nicht der böse Zwerg, solche Wesen lauern in den Arthusgeschichten an jeder Ecke. Bemerkenswert ist, mit welch *»grôzer schame«* der Vorfall für Erec verbunden ist. Weder die Königin noch sich selbst verteidigt zu haben und mit blutendem Gesicht an den Hof zurückkehren zu müssen ist die größtmögliche Schande. *From hero to zero* noch in der Eröffnungssequenz ...

Aber – auch das gehört zum Arthusroman – Erec kann seine Schande wiedergutmachen. Auf Burg Tulmein, wo Herzog Imain seinen Sitz hat, findet nämlich ein Turnier statt. Jeder Ritter kann für die Schönheit seiner Dame kämpfen, als Siegesprämie gibt es einen Sperber, den man dann seiner Auserwählten überreicht. Der Ritter, zu dem der Zwerg gehörte, ist der haushohe Favorit bei dem Turnier, er hat die letzten drei Sperberkämpfe gewonnen, er ist gefürchtet, und keiner wagt es, ihn herauszufordern. Erec ist zwar Single, da er aber ziemlich überzeugt von sich ist, zweifelt er keine Sekunde daran, irgendwo unterwegs eine passende Dame aufgabeln zu können, der er im Falle seines Sieges die Siegesprämie überreichen kann. Also reitet er nach Tulmein. In einem »alten Gemäuer« findet er Unterkunft. Sein Gastgeber ist ein verarmter Adeliger (die gab es zuhauf, denn es herrschte ein ewiges soziales Auf und Ab, wie ich im Vorwort ja verdeutlicht habe). Der alte, aber offenbar elegante Herr lebt allein mit seiner Ehefrau – und seiner Tochter. Sie ahnen es sicher: Das ist Enide. Sie trägt ein abgetragenes altes Hemd, aber ihre Schönheit ist umwerfend (»ihr Körper schimmerte durch die schäbige Kleidung wie eine Lilie«).

Erec bittet den alten Herren, ihm seine Tochter für das Turnier zur Verfügung zu stellen. Wenn er gewinnt, verspricht er, sie zu heiraten. Aus Hartmann von Aues Zeilen ist sehr deutlich zu erkennen, dass Erec berechnend handelt. Die Anmut, die Ausstrahlung, ja sogar die ausdrücklich beschriebene Sexyness von Enide ist ihm egal. Ihm geht es darum, endlich zu diesem Turnier zu kommen und dort seine Ehre gegen den bösen Ritter wiederherzustellen, der sein Ansehen verletzt hat. Hartmann von Aue betont auch, dass Erec der Ansehensverlust der Königin ebenfalls ziemlich wurscht ist, ihm geht es, wie gesagt, nur darum, seine eigene Demütigung öffentlich wieder wettzumachen. Natürlich gewinnt er das Turnier, und da Hartmann von Aue weiß, was er seinem Publikum schuldig ist, schildert er, wie der böse Ritter um Gnade winseln muss und der Zwerg zur Strafe ausgepeitscht wird. Erec hat nun aber besagte Enide an der Backe, die ihm durchaus gefällt, doch verliebt ist er vor allem in sich selbst. Hartmann von Aue beschreibt zwar, dass er auf dem Rückweg zum Arthushof langsam Gefallen an Enide findet, aber richtig begeistert von ihr ist er erst, als nach seiner Rückkehr alle am Hof von ihrer Schönheit zu schwärmen beginnen. Am Hof wird Enide nämlich erst einmal gebadet und kriegt endlich anständige Klamotten verpasst. König Arthus, inzwischen mit dem erlegten weißen Hirschen am Hofe angekommen, darf die Schönste küssen, und das, was vorher noch heftigen Streit ausgelöst hätte, steht jetzt außer Frage: Enide ist mit Abstand die Schönste, die Männer der Tafelrunde erschraken regelrecht vor ihrer Schönheit (*»von ir schoene erschrâken die zer tavelrunde sâzen«*).

Jetzt beginnt die Geschichte erst richtig interessant zu werden. Erec ist wieder der strahlende Jungstar und freundet sich nicht nur damit an, das Heiratsversprechen einzuhalten, er findet Enide nun endlich auch begehrenswert. Und zwar so begehrenswert, dass die beiden noch vor der Hochzeit zusammen ins Bett schlüpfen. Die Hochzeit ist ein Riesenspektakel, Zauberer, Gaukler, Gelage, das volle Programm, bei Chrétien wird der Sex der beiden erstaunlich explizit geschildert (ein Franzose), er beschreibt die körperliche Vereinigung in blumigen Worten, der deutsche Hartmann übergeht das sehr viel dezenter.

Nun kommt der Dreh- und Angelpunkt der Geschichte: Die beiden kehren nach Karnant zurück. Hier erwarten Erec nämlich Pflichten. Bei Chrétien ist er nur Mitregent seines Vaters, bei Hartmann wurden ihm die Regierungsaufgaben bereits gänzlich übertragen. Erec und Enide sind plötzlich aber derart vernarrt ineinander, dass sie Wochen und Monate ausschließlich im Bett verbringen. Die Regierungspflichten sind Erec herzlich egal. Allen ist das furchtbar peinlich, das höfische Leben liegt brach, es gibt keine Jagden und keine Feste mehr, die beiden lassen sich einfach nicht mehr blicken, auf Erecs Schreibtisch stapelt sich unerledigte Post, alle sind empört. Will man den beiden nicht die verlängerten Flitterwochen gönnen? Das ist es nicht. Das Problem ist, dass die beiden es schlicht übertreiben. Bei Hartmann von Aue heißt es so schön, dass die beiden sich *»verligen«*. Ein Begriff, den man eigentlich wiederbeleben sollte, denn aus den Texten wird ziemlich klar, dass die beiden nicht nur sexbesessen waren, sondern Erec bloß noch verantwortungsfaul rumhing, ihn überhaupt nichts mehr interessierte – außer Sex. Vielleicht verfügte er auch über eine frühe Version einer Playstation 4 und daddelte zwischen den Schäferstündchen mit dieser rum, jedenfalls verließ er das Schlafzimmer so gut wie gar nicht mehr.

Enide wird das zunehmend peinlich – aber sie macht mit. Jedenfalls traut sie sich nie, Erec auf das Geraune, das am Hof um sich greift, anzusprechen – im Gegensatz zu ihm bekommt sie immerhin mit, wie abfällig inzwischen über sie und ihren Mann gesprochen wird.

Eines Nachts murmelt Enide in Selbstgesprächen vor sich hin – wie gesagt, sie traut sich nicht, die missliche Lage offen anzusprechen – und flüstert den schicksalhaften Satz: »Mein Freund, wie schade um dich.« Sie hätte auch sagen können: »Wie tief bist du gesunken«, oder etwas in der Art, jedenfalls hört Erec im Halbschlaf, was seine Frau da sagt, und begreift plötzlich, dass es so nicht mehr weitergehen kann. Von der eigenen Frau als Nichtsnutz geschmäht zu werden, das ist eine Schande, die er nicht ertragen kann. Er schnappt sich Enide, lässt sich unter irgendeinem Vorwand zwei Pferde satteln, und reitet mit ihr davon, ohne irgendjemandem Bescheid zu sagen.

Die Prüfungen der nun folgenden Abenteuerfahrt müssen nicht einzeln geschildert werden (obwohl es unterhaltsam wäre). Er kämpft mit Räubern, mit Riesen, einmal übernachten sie in einem einfachen Gasthof, sitzen aber beim Essen an getrenntem Tisch (eine Demütigung für Enide!), als sich ein Mann an sie heranmacht. Erec ist das völlig wurscht. Wichtig zu erwähnen ist noch, dass er seiner Enide grausame Strafen auferlegt, während sie ihn auf der *Âventiure*-Fahrt begleitet. Er ist immer noch sauer, dass sie ihn als Jammerlappen bezeichnet hat. Sie wird wie ein Knecht behandelt, sie muss sich um die Pferde kümmern, und zu alledem unterliegt sie einem ziemlich absurden Schweigegebot. Sie kommen mehrfach in Situationen, in denen sie gezwungen ist, ihn vor drohender Gefahr zu warnen, und sie das Schweigegebot, um sein Leben zu retten, bricht – nur um von ihm anschließend zusammen-

Sollte man sich für Fauxpas entschuldigen?

In Thomas Manns Erzählung »Die Betrogene« kommt ein Amerikaner vor, der, immer wenn er rülpst, sogleich *»Pardon me!«* ruft – und damit erst recht die Aufmerksamkeit auf sich lenkt. Fauxpas dieser Art muss man einfach ignorieren.

gestaucht und noch strenger bestraft zu werden. An einer Stelle kommen fünf Ritter, von ihm unbemerkt, auf ihn zu. Schaut sie nun zu, wie er von ihnen hinterrücks zerstückelt wird? Natürlich nicht. Sie schreit laut auf. Als die Gefahr überwunden ist, macht ihr Erec eine Riesenszene und droht, sie zu verstoßen und den wilden Tieren im Wald zu überlassen. Dies evoziert für die Zuhörer die Zeit, in denen ein rauerer Umgang mit Frauen üblich war.

Erst allmählich begreift Erec, nachdem Enide ihm mehrfach das Leben gerettet hat, wie abwegig das Redeverbot ist. Irgendwo in der Mitte des Epos bekommt der Leser, erst angedeutet, dann immer deutlicher mit, dass Erec einen Sinneswandel durchmacht. Die Entwürdigungen, die Enide zu ertragen hat, sind am Anfang der Geschichte am drastischsten, je weiter aber die *âventiure* voranschreitet, desto seltener und milder werden die Demütigungen. Auch an seinen Gegnern, mit denen er sich im Laufe der *âventiure* rumschlägt, ist für den aufmerksamen Leser oder Zuhörer sein allmählicher Charakterwandel abzulesen. Sind es am Anfang noch gemeine, vulgäre Räuber, mit denen er kämpft, werden es später Riesen, und noch später sind es edle Grafen.

Einer der tröstlichen Aspekte der Geschichte ist, dass Erec selbst *nach* seinem Sinneswandel, als der allmähliche Aufstieg und sein Charakterwandel schon längst in vollem Gange sind, immer noch Rückfälle erleidet und Schuld auf sich lädt. Ich mag die Geschichten nicht, in denen der Wandel vom Scheusal zum Strahlemann abrupt geschieht. Ich finde Leute unglaubwürdig, die von ihrem »alten Ich« sprechen und von sich behaupten, inzwischen so geläutert zu sein, dass ihr Charakter blitzeblank ist. Jeder Wandel geschieht scheibchenweise. Und vor allem: So ein Wandel ist nie abgeschlossen. Die Aufgabe, an sich zu arbeiten, ist ein lebenslanger Prozess. Ich glaube, dass auch große Helden und Heilige, ob Augustinus, Dietrich Bonhoeffer, Maximilian Kolbe oder Mutter Teresa, bis zum Schluss mit Charaktermängeln zu kämpfen hatten.

Egal. Wir kommen langsam zum Höhepunkt der Geschichte. Einmal hört Erec im Wald die Stimme einer weinenden Frau, deren Mann von einem Riesen entführt wurde. Er folgt einer Blutspur im Wald und sieht einen Riesen, der einen nackten, gefesselten Mann auspeitscht. Er wird vom Riesen fast totgeschlagen, aber es gelingt Erec, den Mann zu befreien. Kurz darauf bricht er – die Spätfolgen des brutalen Kampfes mit dem Riesen – zusammen und wird für tot erklärt. Enide ist derart verzweifelt, dass sie sich in ihr Messer stürzen will, wird aber von einem Grafen daran gehindert, der allerdings von ihrer Schönheit derart betört ist, dass er nicht einmal abwarten will, bis Erec begraben ist, und Enide zwingt, ihn noch am selben Tag zu heiraten. Als sie sich weigert, mit ihm ins Bett zu gehen, schlägt er der zarten Enide mit der Faust ins Gesicht, bis sie blutet. Selbst die Gefolgsleute des Grafen sind schockiert. Erec liegt leblos in der Burg des Grafen, Enide ist in fremden Händen und wird misshandelt – der absolute Tiefpunkt im Werdegang Erecs. Doch als der Graf seine Frau schlägt, wecken Erec ihre Schreie aus seiner Todesstarre, er taumelt in den Rittersaal – die Leute müssen ziemlich geschockt gewesen sein, wie er, der scheinbar Tote, in blutige Tücher gewickelt, wutentbrannt auf sie losstürmt –, haut alles kurz und klein und flüchtet mit Enide. Die beiden übernachten unter freiem Himmel auf einer Wiese. Zum ersten Mal nach langer Zeit schlafen Erec und Enide wieder miteinander, er bittet sie um Vergebung für all die ertragenen Strafen und Qualen. Enide vergibt ihm. Im Hintergrund muss man sich jetzt ein Streichorchester vorstellen.

Der Aufstieg Erecs ist nun fast abgeschlossen. Er liebt seine Frau und hat endlich kapiert, *how to treat a lady*, wie man in London-Chelsea sagen würde. Es folgt noch ein ziemlich surreales Abenteuer am Hof von Brandigan, in dem Erec den grausamen Riesen Mabonagrin besiegt und achtzig schöne Frauen – die Witwen der von Mabonagrin im Kampf getöteten Ritter – aus dessen Gefangenschaft befreit, dann kehren die beiden endlich wieder an den Arthushof zurück. Alle bei Hofe sind entzückt über Erecs Rückkehr und die frische Injektion schöner Frauen, und natürlich wird wieder ein großes Fest gefeiert.

Die Geschichte endet in Karnant, Erecs eigenem kleinen Fürstentum. Dort nimmt er jetzt endlich wieder seine Pflichten wahr, er holt sogar Enides Eltern an seinen Hof, er ist seiner Frau ergeben – aber ohne seinen Job zu vernachlässigen. Alles ist gut, Happy End, das Streichorchester setzt wieder ein, die Popcorntüte ist leer, die Tränen sind getrocknet. Hartmann beschließt seine Geschichte mit einem dreifachen Tusch. In Brandigan, wo einst Mabonagrin sein Unwesen trieb, herrscht höchste *vreude*, am Arthushof ist man beglückt über Erecs Rehabilitation (und die achtzig schönen Frauen), in Karnant überschüttet Erec sein Land mit Wohltaten, er gründet Kirchen und Klöster. Der Vorhang fällt.

Die Moral von der Geschichte?

Auf den ersten Blick ist die Geschichte Erecs erst einmal die von zwei jungen Leuten, die durch schändliches Verhalten aus der höfischen Gesellschaft herausgefallen sind, und deren sich *scheibchenweise* vollziehender Rehabilitation. Ich finde, die Erzählung hat aber noch andere Aspekte, die sehr viel aktueller sind. Von der »guten Gesellschaft« ausgeschlossen zu werden ist heutzutage in Ermangelung entsprechender Tabus fast unmöglich. *Verligen* ist jedenfalls nichts, mit dem man heute groß Anstoß erregen würde. Und wenn es einem doch gelingt, ein Tabu zu brechen, wird der Empörungspopulismus schon dafür sorgen, dass jede Rehabilitation, ob scheibchenweise oder nicht, versperrt bleibt. Was die Geschichte aber für unsere Zeit sehr wohl aktuell macht, ist die dort behandelte Frage nach Starkult und dem mit Prominenz und Erfolg einhergehenden Verlust von Demut. Erec beschließt zwar, sich vom Trubel bei Hofe loszusagen und in der rauen Welt da draußen nach Läuterung zu suchen, aber das hindert ihn offenbar nicht daran, immer noch recht großzügig über seine

Fehler hinwegzusehen und die seiner Begleiterin viel dramatischer einzuschätzen. Leute, die schon früh Erfolg haben, das war vor achthundert Jahren nicht anders als heute, leiden eben an einem Demutsdefizit. Erec braucht verdammt lange, um einzusehen, dass es vor allem an ihm selbst wäre, sich zu ändern. Um zu dieser Einsicht zu gelangen, muss er erst mehrmals richtig tief fallen.

Und dann ist da noch was. Die Frage: Wer bin ich? Wer definiert meine Identität? Ist es mein Umfeld, meine Familie, die mich umgebende Kultur? Bin ich es selbst? Durch all den Applaus und Zuspruch, den Erec schon früh erfahren hat, ist er völlig überzeugt davon, ein toller Hecht zu sein. Er kann sich gar keine Wirklichkeit vorstellen, in der er nicht geschätzt und anerkannt wird. Er lässt seine Identität durch sein Umfeld definieren. Ein klassischer Fall einer »heteronomen« – also fremdbestimmten – Identität. Das kann gut gehen. Tut es aber meistens nicht. Wer glaubt, ein Superheld zu sein, weil alle anderen das so sehen, braucht offenbar überdurchschnittlich lange, um irgendwann auf dem Boden der Realität anzukommen. Das ist das Problem der Heteronomie. Vor lauter Popularität sitzt man irgendwann dem eigenen Image auf und hält sich für fehlerlos.

Das krasse Gegenteil von Heteronomie ist die Autonomie. Aber auch die ist problematisch. Vor lauter berechtigter Skepsis gegenüber der Heteronomie – »ich lass mir nicht sagen, wer ich zu sein habe« – wählen wir mit unserer Obsession zur Autonomie das andere Extrem. »Sei du selbst!«, »Bestimme selbst, wer du bist!« lauten all diese Sprüche. Es ist ja tatsächlich beengend, sich von anderen Menschen seine Identität aufzwingen zu lassen – und zwar unabhängig davon, ob man sich, wie Erec, als Held und Strahlemann definieren lässt oder, was leider meistens geschieht, sich von Sprüchen kleinmachen lässt wie »Sei realistisch!«, »Kenne deine Grenzen!« oder »Bleib auf dem Boden!« … Aber ist die einzig mögliche Alternative dann wirklich der Entschluss zu krasser Autonomie?

Dazu eine Szene. Eine Mutter sitzt mit ihrer Tochter in einem klapprigen alten Auto, sie fahren durch Sacramento in Kalifornien, auf dem Weg nach Hause. Die Mutter ist Krankenschwester, die Tochter Highschool-Schülerin mit durchschnittlichen Noten. Sie hören gerade die letzten Sätze einer Hörbuch-Fassung von John Steinbecks »Früchte des Zorns«. Mutter und Tochter wischen sich Tränen aus den Augen. Es kommt zu folgendem Dialog:

Die Tochter: »Ich möchte nicht hier studieren, ich möchte irgendwo an die Ostküste.«
Die Mutter: »Du schaffst es eh nie auf eine dieser Unis.«
Die Tochter: »Mami!«
Die Mutter: »Du schaffst ja nicht einmal deinen Führerschein!«
Die Tochter: »Weil du mich nicht dafür üben lässt!«
Die Mutter: »Wenn man sich deine Arbeitsmoral anschaut, Christine, wenn man sieht, wie du arbeitest, besser gesagt, nicht arbeitest, dann glaube ich, dass du Glück hast, wenn du einen Platz auf einem der Community-Colleges kriegst.«
Die Tochter: »Nenn mich nicht Christine. Mein Name ist Lady Bird.«
Die Mutter: »Das ist lächerlich.«
Die Tochter: »Nenn mich gefälligst Lady Bird, wie wir vereinbart haben!«
Die Mutter: »Weißt du was? Mit deiner Arbeitseinstellung wird dir letztlich nichts anderes übrig bleiben, als auf ein City-College zu gehen. Mehr ist schon finanziell nicht drin. Danach wirst du wahrscheinlich im Gefängnis landen, und danach wirst du hoffentlich irgendwann zur Vernunft kommen …«

Da schnallt sich (Vorsicht, Spoiler!) die Tochter ab, öffnet die Autotür und lässt sich bei voller Fahrt aus dem fahrenden Auto fallen. Das ist die Eröffnungsszene von »Lady Bird«, dem ersten Film von Greta Gerwig. Auch hier geht es um Demut und Hochmut, nur aus einer anderen Perspektive als bei Erec. Bei »Lady Bird« geht es um ein junges Mädchen, das eben in puncto Heteronomie das krasse Gegenstück zu Erec ist. Sie wächst im kalifornischen Sacramento nicht im Palast auf, sondern in einem sozial benachteiligten Elternhaus. Auf dem Weg zur Schule geht sie immer wieder sehnsüchtig an den schmucken Häusern im Wohnviertel der Begüterten vorbei und träumt von einem besseren, interessanteren, geistig anregenden Leben. Sie will auf keinen Fall auf einem dieser Community-Colleges landen, die den breiten Bevölkerungsschichten die Chance auf einen Uni-Abschluss bieten. Ihr größter Traum ist es, von einer der angesehenen Universitäten an der Ostküste angenommen zu werden. Ihre Mutter versucht, ihr das auszureden, sie fühlt sich von den hochfliegenden Ambitionen ihrer Tochter verletzt, ihre Sehnsüchte klingen in ihren Ohren wie Undankbarkeit (»Sacramento ist dir wohl nicht gut genug?«). Die Tochter aber weigert sich, die Arme-Leute-Mentalität anzunehmen, die ihre Mutter ihr aufzudrücken versucht. Einmal gehen die beiden zusammen in den Supermarkt. Die Tochter will eine Ausgabe von *Vanity Fair* in den Einkaufskorb legen. Die Mutter: »Leg sie wieder zurück! Wenn du so eine Zeitschrift lesen willst, geh in die Stadtbibliothek!« Die Tochter: »Ich will sie aber im Bett lesen.« Die Mutter: »So was machen reiche Leute. Wir sind keine reichen Leute.«

Die Tochter hasst die Schraub-deine-Ansprüche-zurück-Haltung ihrer Mutter. Sie lehnt das anspruchslose Leben ihrer Familie ab. Sie will eine andere sein. Das geht so weit, dass sie sich sogar weigert, mit ihrem Vornamen angeredet zu werden. Sie nennt sich »Lady Bird«. Wenn sie gefragt wird, wie sie heißt, besteht sie auf ihren Fantasienamen: »Das ist der Name, den ich mir selbst gegeben habe.« Unsere Heldin will Autonomie statt Heteronomie.

Für den Fall, dass Sie den Film noch nicht gesehen haben

(bitte nachholen!), will ich nicht zu viel verraten. Nur so viel: Der Film läuft auf die Frage hinaus, ob es noch einen dritten Weg gibt. Weder Selbst- *noch* Fremdbestimmung. Beide, die von Erec und die von »Lady Bird«, sind Geschichten, die junge Menschen auf ihrem Weg zur Identitätsfindung und Reifung begleiten. In der einen gerät der Held auf Abwege, weil ihm eingeredet wird, dass er ein Star ist. In der anderen gerät die Heldin auf Abwege, weil sie mit einer Bettlermentalität kleingehalten wird. Beide lernen auf die harte Tour, dass weder Fremdbestimmung noch Eigenbestimmung die Lösung ist. Erec lernt, dass seine Bestimmung nicht darin liegt, die ganze Welt ständig mit Heldentaten zu beeindrucken, sondern in Karnant das zu tun, wozu er bestimmt ist: einem anständigen Job nachgehen, ein Segen für sein Land und seine Untertanen sein – und mit seiner Frau in einer liebevollen und zugewandten Partnerschaft leben. »Lady Bird« sieht am Ende des Films ein, dass es behämmert war, das Leben in Sacramento – und das Leben ihrer Eltern – als unter ihrer Würde zu betrachten. Am Ende empfindet sie Dankbarkeit für das, was ihr ihre Eltern ermöglicht haben. Bei alledem schafft sie es dennoch, ihren eigenen Weg zu gehen. Sie studiert tatsächlich an der Ostküste, in New York. Aber sie nennt sich wieder Christine, statt auf ihrem albernen Fantasienamen zu bestehen. Und dann gibt es noch ein Happy End, das mir natürlich besonders gefällt: Sie versöhnt sich mit Dingen, die ihr als Schülerin eines katholischen Colleges zuwider waren. Der Film endet mit einem wunderschönen Moment der Dankbarkeit und der Demut, aber Sie müssen es selbst sehen.

Ich glaube, dass Hartmann von Aue im 12. Jahrhundert und achthundert Jahre später Greta Gerwig die gleiche Entdeckung gemacht haben: Es gibt einen dritten Weg. Die Berufung. Der dritte Weg ist nämlich weder Heteronomie noch Autonomie, sondern: Theonomie. *Theos* ist das griechische Wort für »Gott«, *nomos* das griechische Wort für »Gesetz«. Wer theonomisch zu denken vermag, schafft es, *weder* selbst bestimmen zu wollen, wer man ist, *noch* sich von anderen vorschreiben zu lassen, wer man zu sein hat. Es verschafft einem die Möglichkeit, seine Begabungen zu entdecken und seine Träume und Leidenschaften mit den Bedingungen, die man vorfindet, zu vereinbaren.

Viele sind fest davon überzeugt, dass alles, was sie erreicht haben, ihr eigenes Verdienst ist. Hat man dann Erfolg, neigt man zu Stolz und Hochmut. Andere sind überzeugt, dass sie wegen ihrer schlechten Startbedingungen nie die Chance haben, Großes zu erreichen. Das Resultat ist dann entweder ein trostloser Fatalismus oder der Versuch, sich seine Identität zu zimmern. Wer aber den dritten Weg geht, wer seine Berufung sucht und findet und sich dabei idealerweise auch noch als geliebtes Gotteskind erkennt, meidet sowohl maßlosen Hochmut als auch maßlose Demut. Dann bleibt man, wenn man Erfolg hat, demütig und dankbar – da es ja nicht allein das eigene Verdienst ist, das einen befähigt.

Was geht's mich an?

Man darf nicht glauben, was einem eingeredet wird. Egal, ob das, was einem eingeredet wird, schmeichelhaft oder niederdrückend ist. Das ist heteronomes Denken. Man kann sich aber auch nicht nach Gutdünken selbst erfinden. Das ist der autonome Irrweg. Es gibt jedoch noch einen dritten Weg. Man findet ihn, wenn man nach seinen Begabungen Ausschau hält. Auf dem Apollotempel in Delphi stand weder »Erfinde dich selbst!« noch »Erkenne, was die anderen über dich sagen!«, sondern: »Erkenne dich selbst!«

7 TREUE

Tristans Torheit

Warum liebt mich meine Frau? Die ehrliche Antwort ist: Ich weiß es nicht. Meine Vermutung ist: Sie liebt mich, weil sie es *muss*. Absurd? Natürlich kann man das absurd finden, aber die Idee habe ich von Søren Kierkegaard, beschweren Sie sich bitte bei ihm (sein Grab finden Sie auf dem Assistenzfriedhof im Kopenhagener Stadtteil Nørrebro). In seinem in Deutschland wenig bekannten, 1847 erschienenen Werk »Der Liebe Tun«, setzt er sich betont sachlich mit dem Thema Liebe am Beispiel des biblischen Satzes »Du sollst den Nächsten lieben« auseinander. Erst konzentriert er sich auf das »Du«, dann auf das Verb »sollen« und schließlich den Begriff »der Nächste«.

Besonders der zweite Abschnitt, in dem er über das »Sollen« nachdenkt, hat es in sich. »Nur, wenn es Pflicht ist, zu lieben«, schreibt er dort, »nur dann ist Liebe gegen jegliche Veränderung ewig gesichert, ewig freigemacht in seliger Unabhängigkeit, gegen Verzweiflung ewig glücklich gesichert.« Er weiß, dass das schwer zu verdauen ist. Er fordert den Leser übrigens auf, seinen Text langsam zu lesen. Und laut. Probieren Sie es! Hier eine geeignete Stelle: »Wie froh, wie glücklich, wie unbeschreiblich vertrauensvoll auch die Liebe des Triebs und der Neigung als solche sein kann, sie empfindet dennoch gerade in ihrem schönsten Augenblick das Bedürfnis, sich womöglich noch fester zu binden.« Echte, tiefe Liebe ist immer auf Bindung, auf ein Bündnis aus. Ein paar Seiten später schreibt er, Pflicht sei das einzig Freimachende.

Das klingt für unsere modernen Ohren fremd, eigentlich sagt er damit aber nur das, was auch jedes Liebeslied ausdrückt. Alles, was je über das Thema Liebe geschrieben, gedichtet und gesungen wurde, zielt auf Ewigkeit. Von Penelope, die auf ihren Odysseus wartet, bis Drafi Deutscher und »Marmor, Stein und Eisen bricht ...«, immer geht es bei der Liebe um alles und Ewigkeit. Ein Lied wie »She loves you, yeah, yeah, yeah« (der erste große Hit der Beatles), das einschränkend hinzufügen würde »aber nur, bis sie genug von dir hat und nichts mehr für sie rausspringt« hätte es jedenfalls niemals in die Charts geschafft. Noch mal Kierkegaard, noch mal bitte laut: »Wenn zwei Menschen einander nicht auf ewig lieben wollen, dann ist ihre Liebe nicht wert, dass man über sie spricht, geschweige denn, dass man sie besingt.« Aus dem Ewigkeitsschwur, den sich Liebende gegenseitig leisten, spricht bereits die Angst, so Kierkegaard, dass diese Liebe schwinden könnte. Zwar sei die Liebe, die das »Sollen«, die Pflicht, ernst nimmt, keineswegs von Unglück und Tränen sicher, aber wenigstens sei sie vor der Verzweiflung sicher, und Verzweiflung sei das schlimmste Gift für die Liebe.

Neben der Verzweiflung nennt Kierkegaard noch ein zweites Gift: die Gewohnheit. »Dann verliert die Liebe ihr Feuer, ihre Freude, ihre Lust, ihre Ursprünglichkeit, ihr frisches Leben; wie der Fluss, der aus den Felsen sprang, weiter abwärts ermattet in der Trägheit des stillstehenden Wassers ...« Als Mittel, um die Liebe wach zu halten, rät er Folgendes: Man soll sich täglich an dieses »Sollen« der Liebe erinnern. Am besten drei Mal täglich. Er empfiehlt die Vorgehensweise des persischen Herrschers Darius, der eigens einen Sklaven hielt, der nur eine Aufgabe hatte – ihn täglich daran zu erinnern: »Vergiss die Athener nicht!« Wer keine Sklaven hat, bei dem tut es auch ein Freund, der einen jedes Mal, wenn er einem begegnet, genau daran erinnert: »Vergiss nicht, dass du die verdammte Pflicht zum Lieben hast!«

Das Faszinierende an Kierkegaard ist seine Kompromisslosigkeit. Seine Worte sind für moderne Ohren unzumutbar – und genau das macht ihn für mich zum Helden. Heute muss alles immer leicht vermittelbar und »niedrigschwellig« sein. Wir sind wie verwöhnte Kinder. Kierkegaard wusste das. Einer seiner Spitznamen war »Sokrates von Kopenhagen«. Es war sein Höchstes, die bequeme, selbstgefällige Gesellschaft seiner Stadt vor den Kopf zu stoßen, ähnlich wie Sokrates das mit der Athener Gesellschaft tat. Meine liebste Stelle in »Der Liebe Tun« ist die, wo er genau diese unsere Infantilität anspricht. Das verhätschelte Kind, schreibt er, könne dieses »Sollen« nicht ertragen: »Sobald man es ausspricht, wird es entweder ungeduldig, oder es fängt an zu weinen.« Ist das nicht großartig? Dichter – damit meint er auch die Minnedichter – seien übrigens die Letzten, bei denen man in Liebesdingen um Rat suchen sollte, die hätten nämlich keine Ahnung. Das ist auch der Grund, warum er sich bewusst Mühe gab, »Der Liebe Tun« in nüchternem, unpoetischem Ton zu verfassen (was der Rezeption dieses Buches natürlich nicht gutgetan hat). Ich finde, dass Kierkegaard da ein wenig übertreibt, gerade in Liebesliedern und Liebesdramen findet man genau jene Kompromisslosigkeit wieder, die das Thema verdient.

Die mit Abstand spektakulärste Lovestory des ritterlichen Zeitalters ist die Geschichte von Tristan und Isolde. Es ist keine klassische Liebesgeschichte, es geht eher um die Folgen von Untreue. Es gibt in der Weltliteratur keine wichtigere Fremdgeh-Geschichte. Der Ehebruch, um den es hier geht, spielt sich in einer Königsfamilie ab. Das übt ja immer einen gewissen Reiz aus. Leider hat ein genialer, aber moralisch verkommener Sachse namens Richard Wagner daraus einen derart erfolgreichen Blockbuster gemacht, dass wir kaum mehr unbefangen an die Geschichte herangehen können. Viele große Stoffe werden durch ein Übermaß an Erfolg kaputt gemacht. Denken Sie an »Bambi«, das fantastische Buch von Felix Salten oder Rudyard Kiplings »Dschungelbuch«! Disney hat diese Werke unsterblich gemacht – und zerstört. Es ist un-

Den Ex grüßen?

Was tun, wenn man auf einer Party zum ersten Mal nach Jahren den Verflossenen sieht, der einen schmählich verlassen hat? Hingehen! Und dann Folgendes sagen: »Ich verzeihe dir. Allerdings unter der Bedingung, dass wir die Party sofort verlassen, uns eine Suite im Vier Jahreszeiten nehmen und morgen früh nach Nizza fliegen, damit du mir, als Geste der Wiedergutmachung, ein Häuschen in der Provence kaufst.« Man weiß ja nie, es kann ja sein, dass es klappt.

möglich, an das »Dschungelbuch« ohne den lustigen Bären mit seinem »Probier's mal mit Gemütlichkeit« zu denken. Ähnlich ist es mit Wagner und dem von ihm kitschig glorifizierten »Liebestod«. Bitte vergessen Sie also alles, was Sie über Tristan und Isolde zu wissen glauben, und gehen Sie mit mir zu der ursprünglichen Fassung dieser faszinierenden Geschichte zurück.

Die Tristansage berühmt gemacht hat Gottfried von Straßburg, geboren um 1170, der neben Wolfram von Eschenbach und Hartmann von Aue der dritte große Meister auf dem Gebiet der höfisch-ritterlichen Epik war. Gottfrieds Quelle ist das Gedicht eines gewissen Thomas von Britanje. Ob mit »Britanje« die Bretagne oder Britannien gemeint ist, ist ungewiss. Sein Manuskript ist leider nur in Fragmenten erhalten, die Forschung vermutet, dass es sich bei dem Verfasser um einen anglonormannischen Geistlichen handelte. Jedenfalls hält sich Thomas bei manchen heiklen Fragen ausdrücklich zurück und fordert das Publikum an ganz entscheidenden Stellen auf, selbst Urteile zu fällen. Er führt dafür an, dass ihm in Liebesdingen die Erfahrung fehle. Ein Hinweis darauf, dass es ein Geistlicher ist, der hier schreibt (einer, der sich tatsächlich an den Zölibat hielt). Vielleicht ist es aber auch nur ein Trick, um mit dem Publikum in den Dialog zu treten, es zum eigenständigen Nachdenken zu verführen. Gottfried starb, bevor er seinen Text vollenden konnte, da es aber eine norwegische Übersetzung der Fassung von Thomas von Britanje aus dem 13. Jahrhundert gibt, lässt sich die Urfassung der Geschichte ziemlich präzise rekonstruieren.

Das Publikum, für das beide schrieben, war der Adel des späten 12. Jahrhunderts. Dieses Milieu war damals Dichterlesungen gegenüber, die auf die Pros und Cons ehelicher Treue eingehen, überaus aufgeschlossen. Ein Sinn von Literatur ist ja, dass man dank ihr Probleme, die einen selbst beschäftigen, mit sicherem Abstand betrachten und sein eigenes Leben reflektieren kann. Die damalige Gesellschaft hatte in puncto Liebe und Treue, ähnlich wie heute, einen ziemlich heftigen Paradigmenwechsel zu verdauen. Allerdings unter umgekehrten Vorzeichen. Während sich heute die Kirche aus der Einmischung in Fragen der Sexualmoral langsam zurückzieht, weil ohnehin keiner auf sie hört, hatte sie ab dem 11. Jahrhundert begonnen, sich ziemlich heftig einzumischen. Bevor sie das tat, hatten in unserem Kulturkreis Frauen, wenn sie von der eigenen Sippe in eine andere wechselten, nicht mitzureden. Die Sippen machten das unter sich aus, heiratsfähige Söhne und Töchter waren dazu da, die Verbindungen zweier Clans zu festigen. Punkt. Ausschlaggebend waren soziale, politische oder wirtschaftliche Gründe. Die Eheschließungen wurden feierlich begangen, die Frau hatten natürlich gefälligst treu zu sein, von Männern wurde das nicht erwartet. Neben diesen formellen Verbindungen gab es nämlich noch eine Reihe weiterer Eheformen. Für die sogenannte Friedelehe zum Beispiel war nicht einmal eine aufwendige Party notwendig, sie diente hauptsächlich dazu, den Herren ein wenig Abwechslung zu gönnen und Töchter irgendwo unterzubringen und wirtschaftlich abzusichern. Dazu gab es noch die Kebsehe. Das Wort »Kebse« bedeutet »Sklavin« oder »Dienerin«. Wer über Besitz verfügte, konnte seine Mägde jederzeit zum Sex zwingen und sie als eine weitere Nebenfrau, als »Kebsweib«, halten. Raue Zeiten.

Ab etwa dem frühen 11. Jahrhundert änderten sich die Spielregeln. Zunächst beim Adel und dann auch bei Freien setzte es sich durch, für Eheschließungen den kirchlichen Segen einzuholen. Das war eine Prestigesache, hatte allerdings seinen Preis. Die Kirche bestand nämlich darauf, dass ein Mann nur *eine* Frau haben solle, und zum Verdruss des Adels bestand sie noch dazu darauf, dass die Eheleute im gegenseitigen Einverständnis die Ehe eingehen sollten. Eine Ehe war nun erst dann gültig, wenn tatsächlich beide Eheleute aus freiem Willen einer Heirat zustimmten. Der Adel hatte daran ziemlich zu knabbern. Natürlich behielten es sich die Familienoberhäupter weiterhin vor, Ehen aus dynastischen Gründen zu stiften, wenn sich aber später herausstellte, dass in irgendeiner Weise Zwang ausgeübt worden war, war die Ehe nach kirchlichem Recht ungültig. Die Idee, dass sich zwei Menschen lieben sollten, um eine Ehe einzugehen, war neu und ziemlich revolutionär.

Diese Revolution hatte der Adel noch lange nicht verkraftet, als die Geschichte vom Königssohn Tristan und der Königstochter Isolde zum Publikumshit wurde. Die Forderung, dass sich ein Paar tatsächlich lieben sollte, bevor es einen Ehebund eingeht, war damals also, um mit Angela Merkel zu sprechen, noch »Neuland«. Die Tristangeschichte beschäftigt sich mit der Frage, was geschieht, wenn das Feuer der Liebe dynastischen Entscheidungen in die Quere kommt.

Der Ritter Tristan, ein blendend ausschauender, tapferer junger Mann, der schon den einen oder anderen Drachen erledigt hat, sticht von Cornwall aus in See, um in Irland im Auftrag seines Onkels, König Mark, dessen künftige Gattin Isolde abzuholen. Auf dem Rückweg trinken die beiden versehentlich einen Liebestrank, der – um dem kirchlich geforderten beidseitigen Konsens ein wenig nachzuhelfen – eigentlich für König Mark und Isolde bestimmt war. Vielleicht handelte es sich um Methylamphetamin, vulgo Ecstasy, jedenfalls haut die Wirkung die beiden um. Tristan und Isolde werden von den zärtlichen Gefühlen füreinander überwältigt, ziehen sich unter Deck zurück, verschlingen sich gegenseitig und sind nun für immer unzertrennlich. Konnten sie nicht anders? War die Kraft des Liebestrunks einfach zu stark? Das Motiv des Liebestranks ist ein erzählerisches Mittel. Es soll uns, dem Publikum, klarmachen, dass die beiden wirklich ineinander verliebt waren und wir es nicht mit einem One-Night-Stand zu tun haben. Es soll uns verdeutlichen, dass sie keine Wahl hatten, sie *mussten* sich ineinander verlieben. Unter uns: Man hat immer die Wahl. Die beiden wussten – Liebestrank hin oder her – genau, was sie taten.

Zurück in Cornwall, übergibt Tristan Isolde seinem König, Mark heiratet sie, und zur Erheiterung des Publikums wird nun lang und breit geschildert, wie sich Tristan und Isolde immer wieder heimlich treffen und fantastischen Sex haben, während König Mark wiederholt Verdacht schöpft, sich aber immer wieder aufs Neue täuschen lässt. Diese Ehebruchsnovellen sind beim damaligen Publikum sicher gut angekommen. König Mark steht immer wieder als ziemlich armseliger Trottel da, der einfach zu blöd ist, um zu kapieren, was da vor seinen Augen geschieht. In einer Szene zum Beispiel stellt sich Isolde krank, Tristan verkleidet sich als Mönch mit heilpraktischen Fähigkeiten, geht in ihre Kammer, die beiden schlafen miteinander. Als er später rauskommt, geht es Isolde wieder blendend, und der gehörnte Mark bedankt sich auch noch bei Tristan.

Irgendwann wird es dem König aber doch zu bunt, denn die Leute beginnen bereits zu tratschen, und er schickt die beiden in die Verbannung. Tristan und Isolde ziehen sich in den Wald zurück – in die berühmte Liebesgrotte –, die beiden verbringen den ganzen Tag beim Vögeln, sorry, was ich eigentlich sagen wollte: Sie verbrachten den ganzen Tag damit, ihre Körper liebend zu genießen, und im Hintergrund hört man Vögel zwitschern. »Ihr Dienst, das war der Vogelschall/Die kleine reine Nachtigall/Drossel und Amsel obendrein/Und andere Waldvögelein/Der Zeisig und Galander/Die dienten wieder einander/Um die Wette und in Widerstreit.«

Die beiden verstehen sich also blendend, wenn es nach ihnen ginge, könnte es ewig so weiterlaufen. Aber Mark liebt seine Ehefrau (auch ohne Ecstasy-Pillen), kommt zur Grotte, wird wieder getäuscht und erlaubt den beiden, naiv wie er ist, an den Hof zurückzukehren. Endlich und irgendwann kapiert Mark dann doch, was Sache ist, Tristan muss zu einem Verwandten, dem Herzog von Arundel, fliehen, der über ein kleines Fürstentum an der Küste der Bretagne regiert.

Was jetzt geschieht, ist einigermaßen absurd und zeigt, dass Tristan nicht der holde Held ist, zu dem er in Wagners Kitsch-

Darf man heimlich heiraten, auch wenn man seine Familie und die Freunde damit um ein Fest bringt?

Heimlich heiraten ist ein Widerspruch in sich. Eine Ehe ist nie Privatsache, man erfüllt dadurch auch immer zugleich eine öffentliche Rolle. Zu den sogenannten ehelichen Pflichten gehört nicht nur das, woran *Sie* gerade denken, es gehört zum Beispiel auch dazu, ein offenes Haus zu führen, Gastgeber zu sein, anderen ein Vorbild in gelungener Lebensführung zu sein.

version geworden ist. Er verguckt sich in die Tochter des Herzogs. Die heißt ebenfalls Isolde – »Isolde mit den weißen Händen« –, sie ist wunderschön. Nun redet er sich ein, dass es eine gute Idee wäre, Isolde mit den weißen Händen den Hof zu machen. Sie erinnert ihn an seine Geliebte, und außerdem leidet er fürchterlich. Er quält sich. Ob seine eigentliche Isolde nun wohl mit König Mark ins Bett geht? Ob sie das vielleicht auch noch genießt? Ob sie ihn vergessen hat? Ob sie ihn überhaupt noch liebt? Die einzige Möglichkeit, um herauszufinden, wie es sich anfühlt, trotz so einer übermächtigen Liebe mit jemand anderem verheiratet zu sein, meint er an einer Stelle, sei vielleicht, nun seinerseits eine Ehe einzugehen. Mitten in dieser entscheidenden Stelle bricht Gottfrieds Dichtung ab. Er starb, bevor er sie vollenden konnte. Sein Manuskript wurde von zwei Dichtern fortgesetzt, die nicht an ihn heranreichen, was uns aber nicht weiter stört, weil wir, wie gesagt, wissen, was im Originalmanuskript von Thomas von Britanje steht, auf das Gottfried sich stützte. In der Originalversion nämlich fällt Tristan den für alle Beteiligten fatalen Entschluss, Isolde mit den weißen Händen, die ihn abgöttisch liebt und jedes Liebesschmachten des jugendlichen Helden auf sich bezieht, tatsächlich zu heiraten. In der Hochzeitsnacht streift er sein Nachthemd ab, dabei rutscht ihm der Ring vom Finger, dem ihm einst seine Geliebte als Zeichen ihrer ewigen Liebe gegeben hat, in dem Moment bereut er den Entschluss zur Hochzeit bitterlich – schlechter Zeitpunkt – und beschließt, seine rechtlich ihm angetraute Gattin niemals auch nur anzufassen.

Die Geschichte geht so aus, dass Tristan, der bei seinem Onkel, dem Herzog von Arundel, im Kriegsdienst steht, bei einem Kampf schwer verletzt wird. Da ihn nur eine geheimnisvolle Salbe heilen kann, von deren Geheimnis seine geliebte Isolde in Cornwall aber weiß, schickt er einen Boten an ihren Hof – mit der Bitte, sie möge so schnell wie möglich kommen, um ihn zu heilen. Damit er schon von Weitem erkennen kann, ob Hilfe naht, sagt er dem Boten, das Schiff solle weiße Segel hissen, wenn Isolde an Bord sei, und schwarze, falls sie nicht kommen könne. Das Schiff naht. Auf die Frage, welche Farbe das Segel habe, vertut sich Isolde mit den weißen Händen, Tristan stirbt. Als Isolde kommt, haucht Tristan gerade seinen letzten Atemzug aus, sie stürzt sich auf ihn und stirbt, aus Kummer und Verzweiflung ebenfalls – was Wagner auf die ihm eigene, romantisierende Weise übergebührlich auskostet –, den berühmten Liebestod.

Ich sage »übergebührlich«, weil Wagner diesen Tod pathetisch überhöht und glorifiziert und damit die Geschichte im Kern verfälscht. Bei ihm ist dieser Liebestod der Höhepunkt und die Erfüllung einer großen Liebe. In der Originalversion ist die Sache komplexer. Auch bei Gottfried, dessen Sympathie eindeutig den beiden Liebenden und nicht dem als Vollidioten dargestellten König Mark gehört, ist es nicht so einfach. Zunächst beginnt Gottfrieds Geschichte mit dem gewichtigen Hinweis, dass Tristans Name passend sei, schließlich sei *triste* das französische Wort für »traurig« (*»Von triste Tristan was sîn name«*). An einer Stelle heißt es sogar, Tristan habe nie in seinem Leben nur ein einziges Mal gelacht. Der strahlende Held einer Liebesgeschichte war Tristan also nie. Von Anfang an stellte Gottfried klar, dass es sich um eine tragische Gestalt handelt, einen Mann, der jeden, mit dem er zu tun hatte, ins Unglück stürzte durch seine Ich-nehme-mir-was-mir-gefällt-koste-es-was-es-wolle-Mentalität.

Weder bei Thomas noch bei Gottfried richtet sich das Rampenlicht ausschließlich auf die zwei Liebenden. Die Gefühle sämtlicher Beteiligten werden immer wieder ausdrücklich geschildert. Alle haben Gefühle, nicht nur Tristan und Isolde. Bei Thomas von Britanje heißt es an einer Stelle, er wolle nicht beurteilen, wer von den vier das größte Leid zu ertragen habe – er führt, wie erwähnt, dafür kokett seine mangelnde Erfahrung ins Feld. Mark ist mit einer Frau verheiratet, deren Herz er niemals gewinnen kann. Isolde muss mit einem Mann schlafen, den sie nicht liebt. Tristan sehnt sich nach Isolde und liegt neben einer Frau im Bett, die zwar wunderschön ist, kann aber den bloßen Gedanken, mit ihr zu schlafen, nicht ertragen. Sie wiederum sehnt sich nach der Liebe eines Mannes, den sie anhimmelt, der sie aber nicht berühren will. Das soll der Inbegriff einer romantischen Liebesgeschichte sein, Herr Wagner? Die Geschichte von Tristan und Isolde ist die Geschichte eines vierfachen erotischen Auffahrunfalls mit Todesfolge! Die Geschichte handelt von vier Personen, die allesamt die Hölle durchmachen, sie ist ein Lehrstück darüber, wie alles den Bach runtergeht, wenn jeder nur noch sich selbst im Blick hat und alle anderen einem egal sind. Womit wir wieder bei Kierkegaard sind.

Liest man Tristan mit Kierkegaard im Hinterkopf, könnte man meinen, die mittelalterliche Geschichte sei eine Reflektion über das »Ich soll« und das »Ich muss« der Liebe – und das in einer Zeit, in der »Ich will« dazukommt und all dies nun miteinander kollidiert. Hochzeiten unter Adeligen stehen seit jeher unter der Prämisse des »Sollens«. Ehen werden gestiftet, weil sie dynastisch erwünscht sind, sie *sollen* zustande kommen. Tristan und Isolde würden eigentlich gut zueinander passen. Er ist ja nicht der Schiffsjunge oder jemand, der bei der Überfahrt in der Holzklasse sitzt, er ist nicht Leonardo DiCaprio in »Titanic«, der die sozialen Grenzen durchbricht und mit Kate Winslet anbandelt, er ist ein edler Ritter und selbst ein Königssohn. Für das Element des »Muss« sorgt der Zaubertrank, sie *müssen* sich lieben, und das kollidiert wiederum mit dem »Sollen« der höfischen Konvention. Weder Thomas noch Gottfried bietet eine Lösung, sie beschreiben statt zu urteilen. Recht deutlich wird aber, wenn man sich das Versteckspiel von Tristan und Isolde vor Augen hält, dass sie allerhöchsten Wert darauf legten, das höfische Sittengesetz, den öffentlichen Anstand zu wahren – solange die nicht verletzt werden, ist ihnen jede List, jeder Betrug recht. Auch das wird bei Thomas und Gottfried ausführlich beschrieben;

es wird kein Urteil gefällt, aber die Frage, ob das nicht heuchlerisch ist, wird dem damaligen Publikum nicht verborgen geblieben sein.

Gehören unsere Sympathien dem Liebespaar? Das schon. Sie sind die Leidtragenden der höfischen Konventionen. Aber ändert das sich nicht spätestens ab dem Moment, als Tristan nach seiner Verbannung der zweiten Isolde den Hof macht? Er wird Isolde untreu, er wird sich selber untreu, und seiner rechtmäßigen Frau, die er zur Heirat überredet hat, wird er ohnehin untreu. Spätestens ab dem Moment gibt es in der Geschichte ausschließlich Verlierer. Hätte er da nicht spätestens einen Schlussstrich unter seine erste große Liebe ziehen und seiner nunmehrigen Frau ein zugewandter, liebevoller Ehemann sein sollen? In einer Romanversion des Tristanstoffes eines normannischen Autors namens Béroul, die Thomas von Britanje höchstwahrscheinlich bekannt war, verflog die Wirkung des Zaubertranks übrigens nach drei Jahren – ein weiterer Hinweis für mich, dass Tristan keine wirklich stichfeste Ausrede für sein Verhalten hatte. Der Mann hatte eindeutig nur sich und seine Gefühle im Kopf, alles andere war ihm egal. Auch Thomas von Britanje sah das wohl so, jedenfalls glorifiziert er die Koste-es-was-es-wolle-Liebe nicht. Wie sehr er das Leiden aller Beteiligten im Blick hatte, zeigen mehrere kleine Episoden in seiner Geschichte. Einmal, zum Beispiel, unternimmt Isolde mit den weißen Händen mit ihrem Bruder einen Ausritt, ihr Pferd tritt in eine Pfütze, und ihr Unterschenkel bekommt ein paar Wasserspritzer ab, worauf sie einen Lachkrampf bekommt. Ihr Bruder will wissen, was los ist, sie sagt darauf den erschütternden Satz: »Dieses Wasser hat mich an einer intimeren Stelle berührt, als das mein Ehemann je getan hat.« Die Realität, die Thomas schildert, ist eben alles andere als kitschig-schön, er beschreibt den Seelenzustand von Verzweifelten.

Wie ist das nun mit dem »Sollen«, »Müssen« und »Wollen« heute?

Mir fällt jedenfalls kein stichhaltiges Argument ein, um Kierkegaard zu widersprechen. Heute treffen, zumindest in unserem Kulturkreis, das »Sollen«, das »Müssen« und das »Wollen« in der Regel zusammen. Menschen, die sich für einen gemeinsamen Lebensweg entscheiden, sollten also tatsächlich die verdammte Pflicht haben, sich zu lieben. Und zwar auch dann, wenn die Wirkung des Liebestrankes nachlässt. Es gibt zum Thema Ehe eine These, die ich an dieser Stelle zitieren muss. Sie stammt von einem Giganten des 20. Jahrhunderts, von Anthony Burgess, dem Autor von »A Clockwork Orange«, ein Meisterwerk der modernen Literatur, das von Stanley Kubricks Verfilmung leider leicht verfälscht wurde. Burgess sagte in einer Fernsehsendung, ich muss ihn im Original zitieren: »Liking involves no discipline, love does ... A marriage, say that lasts twenty years or more is a kind of civilization, a kind of microcosm – it develops its own language, its own semiotics, its own slang, its own shorthand ... sex is part of it, part of the semiotics. To destroy, wantonly, such a relationship is like destroying a whole civilization.«* Natürlich gibt es Umstände, die das unmöglich machen, es gibt toxische Beziehungen, es gibt Fälle, bei denen man von seinem Partner unablässig betrogen oder auf andere Weise gedemütigt wird, niemand wird ernsthaft behaupten, dass *jedes* Treueversprechen unwiderruflich sein muss. Heute aber haben wir es mit einer Mentalität zu tun, die Treueversprechen schlechthin für überholt hält. In den Niederlanden wird ernsthaft diskutiert, die »Ehe auf Zeit« einzuführen, um unserer angeblich natürlichen Neigung zu »serieller Monogamie«

* Meine Übersetzung: »Sympathie erfordert keine Disziplin, Liebe schon! Eine Ehe, die zwanzig Jahre oder länger dauert, ist eine Art Zivilisation, eine Art Mikrokosmos – sie entwickelt ihre eigene Sprache, ihre eigene Semiotik, ihren eigenen Slang, ihre eigene Stenografie ... Sex ist ein Teil davon, ein Teil der Semiotik. Eine solche Beziehung mutwillig zu zerstören bedeutet, eine ganze Zivilisation zu zerstören.«

(ein Begriff, den die Anthropologin Margaret Head eingeführt hat) Rechnung zu tragen. Als wäre ein Treueversprechen so verbindlich wie ein Zeitschriftenabo, das man, wenn sich die Interessen verändern, kündigen kann. Viele Alphamänner sehen es inzwischen ja sogar als gutes Recht, ihre Frauen nach ein paar Jahren abzulegen und gegen »jüngere Modelle« einzutauschen – und statt auf so ein Verhalten mit sozialer Ächtung zu reagieren, finden wir das normal und halten es auch noch für einen Fortschritt, wenn Frauen nun das Gendergap schließen und das gleiche Recht für sich beanspruchen. Der moderne Mensch kann kein »Sollen« und »Müssen« mehr ertragen und glaubt, sich durch die Befreiung davon einen Dienst zu erweisen, sieht aber nicht, dass er damit seine Würde untergräbt. Jeder muss seinen Kräften entsprechend wissen, wie lange und wie zäh er um eine Liebe kämpfen will – dass aber die Notwendigkeit, überhaupt zu kämpfen, schlechthin infrage gestellt wird, ist ein zivilisatorisches Desaster.

Das Credo unserer Zeit lautet: Lebe deine Träume! Verwirkliche dich selbst! Nur deine Bedürfnisse zählen! Werden andere dadurch verletzt? Egal. Klar kann man so denken. Aber in der Regel endet das für alle Beteiligten, wie bei Tristan und Isolde – böse.

Gescheiterte Beziehungen, Ehebruch, Fremdgehen, Untreue hat es immer gegeben und wird es immer geben. Aber was ist in uns gefahren, dass wir dieses Faktum, statt es zu bedauern, nun als Standard hinnehmen? Wenn die Kassiererin im Supermarkt fragt, ob man »Treueherzen« sammele, bejahen das nur die »Uncoolen«. Treue hat heute eher den Klang von: treudoof. Wer nach fünf Jahren immer noch in derselben Firma ist, gilt als arme Wurst. Für wen genau ist diese Entwicklung also ein Fortschritt? Für die Kinder, die darunter leiden, dass ihre Familien auseinanderbrechen? Die immer größer werdende Zahl alleinerziehender Mütter? Für die Mitvierzigerinnen, die ihre Karriere und ihre gesellschaftliche Ambitionen für die Familie geopfert haben und sich nun auf Tinder und in Bars rumtreiben, in der schwindenden Hoffnung, noch einmal »das große Glück« zu finden? Für die jungen Männer, die ihrer potenziellen Ehefrau beraubt werden, weil junge Frauen bei den heutigen Scheidungsraten viel größere Wahlmöglichkeiten haben und sich im Zweifelsfall lieber für den wirtschaftlich abgesicherten Ehebrecher entscheiden als für den Gleichaltrigen, dessen Zukunft noch unklar ist? Man muss schon Gerhard Schröder heißen, der bald so viel Ex-Ehefrauen hat wie die SPD Bundestagsabgeordnete, um zu glauben, dass die Befreiung von dem »Sollen« und »Müssen« der Liebe für irgendjemanden ein Fortschritt ist.

Wie kommen wir aus dem Schlamassel wieder raus?

Wir können auf all die Verwundeten zeigen, die dieser vermeintliche Fortschritt gefordert hat. Wir können, wie ich gerade, mit dem Finger auf die zeigen, die unsere Wertmaßstäbe durch ihr Tun ständig nach unten korrigieren. Man kann aber auch den Blick in die andere Richtung lenken und auf die Ehepaare schauen, die sich nicht vom *anything goes* unserer Zeit anstecken lassen. Es gibt sie ja durchaus, die glücklichen Ehepaare mit glücklichen Kindern, Ehepaare, die es geschafft haben, nicht beim ersten Hindernis alles hinzuschmeißen, die nach gemeinsamen Jahrzehnten echte Seelenpartnerschaften aufgebaut haben, deren Kinder in Geborgenheit vermittelnden Familien aufwachsen. Auch wenn das die Verfechter »freier Sexualität« ungern einräumen: Solche Ehepaare gibt es, und sie wirken unwiderstehlich beneidenswert. Man will haben, was die haben. Jeder sehnt sich nach echter, bleibender und vor allem wachsender Intimität.

Dazu noch mal Kierkegaard: In einem sehr viel berühmteren Buch von ihm, in »Entweder Oder«, stehen sich zwei Lebensanschauungen gegenüber. Die Welt des A, des Ästheten und Lebemanns, dem nichts mehr zuwider ist als die Langeweile und der deshalb alles, was sich nach Bindung und Pflicht anhört, weiträumig umfährt. Auf der anderen Seite steht B, dessen Lebensanschauung nach ethischen Maßstäben ausgerichtet ist. A ist, um es mit der Liedzeile eines alten Schlagers auszudrücken, »verliebt in die Liebe«, er genießt vor allem den Reiz der Eroberung. Statt ihm mit dem moralischen Zeigefinger zu kommen, macht B ihm klar, dass er ihn versteht. Die Liebe ist etwas Großes und Wunderbares, und ja, Schmetterlinge im Bauch sind das Schönste überhaupt, aber das, wonach du dich sehnst, sagt er ihm, kannst du haben, und zwar in unendlicher gesteigerter Form ... aber nur, wenn du endlich davon ablässt, dem immer neuen Verliebtsein nachzujagen. Den größten Kick, macht er ihm klar, findet man in der Liebe, die auf gegenseitiger Treue fußt.

Was geht's mich an?

Ist Treue eine Zumutung? Natürlich! Aber nicht einmal tausend One-Night-Stands können sich mit dem Feuer messen, das dadurch in eine Beziehung kommt. Die Wirkung des Verliebtseins lässt zwar nach, aber was danach kommt, ist noch viel begehrenswerter.

8 KEUSCHHEIT

Minne im Berghain

Irgendwas mit dem Sex ist aus dem Ruder gelaufen. Oder durcheinandergeraten. Mir fehlt grad das richtige Wort. Irgendwas stimmt jedenfalls nicht mehr. Die sexuelle Revolution war mit der Verheißung gestartet, eine Welt zu schaffen, die weniger repressiv ist, die uns einen offenen, natürlichen, freien Umgang mit unserer Körperlichkeit beschert. Spätestens seit #MeToo ist auch den progressivsten Verfechtern sexueller Befreiung klar geworden, dass die allgemeine Lockerung sexueller Moral vor allem für Frauen ein schlechter Deal war. Die Radikalfeministin und Männerhasserin Valerie Solanas, die durch ihren Mordversuch an Andy Warhol berühmt wurde, sagte sinngemäß einmal, Männer würden, um an eine Vagina zu kommen, durch ein Meer aus Rotz schwimmen. Das war Ende der Sechzigerjahre des vergangenen Jahrhunderts. Heute muss kein halbwegs ansehnlicher Mann solch eine Mühsal mehr auf sich nehmen. Es genügt, ins Berghain zu gehen oder – noch einfacher – bei Tinder ein paarmal über den Bildschirm zu wischen. Viele junge Frauen definieren ihren Selbstwert über ihre sexuelle Anziehungskraft und fühlen sich geradezu verpflichtet, mit Männern, die beim Tanzen, Flirten und Knutschen ihren Mindestansprüchen genügen, ins Bett zu steigen. Man will ja kein Spaßverderber oder prüde oder unhöflich sein. Sex hat immer weniger mit Eros zu tun und ist zu einer Art Kontaktsport verkommen.

Wenn man überlegt, mit welcher Geschwindigkeit sich die Sexualmoral in den letzten zwanzig bis dreißig Jahren verändert hat, ist das erschütternd oder ermutigend, je nach Standpunkt. Die Veränderungen sind jedenfalls rapide. Von der Dekriminalisierung gleichgeschlechtlicher Liebe bis zu dem Punkt, dass Homosexuelle in modernen Gesellschaften nicht mehr diskriminiert werden und der *gay lifestyle* zum Mainstream gehört, sind nur etwas mehr als zwanzig Jahre vergangen. Promiskuität, vor dreißig Jahren noch etwas Verruchtes, ist heute stinknormal. Wo führt das alles hin? Werden offene Beziehungen schon in zehn Jahren gesellschaftlich erwünscht sein? Welches werden die Tabus sein, über die man im Jahr 2040 sagen wird, dass sie damals, um 2020 herum, gefallen sind? Wird es, wie in Helmut Kraussers Roman »Geschehnisse während der Weltmeisterschaft«, Weltmeisterschaften für Leistungssex geben? Das Buch ist Pflichtlektüre für jeden, dem die zunehmende Libertinage langsam unheimlich wird. Im herrlich ungezügelten Berlin wird in »Geschehnisse während der Weltmeisterschaft« Leistungssex als subkulturelle Sportart eingeführt, zunächst als Akt der Liberalität à la Christopher Street Day, als Befreiung von Verklemmtheit und Prüderie, als Emblem für die Freiheit unserer Kultur, schließlich als Profisport in riesigen Stadien, mit Sponsoren und Liveübertragung im Pay-TV. Es gibt einen internationalen Dachverband, den IFCS (International Federation for Competition Sex), Europa- und Weltmeisterschaften. Eine Hauptdisziplin ist der »Dircom« (von *direct comparison*, Direktvergleich): Jeweils ein Paar von gegeneinander antretenden Teams koitieren parallel im Ring. Aus den subversiven Spektakeln sind zu dem Zeitpunkt, als der Roman spielt, im Jahr 2028, längst kommerzielle Massenevents geworden. Der Chef des Dachverbands gibt sich dabei redlich Mühe, den Wettbewerb vom Anschein des Obszönen zu befreien, für den IFCS-Oberfunktionär handelt es sich um eine Sache, »die in keiner Weise pervers sei oder sich vor der Gesellschaft verstecken müsse, handele es sich doch um das Natürlichste überhaupt, den Vorgang, durch den wir alle erst in die Welt kommen, präsentiert von Profis, die das ganze Jahr über hart arbeiten, um das, was sie tun, in ästhetisch höchst ansprechender Art und Weise darzubieten«. Blöderweise verliebt sich Leon, einer der größten Stars in ein weibliches Teammitglied – ein absolutes No-Go. Leon hat die Schnauze voll: »Ich persönlich verfluche den Tag, als jemand auf die Idee kam, den Koitus, das Ritual, dem jeder Mensch seine Existenz verdankt, zu einer Sportdisziplin umzuwandeln.« Inzwischen hasst er, was er tut, auch wenn er Unmengen Geld dafür bekommt, vor allem hat Sex für ihn überhaupt keinen Reiz mehr. Sex ist zu etwas geworden, das man jedem gewährt, der höflich genug fragt, es hat kaum eine größere Bedeutung als Händeschütteln.

Dass Sex keine Bedeutung mehr hat, ist längst Realität. Aber dass man gelegentlich mit Leuten ins Bett steigt, um nicht unhöflich zu sein? Das tut doch niemand? Wenn dem so wäre, hätte eine andere Geschichte, die ich hier zitieren möchte, nicht so viel Resonanz gehabt. Ich meine »Cat Person« von Kristen Roupenian, die Kurzgeschichte, die im Dezember 2017 im *New Yorker* erschien und binnen weniger Stunden, nachdem sie in der Onlineausgabe abrufbar war, zum meist geteilten und meist diskutierten Artikel wurde, den der *New Yorker* je veröffentlicht hat. Geschrieben aus der Perspektive einer zwanzig Jahre alten Studentin, beschreibt Roupenian einen gründlich schiefgelaufenen Flirt:

Margot, so der Name der zentralen Figur, ist Studentin und verdient sich nebenbei ein bisschen Geld als Süßwaren-Verkäuferin in einem Kino für anspruchsvolle Indie-Filme. Eines Tages kommt ein Mann vorbei, etwa zehn Jahre älter als sie, der eine große Tüte Popcorn und eine Schachtel rote Weingummis bei ihr kauft. »Das ist aber eine ungewöhnliche Wahl«, sagt sie freundlich, »ich glaube, ich habe noch nie rote Weingummis verkauft.« Kleine Flirts, fügt die Erzählerin erklärend hinzu, habe sie sich bei ihrem vorherigen Job als Barista in einem Coffee-to-go-Laden angewöhnt, weil sie irgendwann festgestellt habe, dass das beim Trinkgeld helfe. Der Mann reagiert zurückhaltend, fast ein wenig erstaunt. Ein paar Tage später kommt der Mann wieder. Wieder kauft er eine Schachtel rote Weingummis, diesmal lächelt sie nur, er sagt: »Du wirst besser in deinem Job, diesmal hast du es geschafft, mich nicht zu beleidigen.« Der Typ gefällt ihr. Irgendwie ist er süß. Er ist hochgewachsen, unter seinem hochgekrempelten Hemd lugt ein Tattoo hervor, sein Bart ist einen Tick zu lang, seine Körperfülle einen Tick auf der übergewichtigen Seite, aber doch irgendwie süß.

Nach der Filmvorstellung kommt der Mann, der Robert heißt, auf sie zu und bittet sie um ihre Telefonnummer. Aus einer Laune heraus gibt sie ihm die Nummer. Zwischen den beiden entwickelt sich ein Hin und Her von Textnachrichten, das sie spaßig findet. Nach einer Sendepause von ein paar Tagen verabreden sich die beiden. Ins Kino. Der Film ist nichts. Viel zu ernst für ein erstes Date. Danach lädt er sie noch zu einem Drink in eine Bar ein.

Sie landen bei ihm zu Hause, ein kleines, nettes Haus in einer guten Gegend mit Einfamilienhäusern und schönen Gärten. Er hat eine Katze. Daher der Titel der Geschichte. Seine Wohnung ist ein bisschen unaufgeräumt, sie sieht ein Regal mit alten Vinyl-Schallplatten, gerahmte Poster an der Wand, es gefällt ihr. Sie gehen ins Schlafzimmer. Als Robert dort als Allererstes den Laptop aufklappt, kommen unserer Protagonistin erste Zweifel, ob das alles so eine gute Idee war (zu ihrer Erleichterung tat er das nur, um Musik anzustellen). Als er sich aber dann vor ihr auszieht und sie seinen dicklichen, behaarten Bauch sieht, tritt sie innerlich das erste Mal auf die Vollbremse. Innerlich. Aber sie traut sich nicht, ihren Gedanken Ausdruck zu verleihen, irgendwie fühlt sie sich verpflichtet weiterzumachen, da sie es ja war, sagt sie sich, die es so weit hat kommen lassen. An der richtigen Stelle Stopp zu sagen würde ihr ein Ausmaß an Takt und Einfühlungsvermögen abverlangen, das sie nicht aufbringen kann. Die Geschichte geht

Darf man in aller Öffentlichkeit knutschen?

Muss das sein? Haben Sie kein Zuhause?

Darf man sich mit den abgelegten Partnern seiner Freunde verabreden?

Das sollte man tunlichst vermeiden. Wenn es sich um echte Freunde und nicht um »Nenn-Freunde« handelt, würde das zu Recht als Illoyalität gedeutet werden.

natürlich so aus, dass Margot den schlechtesten Sex ihres Lebens erlebt, die ganze Affäre furchtbar bereut und am Ende alles tut, um Robert nie mehr wiederzusehen, worauf der erst mit traurigen und schließlich wütend-obszönen Textnachrichten reagiert. Aber das tut hier nichts zur Sache. Die Geschichte ist erschütternd genug, gibt sie doch einen erschütternd ehrlichen Einblick in unsere Dating-Kultur. Erschütternder fast noch als die Geschichte selbst waren aber die Reaktionen in den Kommentarspalten des *New Yorker*. Die meisten redeten davon, dass Männer zu unsensibel und geil seien, dass ihnen selbst schon oft Ähnliches widerfahren sei, dass der Robert in der Story einfach zu aufdringlich sei und das arme Mädchen nicht hätte abschleppen dürfen ohne, wie sich *@broseandprose* ausdrückte, dessen »enthusiastisches Einverständnis« abzuwarten. Hallo? Geht's noch? Erstens: Was genau ist »enthusiastisches Einverständnis«? Und zweitens: Warum kam niemand auf die Idee, den Finger in die Wunde zu legen, die diese Geschichte wirklich bloßlegt: die totale Bagatellisierung der Sexualität. Die eigentlich interessante Frage, die diese Geschichte aufwirft, ist doch die: Welche Bedeutung hat Sex in unserem Leben? Nimmt man ihn manchmal einfach nur in Kauf, konsumiert ihn wie eine Take-away-Pizza? Dient Sex nur körperlichen Bedürfnissen? Oder ist er nicht doch vielleicht mehr? Sind Seele und Körper nicht doch zu sehr ineinander verwoben, sodass bloßer Sex auch seelisch Spuren hinterlässt, hat menschliche Sexualität nicht doch vielleicht eine Dimension, die die Trennung des Geistigen vom Körperlichen destruktiv wirken lässt? Die nur scheinbare Vereinigung von zwei Fremden, hinterlässt sie vielleicht zerstörerische Spuren? Warum empört uns sexueller Missbrach denn so? Weil dadurch etwas in der Seele, in der Seinsmitte verletzt wird, weil Sexualität etwas berührt, das tief sitzt.

Die Frage, ob etwas richtig oder falsch ist, steht für Immanuel Kant im Mittelpunkt der Frage nach dem rechten Leben. Warum soll ausgerechnet bei der existenziell wichtigsten

Sache der Welt, der Sexualität, die Frage nach richtig oder falsch unangebracht sein?

Sex ist entweder etwas Erhabenes und Großes oder etwas völlig Banales und Bedeutungsloses. Wir müssen uns entscheiden. Wenn es etwas Banales ist – also nicht viel bedeutender als ein Händeschütteln –, dann können wir unbesorgt übereinander herfallen, wie und wann und wo es uns gerade gefällt – ein bisschen so wie die Affen im Zoo. (Apropos: Eine Kindergärtnerin kommt mit ihrer Kindergruppe ans Affengehege und ist peinlich berührt, als die Schimpansen plötzlich zu kopulieren beginnen. Sie sieht einen Wärter, kramt in ihrer Tasche nervös nach Keksen und bittet ihn, die Affen damit abzulenken. Der Wärter: »Lassen *Sie* sich denn mit ein paar Keksen stoppen?«) Aber wieder zurück. Es gibt also zwei Möglichkeiten: Entweder Sex bedeutet nix, oder er bedeutet mehr als alle Kekse dieser Welt zusammen.

Bis vor Kurzem gab es ja eine allerletzte Institution, die hartnäckig dem Zeitgeist widerstand und Sex als etwas Besonderes hochhielt, als etwas, das nicht allein dem reinen Vergnügen dient: die katholische Kirche. Mittlerweile ist man auch dort eingeknickt. Man muss ja »relevant« bleiben. Die Zeiten haben sich geändert, so das Argument, die Menschen haben sich geändert, die Gesellschaft hat sich geändert, die Beziehungsformen haben sich geändert, die Einsichten über die Sexualität des Menschen haben sich geändert, also muss sich endlich auch die Lehre der Kirche ändern. Hört sich überzeugend an, ist aber – dafür muss man nur kurz ein Geschichtsbuch in die Hand nehmen – völliger Quatsch. Die christliche Lehre stand zu Zeiten des Urchristentums nicht weniger quer zur damaligen Sexualmoral als heute. In der griechisch-römischen Welt war so manches gängig, ich erspar Ihnen jetzt lieber Details, aber auch bei den Juden lief es nicht so, wie sich ein Paulus das vorstellte (hier gab es zum Beispiel die Möglichkeit zur Mehrehe). Korinth, die Stadt, in der die Urchristen wohnten, an die der Apostel seine strengsten Worte in puncto

Sexualmoral richtete, war das Las Vegas der Antike oder, besser gesagt, ein Hamburg zu den besten Zeiten der Reeperbahn, eine Multikulti-Hafenstadt, in der es rundging. Von wegen die Beziehungsformen haben sich geändert, da muss sich die Kirche anpassen. Wenn Paulus die Korinther mit niedrigschwelligen Angeboten gelockt und sich damals der Moral der Zeit angepasst hätte, würde sich der Papst heute vermutlich statt mit alten, grauen Kardinälen mit blutjungen Tempelprostituierten umgeben.

Der heutige Papst sieht das alles nicht so streng, einige seiner Vorgänger waren da couragierter. Paul VI., der von 1963 bis 1978 das Petrusamt innehatte, veröffentlichte 1968 – mitten zwischen Studentenunruhen und sexueller Befreiung – die Enzyklika »Humanae vitae«, deren Kernaussage lautete: Was einen sexuellen Akt moralisch macht, ist seine »Integralität«, seine Ganzheit – und diese Ganzheit schließt Liebe, Treue und die Offenheit für Kinder mit ein. Das ist, trocken theologisch ausgedrückt, ja auch das, was etwas farbenfroher in den eingangs erwähnten Liebesgeschichten und Liebesliedern zum Ausdruck kommt. Der Papst argumentierte damals, wie gesagt, im Jahr 1968, in guter philosophischer Tradition, aus »teleologischer« Perspektive. *Telos* ist das griechische Wort für »Ziel«, »Zweck« und »Absicht«. Die klassische Philosophie mag Teleologie, weil sie die Dinge dafür schärft, wofür etwas da ist. Wofür ist die Tastatur da, auf der ich das schreibe? Oder das Buch oder das Lesegerät, das Sie in der Hand halten? Ich kann die Tastatur oder das Buch als Fliegenklatsche benutzen oder mir den Rücken damit kratzen. Man spricht dann aber halt von Zweckentfremdung. Ich habe mal meinen alten Laptop in Eile mit dem Brett verwechselt, auf dem wir das Brot schneiden. Hat funktioniert, aber der Computer hat eine Narbe davongetragen. Alles hat *telos*. Auf der Universität hat mir jemand das aristotelische Prinzip, immer nach dem *telos* zu suchen, einmal so erklärt: Ein Hammer ist dann am meisten ein Hammer, wenn er hämmert, wenn er also seinen ihm innewohnenden Zweck erfüllt. Man kann einen Hammer als Briefbeschwerer nutzen, er bleibt dann immer noch ein Hammer, aber er ist eben nicht der Hammer, der er sein könnte. Auch Sex hat *telos*. Und der hat mit Liebe und, ja, so abwegig das heute klingen mag, auch mit Fortpflanzung zu tun. Wenn Sex nur der egoistischen Befriedigung dient, ist es im teleologischen Sinne kein echter, ganzer, »integraler« Sex. Da wir in einem Zeitalter des Voluntarismus leben, ist das heute natürlich zunehmend schwer zu vermitteln. Voluntarismus heißt: Der Wille ist wichtiger als der Verstand. Die Säulenheiligen des Voluntarismus sind Nietzsche, Sartre, Foucault. Für die klassische Philosophie ist es genau anders herum. Da der Voluntarismus so unfassbar einflussreich war, reden wir, wenn Sie jetzt nicht verstehen, was ich meine, auch gerade ziemlich aneinander vorbei.

Also noch mal zum Mitschreiben: Für Aristoteles ist es der Verstand, der den Willen zu leiten hat, und nicht umgekehrt. Man sucht nach dem Zweck, dem *telos*, einer Sache und handelt dementsprechend. Heute gilt: »Mach, was du willst! Bestimme selber, wer du bist!« Aristoteles würde jetzt mit den Augen rollen und sagen: »Du kannst nicht bestimmen, wer du bist. Geh der Frage, wer du bist, auf den Grund, und handle dann entsprechend!« Der moderne Mensch handelt, um beim Hammer-Beispiel zu bleiben, ein bisschen so wie ein Kind, das in den Hobbyraum des Vaters kommt, einen Hammer sieht und sich damit auf die Finger haut, weil der Vater ihm nicht zeigen will, wie er zu gebrauchen ist, der Junge soll sich ja austoben, man will ihn durch Instruktionen nicht beengen.

Richtig radikal hinsichtlich der Teleologie der Sexualität war übrigens Papst Johannes Paul II., mein persönlicher Held. Er hat Unfassbares geleistet, um die Kirche von den puritanischen Elementen ihrer Tradition zu befreien. Seine wichtigsten Themen waren Sex und Erotik. Interessanterweise ist es besonders im deutschen Sprachraum gar nicht so bekannt, dass Johannes Paul zwischen 1979 und 1984 (unterbrochen nur durch den Krankenhausaufenthalt nach dem Attentat) *jede* seiner wöchentlichen Ansprachen immer diesen Themen widmete. Es gibt 133 Ansprachen, die sich ausschließlich mit dem Thema Sex beschäftigen. Dort finden sich aber keine sauertöpfischen Ermahnungen, stattdessen feiert er den Sex als etwas Großartiges, ja Heiliges. Man findet Sätze wie diesen: »Der Mann muss dem Reaktionsunterschied der Erregung bei Männern und Frauen Rechnung tragen ... In Anbetracht des Umstands, dass die Erregungskurve beim Mann kürzer ist und schroffer ansteigt, darf man behaupten, dass ein Akt von Zärtlichkeit, den er in den ehelichen Verkehr einbringt, die Bedeutung eines Tugendaktes hat.« Von wegen Leibfeindlichkeit. Die Sammlung seiner hochtheologischen und zum Teil nicht immer leicht verständlichen Ansprachen (der Mann sprach in Schachtelsätzen) ist später unter der Überschrift »Theologie des Leibes« zusammengefasst worden und beinhaltet nicht nur konkrete Anweisungen, nicht übereinander herzufallen und stattdessen »unsere Körper liebend zu genießen«, sondern auch sehr präzise Begründungen, warum Sex etwas ist, das uns mit dem Transzendenten verbindet. »In der Vereinigung von Mann und Frau«, so dieser große Papst, wird »Gottes Geheimnis der Liebe Wirklichkeit«. Auf alle fantastischen und erotischen Hammer-Instruktionen dieses Papstes jetzt genauer einzugehen, würde den Rahmen dieses Kapitels sprengen. Ich hoffe, das reicht, um deutlich zu machen, dass a) die Kirche nicht sexualitätsfeindlich ist, sondern Sex wirklich ernst nimmt, und b) sie nicht klug oder »zeitgemäß« agiert, wenn sie sich dem voluntaristischen Ego-Zeitgeist anpasst, sondern dies schlicht eine erbärmliche Kapitulation darstellt. Mit dem Rumfummeln an der sexuellen Moral vergeht sie sich an einem Kernbereich einer unveränderbaren Lehre, die in der Sexualität, ob man es will oder nicht, eine zentrale Rolle spielt. Die Bibel fängt mit einer Hochzeit an (Adam und Eva), sein erstes Wunder und damit seinen Schritt an die Öffentlichkeit macht Jesus bei einer Hochzeit (in Kana), und die Bibel endet mit einer Hochzeit (der des Lammes*).

Jesus selbst wird in den Evangelien so explizit zitiert, wenn es um Sexualität geht, dass die Kirche die Bibel umschreiben müsste, wollte sie das kaschieren. Es gibt im Grunde keine einzige Form vollzogener Sexualität außerhalb der Ehe, die im Neuen Testament nicht entweder Unzucht oder Ehebruch genannt würde (siehe u. a. Mt 5,28; Eph 5,3 f.; 1 Kor 6; Röm 1,21 ff.; 1 Thess 4,3 f.; Hebr 12,14 ff.). In der auch von Progressiven passagenweise gern zitierten Bergpredigt geht Jesus sogar so weit, dass er schon den lüsternen Blick als ehebrecherisch bezeichnet.

Da das Topos »lüsterner Blick« seit Youporn eine größere Aktualität besitzt als um das Jahr 30 in Galiläa (angeblich klicken 89 Prozent aller männlichen Deutschen zwischen 14 und 79 regelmäßig Porno-Websites an), möchte ich dem Leser nun Studien über die Auswirkungen von Pornografie auf unsere Synapsen und die Fähigkeit zu Intimität im realen Leben (IRL im Internet-Speak) ersparen und stattdessen lieber eine Passage aus dem bereits erwähnten Buch des großartigen Helmut Krausser zitieren, die die Tragödie besser beschreibt als alle neurologischen Versuchsprotokolle: »Du handelst dir einen runter, um dir einen Höhepunkt zu verschaffen, aber in deinem tieferen Inneren fühlst du dich mau und neidzerfressen, weil die Braut im Film nicht mit *dir* f*** wird. Man sieht das Mögliche im Kasten und vergleicht es mit dem Gegebenen im Zimmer. Das Ergebnis ist trostlos, und du handelst dir noch einen runter, um die Trostlosigkeit durch einen kurzen Lichtblick zu unterbrechen. Du guckst immer mehr Pornos und fühlst dich immer schlechter.« Besser kann man es nicht sagen.

* Das hier zu erklären würde zu weit führen, man müsste sich zudem auf die surrealen Bilder in der rätselhaften Offenbarung des Johannes einlassen.

Bleibt die Frage, ob ein zugleich würdevolles, die urtümlichen Triebkräfte des Menschen sublimierendes und im Zaum haltendes Verhalten inmitten unserer pornösen Welt überhaupt noch möglich ist. Kurz: Ist Minne zum Beispiel im Berghain praktikabel? Die Minne – für alle, die es nicht wissen (und zu faul sind, es zu googeln) – glorifiziert die Enthaltsamkeit. Aber nicht Enthaltsamkeit aus Desinteresse, das wäre keine Kunst, sondern, um es mit etwas vulgärer Terminologie auf den Punkt zu bringen: Keuschheit bei gleichzeitiger Geilheit. Auch das Altertum kannte, wie man bei Johan Huizinga nachlesen kann, die Sehnsucht und die Schmerzen der Liebe, und sie wird in vielen schönen Epen beschrieben. In der Antike ging es aber meist nur um ein Hinausschieben, das jedoch den Reiz der sicheren Erfüllung barg. Oder es ging, wenn's tragisch wurde, um die grausame Trennung von Liebenden. Im Minnedienst (da arbeitet man für jemanden, auf den man steht, mit dem man nicht ins Bett kann) und der Minnedichtung (da besingt man jemanden, an den man aus diversen Gründen nicht rankommt und wahrscheinlich nie rankommen wird) wird, so Huizinga, »die Unbefriedigtheit selbst zur Hauptsache«. Die Minne feiert Schwärmerei, das Schmachten statt des gierig verschlungenen Sex als »schönes Spiel mit edlen Regeln«, deren Zweck es ist, nicht in »rohe[r] Barbarei« zu verfallen. Die Kunst, *nicht* übereinander herzufallen, wird zur »tiefsten Schönheit und zum höchsten Glück«. Die Minne ist sozusagen die raffinierteste Form des Flirts, veredelte Erotik. Man will, man schmachtet, man hält sich zurück, man schwärmt. Die Minne vereint Vorstellungen von »reiner, ritterlicher, treuer und selbstverleugneter Liebe« mit Lust. Diesem Ideal nachzustreben ist für den Troubadour gleichbedeutend mit »allem Streben nach Lebensschönheit«.

Das ist heute unrealistisch? Klar ist es das. Das war es auch damals schon, wenn man Huizinga folgt. Im Grunde nämlich blieb »auch in den höheren Ständen das Liebesleben ungemein roh, die täglichen Sitten waren (damals) noch von einer freimütigen Frechheit, die spätere Zeiten verloren haben« – und heute, ist man geneigt hinzuzufügen, wieder eine gewisse Renaissance erfahren. Um dies zu illustrieren, erwähnt Huizinga unter anderem *»ung engien pour moullier les dames en marchant par dessoubz«*, eine Maschine, um die Damen untenrum nass zu machen, wenn sie vorbeigehen, die angeblich am Hof von Hesdin im Norden Frankreichs in Betrieb war. Es geht bei der Minne, sagt Huizinga, um die »Sehnsucht nach dem schönen Leben, das Bedürfnis, das Leben schöner zu sehen, als es sich in der Wirklichkeit darbot«.

Und genau darum geht es auch heute. Der Realität um uns herum die Sehnsucht nach etwas Schönerem, Größerem entgegenzusetzen. Der Lusthof von damals ist quasi das Berghain von heute. Es gibt Darkrooms, One-Night-Stands und allerlei Abgründe, die man gar nicht so genau betrachten will, und mittendrin kommt man zu der Erkenntnis, dass Sex so entwertet wird und man es lieber anders machen will. Ich glaube, nach fünfzig Jahren sexueller Revolution sind wir bereit für eine neue, eine wirkliche sexuelle Revolution. Eine, die dem Sex Würde und Schönheit wiederschenkt. Und diese Revolution wird nicht von Päpsten gepredigt – auf die offenbar ohnehin niemand hört –, sondern von jungen Menschen, die kapiert haben, dass Sex etwas Großes ist. Die kapiert haben, dass die Behauptung, dass nur der begehrenswert ist, der häufig Sex hat, Unsinn ist. Überall gibt es Anzeichen, dass diese neue sexuelle Revolution schon voll im Gange ist. Das Unbehagen mit dem, was wir aus Sex gemacht haben, ist überall greifbar. Man muss dafür nur die Bücher von Michel Houellebecq lesen. Oder von Krausser. Oder sich ansehen, wie Popstars – und zwar nicht solche aus dem amerikanischen Süden, sondern Leute wie der Gangsta-Rapper 50 Cent – sich an die Spitze der sogenannten NoFap-Bewegung stellen, um vor der neuen Droge unserer Zeit, der Pornografie, zu warnen (*fapping* ist ein Slangausdruck für Selbstbefriedigung). Im Online-Jugendmagazin *Jetzt* schrieb neulich ein junger Autor namens Jakob Tieleck unter der Überschrift »Richtig guten Sex gibt es nur in Beziehungen« Sätze, die noch vor ein paar Jahren in einem Heft, das hip und modern sein will, undenkbar gewesen wären. Er schreibt: »Bei meinen One-Night-Stands und mir war es immer so, als hätten wir auf ein Drei-Sterne-Menü gehofft und stattdessen labbrige, kalte Burger bekommen.« Deshalb, so der Verfasser, gehe er »selbst nach anregenden Knutschereien« inzwischen lieber allein nach Hause (»Sobald ich den Verdacht bekomme, dass der Sex reiner Selbstzweck ist, bin ich weg«). Der Junge hat genau verstanden, worum es geht. Minne ist auch im Technoschuppen möglich.

Was geht's mich an?

Der Traum der sexuellen Befreiung ist zum Albtraum geworden. Wo man nur hinschaut, sieht man Menschen mit Wunden und Verletzungen, die durch den unsachgemäßen Gebrauch der Sexualität verursacht wurden. Lasst uns die Maßstäbe wieder ein paar Zentimeter nach oben rücken und der aus dem Ruder gelaufenen sexuellen Befreiung etwas Größeres, Schöneres, Menschenwürdiges entgegensetzen!

9 MITGEFÜHL

Ich fühle deinen Schmerz … nicht

Endlich eine Tugend, mit der man punkten kann: Mitgefühl hat Hochkonjunktur. Genauer gesagt, ist es die Empathie – also die Fähigkeit, am Schmerz anderer teilzuhaben –, die in unserer Gesellschaft den Stellenwert einer zentralen Kardinaltugend einnimmt. Jedes Mal wenn wieder eine Naturkatastrophe, ein Terroranschlag oder Amoklauf die Berichterstattung beherrscht, rollt eine Welle der Anteilnahme über den Globus, die von Hashtags bis hin zu tätiger Solidarität reicht. Aber ist die auf diese Weise gezeigte Empathie in den allermeisten Fällen nicht ein wenig verlogen?

Bitte seien Sie so freundlich, sich für ein kleines Experiment zur Verfügung zu stellen. Unterbrechen Sie bitte kurz die Lektüre, schnappen Sie sich Ihr Smartphone und geben Sie auf YouTube folgenden Suchbegriff ein: »malleolar fracture Michael Stich«. Schauen Sie sich bitte das Video an, es dauert nur ein paar Sekunden.

Ich warte solange.

Gesehen? Es tut mir leid, wenn das Gefühl, das sich beim Betrachten der Szene bei Ihnen eingestellt hat, unangenehm war. Das, was Sie gerade durchgemacht haben, beruht auf einer Fähigkeit, die ausschließlich Wirbeltiere und im besonderen Maße Menschen auszeichnet: die Fähigkeit, beim Betrachten eines schmerzlichen Vorgangs reflexartig ebenfalls so etwas wie Schmerz zu empfinden. Hirnforscher behaupten, dass die Region im Gehirn, die bei Michael Stich im Moment des Missgeschicks betroffen war, exakt die gleiche ist, in der auch beim Betrachter Alarm ausgelöst wird. Teile des Gehirns, die ziemlich exakt zu lokalisieren sind (nämlich Cortex insularis und Gyrus cinguli), zeigen in Tests auffällige Aktivität, unabhängig davon, ob man selbst Schmerz empfindet oder ihn nur mit ansehen muss. In einem Roman von John Updike heißt es: »Immer wenn meine Großmutter am Küchentisch von ihren fürchterlichen Hustenanfällen heimgesucht wurde, fühlte ich aus Sympathie ebenfalls, wie mein Hals immer enger wurde.«

Mitverantwortlich dafür sind die sogenannten Spiegelneuronen. Im Arsenal unserer Nervenzellen, sagt die moderne Hirnforschung, sorgen diese Spiegelneuronen für das, was wir Einfühlungsvermögen nennen. Entdeckt wurden diese originellen Neuronen im Jahr 1992, lustigerweise das gleiche Jahr, in dem der damalige US-Präsident Bill Clinton die ganze Welt mit einem berühmten Satz rührte, den er bei einer Wohltätigkeitsgala in New York zu einem AIDS-Kranken sagte: *»I feel your pain.«*

In der Evolutionsforschung herrscht Übereinstimmung, dass die erhöhte Fähigkeit zu Einfühlungsvermögen bei Menschen entscheidend dazu beigetragen hat, dass wir es als Spezies überhaupt so weit gebracht haben. Es befähigt uns zu jenem sozialen Verhalten, das unseren Vorfahren das Überleben gesichert hat. Wir tragen die Gene jener Ahnen in uns, die zu Mitgefühl und Solidarität fähig waren, die Jäger und Sammler, Menschen, bei denen dies wenig oder gar nicht ausgeprägt war, konnten als Kollektiv schlicht nicht überleben.

Mehr als zweihundert Jahre vor der Entdeckung der Spiegelneuronen haben sich allerdings bereits die wichtigsten Köpfe der Aufklärung mit dem Thema Mitgefühl befasst. Interessanterweise sind die Denker der französischen Aufklärung zu völlig anderen Ergebnissen gekommen als die Vertreter der britischen Aufklärung. Einer der führenden Köpfe der britischen Aufklärung, der Moralphilosoph und Ökonom Adam Smith, hat die Entdeckung der Spiegelneuronen quasi vorweggenommen. Er schrieb: »Sieht man auf der Straße einen Bettler, der von Hautausschlägen und Geschwüren geplagt ist, wird ein empfindsamer Mensch ebenfalls eine Art Jucken empfinden.« Die Begriffe *benevolence*, *compassion* und *philanthropy* waren Schlüsselbegriffe in den Schriften der britischen Aufklärung, im Jahr 1801 gab es in Großbritannien bereits rund siebentausend Institutionen mit Namen wie »The Society for Bettering the Condition and Increasing the Comforts of the Poor«, es gab Schulen, Armenhäuser, Krankenhäuser, Suppenküchen, Unterkünfte für Arme, invalide Arbeiter und Seeleute, Waisen, Flüchtlinge, Witwen, Blinde und Taube. Großbritannien war das erste (und lange Zeit das einzige) Land Europas, in dem es so etwas wie ein Sozialsystem und nicht-kirchliche, landesweite Einrichtungen für Bedürftige gab. Zu verdanken hat dies Großbritannien dem Umstand, dass sich die Aufklärungsbewegung trotz ihrer säkularen Ausrichtung nie ganz vom Gedankengut der evangelischen Kirche – genauer: der Methodisten – lösen konnte, die Ende des 18. und Anfang des 19. Jahrhunderts ihre Aufgabe vor allem darin sah, den christlichen Glauben unter den Ausgestoßenen der Gesellschaft zu verbreiten. Der französische Historiker Élie Halévy führt »das Wunder des modernen Englands«, also die Tatsache, dass es hier nie, auch nicht zur Blütezeit des britischen Kapitalismus, zu einer blutigen Revolution wie in Frankreich kam, darauf zurück, dass hier eine völlig einmalige Allianz zwischen staatlich-säkularen und religiösen Kräften entstanden sei. In seinem Buch »The Birth of Methodism in England« heißt es: »Hier taten sich, trotz ihrer starken Differenzen, liberale Freidenker mit den Philanthropen der evangelikalen Bewegung zusammen und sorgten dafür, dass sich die Lebensbedingungen der Ärmsten der Armen deutlich verbesserten.«

In Frankreich, dem eigentlichen geistigen Zentrum der Aufklärung, sah das anders aus. Als die Vordenker der französischen Aufklärung, angeführt von Denis Diderot, sich in ihrem wissenschaftshörigen Übermut daranmachten, das gesamte Weltwissen in ihrer »Encyclopédie« zwischen Buchseiten (in insgesamt 166 dicke Bände) zu quetschen, ein frühzeitliches Wikipedia sozusagen, war ihnen der Eintrag unter *»la compassion«* nur ein paar dürre Zeilen wert. In lakonischem Ton steht dort, Mitgefühl sei vor allem bei jenen besonders ausgeprägt, denen es selbst schlecht gehe, dies sei auch der Grund, warum das einfache Volk so gerne Hinrichtungen beiwohne. Im Vorwort der »Encyclopédie«, in dem der Zweck des ganzen Unterfangens erklärt wird, stellt der Herausgeber Diderot klar, dass das »einfache Volk« keine Rolle im nun kommenden »philosophischen Zeitalter« spielen könne: »Die Masse kann dem Fortschritt, den der Geist der Menschheit nun antritt, weder folgen noch verstehen.« Diderot war auch gegen Armenhäuser. Er nannte sie Auffangbecken für berufsmäßige Bettler. Auf die große Masse wurde von den Philosophen der Aufklärung mit ähnlicher Verachtung herabgesehen, wie das der moderne Großstädter im Blick auf das Gros der Landbevölkerung heute tut. Diese Form von Arroganz ist nicht neu.

In »Émile« (1762), dem großem Werk der Zeit über die Erziehung des Menschen, geht der unter Aufklärungsenthusiasten als Heiliger verehrte Rousseau auf unterprivilegierte Menschen, *»le peuple«*, nur insofern ein, als er sie als *»quantité négligeable«*, als zu vernachlässigende Größe, herabwürdigt. Er kam aus gut situiertem Hause, sein Vater arbeitete am Hofe des osmanischen Sultans in Konstantinopel, seine Mutter war die Tochter eines Genfer Pastors. *Le peuple*, der Pöbel, war ihm schnurzegal. »Der Arme«, heißt es in »Émile«, »benötigt keine Bildung, seine Umstände bringen ihm alles bei, was er wissen muss.«

Rousseau darf nicht mit den *philosophes* gleichgesetzt werden, aber in einem waren sich die großen Denker der französischen Aufklärung einig: Um die Menschheit voranzubringen, muss sich das Individuum dem Kollektiv unterordnen.

Nicht der Einzelne zählt, entscheidend ist, dass die Gesellschaft als solche Fortschritte macht. Voltaire benutzt in seinen Werken die Begriffe *le peuple* und *la canaille* mit größter Selbstverständlichkeit als austauschbare Begriffe. In einem Vortrag vor der British Academy beschrieb die amerikanische Historikerin Getrude Himmelfarb Voltaires Haltung vor ein paar Jahren einmal so: »Für ihn war es eine unverrückbare Tatsache, dass ein ›canaille‹ immer ein ›canaille‹ bleibt und dass einfache Leute schlicht unerziehbar sind. In einem Brief an d'Alembert heißt es: ›Das Volk hat weder die Fähigkeit noch die Zeit, um sich geistig voranzubringen. Sie werden an Hunger sterben, bevor sie zu Philosophen werden. Wir haben nie behauptet, die Aufklärung unter Schuhmacher und Dienstboten bringen zu können.‹ Für die französischen Philosophen des 18. Jahrhunderts war die Aufklärung etwas, das für das einfache Volk nicht zugänglich war, weil es ihm in ihren Augen an jener Vernunft fehlte, die für sie die Essenz der Aufklärung ausmachte. Das Volk hing für sie zu sehr an ihren klassentypischen Vorurteilen, an Aberglauben und irrationaler Religiosität. Das war der große Widersacher – l'infâme, das niederträchtige Denken der Religiösen. Religion, schrieb Voltaire an Diderot, muss unter den denkenden Menschen zermalmt werden und dem einfachen Volk überlassen werden. ... Wir müssen die Vernunft über alles stellen, schrieb Diderot, denn der Mensch war für ihn vor allem ein vernunftbegabtes Wesen, und wer sich weigert, der Vernunft zu folgen, leugnete damit seine eigentliche Natur und müsse vom Rest der Menschheit wie ein wildes Tier behandelt werden.«

Es ist offensichtlich: Die britische Lesart der Aufklärung ist menschenfreundlicher. Andererseits: Die Französische Revolution führte, begleitet zwar von tonnenweise vergossenem Blut, zu einer *grundsätzlichen* Revision des feudalen Zeitalters, und sie führte auch – über diverse Umwege – zum Sozialismus, der sich wiederum in zwei unterschiedliche Wege aufteilte, den totalitären und den demokratischen. Und Letzterer hat sich ja als heilsames Gegengewicht zur Macht des Kapitals herausgestellt und vermochte dort, wo er Fuß fassen konnte, die politische Kultur zu bereichern und Auswüchse des Kapitalismus zu korrigieren. In den angelsächsischen Ländern aber blieb »das System«, die Machtverteilung zwischen Besitzern und Besitzlosen, unangetastet. Es gab hier (abgesehen davon, dass sich die Krone und deren Verbündete nach der Abspaltung von Rom den kirchlichen Besitz unter den Nagel rissen) nie eine wirklich tief greifende Umwälzung der Verhältnisse. Arbeiterschutz und soziale Fürsorge blieben, verglichen mit dem Kontinent, rudimentär. Bis heute basiert das angelsächsiche Sozialsystem auf peripherer Symptombewältigung. Die Finanzzentren der Welt, London und New York, liegen nicht zufällig auf angelsächsischem beziehungsweise angloamerikanischem Boden. Der Kapitalismus funktioniert immer noch am besten in Ländern, in dem sozialistische oder sozialdemokratische Parteien traditionell wenig zu melden haben.

Es wäre zu simpel, wenn man daraus folgern würde, dass die kalte und rationalistische Verachtung von *la compassion* besser geeignet war, die Probleme an ihrer Wurzel zu packen, während die menschenfreundlichere angelsächsische Auslegung von *pity* (Mitleid) dazu geführt hat, die Verhältnisse unangetastet zu lassen. Dennoch erscheint das mangelnde Mitgefühl der französischen Aufklärung damit in neuem Licht. Vielleicht liegt der Grundfehler darin, von einem politischen System etwas zu erhoffen, was kein Staat leisten kann, der einzelne Mensch aber sehr wohl: Gerechtigkeit, Mitgefühl, Liebe. Was geschieht, wenn Politik versucht, besonders moralisch zu sein, haben wir oft erlebt, so mancher Krieg wurde aus angeblich moralischen Gründen geführt. Mitgefühl darf politisches Entscheiden nicht vernebeln. Mitgefühl ist etwas für Einzelne, nicht für den Staat.

In der Amtszeit des mit Abstand populärsten US-Präsidenten der vergangenen Dekaden, Barack Obama, war das Wort

»Empathie« höchst politisch aufgeladen, es war explizit das Leitmotiv von Obamas Amtszeit. Es gibt Internetseiten, Blogs und YouTube-Kanäle, die ausschließlich seine Äußerungen zum Thema Empathie gesammelt haben. Eine der berühmtesten ist jene, mit der er die Probleme des US-Staatshaushalts rhetorisch ins rechte Verhältnis zu rücken versuchte: »Das größte Defizit, unter dem die Welt leidet, ist das Defizit an Empathie.« Eine andere berühmte Aussage lautet: »Es ist wichtig, die Welt mit den Augen jener zu sehen, die anders sind als wir – mit den Augen des Kindes, das hungert, mit den Augen des Stahlarbeiters, der seinen Arbeitsplatz verloren hat, mit den Augen der Familie, die ihr Hab und Gut verloren hat. Wenn du anfängst, so zu denken, wenn du anfängst, am Schicksal anderer Anteil zu nehmen, egal, ob es nun ein enger Freund oder ein Fremder ist, wird es fast unmöglich, einfach wegzusehen und nicht zu helfen.« Obama behauptete einmal sogar, dass, wenn es Israelis und Palästinensern gelingen würde, sich auch nur für einen kurzen Moment in die Haut des anderen hineinzuversetzen, dies das Ende dieses uralten Konflikts zur Folge haben würde. Einer der wichtigsten Ökonomen unserer Zeit, Jeremy Rifkin, lange Zeit inoffizieller Berater Tony Blairs und auch Angela Merkels, hat ein ganzes Buch (»The Empathic Civilization«) verfasst, in dem er argumentiert, dass Mitgefühl der entscheidende Maßstab unserer Politik werden müsse. Ausgehend von der Einsicht, dass die Fähigkeit zu Empathie unsere Vorfahren erst dazu befähigt habe, als Stämme und Gesellschaften zu überleben, fordert er, wir müssten das, was unseren Ahnen auf Stammesebene gelungen sei, nun dem globalisierten Zeitalter anpassen und ein »globales, empathisches Bewusstsein« entwickeln.

Wenn Empathie bedeuten würde, dass wir die Bedürfnisse anderer besser berücksichtigen sollten, dann ließe sich an Obamas und Rifkins Thesen nichts aussetzen. Tatsächlich bedeutet Empathie allerdings etwas anderes: die Fähigkeit, die Gefühle am eigenen Leib zu spüren. Obama verlangt das, wo-

Darf man etwas sagen, wenn die Kleidung/ein Kleidungsstück des Partners unpassend oder unvorteilhaft ist?

Kommt darauf an! Kurz bevor der- oder diejenige das Haus verlässt, ist zum Beispiel garantiert kein guter Zeitpunkt. Immer gilt: Der Ton ist entscheidend. Liebevolle Hinweise sind manchmal willkommen.

für wir Deutschen das schöne Wort »Einfühlungsvermögen« kennen. Und damit wird's problematisch. Was die Obamas und Rifkins wirklich verlangen, ist, dass wir bei allem, was irgendwo auf der Welt geschieht, exakt so empfinden, als geschähe es uns selbst, als erlebten wir alles hautnah. Hört sich toll an, aber wenn wir das wirklich ernst nähmen, würden wir vor *empathy fatigue* kollabieren. So nennt es der bedeutende britische Psychologe Simon Baron-Cohen (übrigens ein Cousin von »Borat«), wenn wir unserem Gefühlsvermögen mehr aufladen, als es vertragen kann.

Der Trick mit den Spiegelneuronen ist bei uns so angelegt, dass wir vor allem mit denen, die uns ähnlich sind, mitfühlen. Egal, was Ihre politische und gesellschaftliche Position ist, Sie werden beim Betrachten eines Videos, auf dem eine Nadel in einen Oberarm gestochen wird, eine messbar und signifikant höhere Reaktion zeigen, wenn der Oberarm die gleiche Farbe hat wie Ihrer. Sie werden beim Anblick eines Bilds von einem Kind, das in Ihrer Nachbarschaft verschwunden ist, anders reagieren als bei dem eines Erdbebenopfers in Bangladesch. Wir sind mit Rudel-Empathie ausgerüstet, versuchen das aber jetzt auf die Zeit der Flugzeuge, Liveschaltungen und Livestreams zu übertragen. Wenn wir das wirklich auf uns nähmen, würde es uns so gehen wie einem mir bekannten Kinderchirurgen, der sich dem Schicksal seiner Patienten innerlich nicht mehr erwehren konnte, seinen Beruf schließlich aufgeben musste und heute damit niemandem mehr eine Hilfe ist.

Auch wir wären sehr schnell überfordert, wenn wir uns das Leid jedes einzelnen Menschen aufbürdeten, entweder würden wir auf der Stelle wahnsinnig werden oder irgendwann ganz abschalten und sämtliche Katastrophen um uns herum nur noch wie das störende Summen eines alten Kühlschranks wahrnehmen. Anders gesagt: Wer glaubt, sich das Leid der ganzen Welt zu Herzen nehmen zu können, überschätzt sich.

Was ich sagen will: Lass die Welt! Sorge in deinem unmittelbaren Umfeld dafür, dass Hilfsbereitschaft und Teilen, dass Verzeihen und Sanftheit gelebt werden! Schau hinaus in die Welt, sei selbst die Welt! Jeder von uns ist ein Mikrokosmos. Halte erst einmal dich selbst sauber, deine eigenen vier Wände. Sei ein guter Vater, eine gute Mutter, ein guter Freund, dann schau auf dein Umfeld, hilf, wo du kannst! Nimm es nicht mit der Welt auf, verändere lieber deine eigene Welt, und lass sie strahlen. Nicht jeder von uns hat das Zeug zur Simone Weil. Von der berühmten französischen Sozialrevolutionärin hieß es ja, dass sie fähig war, den Schmerz anderer Menschen tatsächlich körperlich zu spüren. War sie deshalb eine Heilige? Angeblich hatte sie sich schon als Kind geweigert, Zucker zu essen – aus Solidarität mit den Soldaten des Ersten Weltkriegs, mit Mitte zwanzig ließ sie sich von ihrem Job als Lehrerin beurlauben, um in einer Autofabrik von Renault zu arbeiten – sie wollte die psychischen und physischen Folgen harter, industrieller Arbeit am eigenen Leib spüren. Trotz schwerer Krankheit schloss sie sich später den Katalanen im Spanischen Bürgerkrieg an. Ihr Credo war »Leidenspflicht« (ihre Wortschöpfung). Es endete damit, dass Weil irgendwann anfing, ganz auf Essen zu verzichten, immer schwächer wurde und im Alter von 34 Jahren an Herzinsuffizienz starb.

Angesichts des Ausmaßes an Leid, das weltweit herrscht, gibt es für empathische Gemüter eigentlich nur eine Alternative zum totalen Empathie-Burn-out: Man selektiert. Man fokussiert sich auf Einzelschicksale. Und damit beginnt das *eigentliche* Problem der von Obama und Rifkin so leidenschaftlich geforderten globalen Empathie. Sie wird willkürlich. Paul Bloom, Professor für Psychologie an der Yale-Universität, nennt dies in seinem 2016 erschienenen Buch »Against Empathy« das »Spotlight-Problem« und zeigt anhand einer Reihe von eindrucksvollen Beispielen, wohin es führt, wenn Mitgefühl zum Maßstab für staatliches Handeln wird.

Erstes Beispiel: Testpersonen wird eine nach Dringlichkeit geordnete Liste mit Namen von Kindern ausgehändigt, die allesamt auf eine lebensrettende Organtransplantation angewiesen sind. Anschließend wird den Probanden das Bild eines der Kinder weit unten auf der Warteliste ausgehändigt, sein Schicksal wird ausführlich geschildert. Dann werden die Probanden gefragt, ob sie bereit wären, den Namen des Kindes weiter nach oben auf die Warteliste zu schieben. In sämtlichen Tests war die Mehrzahl der Testpersonen damit einverstanden, dem Schicksal der ihnen nun näher bekannten Person den Vorrang zu geben.

Zweites Beispiel: Testpersonen wurden gefragt, wie viel Geld sie zu spenden bereit wären, um ein Arzneimittel zu entwickeln, das ein krankes Kind retten würde. Die Mitglieder einer weiteren Testgruppe wurden gefragt, wie viel Geld sie zu spenden bereit wären, um acht Kinder zu retten. Die Summen unterschieden sich kaum. Einer dritten Gruppe wurde, bevor ihr die Frage mit dem einen Kind gestellt wurde, das Foto eines Kindes gezeigt, dessen Name und Schicksal ausführlich geschildert. Die Bereitschaft, Geld zu spenden, schoss in die Höhe. Das eine Kind war nun wichtiger als acht, zehn oder hundert Kinder.

Der amerikanische Wirtschaftsforscher und Nobelpreisträger Thomas Schelling bezeichnete das, was Bloom beschreibt, schon Jahrzehnte zuvor als *»identifiable victim effect«* und schrieb dazu: »Braucht ein sechs Jahre altes Mädchen mit braunen Haaren und großen Augen Tausende Dollars, um sein Leben bis Weihnachten zu verlängern, werden die Geldspenden nur so sprudeln. Steht aber in der Zeitung, dass ohne eine Steuererhöhung sämtliche Krankenhäuser von Massachusetts vergammeln werden, was dazu führen wird, dass Hunderte Menschen, die eigentlich gerettet werden könnten, sterben, blättern die Leute einfach weiter.« Der *identifiable victim effect* führt zu der paradoxen Situation, dass einem einzelne, identifizierbare Menschen wichtiger sind als all die Menschen zusammen, deren Gesichter und Schicksale man nicht kennt. Um es mit Stalin zu sagen: »Der Tod eines einzelnen Mannes ist eine Tragödie, der Tod von Millionen nur eine Statistik.«

Mitgefühl ist wichtig und schön – aber als politisches Leitmotiv ist es meiner Meinung nach ungeeignet.

Wir könnten Blooms Beispielen noch etliche hinzufügen. Der Fall der 2007 in Portugal aus dem Hotelzimmer verschwundenen Maddie McCann, der zu einem weltweiten Medienphänomen wurde – obwohl täglich Kinder verschwinden (etwa 11 000 Kinder zwischen 0 und 17 Jahren gelten allein in Deutschland, Stand 2017, als vermisst). Der Fall des kleinen Jungen aus Afghanistan, der sich aus einer blau-weißen Plastiktüte ein Trikot der argentinischen Nationalelf gebastelt hatte und dessen Bild zum Social-Media-Hit wurde, was schließlich den Sponsor des FC Barcelona veranlasste, ihn unter riesigem Medienrummel zum Trainingslager nach Katar einzufliegen, damit er dort sein Idol Messi kennenlernen konnte. Für die Kosten, die diese Aktion verursacht hat, hätte man Hunderten von Kindern wie Murtaza Ahmadi (so der Name des Jungen) eine Schulbildung ermöglichen können, allerdings hätte Lionel Messi dabei womöglich nicht die gleiche seelische Befriedigung empfunden. Denn darum geht es letztlich immer, wenn man das bloomsche »Spotlight« auf ein Einzelschicksal richtet. Man will sich *selbst* besser fühlen.

Selbst im zwischenmenschlichen Bereich kann übertriebenes Einfühlungsvermögen Schaden anrichten. Selbstverständlich ist es hilfreich, etwa in einem Streit, sich in die Position des Gegenübers versetzen zu können ... aber es ist ein riesiger Unterschied, ob man den Schmerz des Gegenübers *versteht* oder ihn, wonach die Empathie verlangt, *fühlt*. Wenn Sie mit einer Krise oder einer existenziellen Bedrohung oder auch nur mit körperlichem Schmerz konfrontiert sind, wer kann dann besser Hilfe leisten? Jemand, der den Schmerz versteht, dabei aber einen kühlen Kopf bewahrt, oder jemand, der den Schmerz ebenfalls fühlt?

Warum ich darauf so herumreite?

Die Verherrlichung der Empathie führt nur dazu, dass wir den Unterschied zwischen uns selbst und dem Nächsten verwischen und damit gar keine echte Hilfe mehr sind, weil wir unser Mitgefühl hauptsächlich medial ausleben. Im Übrigen ist es ein Gerücht, dass empathische Menschen per se die angenehmeren Zeitgenossen sind. Laut dem Psychologen Bloom gilt eher das Gegenteil: Hohe Empathie begünstigt in vielen Fällen sogar asoziales Verhalten. Menschen, die andere systematisch misshandeln und mobben, verfügen oft über ein hohes Maß an Empathie, sie können nämlich ausgesprochen gut taxieren, was ihre Opfer besonders leiden lässt.

Obamas Bild, »die Welt mit den Augen anderer zu sehen«, möchte ich, wenn wir schon Phrasen verwenden, ein anderes Bild entgegensetzen: über den eigenen Schatten springen! Womit wir nun endlich bei der Alternative zur Empathie sind. Wir müssen wieder lernen, zwischen uns und dem anderen zu unterscheiden. Nur das befähigt uns zu dem, was die Lateiner *caritas* nennen – tätige, *dem anderen* zugewandte Liebe. Dies ist nur zwischen separat voneinander existierenden Individuen möglich. Diese Behauptung stammt nicht von mir, sondern von einem der größten deutschen Denker des 20. Jahrhunderts, Romano Guardini (nach ihm ist der Lehrstuhl für Religionswissenschaften an der Münchener Ludwig-Maximilians-Universität benannt). Er schreibt:

»Es gibt das Verlangen, am Andern Anteil zu haben, in Leben und Schicksal mit ihm verbunden zu sein. Aber auch noch die tiefste Vereinigung macht vor einer Schranke halt: dass der Andere eben er ist und nicht ich. Die Liebe weiß das. Sie weiß, dass sie ihren letzten Sinn, der auf das volle Ineinandersein geht, nicht verwirklichen, vielleicht nicht einmal ernst wollen kann. Es gibt kein menschliches ›Wir‹, das die Schranken des ›Ich‹ aufhebt. Denn die Würde und Herrlichkeit des Menschen besteht darin, dass er – wenn auch innerhalb bestimmter Grenzen – sagen kann: Ich bin ich selbst. Ich stehe in mir. Meine Tat beginnt aus mir, und ich verantworte sie.«

Wenn man die Bedeutung des Wortes *caritas* auf eine kurze Formel bringen will, bedeutet es schlicht: die Fähigkeit, das

Glück des anderen im Blick zu haben, jemand anderem etwas Gutes tun. Aber dafür muss es eben diesen anderen geben. Niemandem ist geholfen, wenn die Grenzen zwischen dem Du und dem Ich verwischen. Und der andere ist, so schwer das auch zu beherzigen ist, ausgerechnet immer besonders der, der uns am unähnlichsten ist.

Was geht's mich an?

Der beste konkrete Ratschlag, wie brauchbares Mitgefühl auszusehen hat, steht in Bob Dylans Autobiografie. Dylan erzählt dort auch über seine Großmutter. Er beschreibt sie als außerordentlich noble, gütige und weise Frau. Einmal habe sie ihm folgenden Rat gegeben: *»Be kind to everyone, because everyone you'll ever meet is fighting a hard battle.«* Übersetzt etwa: Sei zu jedem freundlich, denn alle Menschen, die du je kennenlernen wirst, fechten ihren eigenen Kampf aus.

10 GEDULD

Imme langsam, nur net hudle

Geduld ist die besonnene Schwester der Tapferkeit. Sagt Aristoteles. Eine noch engere Verwandtschaft hat sie, finde ich, mit der Hoffnung. *»How poor are they that have no patience«*, heißt es in Shakespeares »Othello«. *»What wound did ever heal but by degree?«* Alles braucht seine Zeit. Auch die Heilung von Schmerz. Und das Glück will auch mit Geduld erkämpft werden. Geduld heißt auch, einzusehen, dass wir verflixt noch mal überhaupt keine Ahnung haben, was um die Ecke auf uns lauert, im Guten wie im Schlechten. Ein Berliner Taxifahrer sagte mir mal, Kollegen, die über zu kurze Fahrten grummelten, hätten nix von dem Geschäft verstanden, denn man wisse nie, welche Tour genau dort auf einen warte, wo man nur widerwillig hingefahren sei. Er bewegte sich damit etwa auf Augenhöhe mit dem großen Hakuin (1686–1769).

Eine der vielen Geschichten, die über den Erneuerer des Zen-Buddhismus erzählt werden, ist die, in der ihm Bauern ein Kind anhängen. Ein Mädchen aus dem Dorf war ungewollt schwanger geworden, um den Vater zu verheimlichen, behauptete sie, das Kind sei von Hakuin, der in einer Einsiedlerklause am Rand des Ortes wohnte und von der Bevölkerung geehrt und mit allem, was er zum Leben brauchte, versorgt wurde. Nach der Anklage durch das Mädchen änderte sich das. Als die Eltern des Mädchens ihn mit dem Vorwurf konfrontierten und von ihm verlangten, für das Kind finanziell aufzukommen, leugnete er nichts und sagte nur: »Es ist, wie es ist.« Um für die Unterhaltszahlungen aufkommen zu können, musste er sein Mönchsdasein und sein kontemplatives Leben aufgeben und harte Feldarbeit verrichten. Er tat das ohne Murren. »Es ist, wie es ist.« Wer weiß, dachte er sich, welche Erfahrungen ich als Landarbeiter machen werde. Nach wenigen Monaten bekam das Mädchen ein schlechtes Gewissen und beichtete den Eltern, was es getan hatte. Sie bettelten bei Hakuin um Vergebung, er quittierte das alles nur mit einem gelassen-freundlichen »Es ist, wie es ist«. Er konnte in seine Klause zurückkehren, zog dort mehr Antwortsuchende als je zuvor an und war selbst um eine wertvolle Erfahrung reicher geworden. Er vertrat nämlich nun, das ist der Grund seines Ruhms, dass Zen nicht ein Reservat der Gelehrten, sondern für alle Menschen zugänglich sei. Überall finden wir diese archetypischen Geschichten, die davon sprechen, dass wir durch Geduld ans Ziel kommen – und zwar eines, von dem wir oft nichts ahnen. Joseph aus dem Alten Testament, der von seinen Brüdern in einen Brunnen geschmissen und als Sklave nach Ägypten verkauft wird, Hauslehrer bei einem prominenten Mitglied der ägyptischen High Society wird, im Gefängnis landet und am Ende zum mächtigsten Mann hinter dem Pharao aufsteigt – egal, was ihm das Leben bescherte, er nahm es ohne Murren an, tat bei jeder Aufgabe, die ihm zugeteilt wurde, sein Bestes und stieg so ganz nach oben auf. Oder Arthus, der brav seine Pflichten erledigte, für seine Brüder Knappendienste verrichtete und dann unverhofft auf dieses seltsame Schwert stieß …

Leonard Scheff und Susan Edminston sprechen in ihrem Buch »Die Kuh in der Parklücke«, das wie kein zweites (mehr noch als das berühmtere »Zen und die Kunst ein Motorrad zu warten«) die Tugenden des Zen ins Heute transportiert hat, von zwei verschiedenen Arten der Geduld. Für sie gibt es eine verstehende und die ertragende Geduld. Die ertragende Geduld, sagen sie, kann man üben. Der Trick ist die sogenannte *»mindfulness«*, also das Wahrhaben, das Beobachten des Gefühls, das in dem Moment, in dem man es erkennt und benennt, schon einen Teil seiner Macht verloren hat. Sie zitieren die Zen-Meisterin Pema Chödrön: »Laufen Sie nicht weg vor der angestauten Weißglut, dem Drang zu verletzen, zu schreien, zu schlagen, jemandem die Schuld zu geben! ... Halten Sie den süchtig machenden Drang aus!« Man soll ihn wahrnehmen, beobachten, nicht verurteilen, nur ansehen. Dann ist der Bann schon gebrochen.

Der große Shantideva, 7. Jahrhundert, empfiehlt laut Scheff und Edminston, mit kleinen Dingen zu beginnen: »Wenn ich kleine Unannehmlichkeiten ertrage, übe ich mich im Umgang mit großen Widrigkeiten.« Was zu seiner Zeit vielleicht Insektenbisse waren, sind heute das zusammenbrechende W-Lan, die endlose Warteschlange, der unzuverlässige Uber-Fahrer. Unsere »Instant«-Kultur macht Geduld zunehmend unerträglich. Mit immer neuen Gadgets versuchen uns moderne Unternehmen jede unnötige Mühsal beim Konsum zu ersparen (*frictionless consumption*). Wer Taxi-Apps nutzt, muss am Ende der Fahrt nicht mehr nach Geld kramen, sondern nur noch übers Handydisplay wischen. Amazon hat das Ein-Klick-Bestellen eingeführt – aber selbst das scheint uns modernen Menschen schon zu mühsam, die App-Entwickler haben festgestellt, dass die Leute selbst dafür zu faul sind. Die Pizzakette Domino's ist schon weiter. Deren App bietet *»Zero Click«*, man muss sie nur öffnen, nach zehn Sekunden wird dann eine vorkonfigurierte Bestellung ausgeführt. Das geht auch per Sprachbefehl. Was kommt als Nächstes? Eine App, die uns bei leichtem Aufkommen von Appetit einzelne Pizzastücke oral einführt?

Amazon-Prime-Mitglieder wollen immer alles sofort haben. Amazon gibt einem das Gefühl, die Kontrolle zu haben. Man muss nur die richtigen virtuellen Knöpfe drücken. Die digitale Welt betäubt das tief in uns schlummernde Verlangen nach ultimativer Befriedigung. Das, was diese Sehnsucht stillt, sind aber nicht unsere Onlinebestellungen, auch nicht, wenn es der heiß ersehnte 24 Jahre alte Macallan-Whisky oder der

Reisekoffer von Prada ist. Wir betäuben damit nur unser eigentliches Verlangen, das sich nach etwas ganz anderem sehnt. Bei Walker Percy steht der Satz: »*The search is what everyone would undertake, if you were not sunk in the everydayness of his own life. To become aware of the possibility of the search is to be on to something. Not to be on to something is to be in despair.*« (Jeder würde sich auf die Suche machen, wäre er nicht so gefangen in der Alltäglichkeit seines Lebens. Um sich der Möglichkeit der Suche bewusst zu sein, muss man die Notwendigkeit dafür spüren. Wer das nicht tut, wird in Verzweiflung enden.)

Man muss »*on to something*« sein, man muss *auf der Suche* sein, und damit meine ich nicht die Suche nach dem YouTube-Video, über das alle reden, und die Suche nach dem besten Trick, Bauchfett loszuwerden. Neulich war ich eine Woche mit meiner Tochter in Istrien. Wir hatten es herrlich. Und inmitten des Paradieses fällt uns ein: Wir könnten doch auch mal eben mit der Fähre nach Venedig rüber? Und irgendwann dort fiel mir auf, nach dem dritten Restaurant-Geheimtipp, nach der dritten tollen Sommerhose, nach dem vierten Palazzo-Besuch, dass wir ständig versuchen, irgendwo noch eins draufzusetzen ...

Auch ich gehe mit der Welt zu konsumistisch um. Deshalb mache ich auch nicht mehr bei Instagram mit. Wir konsumieren ja inzwischen sogar unsere Erfahrungen, statt sie zu erleben. Wir füllen unsere Instagram-Feeds mit Momenten, die wir gar nicht richtig gesehen und erlebt haben, weil wir das Eigentliche daran durch das Posten auf Instagram in die unmittelbare Zukunft verschoben haben. Es gibt diesen wunderbaren Moment am Ende von Ben Stillers Film »Das erstaunliche Leben des Walter Mitty«, in dem Sean Penn als wettergegerbter Naturfotograf auftritt und auf den größten Augenblick seiner Karriere – er hat nach jahrelangem Warten endlich den Schneeleoparden vor der Linse – verzichtet und das seltene Tier ziehen lässt, *ohne* auf den Auslöser zu drücken.

Muss man wirklich pünktlich sein?

»Pünktlichkeit ist die Kunst, richtig abzuschätzen, um wie viel man sich verspäten darf« (Bob Hope). Es gibt Leute, die grundsätzlich eine Viertelstunde zu früh erscheinen. Auch das ist lästig. Fünf Minuten vor der verabredeten Zeit da sein! Nicht früher, aber auch nicht später. Außer bei einer Einladung zum Abendessen. Wer um acht eingeladen ist, erscheint etwa zehn Minuten nach acht. Nicht später. Um spätestens Viertel vor neun sollte das Abendessen dann aber auch losgehen. Nach neun mit dem Essen zu beginnen ist unakzeptabel, außer für Gäste, die keinen Job und keine Kinder haben.

Die Generation der nach 1990 Geborenen hat den ersten wesentlichen Kampf ihres Lebens um ihr erstes Handy ausgefochten, die Generation der nach 2000 Geborenen (2007 kam das erste iPhone heraus) kann sich an ein Leben ohne die Verbindung zum World Wide Web in der Tasche nicht mehr erinnern. Es gibt Apps, mit denen man messen kann, wie oft man sein Handy entsperrt. Die meisten landen bei achtzig bis hundert Mal. Bei Teenagern ist es häufig mehr.

Wer über die Nachfolgegeneration der sogenannten Millenials etwas erfahren will – und das sollte jeder, denn was die nach 2000 Geborenen geprägt hat, bestimmt unsere Zukunft –, muss das Buch »iGen« der amerikanischen Ärztin und Psychologin Jean M. Twenge lesen. Es gibt Sachbücher, da ist alles Wesentliche bereits im Vorwort zusammengefasst. In diesem Fall steckt die zentrale These bereits im vollständigen Titel: »iGen – Why Today's Super-Connected Kids Are Growing Up Less Rebellious, More Tolerant, Less Happy – and Completely Unprepared for Adulthood (and What That Means for the Rest of Us).« Übersetzt: Warum die heutige total vernetzte Jugend weniger rebellisch, toleranter und unglücklicher aufwächst – und gänzlich unvorbereitet aufs Erwachsensein (und was das für den Rest von uns bedeutet).

Die an der San Diego State University forschende Professorin schaut sich die von ihr »iGen« getaufte Generation genau an und markiert das Besondere an ihr anhand von zehn Eigenschaften. Ihr Ergebnis ist nicht nur negativ. Sie konstatiert, basierend auf Unmengen nachvollziehbarer Daten, die zum Teil in die frühen 1970er-Jahre zurückgehen, wie rapide sich Erwartungen und Lebensgewohnheiten seit etwa 2010 in sämtlichen Erhebungen geändert haben. Jugendliche werden immer später erwachsen, genauer: Sie kommen auch im Erwachsenenalter nicht über infantiles Verhalten hinaus (Teenage-Sex und Schwangerschaften in Amerika sind so niedrig wie nie). Sie sind behüteter, aber zugleich unsicherer und ängstlicher als jede Generation zuvor. »Wir haben es mit einer

Generation zu tun, deren primäre soziale Aktivitäten ihrer Jugend sich vor kleinen Bildschirmen abgespielt haben. Die Geräte in ihren Händen«, schreibt die Psychologin, »hat die Kindheit dieser Generation verlängert und ihre physischen, sozialen Kontakte minimiert. Das Resultat ist, dass sie zugleich die am allerbesten behütete und zugleich mental fragilste Generation ist, die es je gegeben hat.«

Ein eigenes Kapitel hat Twenge ihrer These gewidmet, dass die Angehörigen der iGeneration weniger an Religiösem interessiert seien. So *»connected«* die Jungen technologisch sein mögen, eine *»connection«* zum Transzendenten lasse sie kalt. Das habe viel damit zu tun, dass sie als Heranwachsende unendliche Auswahlmöglichkeiten hätten, vom Shampoo, das man benutze, bis zum Lebenspartner und zur eigenen Sexualität. Die Notwendigkeit, sich irgendwo festzulegen, gibt es für diese Generation schlicht nicht mehr. Die Geduld, sich nicht nur bei den vorletzten, sondern auch bei den letzten Dingen durchzubeißen, *»on to something«* zu sein, kann man dieser Generation nicht mehr abverlangen.

Die Fähigkeit, etwas zu ertragen, auszuharren, stirbt aus. Dazu kommt die Illusion, alles unter Kontrolle zu haben und ständig seine Zufriedenheit eigenhändig justieren und sein Leben mit unendlichen Wahlmöglichkeiten konfigurieren und modifizieren zu können; so werden wir auch unfähig, uns überraschen zu lassen. In »Die Kunst des guten Lebens« zählt der Bestsellerautor Rolf Dobelli »Die hohe Fertigkeit des Korrigierens« sogar zu den Glücksrezepten. »Ich habe oft das Vergnügen, kleine Flugzeuge ohne Autopilot zu fliegen«, schreibt er, »und so fällt es meinen Händen zu, ... winzige Berichtigungen auszuführen. Lasse ich den Steuerknüppel auch nur eine Sekunde ruhen, drifte ich ab«. In seinem Buch stehen wirklich große Weisheiten, zum Beispiel, dass Fehler lebensnotwendig sind und beispielsweise »jedes Wissen in der Luftfahrt, jede Regel, jede Prozedur, existiert, weil irgendjemand irgendwo abgestürzt ist.« Auch schreibt er fabelhafte Sätze wie: »Je geringer die Erwartungen, desto größer das Glück.« Aber hier hat er meiner Ansicht nach übersteuert. Wenn uns Buddhismus und alle biblischen Religionen und alle großen Sagen und Märchen und Epen des Mittelalters nicht völlig in die Irre führen, sind gerade die Fähigkeit und der Wille, für Überraschungen offen zu sein, eine der Grundbedingungen für so etwas wie Glück. Man muss sich überraschen lassen können, man muss erdulden können, man muss warten können.

Hier ein paar gute Geduldsübungen: Das Navi auf Stumm schalten und den Stau als gewonnene Lebenszeit feiern (dabei ein Hörbuch hören). Einem tödlichen Langweiler auf einer Cocktailparty die ganze, ungeteilte Aufmerksamkeit schenken. Im Aufzug nicht gleich nach dem Handy greifen, sondern die Blitzpause bewusst als solche auskosten. Kleine Abmachungen mit sich treffen und sie eisern über genau festgelegte Zeiträume einhalten. Einen Tag lang das Handy irgendwo verstecken und es nicht benutzen. Das langsam steigern, am besten irgendwo weit weg, in den Bergen oder an der Schlei. Als Deutscher in einem Wiener Kaffeehaus (am besten im Bräunerhof) ein Ei im Glas und einen »schönen Cappuccino« bestellen. Bis Sie etwas bekommen und der Kellner Sie wieder eines Blickes würdigt, vergeht mindestens eine halbe Stunde.

Was geht's mich an?

Wir können unser Leben nicht wie ein Handy konfigurieren, es wird immer wieder Überraschungen geben. Eine der größten Kräfte in unserer Psyche, das wusste nicht nur Freud, ist der Drang nach Schmerzvermeidung, der Unwille, Dinge zu erdulden. Dem gilt es mit Übung zu begegnen. Was das noch dringlicher macht: Wir haben uns inzwischen an Geschwindigkeiten gewöhnt, die Menschen vor fünfzig Jahren noch in den Wahnsinn getrieben hätten. Die Lösung? Erstens: das Problem erkennen. Zweitens: Geduld *üben*.

11 GERECHTIGKEIT

Gibt es das – und wenn ja, wie viel?

Februar 2016, Dienstagmorgen, es ist noch dunkel. Es sind gerade Faschingsferien in Bayern, deswegen sind nur verhältnismäßig wenige Pendler und kaum Kinder im Regionalzug unterwegs, als plötzlich ein fürchterlicher Knall die ländliche Stille auf der Bahnstrecke zwischen Holzkirchen und Rosenheim erschüttert. Zwei Züge krachen auf einem eingleisigen Stück frontal aufeinander. Dabei verkeilen sich die Triebwagen der beiden Züge. Ein Zug entgleist, mehrere Waggons stürzen um. Einsatzkräfte werden an die Unfallstelle geschickt. Der Einsatz-Code lautet »VU« – »verunfallter Zug«. Das bedeutet: Es werden automatisch Feuerwehr, Rettungsdienst und THW alarmiert. Insgesamt elf Menschen fanden an dem Tag in der Nähe von Bad Aibling den Tod, achtzig wurden zum Teil schwer verletzt. Nach der Katastrophe stellte sich heraus, dass der Fahrdienstleiter im nächstgelegenen Stellwerk, ein gewisser Michael P., 39 Jahre alt, mehrere Signale falsch gestellt hatte. Er hatte sich von einem Computerspiel am Handy ablenken lassen. Acht Monate später wurde er vom Landgericht Traunstein wegen fahrlässiger Tötung zu dreieinhalb Jahren Haft verurteilt. Die acht Monate Untersuchungshaft wurden ihm angerechnet, sechs Monate später wurde ihm die Hälfte der Haftzeit erlassen, insgesamt hat Michael P. ein bisschen mehr als ein Jahr im Gefängnis gesessen.

Ist das gerecht? Sind vierzehn Monate Haft angemessen, wenn man den Tod von elf Menschen verursacht hat? Zum

Vergleich: In Nordrhein-Westfalen wurde ein notorischer Schwarzfahrer schon zu sechzehn Monaten Haft verurteilt.

Wir nehmen ständig das Wort »Gerechtigkeit« in den Mund, ohne uns wirklich Gedanken zu machen, was das eigentlich ist, Gerechtigkeit. Was ist »gerecht«? Was ist »fair«?

Fangen wir mit der Justiz an. In der sogenannten Strafzwecktheorie, also bei der Frage nach dem Zweck einer Strafe, konkurrieren völlig unterschiedliche Auffassungen miteinander. Das älteste Prinzip ist das der Vergeltung. Der entsprechende Fachbegriff lautet »Talionsprinzip«, vulgo: Wie du mir, so ich dir. Nach dieser Auffassung sollte ein Rechtsbrecher möglichst exakt im Verhältnis zu seiner Straftat büßen. Die meisten von uns halten das aus guten Gründen für einen Hauch archaisch. Zahn um Zahn und so weiter. Dann gibt es noch die Sühnetheorie. Da steht die Täterpsychologie im Mittelpunkt. Demnach ist der Zweck der Strafe, den Täter durch Buße wieder mit der Rechtsordnung zu versöhnen. Der moderne Begriff ist »Rehabilitation«. Das Problem: Ohne Einsicht funktioniert die Rehabilitation nicht. Kritiker der Sühnetheorie halten sie außerdem für ziemlich anmaßend, als stimmte was nicht mit dem Rechtsbrecher und als müsste er »korrigiert« werden. Dann gibt es noch die Abschreckung. Die Verteidiger der Abschreckungstheorie sagen, dass Strafen ähnliche Taten verhinderten. Kritiker hingegen behaupten, dass auch noch so hohe Strafandrohungen erfahrungsgemäß keine Straftaten verhinderten. Schließlich gibt es noch die These, dass Strafen am sinnvollsten seien, wenn sie auf Wiedergutmachung zielten. Verbreitet ist diese Strafzwecktheorie vor allem im angelsächsischen Raum, der Fachbegriff lautet *Restorative Justice*. Wenn man etwas angestellt hat, muss man es wieder in Ordnung bringen. Wenn man zum Beispiel jemanden verletzt hat, gilt es, Wege zu finden, den Geschädigten irgendwie zu versöhnen. Es geht hier also um etwas ziemlich Ehrgeiziges, um Wiederherstellung von sozialem Frieden, um Schlichtung von Streit – und: Vergebung. Das Prinzip der *Restorative Justice* ist so ziemlich das Gegenteil von dem zuerst erwähnten Vergeltungsprinzip.

Interessant ist, dass im Fall des eingangs erwähnten Michael P., eines Familienvaters, keine der gerade genannten Strafzwecke wirklich greifen. Den fahrlässig herbeigeführten Tod von Menschen mit Gleichem zu vergelten ist abwegig. Abschreckung fällt auch weg. Weder wird ein Mensch, der den größten Fehler seines Lebens begangen hat, einen ähnlichen Fehler je wieder begehen (abgesehen davon, dass er auch nie wieder die Gelegenheit dazu bekommen wird), noch werden andere, von deren Tätigkeit die Sicherheit von Menschen abhängt, nach einem strengen Urteil sagen: »Da pass ich aber künftig lieber besser auf.« Auch Umerziehung und Rehabilitation sind in dem Fall nicht zielführend. Der Mann ist ja nicht auf die schiefe Bahn geraten und muss sich bessern. Bleibt die Wiedergutmachung. Aber der Tod von elf Menschen lässt sich nicht wiedergutmachen, und wäre jemand auf die Idee gekommen, den Mann mit den Verwandten der Opfer an einen Tisch zu bringen, um in einer Art Mediationsverfahren nach Möglichkeiten der Versöhnung zu suchen, er wäre wahrscheinlich niedergebrüllt worden oder hätte die Traumata der Hinterbliebenen und der Schwerstverletzten nur befeuert. Professor Reinhard Haller, einer der renommiertesten Forensiker im deutschen Sprachraum, den ich zu dem Fall befragte, sagte mir damals, der Mann sei durch seine Tat im Grunde schon gestraft genug, Michael P. werde jedenfalls für den Rest seines Lebens auf psychiatrische Behandlung angewiesen sein. In seinem Fall erfülle die Haftstrafe einen völlig anderen Zweck: »Eine Verurteilung empfinden Täter, die eine solche Last mit sich tragen, oft sogar als gewisse Erleichterung.«

Ist es also, bei Lichte besehen, gar nicht so unverständlich, dass die Strafe für Michael P. so verhältnismäßig milde ausfiel, ein wiederholter Schwarzfahrer aber im Verhältnis streng bestraft wird? Wenigstens kann man bei Letzterem von einer abschreckenden Wirkung sprechen.

In Strafsachen, so scheint es, ist Recht tatsächlich nicht immer gerecht. In den allermeisten Fällen geht es, wenn wir von Gerechtigkeit und Fairness sprechen, aber auch gar nicht um Strafen. Es geht um Dinge. Um Besitz. Um Geld. Pinkepinke. Wer hat wie viel, und ist das gerecht? Dazu gibt es ein faszinierendes Gedankenexperiment:

Versetzen Sie sich bitte für einen Moment in einen Zustand vor Ihrer Geburt! Stellen Sie sich bitte vor, Sie wüssten weder, mit welcher Hautfarbe Sie auf die Welt kommen werden, noch, wo Sie geboren werden, noch, ob Sie als Mädchen oder Junge oder ob Sie als Kind eines US-Milliardärs oder als Kind eines chinesischen Landarbeiters auf die Welt kommen werden. Nun dürfen Sie entscheiden, wie eine gerechte Welt organisiert sein soll. Sie müssen sich entscheiden, bevor der Vorhang hochgeht und das echte Leben beginnt. Nach welchen Gerechtigkeitsprinzipien soll die Welt, in die Sie geboren werden, geregelt werden?

John Rawls, dessen 1971 erschienenes Buch »Eine Theorie der Gerechtigkeit« zu den einflussreichsten Werken der politischen Philosophie des 20. Jahrhunderts gehört, behauptet, dass wir über Gerechtigkeit gar nicht objektiv urteilen können, weil wir dafür zu befangen sind. Wir urteilen immer aus der uns eigenen Perspektive. Wir können gar nicht anders. Nur hinter einem *»veil of ignorance«*, wie er sein Gedankenexperiment nennt, nur hinter diesem »Schleier des Nichtwissens« würden wir objektiv und intuitiv richtig entscheiden können, wie eine gerechte Welt auszusehen hätte. Er behauptet, dass nur ausgesprochene Zocker so verrückt sein würden, sich hinter diesem Schleier für die jetzige Weltordnung zu entscheiden, die Gefahr, zu der überwältigenden Mehrheit derer zu gehören, die wirtschaftlich und sozial benachteiligt sind, wäre einfach zu groß.

Wie würde, nach Rawls, unsere Lösung für die Welt hinter

dem »Schleier des Nichtwissens« denn ausfallen? Welche Grundprinzipien würden wir uns herbeiwünschen?

Um das zu beantworten, stellt er uns in seinem berühmten Buch zunächst vor ein paar Alternativen. Eine feudale Weltordnung? Sicher nicht. Kein Mensch würde sich eine Welt ausdenken, in der die Gen-Lotterie darüber entscheidet, ob man Macht, Geld und Status hat. Eine Welt, die nach utilitaristischen Ideen gestaltet ist? Also der größte Nutzen für die größtmögliche Zahl? Klingt gut, aber auch dafür würden wir uns nie entscheiden. Die Gefahr, zu einer Minderheit zu gehören, unterdrückt zu werden oder arm zu sein, wäre immer noch zu groß. Das allererste Grundprinzip, auf dem man bestehen würde, sagt Rawls, wäre ein Bündel von für alle geltenden Grundrechten. Meinungsfreiheit, Versammlungsfreiheit, Religionsfreiheit, das Recht auf Eigentum, auf Unversehrtheit, Sicherheit, auf Schutz durch das Recht und so weiter. Diese Grundrechte seien nämlich wichtiger als Wohlstand. Über Fragen der sozialen und wirtschaftlichen Gerechtigkeit würden wir uns Gedanken machen, wenn diese Grundbedürfnisse erfüllt wären.

Und für was würden wir uns in dieser aber dann doch nicht ganz unwesentlichen Frage entscheiden? Rawls meint, wir würden uns keinesfalls für eine Welt entscheiden, in der Wohlstand gleichmäßig verteilt wäre. Wir hofften nämlich insgeheim, bereits privilegiert auf die Welt zu kommen, und wenn schon nicht als Millionärskind, dann wenigstens als jemand, der in einem stabilen Elternhaus aufwüchse, eine anständige Schule besuchte und vielleicht sogar mit besonderem Talent oder wenigstens mit Fleiß ausgestattet wäre. In so einem Fall fänden wir es ziemlich ungerecht, dass alle, egal, ob fleißig oder faul, begabt oder unbegabt, gleichermaßen belohnt würden. Wir empfänden es als ungerecht, niemals die Früchte dieser Eigenschaften genießen zu können, uns fehlte jeder Ansporn, diese Talente überhaupt zu nutzen. Wir würden uns allerdings auch keine reine Meritokratie erträumen, eine Ge-

Wie reagiert man, wenn man eine/n Freund/in oder Kollegen/in zufällig mit einer/einem Mätresse/ Liebhaber erwischt?

Sehr heikel. Wenn es irgendwie geht, meiden Sie jeden Blickkontakt! Wenn sich das nicht vermeiden lässt, tun Sie so, als ob Sie völlig naiv wären, und lassen Sie sich nichts anmerken.

sellschaft also, in der für Wohlstand und Status allein ausschlaggebend ist, wer was leistet. Das wäre auch ungerecht. Wer kann schon was dafür, ob er mit Talenten auf die Welt kommt oder ohne Begabung im Slum?

Das einzig gerechte Prinzip, das Prinzip, für das wir uns entscheiden würden, sei eines, das zwar Unterschiede zulasse, aber die Verteilung der Früchte so regele, dass die, die ohne jede Privilegien, ohne Talent, ohne besondere Gaben geboren würden, davon im Höchstmaß profitierten. Soziale Ungleichheit sei für uns alle völlig akzeptabel, allerdings müsse sie »den am wenigsten Begünstigten den *größtmöglichen* Vorteil bringen«. Rawls nennt dies das »Differenzprinzip«.

Würden wir es hinnehmen, dass ein Fußballer wie Ronaldo mehr als 230 Millionen Euro im Jahr verdient oder dass ein Jeff Bezos mehr als 100 Milliarden Euro besitzt? Ja, würden wir, sagt Rawls, aber nur, wenn es einen Mechanismus gäbe, der dafür sorgte, dass sie einen nennenswerten Teil ihres Geldes dafür hergäben, Dinge für Unterprivilegierte zu finanzieren. Schulen zum Beispiel und Trainingsgelände für sozial Benachteiligte, damit von Geburt aus Chancenlose dann doch eine Chance bekämen. Melinda Gates hat mir in einem Interview erklärt, warum sie und ihr Mann den Großteil ihres Geldes in Entwicklungshilfe stecken. »Weil mein Mann, wenn er im Busch in Westafrika geboren wäre, Microsoft nie hätte gründen können, und durch unsere Arbeit dort der nächste Bill Gates vielleicht aus Afrika kommt.«

Auf dem Papier existiert das von Rawls geforderte Differenzprinzip übrigens in allen Ländern, in denen Steuergerechtigkeit herrscht und Superreiche keine Möglichkeit haben, sich ihrer Steuerpflicht zu entziehen. Also leider, bis auf ein paar skandinavische Länder, fast nirgendwo.

Zwar gibt es Milliardäre wie das Ehepaar Gates, die nur einen Promille-Anteil ihres Vermögens ihren Kindern vererben und den Rest spenden, zwar gibt es Initiativen wie »The Giving Pledge« von Multimilliardären, die einen Großteil ihres Vermögens zum Vorteil der Ärmsten der Armen aufgeben, das ändert aber nichts daran, dass die reichsten hundert Menschen der Welt etwa so viel besitzen wie die ärmsten 3,8 Milliarden Menschen – die Hälfte der Weltbevölkerung – addiert.

Wer behauptet, diese ungleiche Verteilung von Wohlstand sei eine Entwicklung der vergangenen Jahre, liegt übrigens falsch. Das Phänomen, für das es im Schwäbischen den guten Spruch »Der Teufel kackt immer auf den größten Haufen« gibt, ist wahrscheinlich so alt wie das Geld selbst. Der italienische Gelehrte Vilfredo Pareto (1848–1923) hat das Phänomen der Ballung von Vermögen schon vor mehr als hundert Jahren diagnostiziert. Seine These war, dass – egal, in welche Zeitepoche man blickt, egal, welche Regierungsform oder Ideologie gerade Mode ist – das Phänomen immer identisch ist. Ein paar wenige besitzen übermäßig viel, der Großteil liegt weit unter dem Durchschnitt.

Man könnte fast glauben, dass dieses »Der Teufel kackt«-Phänomen eine Art Naturgesetz ist. Der kanadische Psychologe und Kulturkritiker Jordan B. Peterson nennt in seinem Buch »12 Rules for Life« weitere Bereiche, in denen Ballung vorkommt: Es gibt Abermillionen Musiker, aber die Musik, die wir im Radio hören, stammt von ein paar Dutzend Künstlern. Jedes Jahr kommen Millionen Bücher auf den Markt, den Großteil der Buchauflagen machen aber nur eine Handvoll Autoren aus. »Das Gleiche«, schreibt er, »trifft auch auf Städte zu (in einer Handvoll Metropolen ballen sich fast alle Menschen), auf Sterne und Planeten (die alle Masse auf sich vereinen), auf Sprache (nur 500 Wörter machen 90 Prozent unserer Kommunikation aus) ...« Man könnte die Liste beliebig fortsetzen.

Ist das fair? Ist es nicht. Aber so ist die Welt nun einmal. *The winner takes it all.* Der Teufel kackt ... Nehmen wir das einmal als gegeben hin. Ist es dann nicht eine ziemliche Anmaßung, wenn wir den Anspruch erheben, so etwas wie Gerechtigkeit herstellen zu können? Können wir Ungerechtigkeit vielleicht ebenso wenig abschaffen, wie wir Krankheiten abschaffen können? Können wir sie, ähnlich wie Krankheiten, immer nur in besonders akuten Momenten abmildern? Wir forschen und heilen ja auch, so gut es geht, manchmal sogar mit erstaunlichem Erfolg, Polio und Kinderlähmung sind seit ein paar Jahren so gut wie ausgerottet, aber kein vernünftiger Mensch wird – bei aller Gentechnik – behaupten wollen, dass es uns je gelingen wird (oder überhaupt gelingen sollte), Leid und Gebrechen völlig aus der Welt zu schaffen.

Die Frage, die sich uns demnach stellen würde, lautet also vielleicht gar nicht: »Wie schaffen wir Gerechtigkeit?«, sondern nur: »Wie nähern wir uns so gut wie möglich der Gerechtigkeit an?« Noch präziser müsste die Frage eigentlich lauten: Wie gehen wir mit vorgefundener Ungerechtigkeit um? Was heißt das für uns Menschen? Wie handeln wir, wenn wir Ungerechtigkeit sehen? Nehmen wir sie einfach hin? Das wäre genauso gefühllos und böse, wie einen Verletzten am Straßenrand liegen zu lassen. Hat Ungerechtigkeit vielleicht sogar einen tieferen, von uns nicht bis zuletzt zu durchschauenden Sinn? Zum Beispiel den, unsere Menschlichkeit, unsere Nobilität, unsere Würde auf die Probe zu stellen?

Wenn es schwierige ethische Frage zu erörtern gibt, ist Thomas von Aquin in der Regel eine gute Adresse, um sich Rat zu holen. Er sagt, dass Gerechtigkeit kein Zustand sei, der endgültig hergestellt werden könne, sondern immer nur etwas Vorübergehendes, Behelfsmäßiges, Provisorisches sei. Das immer wieder bloß »Ausbessernde« gehört für Thomas von Aquin zur Grundverfassung des Menschen. Immer wenn der Mensch mit dem Anspruch antrete, eine perfekte Welt zu schaffen, führt das nach Thomas unweigerlich ins Unmenschliche. Ebenso gefährlich sei es, Gerechtigkeit mathematisch berechnen zu wollen und keinen Raum für Grauzonen zu lassen.Es gab im 20. Jahrhundert diverse Versuche, eine perfekte Welt zu schaffen, geendet hat das mit Millionen Toten.

»Gerechtigkeit«, heißt es bei Thomas von Aquin weiter, erfordere »die Verschiedenheit der Partner«. Eigentlich eine Binse, wie alle offensichtlichen Wahrheiten, aber eine Binse mit Konsequenzen. Im Folgeschluss hieße das nämlich: Je *mehr* jemand anders ist, *desto mehr* ist Gerechtigkeit eine Tugendübung. Und solche Übungen funktionieren am besten im eigenen Umfeld. Im Umgang mit den Kollegen, mit Verwandten, aber eben auch – ja, vor allem – mit wildfremden Menschen. Wer jemand völlig Fremdem etwas Gutes tut oder sogar jemandem, den man nicht mag, der ist gerecht.

Was geht's mich an?

Gerechtigkeit gibt es nicht. Zumindest keine absolute. Wir alle profitieren von Dingen, für die wir nichts können, die wir ohne unser Zutun erhalten haben. Darauf zu hoffen, dass »die da oben« für mehr Gerechtigkeit sorgen, ist keine gute Idee. Da kann man lange warten. Das liegt schon an uns selbst. Die Ungerechtigkeiten des Lebens durch kleine, persönliche, vielleicht sogar willkürliche Akte der Großzügigkeit immer wieder ein bisschen zu korrigieren, das ist gefragt.

12 SPORTLICHKEIT

Beweglich bleiben

Warum wollen Deutsche immer gewinnen? Und warum sind Holländer und Franzosen so schlechte Verlierer? Kennen nur die Briten echte *sportsmanship*? Auf Deutsch sagt man zwar, jemand sei ein Sportsmann, auch der Franzose kennt den Begriff *esprit sportif*, aber *sportsmanship* ist mehr. Wenn ein Engländer über jemanden sagt, er sei ein *good sport*, ist das das größte Kompliment, was man ihm machen kann. Bezeichnenderweise wurden so ziemlich alle wichtigen Sportarten von Engländern, wenn nicht erfunden, so doch kodifiziert. Und zwar von unterbeschäftigten Angehörigen der Oberklasse.

Wahrscheinlich haben Menschen, die von Muße beseelt waren, eine bleibendere Wirkung auf unsere Kultur ausgeübt als die von Fleiß angetriebenen. Das antike Athen war eine Gesellschaft, in der Muße den höchsten gesellschaftlichen Stellenwert hatte, und alles, was mit tun und machen, mit Produktivität zu tun hatte, war uninteressant. Die griechische Welt ist eine der Muße. Und des Spiels. Fortwährend gab es irgendwelche Wettbewerbe, Dichter, Schauspieler, Athleten. Ein Spiel stand für die Griechen auch am Anfang des Universums – ein Würfelspiel zwischen Zeus, Poseidon und Hades. Zeus gewann den Himmel und die Erde, Poseidon das Meer und Hades, der Loser, die Unterwelt.

Bei den Römern zählte nur das Praktische, Spiele waren etwas Grausames, erst im ritterlichen Mittelalter entdeckte man wieder den Charme des ehrenhaften Wettstreits. In

Geoffroy de Charnys »Livre de chevalerie«, der im 14. Jahrhundert einflussreichsten Schrift über Ritterlichkeit, dreht es sich zu je einem Drittel um Tjost (den ritterlichen Zweikampf innerhalb exakt festgelegter Spielregeln), das Turnier (den Wettkampf ganzer Rittertruppen) und, das letzte Drittel, den – würdig ausgefochtenen – Krieg. Für Charny gilt: Wer beim Tjost oder dem Turnier andere übertrifft, dem gebührt die allerhöchste Ehre unter *allen* bewaffneten Männern – ein wichtiges Detail, denn er spricht nicht nur von adeligen Rittern, sondern bezieht in den Kreis derer, die durch *sportsmanship* ganz nach oben können, ausdrücklich auch Nichtadelige mit ein. Der Erfolg im Turnier bot einen Weg zum gesellschaftlichen Aufstieg.

Ich glaube, dass fairer sportlicher Wettbewerb etwas zutiefst Nobles in uns schult. Vielleicht halten Sport und Spiel in uns die Erinnerung wach, dass Selbstüberwindung und der fortdauernde Ehrgeiz, an sich zu arbeiten, zum Leben gehören. Es ist wichtig, Spiele und ihre Regeln schätzen zu lernen und in seinen Alltag einzubauen. Aber was ist das Besondere am Spieltrieb? Warum sind uns spielende Menschen intuitiv sympathischer? Sind Spieler und Sportler vielleicht sogar die besseren Menschen? Warum ist Sportlichkeit eine Tugend?

Der Satz von Schiller ist bekannt, der Mensch, er sei »nur da ganz Mensch, wo er spielt«. Aber man muss sich die Begründung genauer ansehen! Beim Spiel, sagt er, »ruht und wohnt die ganze Gestalt«. Wir werden zu einer »völlig geschlossene[n] Schöpfung, und als wenn sie jenseits des Raumes wäre, ohne Nachgeben, ohne Widerstand«. Und weiter: »Da ist keine Kraft, die mit Kräften kämpfte, keine Blöße, wo die Zeitlichkeit einbrechen könnte.« Hammer, oder? Und dann das Crescendo: »Durch jenes unwiderstehlich ergriffen und angezogen, durch dieses in der Ferne gehalten, befinden wir uns zugleich in dem Zustand der höchsten Ruhe und der höchsten Bewegung, und es entsteht jene wunderbare Rüh-

Wie lange sollte man bei einem Abendessen bleiben?

In Amerika ist es üblich, dass man es sich nach dem Abendessen erst gar nicht gemütlich macht, jeder sich artig bedankt – und man vor 22 Uhr nach Hause geht. Es gibt nicht viele Dinge, die Amerikaner uns Europäern in puncto Manieren voraushaben, aber ich finde diese Sitte äußerst angenehm. In Europa, besonders in romanisch geprägten Ländern, gilt es als ausgesprochen unhöflich, früh zu gehen. Das führt dazu, dass niemand der Erste sein will und sich Einladungen zum Abendessen oft quälend lang bis in die Nacht hinziehen. Ein möglicher Ausweg sind gut zurechtgelegte Ausreden à la »Ich muss morgen früh um sechs einen Flug erreichen«.

rung, für welche der Verstand keinen Begriff und die Sprache keinen Namen hat.«

Wenn das stimmt, ist das die Antwort auf das pascalsche Dilemma (»Das ganze Unglück der Menschen rührt allein daher, dass sie nicht ruhig in einem Zimmer zu bleiben vermögen«)! Im Spiel gelingt am ehesten das, was Mihály Csíkszentmihályi* »Flow« nannte. Das Ganz-bei-sich-Sein.

Norbert Bolz, Medienwissenschaftler an der TU Berlin, behauptet in »Wer nicht spielt, ist krank«, dass es den ganzen Menschen, der nicht in Nützlichkeitskalkülen denkt und nicht von Langeweile zerfressen wird, überhaupt nur im Spiel gibt. Das Problem ist, so Bolz, »dass das Verlieren in der realen Welt vor lauter Gleichberechtigung nicht mehr vorgesehen ist. Wir leben schon lange in einer Welt, in der für Triumphgefühle und heroisches Erdulden, aber auch für Ruhm und Ehre kein Platz ist.« Er nennt Beispiele: »Man darf nicht mehr siegen, wie eine Lehrerin in der Schule gesagt hat: Ihr dürft zwar Fußball spielen, aber wir zählen die Tore nicht.« Das Spiel, sagt Bolz, ist der letzte Ort, an dem es uns möglich ist, ohne Angst gefährlich zu leben.

Die bedeutendste Untersuchung über die Bedeutung des Spiels stammt von Johan Huizinga. Das 1938 erstmals erschienene Buch »Homo ludens – Vom Ursprung der Kultur im Spiel« gilt als Schlüsselwerk der Geschichtsschreibung. Die These ist, dass weder der Homo oeconomicus noch der Homo faber, also weder der rechnende noch der schaffende Mensch, für die Entstehung von Kultur verantwortlich ist – sondern der spielende Mensch, der Homo ludens. Kultur, sagt Huizinga, geht aus dem Spiel hervor. Spiel ist Selbstorganisation.

* Dank meiner Mutter gehöre ich zu den wenigen, die den Namen des legendären Psychologieprofessors Mihály Csíkszentmihályi von der University of Chicago aussprechen können. Dabei ist es gar nicht so schwer. Man muss es einfach aufteilen, so: Chic-Sänt-Mihaï, Vorname Mihaï. In Ungarn sagt man, wie in China, immer erst den Nach- und dann den Vornamen.

Streng genommen beruht jede Kultur auf Übereinkunft und Selbstorganisation. Wir sind uns einig, dass Gold und Diamanten etwas wert sind oder dass Coca-Cola eine Marke ist, die einen Wert hat. Gedeckt ist dies einzig und allein durch unsere Übereinkunft. Auch Sprache beruht, wie man bei Wittgenstein nachlesen kann, ja auf der Einigung auf gemeinsame Begriffe und Regeln, er spricht in seinen »Philosophischen Untersuchungen« (die er um die gleiche Zeit schrieb wie Huizinga seinen »Homo ludens«) vom »Sprachspiel«.

Für Huizinga muss Spiel folgende Charakteristika besitzen, um als solches gelten zu dürfen: 1. Spiel ist freies Handeln, wenn man unter Zwang spielt, wäre es kein Spiel mehr. 2. Spiel ist nicht das »gewöhnliche« oder das »eigentliche« Leben. 3. Das Spiel ist unabhängig von den unmittelbaren Notwendigkeiten und Begierden. 4. Das Spiel hat seinen Verlauf und seinen Sinn in sich selbst. 5. Ein Spiel »spielt« sich innerhalb bestimmter Grenzen von Zeit und Raum ab. 6. Ein Spiel ist wiederholbar. 7. Ein Spiel kennt Regeln, innerhalb des abgesteckten Spielplatzes herrscht eine eigene und unbedingte Ordnung. »Es schafft Ordnung, ja, es ist Ordnung. In die unvollkommene Welt und in das verworrene Leben bringt es zeitweise begrenzte Vollkommenheit.«

Für Huizinga besteht auch ein offenkundiger Zusammenhang zwischen Spiel und Kult, denn »wie die heilige Handlung sich in denselben Formen wie ein Spiel bewegt, so ist auch der geweihte Platz formell nicht vom Spielplatz zu unterscheiden. Die Arena, der Spieltisch, der Gerichtshof, sie sind allesamt der Form und der Funktion nach Spielplätze, d. h. geweihter Boden, abgesondertes, umzäuntes, geheiligtes Gebiet, in dem besondere Regeln gelten.«

Zum Spiel gehört auch die Verkleidung, das Trikot und Insignien wie die Pfeife des Schiedsrichters und die Fahne des Linienrichters. Auch die Perücke, die in England von Richtern getragen wird, ist für Huizinga letztlich ein spielerisches Utensil, sie ist mehr als ein Überbleibsel einer alten Amtstracht.

Huizinga hebt eine interessante Tatsache hervor: Gerade die britische Welt habe – in der »Ehrfurcht vor der Tradition, die ihr so eigen ist« – Elemente des Spielerischen in ihrer Rechtsprechung bewahrt. Ein ehemaliger Richter habe ihm einmal geschrieben: »Stil und Inhalt unserer Protokolle verraten, mit welch sportlicher Wollust unsere Anwälte oft mit Argumenten und Gegenargumenten – und zwar auch mit recht viel sophistischen – einander beschießen. Ihre Geistesverfassung hat mich manchmal wohl an die der Wortführer in einem javanischen *Adat*-Prozess* erinnert, die bei jedem Argument ein Stöckchen in den Boden stecken und sich bemühen, durch die meisten Stöckchen den Sieg im Rechtsstreit zu erringen.«

Vielleicht ist es kein Zufall, dass gerade in der angelsächsischen Kultur, wo Traditionsbewusstsein so eine wichtige Rolle spielt, fast putzig-spielerisch wirkende Verkleidungen, man denke nur an den Londoner »Bobby«, zum Selbstverständnis gehören und dass gerade in dieser Kultur Sportsgeist so einen hohen Stellenwert genießt. Zu diesem Sportsgeist gehört dann auch die Fähigkeit, mal ein Auge zudrücken zu können und sich nicht immer starr an die Regeln zu halten. Denn auch das bedeutet *to be a good sport*. Huizinga: »›Be a good sport‹, sagte der Alkoholschmuggler zu dem Zollbeamten, der ein Protokoll über seinen Fall aufnehmen wollte.«

Wie alles, was der Mensch anfasst, kann auch etwas Großartiges wie das Spiel verdorben werden, es kann zu Weltflucht und Sucht führen. Das ändert aber nichts daran, dass das Spiel – gerade weil es eben nicht Pflichterfüllung bedeutet und zunächst keinen Nutzen bringt, weil es aus der Muße entsteht

* Ein *Adat*-Prozess war bis ein in die Moderne übliches Gerichtsverfahren bei asiatischen Völkern. Diese Gerichte waren keine ständigen Einrichtungen, sondern wurden zum Beispiel von Dorfgemeinschaften bei einem Streitfall spontan einberufen und durch Betroffene (Kläger und Angeklagte bzw. deren Vertreter) und mehrere neutrale Richter besetzt.

und Regeln kennt – im Kern etwas zutiefst Zivilisierendes ist. Nicht nur Huizinga, auch der schon öfter erwähnte Josef Pieper sagt, dass das Spiel den Bereich des Heiligen berühre. Eines seiner erfolgreichsten Bücher, 1948 erstmals erschienen, hieß »Muße und Kult«. Auch Pieper behauptet, dass Kultur und Kult nur auf dem Boden von Muße gedeihen können. Zur Muße gehört – wie beim Spiel, beim Kult und auch beim Fest(tag) – »das Herausgenommensein aus der alltäglichen Welt«. Das Spiel hebt uns – wie der Kult – von der faden antimetaphysischen Diesseitigkeit unseres Alltags ab und zeigt uns, dass es da noch eine Nebenwelt gibt. Das Spiel – und der Kult – befreien uns, wenigstens für eine gewisse Zeit, von der banalen Wirklichkeit, die uns sonst erstickend umgibt.

Ein Spiel – und in gesteigerter Form der Sport – ist also mehr als »nur ein Spiel«. Es schimmert eine transzendente Dimension durch. Das liegt übrigens auch daran, dass wir im Sport nach ähnlichen Schönheitsidealen suchen wie in der Kunst. Kaum etwas fasziniert die Menschen so wie Hochleistungssport. Aber was macht ihn so anziehend? Ein perfekt ausgeführter Golfschlag oder ein Fallrückzieher im Fußball kann eine Schönheit, eine innere Stimmigkeit und Exzellenz ausstrahlen, die uns für einen Moment den Atem zu verschlagen droht. Das hat mit unserem Hingezogensein zur Schönheit zu tun. Umgangssprachlich sagen wir dann: »Was für ein schönes Tor!« Auch sind die Regeln des Sports, die der Kunst und der Religion miteinander verwandt. Wenn man ein Instrument erlernt oder einen Golfabschlag übt, sind Regeln und Richtlinien zwar manchmal unangenehm, aber sie sind essenziell, um Virtuosität zu erlangen. Erst diese Regeln und Richtlinien ermöglichen es einem überhaupt, ein Instrument zu beherrschen oder einen Schlag richtig hinzukriegen. Und erst wenn man sie vollkommen verinnerlicht hat, erlangt man die künstlerische Freiheit, die es bedeutet, ein Instrument zu beherrschen.

Klar ist es nicht immer leicht und manchmal auch ernied-

Wo darf man weiße Anzüge tragen?

Eigentlich gar nicht. Außer in Acapulco und Marbella. Auch weiße Smokingjacken sind untragbar, wenn man nicht mit dem Kellner verwechselt werden will. Ebenso tabu sind übrigens schwarze Anzüge (außer man ist Chauffeur oder Bestattungsunternehmer). Auf Beerdigungen trage ich in der Regel einen Cut oder einen dunkelblauen Anzug mit schwarzer Krawatte.

rigend, Regeln zu lernen, den Ball richtig zu treffen, die Geige richtig zu spielen, das richtige Leben zu führen ... aber je mehr man das, was man übt, zu schätzen weiß, desto mehr hat man auch Interesse an Regeln und Richtlinien. Weil sie einen nicht einengen, sondern erst zur Beherrschung dessen, was wir im Auge haben, befähigen. Aristoteles wusste das lange vor dem Christentum. Wenn man ein Leben führt, in dem man die von ihm gerühmte Mitte verpasst, wenn man entweder zu lasch oder zu exzessiv ist, dann gewöhnt man sich allmählich falsche Eigenarten an. Es nützt dann, um im Bild des Sports zu bleiben, nichts, wenn man auf den Tennisplatz geht und den falschen Aufschlag, so wie man ihn sich angewöhnt hat, weiter stundenlang übt, die falsche Bewegung wird sich immer nur weiter verfestigen, und zu echter Meisterschaft wird man es nie bringen.

Ein guter Trainer ist ehrlich mit einem, er wird einem, gerade beim Erlernen einer Sportart, nicht sagen: »Alles supi! Mach, wie du es für richtig hältst! Du triffst dann schon irgendwie!« Er ist nicht dafür da, dass man zufrieden mit sich ist. Seine Aufgabe ist es, einem beizubringen, wie es *richtig* geht. Und wenn man sich an einen schiefen Aufschlag gewöhnt hat, wird er einen so lange quälen, bis man einen richtigen, gut platzierten hinbekommt, und das dann so lange wiederholen lassen, bis es in Fleisch und Blut übergegangen ist. Der weltberühmte Basketballspieler Dirk Nowitzki hat jeden Sommer, selbst als er längst NBA-Profi war, mit seinem alten Trainer Holger Gschwendner in einer Sporthalle in seiner Heimat Franken stundenlang Korbwürfe geübt.

Bei einem Kongress in Philadelphia* sagte der Weihbischof von San Francisco, Robert Barron, etwas, das unser ganzes Hadern mit Regeln und sportlichem Wettbewerb auf den Punkt bringt: »Eines der Hauptprobleme unserer Zeit ist, dass wir so versessen darauf sind, lieb und nett zu sein, damit

* World Meeting of Families (Philadelphia, 2015)

sich alle möglichst gut in ihrer Haut fühlen, dass es kein gutes Coaching mehr gibt. Jeder kriegt einen Preis, jeder macht alles prachtvoll – das Ergebnis ist, dass keiner wirklich so gut ist, wie er sein könnte, weil so keiner eine Chance hat, sich tatsächlich zu verbessern oder über sich hinauszuwachsen. Wir wollen alle den Weg des geringsten Widerstands gehen und es uns so leicht wie möglich für alle machen, unter dem Motto, ach Leute, lasst uns nicht so streng sein, unsere Tür steht allen offen, niemand muss sich ändern. Aber die Frage ist doch: Will man mit sich zufrieden sein, oder will man nach Verbesserung streben?«

Cristiano Ronaldo ist unbestritten der größte Fußballer seit Pelé. Sein Geheimnis laut einem langjährigen Mitspieler: »Er hört nie auf, an sich zu arbeiten.«

Was geht's mich an?

Guten Stil erlangt man nicht dadurch, dass man sich sein Leben schönredet, sondern durch den Willen, höheren Maßstäben gerecht zu werden. Im Spiel, im Sport und im Leben braucht man aber die rechte Anleitung. Also Mentoren und Trainer. Die Dinge mit sich selbst auszumachen funktioniert leider nicht. Dafür sind wir zu selbstgerecht.

13 GEHORSAM

Quod licet Doofi

Wie bringt man seinem Kind bei, dass es eine gute Idee ist, sein Zimmer aufzuräumen? Die Lektüre von Erziehungsratgebern hilft da nicht wirklich weiter. Das führt nämlich dann zu der aberwitzigen Situation, dass wir – aus Gehorsam gegenüber Autoritäten, den modernen Erziehungsexperten – den Sinn von Autorität infrage stellen. Wir sollen ja Partner unserer Kinder sein, nicht mehr ihre Erzieher. Das Zauberwort lautet »Augenhöhe«. Ich kann das Wort – ehrlich gesagt – nicht mehr hören. Ich finde es heuchlerisch. Ich bin der Vater meiner Kinder, nicht deren Kumpel. Früher sagte man: *Quod licet Iovi, non licet bovi.* Was Jupiter erlaubt ist, ist dem Ochsen noch lange nicht erlaubt, und das klang ungerecht, aber letztlich war das nur die Kurzversion einer ewigen Wahrheit. Es gibt Unterschiede. Es gibt daher auch unterschiedliche Rechte und Pflichten. Wer damit ein Problem hat, lebt in einer Fantasiewelt. Hierarchie, egal, ob sie aus der Sicht des Untergebenen auf fachlicher Kompetenz fußt, begründet Autorität. Deshalb erlaube ich mir hier auch, sie als austauschbare Begriffe zu verwenden.

Noch mal zum Mitschreiben: Es gibt Autoritäten. Ohne Autoritäten wären wir in unserer funktionell ausdifferenzierten Welt völlig aufgeschmissen. Ohne Autoritäten zu vertrauen, könnte ich kein Flugzeug besteigen, es wäre nämlich sonst wurscht, ob der Pilot oder die Stewardess am Steuerknüppel sitzt oder ob der Flugkapitän übers Bordmikrofon in die Runde ruft: »Hätte einer von Ihnen heute Lust, das Flugzeug zu fliegen?« Und sollte ich im OP-Saal enden, kann ich nur hoffen, dass dort eine ziemlich rigide Hierarchie herrscht, meine Überlebenschancen würden jedenfalls rapide sinken, wenn der Chefarzt jede Entscheidung erst mit Assistenzärzten und Pflegern in einem Stuhlkreis »auf Augenhöhe« diskutieren würde. Ich könnte, ohne auf Autoritäten zu vertrauen, nicht einmal ein Haus betreten. Ich verlasse mich darauf, dass der Architekt und der Statiker beim Bau wussten, was sie taten. Ich selbst habe jedenfalls keine Ahnung von Statik, ich hätte nicht einmal die Fähigkeit, sie nachzurechnen, wenn man mir die Gelegenheit dazu gäbe. Es ist lebenspraktisch gar nicht möglich, auf Autoritäten zu verzichten, wir wären sonst schlicht handlungs- und überlebensunfähig.

Und doch leben wir in einer Welt, die keine Ungleichheit und keine Machtunterschiede mehr erträgt. In letzter Zeit fällt übrigens auf, dass gerade unbestritten mächtige Menschen sich alle Mühe geben, ihre Macht zu kaschieren, und so tun, als wären sie demütig. »Mit *humilité* hat Emmanuel Macron die Macht in Frankreich wie im Sturm erobert, und mit *humility* möchte Theresa May den Tories die Macht in England erhalten; es ist ein rechter Wettkampf darum im Gange, wer als Marktschreier seiner Bescheidenheit den anderen zu überbieten und aus dem Feld zu schlagen weiß«, schreibt der Salzburger Essayist Karl-Markus Groß, am liebsten lasse man sich von denen beherrschen, die sich bescheiden geben. Vielleicht ist es auch das, was uns an Donald Trump stört, dass er dieses Spiel wie ein trotziges Kind, das endlich den Steuerknüppel in der Hand hält, nicht mitspielt und mit seiner Macht ganz ohne zelebrierte Demut auch noch zu prahlen wagt. »Es ist, als ertrügen die Völker des Westens die Macht nur, wenn sie sich kleinmacht«, heißt es in Martin Mosebachs Buch »Die 21«. Die Staatenlenker unserer Zeit »können über die Schicksale ganzer Völker entscheiden, müssen ihre Macht aber unablässig tarnen, so verlangt es das demokratische Protokoll«.

Wer hat mit dem ganzen Unsinn angefangen? Hauptschuldig ist der Marxismus, demzufolge Autorität von einzelnen per se Tyrannei ist und sie ausschließlich dem Kollektiv gehört. Als sich die Marxisten der Frankfurter Schule um Herbert Marcuse und Theodor W. Adorno in den Dreißiger- bis Sechzigerjahren des 20. Jahrhunderts mit den Gründen für das Scheitern der sozialistischen Revolution beschäftigten, beschuldigten sie die Autoritätshörigkeit des Menschen als eigentliches Problem. Deren sogenannte »Kritische Theorie« besagte, dass eine Revolution nicht stattgefunden habe, weil die Menschen obrigkeitshörig seien. Schuld daran habe die bürgerliche Gesellschaft und die bürgerliche Familie, diese züchte in uns Menschen Ehrfurcht vor dem Patriarchen – dem Vater – und die gelte es zu beseitigen, deshalb muss, wenn man die soziale Revolution will, die Familie mitrevolutioniert werden. Nach Max Horkheimer ist sie es, die den »Unterwerfungstrieb« erzeuge. Der Soziologe und Philosoph Jürgen Habermas machte sich, unter dem Einfluss der »Kritischen Theorie« daran, eine neue Theorie der Gesellschaft zu entwickeln. Das gipfelte 1981 in einer Gesellschaftstheorie namens »Theorie des kommunikativen Handelns«, wonach jegliche Autorität auf fiktiven Unterschieden beruhe. Unterschiede, beschied Habermas, dürften daher nicht mehr einfach vorausgesetzt werden, sondern müssten stets begründet werden. Womit wir bei der Prenzlberg-Mutter sind, die ihren Filius auf dem Spielplatz, nachdem sie ihren dritten Latte macchiato getrunken hat, nicht einfach auffordert, mit ihr nach Hause zu kommen, sondern sich erst einmal in ihren Sohn einfühlt (»Wie fühlst du dich dabei, Korbinian, wenn ich dir jetzt sage, dass wir nach Hause gehen sollten?«), um ihn, da dies nicht zielführend ist, anschließend in anstrengende Debatten um Meteorologie und die Öffnungszeiten von Bioläden zu verwickeln. Habermas ging es um eine Gesellschaft auf der Grundlage vernünftiger, verständigungsorientierter und herrschaftsfreier Kommunikation. Ich glaube, wenn Habermas

Kann man befreundete Eltern ansprechen, wenn sich deren Kinder andauernd daneben-benehmen?

Absolut nicht. In die Erziehung von anderen einzugreifen ist »übergriffig«, wie man im Stuhlkreis-Deutsch sagt. Merke: Schlecht erzogene Kinder sind unschuldig. Sie sind die Karikaturen ihrer Eltern.

Darf/soll man seine Kinder in der Öffentlichkeit maßregeln, wenn es Anlass dazu gibt?

Man sollte seine Kinder möglichst nie in Gegenwart anderer korrigieren. Das ist demütigend. Nehmen Sie Ihr Kind zur Seite, und sprechen Sie mit ihm unter vier Augen. Ich habe meinen ältesten Sohn einmal auf dem Flughafen Wien-Schwechat vor allen Wartenden zusammengestaucht. Die Wiener sind gute Menschen. Ich wäre fast Opfer eines Lynchmobs geworden.

sich in seinem hohen Alter nur einmal noch auf einen Spielplatz in einer modernen Großstadt wagen und mit ansehen würde, was er da angestellt hat, er würde sein Hauptwerk komplett widerrufen.

Wenn ich wie Habermas in den Dreißigerjahren aufgewachsen wäre (sein Vater war seit 1933 NSDAP-Mitglied), hätte ich allerdings hoffentlich ähnlich gedacht. Für diese Generation war es nachvollziehbar und nötig, dem angstbesetzten Bild von Autorität und Gehorsam ein wenig Menschenfreundlichkeit als Korrektiv entgegenzusetzen. Vielleicht war das Theoretisieren über »herrschaftsfreie Kommunikation« war eine notwendige Reaktion auf ein repressives Erziehungswesen, das auf das totalitäre Führerprinzip hinauslief. Aber kann irgendjemand ernsthaft leugnen, dass das Pendel längst ins andere Extrem ausgeschlagen ist?

Eltern sind nicht mehr Eltern, sondern Verhandlungspartner, Lehrer heißen nicht mehr Lehrer, sondern Lernpartner, Autoritäten sind per se verdächtig. In der modernen Schulbildung wird das Beharren auf korrekte Rechtschreibung größtenteils als unzumutbar empfunden oder, wie es in den pädagogischen Rahmenrichtlinien Hessens aus den Achtzigerjahren heißt, als »Ausübung von Herrschaft« und »Unterwerfung unter herrschende Normen«. Das Chaos, das inzwischen an den geisteswissenschaftlichen Fakultäten der Universitäten herrscht, hat Irmhild Saake, die an der Münchner Ludwig-Maximilians-Universität Soziologie lehrt, in einem in soziologischen Kreisen viel diskutierten Hilferuf geschildert, der 2015 im Feuilleton der *Süddeutschen Zeitung* erschien. Studenten, berichtet sie, sind vielfach gar nicht mehr bereit, einen qualitativen Unterschied zwischen ihrer Meinung und der des Professors anzuerkennen. Die Soziologin: »Bezweifelt wird schon die von Habermas getroffene Unterscheidung von kompetenten und nicht kompetenten Sprechern, nämlich zum Beispiel Kindern. Müsste man nicht vielmehr gerade bei Kindern eine größere Kompetenz annehmen?

Verhalten sich nicht auch Tiere im Grunde viel vernünftiger als Menschen? Und richtig irritiert sind alle Beteiligten, wenn es darum geht zu erklären, dass das gute Argument sich durchsetzen soll. Gehört es nicht zum guten akademischen Stil, alle Argumente zu akzeptieren, vornehmlich auch solche anderer Kulturen? Dass ein Argument gegen ein anderes kämpft und schließlich sogar siegt, erscheint als unanständig und brutal.«

In der Kindererziehung ist man mit »herrschaftsfreier Kommunikation« jedenfalls aufgeschmissen. Wer Kindern Führung und Grenzen vorenthält, fügt ihnen Schaden zu. Natürlich ist es ein Riesenfortschritt, dass Kinder nicht mehr einfach nur »spuren« müssen, wie es früher hieß. Und dass Kinder, wenn sie nicht folgsam sind, keine körperliche Züchtigung mehr fürchten müssen, ist ebenfalls ein zivilisatorischer Fortschritt; aber die heutige Mach-was-du-willst-Korbinian-Welt kann es auch nicht sein.

Wo also liegt hier die aristotelische Mitte, der *sweet spot* zwischen Autorität und Laisser-faire?

Selbst Jesper Juul, der dänische Familienratgeber, der in Deutschland geradezu Heiligenstatus genießt, räumt freimütig ein, dass er kein Patentrezept kennt. Einerseits lehrt er: »Um fruchtbare und tragfähige Beziehungen zwischen Erwachsenen und Kindern aufzubauen, müssen die Erwachsenen die Führung übernehmen. *Every team needs a captain*, jede Familie braucht Leitwölfe«, wie es in seinem Buch »Leitwölfe sein – Liebevolle Führung in der Familie« heißt. Andererseits lehnt auch er eine Autorität ab, die allein auf der Position fußt, ob dies nun die des Vaters, der Mutter oder des Chefs im Betrieb ist. Der Knackpunkt liegt für Juul nicht auf der traditionellen, auf Rollen basierenden Autorität, sondern auf: persönlicher Autorität. Beziehungen zwischen Eltern und Kindern können niemals gleich*berechtigt* sein, so Juul, dafür sei der faktische Machtunterschied schlicht zu groß, stattdessen führte er einen Begriff in die pädagogische Debatte ein, für den es ein dänisches, aber kein deutsches Wort gibt, nämlich: *ligeværdighed*. Er übersetzt es mit »Gleich*würdigkeit*«. Ein großartiger Begriff. Ihm liegt nämlich die Prämisse zugrunde, dass jeder Mensch, egal, ob Chef oder Angestellter, egal, ob Vater oder Kind, ob Putzfrau oder CEO, die gleiche Würde besitzt. Man kann, nein, man *soll* als Führungspersönlichkeit bestimmen, wo's langgeht, aber niemals indem man jemanden herabwürdigt. In einem seiner Bücher schildert er anhand eines konkreten Alltagsbeispiels, wie das funktioniert: Max ist drei Jahre alt und will sich nicht die Zähne putzen. Der Vater: »Auf geht's, Max! Jetzt ist es Zeit, dass du Zähne putzt.« Max: »Aber, Papa, warum? Ich will nicht Zähne putzen!« Vater: »Weißt du, warum du nicht willst?« Max: »Nein ... ich will einfach nicht.« Vater: »Schade, ich würde es wirklich gern wissen.« Max: »Ich weiß es aber nicht.« Vater: »Okay, dann denk doch mal darüber nach und sag mir Bescheid, wenn du es weißt. Und lass uns in der Zwischenzeit das Zähneputzen erledigen«. Max: »Aber ich hab gesagt, dass ich nicht will!« Vater: »Ja, das habe ich gehört. Aber solange du noch ein Kind bist, bin ich verantwortlich für deine Gesundheit. Also los, bringen wir's hinter uns.« Max: »Okay, aber pass auf, dass du mir nicht wehtust.«

Das Schöne an diesem Dialog ist, dass der Vater von Anfang an klarmacht, dass er sich auf keine Diskussionen einlässt und in ziemlich souveräner Ruhe bestimmt, was Sache ist. Bei alldem wird der kleine Max aber ernst genommen. Weil der Vater ihm Fragen stellt und auch zuzuhören bereit ist. Kinder, denen einfach nur befohlen wird und die, wenn sie nicht gehorchen, bestraft werden, haben nach Juul eigentlich nur zwei Möglichkeiten: Sie werden entweder unterwürfig oder machen die Dinge, die ihnen verboten sind, irgendwann einfach im Geheimen. Wer von Kindern verlangt, dass sie einfach die Hacken zusammenschlagen und »Jawoll!« brüllen, installiert in ihnen jedenfalls nicht das Bewusstsein, dass ihnen eine unabdingbare Würde innewohnt. Wie heißt es noch so schön in Artikel 1 des deutschen Grundgesetzes?

Gleichwürdigkeit statt Gleichheit. Das hört sich schon recht nah am *sweet spot* an. Was gibt es da noch? Das Allerwichtigste, damit Autorität, Führung, Leitwolfanspruch und all das überhaupt funktioniere, sagt der große Remo Largo, sei eine intakte Beziehung. Remo H. Largo, emeritierter Professor für Kinderheilkunde und neben Juul einer der bekanntesten und erfolgreichsten Autoren in diesem Bereich, erzählt von den dunklen Zeiten der »schwarzen Pädagogik«, in der es nicht unüblich war, dass Väter nach der Arbeit auf Geheiß der Mütter die Kinder gezüchtigt haben (»Warte nur, wenn dein Vater nach Hause kommt!«). Das Resultat waren gedemütigte Kinder, die das Gefühl nicht loswurden, ungerecht behandelt worden zu sein. Eine von Largos wichtigsten Thesen: Wer keine Beziehung aufbaut, darf auch nicht erziehen. Sobald er das kapiert hatte, gewöhnte er sich an, seine Kinder abends nicht zu maßregeln, wenn er den ganzen Tag nicht zu Hause gewesen war. Ein Vorbild, dem ich, mit schwankendem Erfolg, nacheifere.

Maßregeln ist ja überhaupt so eine Sache. Die beste Art, die Maße zu regeln, ist: selbst vorangehen. Das ist das älteste Leitwolf-Leitmotiv. Der archetypische Anführer, Moses, ging sichtbar voran, auch durch lange Zeiten der Wüste ging man ihm nach. Aber für so was muss man glaubwürdig sein. Auf die banalst mögliche Ebene herunterdekliniert: Wenn ich meinem Sohn verbiete, abends im Bett zu liegen und dort am Handy zu hängen, tue ich gut daran, mich selbst nicht abends im Bett mit Netflix zurückzuziehen. Und zwar egal, ob er mich dabei sieht oder nicht. Die Wahrheit steht immer irgendwie unsichtbar im Raum. Alle Erziehungsratgeber und etliche Management-Fortbildungskurse über gute Führung wären überflüssig, wenn wir kapieren würden, dass Worte, dass Befehle, dass Anweisungen nur dann auf fruchtbaren Boden fallen, wenn man das, was man lehrt, auch selbst lebt. Publius Terentius Afer, genannt Terenz, auf den der Satz mit Iovi und Bovi zurückgehen soll, war ein römischer Satiriker und Komödiendichter, der vor allem für seine bissigen Schriften über herrschsüchtige Potentaten bekannt war. Wir können ihn dazu nicht mehr befragen, aber wahrscheinlich war sein Satz gar nicht als pädagogische Anleitung gemeint, sondern als Kritik an unglaubwürdigen Führungspersönlichkeiten. Gehorsam ist wichtig, in manchen Situationen sogar lebenswichtig. Aber nicht im Sinne eines blinden Kadavergehorsams, sondern im Sinne der Glaubwürdigkeit und der Selbstsicherheit, die ein Leitwolf ausstrahlt. Was Iovi vorlebt, macht Bovi irgendwann nämlich einfach nach.

Was geht's mich an?

Es gibt eine hierarchische Ordnung in dieser Welt. Wenn dem nicht so wäre, bräuchten wir keine Apps wie Qype oder Yelp, in denen die Leute Bewertungen abgeben. Es gibt gute Currywurst und nicht so gute Currywurst. In einer relativistischen Welt, in der es kein richtig oder falsch, kein oben und unten mehr gibt, wären alle Currywürste gleich schlecht. Ich habe mich entschieden, Autoritäten anzuerkennen, weil das mein Leben sicherer und angenehmer macht. Und in den Bereichen, in denen ich selbst Autorität bin, will ich immer weniger herrisch und dafür umso glaubwürdiger sein.

14 DEKORUM

Die unbewegliche Oberlippe

In der römischen Aristokratie war Dekorum alles. Von klein auf wurde Kindern im antiken Rom eingebläut, wie wichtig es ist, mit seinem Auftreten aus jeder Pore Würde auszustrahlen. Man war der Ansicht, dass jede Bewegung, die Art und Weise, wie man spreche, wie man sich kleide, Rückschlüsse auf die eigene Position und den Charakter zulasse, das war jedem geläufig. Für den Hauslehrer, also den Sklaven, galt das ebenso wie für das Aristokratenkind, in gesteigertem Maße aber für Amtsträger. Cicero (106–43 v. Chr.) stellte in seiner Rede »De Officiis« allgemein geltende Forderungen auf, wie man sich als Mitglied der römischen Elite zu verhalten habe: niemals prahlen, möglichst überhaupt nicht viel über sich selbst sprechen, allen Menschen Achtung zeigen, »auch den niedrigsten«, sich immer bewusst sein, dass man im öffentlichen Leben eine Rolle spielt und sich dementsprechend verhalten muss. Im Stehen, Gehen, Sitzen und Liegen *dignitas* signalisieren, dazu müsse die Kleidung adrett, aber nicht auffällig sein, man solle auf gemäßigten Gang achten (nicht eilen!), man dürfe nie betrunken sein und niemals in der Öffentlichkeit singen oder tanzen (»es sei denn, er sei betrunken oder verrückt«).

Allerdings sind die Römer, obwohl wir ihnen viel zu verdanken haben, keine guten Ratgeber in ethischen Fragen. »Der gute Mensch«, schreibt Cicero, »tut seinem Mitmenschen nichts zuleide, sondern versucht, ihm, wo er nur kann, zu helfen, *es sei denn, dass man ihm selber Unrecht antut.*« In diesem Zusatz (die Hervorhebung ist von mir) klingt schon an, wie kleinkariert und selbstversessen die Römer waren. Was sie später an den Christen am meisten verblüffte, war, dass die ihre Feinde wie Freunde behandelten, ihnen Obdach gaben und sie verarzteten. Das Konzept, jemandem, der einem Schaden zufügt, etwas Gutes zu tun, war für sie komplett absurd. Die Beiträge Roms zur Weltzivilisation erstrecken sich eindeutig eher auf die praktischen Dinge wie Kriegskunst, Ingenieurwesen, Straßenbau und Verwaltung denn auf ethische. Der Verfall Roms unter seinen späteren Herrschern, besonders rasant unter Caligula, Claudius und Nero, lässt nicht auf ein starkes moralisches Fundament schließen. Das Resümee des Diplomaten und Politikers Harold Nicolson (er führte mit der Schriftstellerin Vita Sackville-West eine berühmt libertär-turbulente Ehe) in seinem Buch »Vom Mandarin zum Gentleman« (aus dem Jahr 1955) über den Niedergang des antiken Roms ist eines Finley oder Mommsen würdig: »Binnen kurzer Zeit geriet die Theorie der ›gravitas‹ in Verfall. Die Macht glitt von den großen Familien in die Hände der Palast-Eunuchen über.« Und weiter: »In dem Maße, in dem orientalische Sitten die alte republikanische Ordnung zu lockern begannen, traten zwei Laster, für die die Römer eine besondere Schwäche hatten, in Abscheu erregender Weise in den Vordergrund. Das erste war die Völlerei, das zweite die Grausamkeit. ... Alles, was sie in den Tagen des Cicero an feiner Gesittung und Lebensart errungen hatten, wurde unter Bergen von Leckerbissen begraben. Ihre Grausamkeit sowohl Menschen wie Tieren gegenüber wurde immer zügelloser. In den Tagen der Republik hatten sich im Zirkus die Zuschauer noch voller Grausen von einem Massaker abgewandt, das Pompeius mit Elefanten veranstaltet hatte. Er hatte aus Südmarokko Sklaven kommen lassen, die darauf trainiert waren, mit Wurfspießen auf die Dickhäuter loszugehen ... Das Blut floss in Bächen an den Beinen der Elefanten herunter ... die Zuschauer standen von ihren Sitzen auf und verlangten, dass man das grässliche

Schauspiel abbräche.« Cicero berichtet, die dargebotene Grausamkeit habe eine Art von Mitleid hervorgerufen, die Menschen an ihre Gemeinsamkeit mit Tieren erinnerten. Nicolson schreibt weiter: »In der Kaiserzeit waren die Nerven der Zirkusbescher nicht mehr so empfindlich, sie konnten mit größtem Vergnügen zusehen, wie nackte Männer und Frauen langsam von wilden Tieren zerfleischt und gefressen wurden.« Als ich mit meinen Kindern den Circus Maximus besucht habe, hielt ich sie streng dazu an, sich an diesem Ort mit ähnlicher Pietät wie in einer KZ-Gedenkstätte zu bewegen, warum dort Konzerte von den Rolling Stones stattfinden, konnte ich ihnen nicht erklären.

Das schwierige Verhältnis und zugleich die Faszination der Deutschen mit allem Römischen ist bekannt. Überall, wo die Römer waren, haben sie ein wenig ihrer Mentalität dagelassen, die Mentalitätsgrenze geht mitten durch Deutschland. Das Romanische war uns kulturell immer überlegen, Karl der Große beanspruchte für sich, in der Kontinuität der römischen Kaiser zu stehen, was streng genommen Hochstapelei war, die aber zu einem Fakten schaffenden Narrativ wurde, denn die karolingische Renaissance machte aus dem Heiligen Römischen Reich Deutscher Nation tatsächlich eine Art zweites Römisches Reich. Dennoch blieb das Romanische den östlich des Limes befindlichen deutschsprachigen Ländern immer fremd.

Die südländische, romanische Art geht, das ist heute nicht anders als vor tausend und vor zweitausend Jahren, einerseits mit einer bewundernswerten Fähigkeit zu Dekorum einher – also all dem, was wir Sichzusammennehmen nennen –, andererseits mit einer gewissen Falschheit und Bigotterie, die ungenügend romanisierten Deutschen nicht liegt. Jahrelang störte es im katholischen Spanien zum Beispiel niemanden, dass König Juan Carlos Mätressen hatte. Als er bei einer Auktion in Genf dann aber eine spektakuläre Smaragdkette für eine seiner Mätressen ersteigerte und bei offiziellen Terminen mit ihr auftauchte, war er nicht mehr tragbar. Man nahm ihm seine Seitensprünge erst übel, als er sich nicht mehr die Mühe machte, sie zu verstecken.

Die angelsächsische Variante von Dekorum (auch Britannien war schließlich von den Römern besetzt) ist die berühmte *stiff upper lip*, die nichts anderes bedeutet, als sich im Leid nichts anmerken zu lassen. Alle heulen und schluchzen, beim stolzen Briten bebt nicht einmal leicht die Oberlippe. *Life is tough*. Als Prinz Philip (er wuchs de facto als Waise auf) mit seiner älteren Schwester seine einzige Bezugsperson verlor (sie kam mitsamt ihrer Familie bei einem Flugzeugabsturz ums Leben), erfuhr er das auf klassische britische Weise. Er war sechzehn Jahre alt und Schüler des Internats Gordonstoun in Schottland. Der Direktor ließ ihn in seinem Büro antreten, verkündete ihm die Nachricht und schickte ihn zurück in den Unterricht. Als er selbst vor der Wahl stand, auf welche Schule er seinen ältesten Sohn Charles schicken solle, war er entschieden gegen das in Fußentfernung von Windsor liegende verweichlichte Eton und bestand auf sein altes Internat in Schottland. Im Süden, wo das Römische naturgemäß am besten konserviert wurde, galt immer: »Zorn und Spott sind herrenmäßig, nicht aber Jammern und Hadern.« (Giuseppe Tomasi di Lampedusa)

Wir Deutschen hatten – im Vergleich zu unseren romanischen Nachbarn – immer ein gesünderes Verhältnis zu Gefühlen. Das Französische hat eben bei uns seit jeher den Ruf der Geziertheit. Selbst Goethe spricht, als er das erste Mal aus Frankreich zurückkommt, von dem Nachbarland als »zu aristokratisch, zu kalt«. In Deutschland ist alles ein wenig uriger, weniger gekünstelt. Die deutsche Urigkeit hat ihren Charme. Unter unseren zivilisierteren Nachbarn hat sie – man denke an Thomas Carlyle und die Begeisterung vieler Briten im viktorianischen Zeitalter für die deutsche Romantik, man denke an die Französin Madame de Staël, die sich zwar nach ihren Besuchen in Weimar über die fehlende Finesse und eine gewisse Tölpelhaftigkeit der Deutschen mokierte, aber gleichzeitig betonte, man müsse die deutsche »Innigkeit«, »eine besondere Wärme des Empfindungsvermögens« bewundern. Madame de Staël hatte keine Gelegenheit, die regionalen Nuancen, also die mitten durch die deutschsprachige Welt gehende Mentalitätsgrenze, zu erforschen, sonst hätte sie festgestellt, dass in nachhaltiger romanisierten Gebieten, etwa in Bayern und dem Rheinland, mehr lateinische Leichtigkeit Fuß gefasst hat. Würde man versuchen, die südlicheren mit den nördlicheren Eigenheiten vereinfacht schematisch darzustellen, würde das in etwa so aussehen:

Süden	**Norden**
Leichtigkeit	Strenge
Hang zu Bigotterie	Drang nach Authentizität
Im Zweifelsfall Augen zudrücken	Genauigkeit/Penibilität
Eleganz	Innigkeit

Aber das Bild ist eben komplizierter. In österreichischen Einflussgebieten, die gründlich romanisiert sind, kommt noch ein manchmal ärgerlicher, manchmal sympathischer Hang zu Schlamperei (»Wurstigkeit«) hinzu. Im skandinavisch-hanseatischen Raum eine Steifheit, die selbst die französische Fähigkeit zur Selbstzügelung ungezwungen erscheinen lässt. Nirgendwo ist der Mentalitätsgraben zwischen Nord und Süd schöner geschildert als in den »Buddenbrooks«, in denen Thomas Mann im s-teifen Lübeck Herrn Permaneder aus München auftreten und in seiner südlichen, ungezwungenen Art dort im Norden suspekt wirken lässt. Als dann die Tochter des Hauses, Antonie Buddenbrook, Herrn Permaneder auch noch heiratet und zu ihm nach Bayern zieht, wird sie dort unglücklich. Nicht nur hat der Name Buddenbrook nicht den Klang, wie sie es von zu Hause gewohnt ist, sie findet, dass den Süddeutschen Würde, Selbstachtung und hanseatischer Ernst fehlen.

Was tun bei Hitze?

Gibt es Momente, in denen es einem erlaubt ist, Flip-Flops zu tragen? Zum Beispiel im Hochsommer? Allein die Frage kann bedeuten, dass jeden Moment die Stil-Polizei den Raum stürmt. Ich glaube, da ist sie schon! Bitte, bitte niemals Flip-Flops, außer am Strand. Im Hochsommer sind Mokassins die einzige Möglichkeit, halbwegs cool zu bleiben.

Bürokleidung im Sommer

Wer bei hohen Temperaturen ins Büro muss oder Termine hat, soll sich an den Neapolitanern ein Beispiel nehmen. Die Geschäftsleute in Neapel tragen auch bei 35 Grad im Schatten Anzug, die Damen Kostüme oder Kleider. Ich glaube, sie tun das aus Trotz. Sie zeigen damit, dass sie dem Wetter überlegen sind. Die Stoffe sind natürlich angemessen leicht, Leinen zum Beispiel.

Typisch für die rheinische, westfälische, süddeutsche und die Elite im k.-u.-k Kulturraum ist eine sehr viel rustikalere Art, die mit romanisierten Elementen gepaart ist. Im Vergleich mit Frankreich und England sind deutsche Städte im 17. und 18. Jahrhundert arm, das Patriziat kleiner und versprengter, der Adel ländlicher und weniger prunkvoll. Nicht die großen Höfe der Wittelsbacher, der Welfen und Wettiner sind typisch für Deutschland, sondern Miniaturstaaten wie der meiner Familie mit zugigen mittelalterlichen Burgen. Deutsche Burgen und Schlösser waren, verglichen besonders mit französischen, immer sehr viel rustikaler, statt Rokoko-Ballsälen zeichneten sie sich durch dunkle Korridore aus, die mit Geweihen geschmückt waren, statt neoklassizistischer Salons mit Kunst an der Wand gab es in ihnen dunkle, verrauchte Kaminzimmer mit dicken Teppichen und brennenden Scheiten. Das deutsche Wort »Gemütlichkeit« gibt es weder auf Italienisch noch auf Französisch, noch auf Englisch. Die deutsche Elite hat von jeher etwas Rustikales, das sich auch durch eine sehr viel authentischere Volksverbundenheit auszeichnet als die im Vergleich abgehobene Art besonders unserer gründlich romanisierten Nachbarn. Selbst von Kaiser Franz Joseph hieß es ja, nicht etwa die Wiener Hausmeister hätten ihm seinen Kotelettenbart nachgemacht, sondern umgekehrt, er habe sich den Lakaienbart nach ihrem Vorbild zugelegt. Ein Abendessen unter Freunden in Frankreich, Italien, Spanien oder England ist hingegen immer ein Dinner, letztlich eine formelle Angelegenheit, wenn in deutschen Schlössern Freunde zu Gast sind, wird gespielt. In manchen Schlössern wird hauptsächlich Scharade gespielt, in anderen Karten oder Brettspiele. Wenn ich an Abende bei den Fürstenbergs in Schloss Heiligenberg denke oder an Wochenenden bei Waldburgs in Wolfegg, dann habe ich Männer im Smoking und Damen im Abendkleid vor mir, die Atmosphäre ist aber ungezwungen und entspannt, es finden keine Wort-, sondern höchstens Scharade-Wettkämpfe statt. Alle hocken aufeinander und sind froh, am nächsten Tag wieder Lederhosen tragen zu können. Wenn man sich bei den Aktivitäten draußen verletzt, wird kein großes Aufhebens gemacht, aber man wird immerhin – anders als in England auf dem Land – notdürftig verarztet.

Im dänischen Königshaus, das im Unterschied zum landeseigenen Patriziat eher eine süddeutsche Schlossmentalität kultiviert, wird übrigens seit Generationen gerne »Pfifferling, wo ist das Ding« gespielt. Dabei wird dann nicht ein Fingerhut so platziert, dass er schwer – aber mit bloßem Auge! – zu finden ist, sondern ein Ring. Der Smaragdring im grünen Salon, der Rubin im roten. Dabei gehört es zur eisernen Regel, den Ring gut sichtbar zu verstecken, wenn der Kronprinz beim Suchen dran ist, um ihn nicht zu frustrieren ... Franzosen würden so ein Verhalten albern und kindisch finden, ein Salon ist für sie kein Spielplatz, und wenn, dann eine Arena, in der sich spielerisch der Kunst der Konversation gewidmet wird.

Wo liegt also der *sweet spot*, wie gelingt einem die richtige Balance zwischen Form und Lässigkeit? Das ist ein großes Geheimnis. Man kann dem sein ganzes Leben auf der Spur sein und nicht über eine Ahnung hinauskommen. Manche scheinen von Geburt aus bevorzugt, die Prägung durch den Kulturraum, in dem man aufwächst, kann helfen oder behindern. Eines ist sicher: Man findet den *sweet spot* nur, wenn einem Form nicht fremd ist. Ohne Form gibt es keine Lässigkeit. Nur wer Regeln tief in sich aufgesaugt hat, wer das richtige, angemessene, schöne Handeln lang eingeübt hat, entwickelt eine Virtuosität, die ihm erlaubt, an manchen Stellen zu variieren und zu improvisieren. Nur wer Regeln zutiefst verinnerlicht hat, verfügt über eine Leichtigkeit im Umgang mit ihnen, nur wer um Regeln weiß, weiß sie auch zu umgehen. Anders gesagt: Wer immer eine Krawatte trägt, bei dem wirkt ein offener Kragen lässig, wer immer mit Schlabberklamotten rumläuft, der wirkt im Anzug plötzlich wie ein verkleideter Affe. Man muss Regeln kennen, um sie brechen zu können.

Das gleiche Prinzip gilt bei der Gesellschaft als Ganzem. Es muss immer eine gesunde Mischung aus Dekorum und Laisser-faire existieren. Wenn es einen stabilen Überbau von Menschen gibt, die sich an Regeln halten, muss es auch eine Subkultur geben, die diese Regeln bricht. Das Problem fängt dort an, wo Subkultur zur Hochkultur wird. Soll heißen: Lange Haare und Nasenringe sind eine Bereicherung, solange es noch genug Leute gibt, die wissen, wie man einen Krawattenknoten bindet. Wenn Richter mit langen Haaren und Nasenringen Urteile sprechen und Minister wie Studenten aussehen, ist die Regellosigkeit die Regel und hat somit ihren Reiz verloren. In einer Zeit, in der die Lässigkeit über- und das Dekorum unterbetont wird, scheint eine Rückbesinnung auf Regeln die einzige Chance zu sein, die Möglichkeit lässiger Eleganz zu bewahren. Deshalb erleben wir ja gerade eine Renaissance der Regeln.

Die Menschen sind der Regellosigkeit überdrüssig. Beweisen lässt sich das nicht. Progressive Menschen behaupten, der Verlust von Dekorum und Regeln sei eine Befreiung, aber es genügt eine ganz einfache kontrafaktische Hypothese, um das zu widerlegen: Man muss sich nur die Frage stellen, ob wir lieber in einer Stadt, einer Nachbarschaft oder einer Gemeinschaft leben, in der sich ein Großteil der Menschen an Regeln hält, oder in einer, in der die Mehrzahl dies nicht tut. Hat man lieber mehr Leute um sich, die high sind, oder lieber solche, die nüchtern sind? Will man lieber eine Gesellschaft, in der alles erlaubt ist, jeder tut und lässt, was er will, oder eine Gesellschaft, in der die Leute sich von Normen gebunden fühlen? Will man an einem Ort leben, an dem Kinder nur von Single-Müttern großgezogen werden und Männer wie Freibeuter durchs Leben ziehen, oder würde man die Mehrzahl der Männer lieben dabei sehen, wie sie Verantwortung übernehmen und mit anpacken, die nächste Generation großzuziehen? Nimmt man lieber am Straßenverkehr teil, wenn man weiß, dass sich dort die meisten an Verkehrsregeln halten, oder fühlt man sich im Chaos sicherer? Chaos und Regellosigkeit wird es immer geben, die Frage ist, ob sie überhandgewinnen und welche Rolle jeder Einzelne von uns dabei spielt.

Was geht's mich an?

Wenn wir von Dekorum reden, sollten wir weniger die hochgezüchtete französische Spielart im Auge haben und auch nicht nordische Steifheit, sondern uns eher an der lässigeren, süddeutschen Art orientieren. Es geht letztlich um die Verbindung zwischen Eleganz und Lässigkeit, Herzlichkeit und einer gewissen Lockerheit. Lockerheit setzt aber voraus, dass man von einem festen Fundament des Wissens um Regeln aushandelt. Lässig sein kann man nur, wenn man von einer Form abweicht, die einem geläufig ist.

15 FREUNDLICHKEIT

Seid freundlich!

Jedem das Seine, fordert Spinoza. Wirklich? Klingt jedenfalls zeitgeistgemäß. Wir leben in einer Welt, in der jeder seine Rechte kennt, in der jeder Ansprüche hat. Das Problem ist nur: Wenn jeder bloß bekommt, was ihm zusteht, könnte am Ende für jeden recht wenig herausschauen. Wir haben uns eine Welt geschaffen, in der wir nie zufrieden sind, in der wir uns schon bei einem zu geringen Sitzabstand zum Vordermann im Flugzeug oder bei einer Verspätung der Bahn um unsere Rechte gebracht sehen. Das hat uns zu mosernden Nervensägen gemacht, die glauben, alles bewerten zu dürfen (»Ätsch! Da qype ich jetzt 'ne miese Review!«). Zivilisationshistorisch ist es so neu, dass wir alles, was wir zum Leben benötigen, fein säuberlich abgepackt innerhalb einer Stunde von einem lächelnden Amazon-Boten geliefert bekommen und unser ganzes Leben via Apps und Bots managen können, dass wir völlig überfordert davon sind, die Sensiblen unter uns reagieren darauf mit Schwermut, der Rest mit Egozentrik und Miesepetrigkeit.

Die nach 1945 Geborenen gehören, zumindest im westlichen Teil der Welt, der wahrscheinlich ersten Menschheitsgeneration an, die morgens aufstehen kann, ohne sich akut über Überlebensfragen Gedanken machen zu müssen. Deren Kinder sind bereits davon überzeugt, dass die Welt uns etwas schuldet, und deren Kinder reagieren bereits verständnislos, wenn sich nicht alles fortwährend um sie dreht.

Und da kommt die Freundlichkeit ins Spiel. Freundlichkeit

hat mit dem Anderen zu tun, und das macht sie in unserem egomanen Zeitalter sehr attraktiv. Ulrich Wickert fragt, wenn er in Hamburg, der Stadt mit den schlechtesten Taxifahrern der Welt, in ein Taxi steigt: »Stört es Sie, wenn ich telefoniere?« Das lässt, wie er berichtet, die dann immer völlig verdutzt zurück. »Sie drehen das Radio runter, schließen das Fenster.« Freundlichkeit ist die Geheimwaffe im urbanen Dschungel. Freundlich zu sein bedeutet auf simpelster Ebene zunächst, den anderen überhaupt wahrzunehmen. Wahrnehmen. Ein Ausdruck, über den es sich lohnt, einen Moment nachzudenken. W-a-h-r-n-e-h-m-e-n. Was heißt das? Eine andere Person bewusst sehen? Sie als Menschen wie uns selbst erkennen? Ich glaube, C. S. Lewis sagt irgendwo, dass, wenn es stimmt, dass der Mensch unsterblich ist, jeder Einzelne, dem du je begegnen wirst, beeindruckender ist als jede noch so große, aber vergängliche Zivilisation, die je existiert hat. Dann ist man zu diesem Wahrnehmen auch und vor allen in den winzigen Alltagssituationen verpflichtet. Das heißt dann zum Beispiel auch, die Verkäuferin im Laden wahrzunehmen. Ihr beim Bezahlen in die Augen zu schauen. Seien wir froh, dass da überhaupt noch ein Mensch sitzt, bald erledigt man das Bezahlen überall nur noch selbsttätig an automatisierten Schaltern. Auch wenn ich bei Starbucks um einen Kaffee bitte, ist das keine eigentliche Bitte, der Deal geht ja eindeutig zugunsten des Lebensmittelkonzerns, und von dem Preis, den ich hier für einen Becher mit einem Heißgetränk zahle, kann man in Albanien drei warme Mahlzeiten haben. Das »Bitte« gilt aber dem Menschen *hinter* der grünen Schürze. Daher ist es auch eine Unart, wenn Leute so bestellen: »Ich krieg einen Cappuccino.« Ich krieg? Du kriegst gleich ...! So kann man mit einem Roboter reden.

Natürlich nervt es, wenn einen plötzlich alle mit Vornamen anreden wollen (ich sage immer »Ali« und nur, wenn ich sehr schlecht gelaunt bin, »Xerxes«, sobald ich bei Starbucks nach meinem Namen gefragt werde), natürlich ist es eine Zumutung, dass man inzwischen nach Dienstleistungen und Käufen jede »Servicekraft«, ein unmenschliches Wort, bewerten soll und dass jedes Telefonat mitgeschnitten wird und Mitarbeiter zu einer aufgesetzten Freundlichkeit gezwungen werden. Aber auch noch so ausgeleierte Freundlichkeitsgesten (»Mein Name ist Kevin, und ich bin heute Abend dafür da, Sie zu verwöhnen«) haben eine Geschichte und einen ursprünglichen, verborgenen Sinn. Das Grüßen, die Umarmung waren schon in der Antike und im Mittelalter immer auch ein Zeichen für ein friedliches Zusammenleben, wer dich mit Vornamen anredet, der ist grundsätzlich friedfertig, und das ist doch erst einmal erfreulich und verdient nicht unseren Spott.

Freundlichkeit kommt immer ein wenig gezwungen daher. Niemand würde es als Verdienst bezeichnen, gegenüber den eigenen Kindern freundlich zu sein. Freundlichkeit wird immer nur dann sichtbar, wenn sie Resultat einer kleinen Überwindung ist. Klar wäre es schöner, Liebe würde genügen und wir würden jedem aus reiner Großherzigkeit und überquellender Herzensgröße (*magnanimitas*) wie einen Freund oder eine Freundin – freundlich – behandeln, aber jeder weiß, dass das unrealistisch ist.

Bedeutet *magnanimitas* also schenken, ohne zu lieben? Ja, sagt der französische Philosoph André Comte-Sponville: »Wir lieben die Liebe, und wir können nicht lieben: Aus dieser Liebe und aus diesem Unvermögen erwächst die Moral.« Er fordert dazu auf, so zu handeln, als *würde* man lieben: »Da wir nicht tugendhaft sind, erwecken wir eben den Anschein von Tugend, und das nennt man Höflichkeit.« Da sind wir wieder bei dem bereits erwähnten hilfreichen Grundsatz *Fake it 'til you make it!*.

Wer kann schon beschließen, dass er liebt, also bleibt einem wenig anderes übrig, als wenigstens – dem zivilen Miteinander zuliebe – so zu tun, als ob. Wenn man sich zu einem Abendessen bei langweiligen Bekannten durchgerungen hat, ist es

Was muss ich beim Händeschütteln beachten?

Aufrecht, aufmerksam dem Gegenüber direkt in die Augen sehen, fester Druck, eigentlich eine Selbstverständlichkeit, aber wenn man den Alltagstest macht, fallen bis zu 70 Prozent der Probanden durch. Das macht es freilich für die restlichen 30 Prozent einfacher, gleich im ersten Augenblick zu zeigen, dass man jemand und nicht irgendjemand ist.

Dürfen Dankesbriefe mit dem Wort »Danke« beginnen?

Das ist schon sehr unbeholfen. »Danke für das schöne Geschenk, lieber Onkel Wulli«, »Danke für das herrliche Abendessen …«, gähn. Besser ist es, wenn ein Dankesbrief mit dem Dank endet und eine gewisse Dramaturgie enthält. Barack Obama bekam vom Autor Yann Martel dessen Buch »Life of Pi« zugeschickt. Er bedankte sich so: »Lieber Herr Martel, meine Tochter und ich haben soeben gemeinsam Ihr Buch ›Life of Pi‹ zu Ende gelesen. Es ist ein wunderschönes Buch – eine elegante Beweisführung für die Existenz Gottes und die Kraft des Geschichtenerzählens. Danke! Barack Obama«. Vorbildlich.

angebracht, sich danach dafür zu bedanken, am besten schriftlich, am besten mit einem kleinen Blumenstrauß und nicht wie Groucho Marx mit einem »Ich hatte einen wunderbaren Abend. Nur heute nicht«.

Goethes legendärer Satz im »Faust« (»Im Deutschen lügt man, wenn man höflich ist«) wird uns noch beschäftigen, er ist sehr deutsch und geht an der Sache vorbei. Manchmal ist eine harmlose Lüge genau der zivilisatorische Anker, an dem wir uns alle festhalten können. Den Segen und Abgründen der Lüge ist hier ein ganzes Kapitel gewidmet. Manchmal, so viel darf ich schon einmal verraten, ist Lügen geradezu zivilisatorische Notwendigkeit. Einen Brief hat man gefälligst mit »freundlichen Grüßen« zu unterzeichnen, egal, wie man über den Empfänger denkt. Es ist eine enorme Errungenschaft für das zivile Miteinander, wenn man sich auch im Streit an Spielregeln und kleine Rituale der Höflichkeit hält. Selbst in der Schlacht und im Streit an einem Mindestmaß an Gemeinsamkeiten festzuhalten ist etwas Wunderschönes. Es gab einmal einen Fall, da hat ein Mann einen Prozess wegen Beleidigung angestrengt, weil er einen Brief mit folgendem Abschiedsgruß empfangen hatte: »Mit den Ihnen angemessenen Grüßen«. Ich finde, zu Recht.

Um dem Wesen der Freundlichkeit auf die Spur zu kommen, hilft es vielleicht, ein Extrembeispiel heranzuziehen. Franz von Assisi. Der Kaufmannssohn aus dem sehr malerisch am Berg gelegenen Städtchen in Umbrien war nach heutigen Maßstäben völlig durchgeknallt, Chesterton nannte ihn liebevoll den »Narr Gottes«, dennoch hat kein Heiliger je so viele Menschen mitgerissen und fasziniert wie er. Franz von Assisi hatte bezüglich der Freundlichkeit eine fixe Idee. Er hatte sie in schwärmerischer Entzückung über die aus Frankreich herüberschwappende Ritterliteratur seiner Zeit entwickelt. Die Idee von gegenseitiger Hochachtung und ausgesucht zuvorkommender Behandlung, von *cortesia*, elektrisierte ihn. Er nahm die Liebe Gottes zu seiner Schöpfung so ernst, dass er begann, die *ganze* Welt als Gottes Hof und *alle* Geschöpfe in fast schon surrealem Sinne als Mitglieder dieses Hofes zu betrachten. »*La cortesia è una delle proprietà di Dio*«, verkündete Franziskus: Höflichkeit ist ein Attribut Gottes, und die ganze Welt ist sein Hofstaat. Der Hof, auf Latein *cors* (engl. *court*, frz. *cour*), dem Wortsinn nach etwas Verschlossenes, ein geschütztes Gehöft, war in den Augen Franz' von Assisi durch Christus geöffnet worden. Alle Geschöpfe waren für Franziskus nun Teil dieser vornehmen, ritterlichen Welt. Daher die Legenden, dass er sogar höflich zu den Vögeln war, dass er sich mit einem Wolf, den die Bauern töten wollten, anfreundete.

Gibt es reale, heute lebende Personen, die als Vorbild auf diesem Gebiet taugen? Sie werden immer weniger. Als Anfang 2018 der italienische Fußball-Nationalspieler Davide Astori starb, sagte Gigi Buffon über ihn einen Satz, der zu denken gibt: Sein ehemaliger Kamerad sei »der beste Ausdruck einer alten, überholten [sic!] Welt gewesen, in der Werte wie Altruismus, Eleganz, Bildung und Respekt vor dem Nächsten noch dominierten«. Etwas, das man eines Tages auch über meinen Onkel Rudi sagen wird. In Marbella besser bekannt als »Conde Rudi«. Wie ich an anderer Stelle schon einmal ausgeführt habe, ist ein nicht unwesentlicher Teil meiner Verwandtschaft in der Moderne vom Hotelleriegewerbe aufgefangen worden. Familien wie unserer ist viel abhandengekommen, aber wie man sich als Gastgeber zu benehmen hat, wie Servietten gefaltet werden müssen, das wissen wir. Onkel Rudolf ist als jüngerer Bruder meines Vaters mit ihm nach dem Anrücken der Russen in Sachsen in den Westen geflohen, er war damals vierzehn, mein Vater siebzehn, sie landeten in der Obhut ihrer nächsten Verwandten, den Fürstenbergs im Schwarzwald, meinem Vater ermöglichte die Familie Fürstenberg das Studium, seinem Bruder Rudolf die Hotelfachschule. In den Fünfzigern landete er als Page im Palace-Hotel in St. Moritz, dann als Diener im Hamburger Hotel Vier Jahreszeiten.

Als dort eines Tages sein entfernter Vetter Alfonso Hohenlohe mit seiner viel zu jungen neuen Verlobten Ira Fürstenberg auf dem Weg nach Friedrichsruh aufkreuzte, Zimmerservice bestellt wurde und plötzlich Rudi als Diener in der Tür stand, gab es natürlich ein großes Bussiumarmungwiegemütlich ... Am Ende landete mein Onkel in Südspanien. Dort hatte Alfonso mütterlicherseits (die damals reichste Familie Mexikos) einen Besitz geerbt und sich in den Kopf gesetzt, aus seiner Finca mit Meerblick, Villa Margaritha, ein Gästehaus für zahlungskräftige Freunde zu machen, die hier die Natur und das Meer genießen könnten, kein Hotel im klassischen Sinne, eher ein Privatklub mit Betten. Daraus entstand dann der Marbella-Club, Onkel Rudi wurde Direktor und gehört bis heute dort zum Inventar.

Das, was ich an Onkel Rudolf am meisten bewundere, ist sein unerschütterlicher Sinn von Pflichterfüllung – und da schließe ich ausdrücklich die Pflicht zur Freundlichkeit mit ein. Es liegt im Wesen des Berufes, den mein Onkel gewählt hat, dass man nicht nur Prinzen, Opernstars und Nobelpreisträger bewirtet. In den ersten Jahren des Marbella-Club war dies ein Rückzugsort für Prinzen, Lords und Hollywood-Royalty à la David Niven, die hier abends mit offenem Hemd saßen statt, wie in Biarritz oder Cannes, fürs Dinner zum Smoking gezwungen zu sein. Über die Jahre hat sich das Publikum, wie überall, gewandelt. Statt David Niven kommen jetzt scharenweise Russen und Chinesen. Über die neureichen Araber, die sich hier bereits in den 1980ern angesiedelt haben, rümpft keiner die Nase mehr, sie gehören inzwischen zu den Alteingesessenen. Mein Onkel konnte das seelisch, glaube ich, nur verkraften, weil er sich antrainiert hat, über offensichtlichen Makel, seien es zu sehr aufgespritzte Lippen, fehlende Umgangsformen oder nicht ganz durchsichtige Vermögensverhältnisse, hinwegzusehen. Onkel Rudi besitzt die Fähigkeit, in allen Menschen nur das Höchste und Edelste zu sehen.

Ich habe ihn beobachtet, wie er Gäste in der Hotelhalle begrüßt, wie er am Abend im Club-Restaurant von Tisch zu

Tisch geht, er schenkt jedem seine Aufmerksamkeit – und es wirkt nicht einmal gespielt –, als würde sein Gegenüber ihm gerade den Höhepunkt des Abends bereiten. Die Menschen schauen ihn mit schwärmerischen Augen an, wenn er mit ihnen spricht, manchmal habe ich das Gefühl, er verfügt über eine Yedi-Kraft und kann seine Gesprächspartner halluzinativ in das Gefühl versetzen, sie seien etwas Besonderes.

Warum löst es Glücksgefühle aus, gesehen, beachtet, respektiert zu werden? Warum versetzt es einem einen kurzen, aber geradezu körperlichen Schmerz, wenn man mal *nicht* beachtet wird? Der amerikanische Sozialpsychologe Mark Leary hat zum Thema sozialer Ablehnung geforscht. Er behauptet, die Natur habe uns so konstruiert, dass wir einen sehr scharfen Sinn dafür hätten, ob wir soziale Zurückweisung erführen. Die längste Zeit der menschlichen Geschichte habe unser Überleben vom Wohlwollen einer relativ kleinen Gruppe abgehangen. Ausgrenzung, das fühlt sich nicht nur an wie ein kleiner Tod, die allerlängste Zeit der Menschheitsgeschichte bedeutete Ausgrenzung aus der Gemeinschaft tatsächlich den Tod. »Menschen sind aufs Äußerste darauf sensibilisiert, wie andere sie wahrnehmen und bewerten. Sie haben einen Monitor dafür, der die Reaktion anderer Menschen auf sie selbst überwacht und Alarm schlägt, wenn sich eine Bedrohung ihres sozialen Wohlbefindens zeigt«, sagt Leary.

Was geht's mich an?

Üben Sie bewusst, Leuten in die Augen zu sehen und dabei, wenn auch nur für eine Nanosekunde, eine menschliche Verbindung herzustellen! Wenn andere mit Ihnen unfreundlich sind, nehmen Sie es mit Gelassenheit hin. Das ist ihr Problem, nicht Ihres!

16 MILDE

Kopf ab oder nicht?

Warum ging so ein Aufschrei durch die westliche Welt, als 2004 herauskam, dass irakische Gefangene im Gefängnis von Abu Ghraib außerhalb von Bagdad misshandelt worden waren? Die Gefangenen waren Terroristen, jederzeit bereit, Kinder in den Tod zu reißen, um Schrecken zu verbreiten, und die, wenn sie einen US-Soldaten gefangen nahmen, ihn öffentlich quälten und zur Schau stellten, bevor sie ihm den Kopf abhackten. Warum empfinden wir es dennoch als Tabubruch, mit solchen Leuten auch nur annähernd ähnlich grausam umzugehen? Warum ist dieser Aufschrei so zutiefst »westlich«? Weil es tief in unsere DNA eingeprägt ist, mit unseren Feinden ehrbar umzugehen, selbst wenn sie es scheinbar nicht verdient haben – weil es sich *für uns* so gehört. Die Milde ist der Urahn sämtlicher klassischer ritterlichen Tugenden. Man vermutet heute, dass sich bei dem Hauen und Stechen, das nach den Völkerwanderungen und dem Zusammenbruch des römischen Weltreichs in weiten Teilen des westlichen Europas herrschte, zunächst aus ganz pragmatischen Gründen Spielregeln für den Krieg untereinander entwickelten. Statt sich fortwährend gleich den Kopf abzuhacken, ging man dazu über, die Möglichkeit einer ehrenhaften Niederlage zu kreieren. Der ständige Kriegszustand zwischen diversen Anführern, Stammesältesten und ihren Gefolgsleuten wurde dadurch gebändigter, risikoloser, führte letztlich aber auch dazu, dass der Kriegszustand zum gewohnheitsmäßigen Zeitvertreib wurde.

Der Pragmatismus, der aus der Erfindung der ehrenhaften Niederlage spricht, hat etwas mit Gelassenheit zu tun. Daraus erwächst die Mentalität, dass eine Niederlage nicht unbedingt mit dem Gesichtsverlust einhergeht. Das wird deutlich, wenn man die hochmittelalterliche Tugend der *milte* europäischer Ritter mit dem vergleichbaren Ideal japanischer Ritter, dem *bushi no nasake*, der Zartheit des Kriegers bei den Samurai, vergleicht. Folgende Geschichte erzählt zum Beispiel Inazo Nitobe, der einem Samurai-Clan aus Morioka entstammende Diplomat und Gelehrte, der mit seinem Buch über den Ehrenkodex der Samurai einer der wichtigsten Vermittler zwischen japanischem und westlichem Denken war. Die Tugend der Milde aus japanischer Sicht bedeutet, wie er beschreibt, etwas ganz anderes:

> Ein Ritter jagt in der furchtbaren Schlacht von Sumano-ura (1184 n. Chr.) einem Feind hinterher und stellt ihn. Der Samurai verlangt, wie es die Kriegsetikette vorschreibt, den Namen des Unterlegenen. Da dieser sich weigert, ihn zu nennen, reißt er ihm den Helm herunter und sieht »ein jugendlich schönes Antlitz«. Da lockert der Ritter seinen Griff vom Schwert, hilft dem Jungen auf die Füße und sagt zu ihm in väterlichem Ton: »Geh fort, junger Prinz, lauf zu deiner Mutter zurück!« Der junge Krieger weigert sich und fleht den Samurai an, ihn auf der Stelle zu töten, um beider Ehre willen. »Über dem grauen Haupt des alten Kriegers glänzt die kalte Klinge, die schon so oft den seidenen Faden des Lebens zertrennt hat, aber sein furchtloses Herz verzagt ... Die starke Hand des Kriegers zittert und abermals beschwört er sein Opfer, um sein Leben zu laufen. Doch sein Bitten ist umsonst, er hört, wie sich die Schritte seiner Kameraden nähern, und ruft: ›Wenn man dich einholt, mag es sein, dass eine Hand dich tötet, die unwürdiger ist als meine.‹ Also erbarmt er sich und schlägt ihm mit einem »O Unendlicher, empfange deine Seele!« mit einem

Hieb den Kopf ab, es »blitzt das Schwert in der Luft, fällt nieder und ist rot vom Blut des Jünglings«.

Für japanische Adelige ist das wohlgemerkt eine Geschichte mit Happy End. Hauptsache, die Ehre bleibt gewahrt. Alles, nur nicht das Gesicht verlieren. Wir werden uns gleich ansehen, warum das Ehrgefühl der fernöstlichen Ritter, verglichen mit dem der hiesigen Kollegen, dermaßen übersteigert ist. Zunächst eine weitere Geschichte, ebenfalls von Inazo Nitobe, um den Stellenwert der Ehre im Moralkodex des Bushido in seiner ganzen Absurdität zu beschreiben: Ein wohlmeinender Bürger sieht einen Floh auf dem Rücken eines Samurai, macht ihn höflich darauf aufmerksam und wird daraufhin »unverzüglich« vom Samurai geköpft, aus dem einfachen Grund, so Nitobe, »dass es eine unverzeihliche Beleidigung war, einen edlen Krieger mit einem Tier zu vergleichen, insofern Flöhe Parasiten sind ...«, wobei es in der Geschichte keine weitere Rolle spielt, dass der arme Mann ihn ja, streng genommen, gar nicht mit einem Floh verglichen hat, sondern nur ... Egal, Kopf ab.

Während das europäische Rittertum sich aus Überbleibseln des römischen Gedankenguts und seiner Überlagerung durch christliches speist, nährt sich der Moralkodex der japanischen Feudalklasse aus dem Buddhismus, Konfuzianismus und Schintoismus. Vereinfacht gesagt, stammt aus Ersterem die geradezu beunruhigende Verachtung des Lebens des Samurai, aus Zweitem seine zum Teil durchaus attraktiven moralischen Lehren und aus Letzterem die maßlose Selbstüberschätzung. Die Überbetonung der individuellen Ehre rührt wahrscheinlich daher, dass dem Schintoismus so etwas wie eine angeborene Schuldhaftigkeit des Menschen fremd ist. Im Gegenteil, im Schintoismus glaubt man, um noch einmal Nitobe zu zitieren, »an die angeborene Güte und göttliche Reinheit der menschlichen Seele und verehrt sie als Allerheiligstes«. Nitobe weiter: »Jeder weiß, dass die Heiligtümer

Muss man über ein Geschenk, das einem nicht gefällt, Freude zeigen, wenn der Schenkende dabei ist?

Selbstverständlich! Der Kalif Harun al-Raschid ließ im 9. Jahrhundert Karl dem Großen als diplomatisches Geschenk einen Elefanten überbringen. Glauben Sie, der habe sich darüber gefreut? Der wusste zunächst überhaupt nicht, was er mit so einem Ungetüm anfangen sollte! Das arme Tier zog sich auch bald eine Lungenentzündung zu. Aber bis heute ist man in Aachen stolz darauf, den ersten Elefanten nördlich der Alpen besessen zu haben.

des Schinto auffällig frei von Objekten und Requisiten der Anbetung sind und dass ein einfacher Spiegel, im Innersten des Heiligtums aufgehängt, den zentralen Teil der Einrichtung bildet.« Der Spiegel symbolisiert »das menschliche Herz, in dem sich, wenn es vollkommen ruhig und klar ist, das Abbild der Gottheit spiegelt, demnach erkennt man, wenn man vor dem Heiligtum steht, um zu beten, auf der glänzenden Oberfläche sein eigenes Bild ...«

Auch im Christentum glaubt man daran, dass der Mensch ein Ebenbild Gottes ist und in ihm seit der Taufe der Heilige Geist wirkt, aber sich selbst als quasi gottgleich anzubeten, denn darauf läuft die Mystik des Schinto letztlich hinaus, nährt offenbar ein persönliches Ehrgefühl, das Menschen*verehrung* in Menschen*verachtung* umschlagen lässt. Sind Ehrenmorde oder die Romantisierung des Selbstmords eine Folge davon? Die japanische Kultur verfügt über mannigfaltige suizidale Spielarten, vom *junshi*, der Selbstentleibung eines Kriegers, der seinem Herrn in den Tod folgt, über *jôshi* (Doppelselbstmorde aus unerlaubter Liebe) bis hin zu Massenselbstmorden zur Gesichtswahrung nach verlorenen Schlachten (wie 1945 bei Kriegsende in Okinawa).

Der gute Name geht im fernöstlichen Ideal über alles, der makellose Ruf ist für den Samurai der unsterbliche Teil des eigenen Selbst, der nach dem Tod in dieser Welt weiterlebt, schon Kleinkindern werde in Japan in seinen Kreisen beigebracht, Schamgefühl zu kultivieren, so Nitobe: »›Man wird dich auslachen‹, ›es ist eine Schande‹, ›schämst du dich nicht?‹ – nach solchen Sätzen griff man, um das Verhalten eines jugendlichen Delinquenten zu korrigieren. Dieser Rekurs auf dessen Ehre berührte den sensibelsten Punkt im Herzen des Kindes ...« Autsch!

Wir Europäer sind da glücklicherweise etwas entspannter. Vielleicht ist es Teil unseres römischen Erbes, dass wir fünfe auch mal gerade sein lassen können, denn darauf läuft, vereinfacht gesagt, jener berühmte Satz von Thomas von Aquin hinaus, der zum festen Bestandteil europäischer Weisheitstradition geworden ist: »Gerechtigkeit ohne Barmherzigkeit ist Grausamkeit.« In dem Satz steckt vieles drin. Er erklärt zum Beispiel, warum es gute Tradition bayerischer Polizeibeamter ist, bei minderen Verkehrsdelikten gelegentlich ein Auge zuzudrücken und »Gnade vor Recht« gelten zu lassen. Er erklärt auch, warum das europäische Sozialsystem – zumindest je weiter südlich man sich innerhalb der EU aufhält – stellenweise noch sympathische, anarchische Züge aufweist.

Gerechtigkeit kann befohlen werden, Milde ist ein Geschenk. Gerechtigkeit ist rational und berechenbar, Milde hat etwas Unberechenbares – deshalb beschuldigte die Schriftstellerin Mary Shelley, die berüchtigte viktorianische Atheistin und Erfinderin von »Frankenstein«, die Milde, am »Hofe von Tyrannen erdacht« worden zu sein. Dahinter schlummert die säkulare Begeisterung für eine gerechte Welt, die aber erfahrungsgemäß leicht ins Buchhalterische abdriften kann, dennoch hat Shelley natürlich recht, dass Milde auch schnell etwas Gönnerhaftes und damit Autoritäres hat. Unter der *clementia Caesaris* verstand man in Rom das Vorrecht des Kaisers, Strafen willkürlich zu erlassen. Julius Caesar nutzte dieses Vorrecht gerne als Instrument der Loyalitätsgewinnung und Machtdemonstration. Seneca schrieb für Nero eigens ein Buch mit dem Titel »De Clementia«. An Nero ist es zwar weitgehend vorbeigegangen, dennoch ist es sehr instruktiv. Seneca versuchte (vergeblich), Nero den Unterschied zwischen tyrannischen und guten Herrschern zu erklären, er bemüht Beispiele wie den üblen Dionysios I. von Syrakus und den römischen Gewaltherrscher Sulla, vergleicht diese mit dem jungen Augustus und breitet aus, wie der gegenüber Gnaeus Cornelius Cinna nach einer Verschwörung Gnade walten ließ. Die einzige wahre Macht, mühte Seneca sich, seinem Schüler einzubläuen, sei eine, die sich vom *logos*, also von höchster Vernunft, leiten lasse, demnach habe Milde nichts mit falschem Mitleid oder willkürlicher Großmütigkeit zu tun, sondern sei eine vernunftgeleitete Maxime, die sicherstelle, dass die Untertanen mit ihrem Anführer an einem Strang zögen, um auf diese Weise die Stabilität des Staates zu gewährleisten.

Der antike Begriff *clementia* klingt also tatsächlich sehr huldvoll, von oben herab, und bei Seneca sogar etwas berechnend (obwohl man, wie gesagt, seinen ersten Leser vor Augen haben muss, da musste er utilitaristisch argumentieren), in der postantiken christlichen Welt bekommt die Milde – aus *clementia* wird *misericordia* – dann wieder einen anderen Klang. Hier wird Milde durch Barmherzigkeit ersetzt und bezeichnet eine Tugend, deren Maßstab von der Barmherzigkeit Gottes vorgegeben wird, kurz: Man soll Milde walten lassen, weil man sie auch selbst irgendwann in Anspruch nehmen will. Vergib, damit man auch dir vergibt. In der lateinischen Sprache setzt sich das Wort *misericordia* aus zwei Worten zusammen, nämlich *miser* (arm, elend) und *cor* (Herz), es beschreibt also eine Geisteshaltung, bei der man sich vom Schmerz des anderen rühren lässt. Augustinus: »Wenn dein Herz angerührt wird, vom Elend anderer betroffen wird, siehe, das ist Barmherzigkeit.« Klingt deutlich wärmer als Senecas *clementia*. Wenn wir hier das Wort »Milde« verwenden, spielt jedenfalls beides hinein, die römische und die christliche Lesart.

Eine Geschichte, die sehr plastisch die klassisch-europäische Mentalität in puncto Milde darstellt, ist Heinrich von Kleists Drama »Der Prinz von Homburg« und die Schlacht bei Fehrbellin. Der junge Prinz und preußische Reitergeneral Friedrich von Homburg ist so verknallt in die liebliche Prinzessin Natalie, dass er aus lauter Verwirrtheit (und wohl auch Ehrsucht) seinem Regiment im Kampf gegen die Schweden Befehl zum Angriff gibt, ohne die entsprechende Order von oben abzuwarten. Der Prinz erringt einen glanzvollen Sieg, und dennoch verurteilt ihn der Kurfürst zum Tod, schließlich handelt es sich glasklar um einen Fall von Insubordination und Befehlsverweigerung. In der berühmten »Todesfurchtszene« bettelt der Prinz um sein Leben, er will alles hergeben, seinen Rang, seinen Titel, sogar seine Ehre – nur sein Leben nicht. Das Ganze wirkt, ehrlich gesagt, ein bisschen kläglich. Der Kurfürst will schließlich tatsächlich Gnade vor Recht ergehen lassen unter der Bedingung, dem Prinz gelinge es irgendwie darzulegen, warum das Urteil ungerecht sei. Die interessante Volte am Ende: Der Prinz argumentiert nicht gegen das Urteil, sondern nimmt es schuldbewusst an und lässt sich mit verbundenen Augen ins Freie führen, wo er die Scharfrichter erwartet. Er weiß nicht, dass der Kurfürst seine Einsicht mit Begnadigung belohnt hat, statt auf tödliche Kugeln trifft er im Freien auf die geliebte Natalie, die ihm einen Lorbeerkranz aufsetzt.

Eine ähnliche Szene wie die oben erwähnte »Todesfurchtszene« ist in einem japanischen Stück vollkommen undenkbar, das Publikum würde vor Fremdschämen platzen. Wir Europäer haben offenbar einen etwas großzügigeren Blick auf menschliche Makel.

Was geht's mich an?

Wir sind, ein Blick auf unser Verhalten im Straßenverkehr genügt, meistens deutlich strenger mit anderen, als wir dies mit uns selbst sind. Sollte es nicht genau umgekehrt sein? Wir müssen bei der Beurteilung anderer Milde walten lassen und verzeihen. Auch uns wurde – hoffentlich – schon viel verziehen. Ohne Verzeihung funktioniert nichts. Wir haben nicht die perfekten Eltern, die perfekten Geschwister, wir heiraten nicht den perfekten Partner und werden auch nie die perfekten Kinder haben. Ohne das Verzeihen, ohne Milde, sind wir aufgeschmissen.

17 AUFRICHTIGKEIT

Gibt es noble Lügen?

Allzu große Ehrlichkeit verkneift man sich als höflicher Mensch. Wenn Sie eine Einladung zu einem Abendessen bekommen, auf das Sie keine Lust haben, antworten Sie dann mit »Leider *kann* ich nicht kommen«, oder geben Sie offen zu, dass Sie nicht kommen *wollen*? Aber ist das dann wirklich unaufrichtig? Hat das nicht eher mit Rücksichtnahme zu tun? Damit, dass man niemanden kränken will? Immer wieder wird ja behauptet, dass wir bis zu zweihundert Mal am Tag lügen. Ich halte das für übertrieben. Um auf eine solche Zahl zu kommen, müssten alle Formen auch harmlosester Unehrlichkeiten eingerechnet werden. Es gibt Partys, die so langweilig sind, dass ich mich, wenn ich meinen Bedürfnissen wirklich freien Lauf lassen würde, flach auf den Boden legen müsste. Aber wenn es schon eine Lüge ist, wenn man sich einfach nur zusammenreißt, wäre ja die Queen eine notorische Lügnerin. Ich bin sicher, dass sie meistens, wenn sie freundlich aus ihrem Rolls-Royce winkt, lieber zu Hause in Windsor wäre und im Park einen kleinen Ausritt unternehmen würde.

Wie ehrlich sollte man also sein? In kniffligen ethischen Fragen gibt es zwei Adressen, an die man sich immer wenden kann: Thomas von Aquin und Wilhelm Busch. Beim Weisen aus Wiedensahl heißt es:

Wer möchte diesen Erdenball
Noch fernerhin betreten,

Wenn wir Bewohner überall
Die Wahrheit sagen täten.

Ihr hießet uns, wir hießen euch
Spitzbuben und Halunken,
Wir sagten uns fatales Zeug,
Noch eh wir uns betrunken.

Und überall im weiten Land,
Als langbewährtes Mittel,
Entsproßte aus der Menschenhand
*Der treue Knotenknittel**.

Da lob' ich mir die Höflichkeit,
Das zierliche Betrügen.
Du weißt Bescheid, ich weiß Bescheid;
Und allen macht's Vergnügen.

Ich bin jedenfalls ganz in diesem Sinn erzogen worden. Das Wort »Nein« kommt mir zum Beispiel nur sehr schwer über die Lippen. Das liegt vielleicht an der ungarischen Abstammung meiner Mutter. Die Ungarn haben die Kunst der uneigentlichen Rede perfektioniert, man wird von Ungarn nie ein »Nein« hören, statt *»nem«* sagen sie lieber *»köszönöm«*, also »danke«. Danke ist das ungarische Nein. Vielleicht liegt das an Ungarns asiatischem Erbe. In Asien, das weiß jeder, der schon östlich von Wien unterwegs war, gelten in puncto Wahrhaftigkeit andere Gesetze als hier. Wohlerzogene Perser sagen zum Beispiel grundsätzlich das Gegenteil von dem, was sie meinen. Es gibt sogar einen eigenen Begriff dafür: »Tarof«. Im gesamten Orient und auch im romanisch geprägten Süden, schreibt der äthiopische Prinz Asfa-Wossen Asserate, erfüllt die mensch-

* Ein Knüppel oder Gehstock, mit dem man aber notfalls auch zünftig schlagen kann.

liche Kommunikation hauptsächlich den Zweck, »dem menschlichen Bedürfnis nach Wertschätzung und Schonung entgegenzukommen«. Das heißt dann aber auch, dass das Wort eines höflichen Orientalen nichts gilt.

Auch im Adel ist – zur Irritation aller, die mit diesen Geheimcodes nicht vertraut sind – eine Art »Tarof« üblich. Ein »Besuchen Sie uns doch bitte zum Abendessen!« drückt bei uns nur die Bereitschaft aus, sich mal zum Mittagessen zu verabreden. Ein »Wir müssen unbedingt mal mittagessen« bedeutet in Wahrheit allenfalls die Bereitschaft, sich zu einer Tasse Kaffee zu treffen, und wenn ich sage »Lassen Sie uns mal eine Tasse Kaffee trinken«, ist das schon die gröbste Form der Zurückweisung, zu der ich fähig bin. Allerdings wäre es unaufrichtig, wenn ich leugnen würde, dass diese Mentalität nicht auch handfeste Nachteile mit sich bringt. Der vielleicht berühmteste Adelige der deutschen Literatur, Baron Münchhausen, behauptete zwar, »gescheite Leute lügen gern«, und da mag sogar etwas dran sein, denn um gut zu lügen, muss man sich auch gut in andere hineinversetzen können. Ich für meinen Teil habe die Erfahrung gemacht, dass man vor allem ein verdammt gutes Gedächtnis haben muss, um lügen zu können. Es gibt auf Netflix eine fantastische Doku über den ehemaligen US-Kongressabgeordneten Anthony Weiner, der New Yorker Bürgermeister werden wollte und dessen Ambitionen in Sexskandalen endeten. Man leidet förmlich mit, wie Weiner auf dem Höhepunkt der Krise um seine Glaubwürdigkeit ins Schwitzen kommt, weil er sich nicht mehr erinnern kann, was er wann wo wem gegenüber schon eingeräumt hat und wie viel er noch verschweigt. Weiner war der Parzival der Demokratischen Partei, ein Superstar der Liberalen, seine Frau die Top-Beraterin Hillary Clintons. Vielleicht hätte er sogar eine gute Politik in New York gemacht, wenn er gewählt worden wäre. Doch wenn jemand dazu bereit ist, auf einem monströsen Bauwerk aus Lügen und Geheimnissen zu thronen, ist er dann nicht als Mensch und Politiker diskreditiert?

Lügen, Unehrlichkeit und Unaufrichtigkeit haben vor allem einen entscheidenden Nachteil: Wenn es zur Gewohnheit wird, ein anderes Gesicht aufzusetzen, wird das irgendwann zur zweiten Natur.

Auf die Gefahr hin, eine Indiskretion preiszugeben, hier ein kleines Geständnis (hoffentlich liest das meine Mutter nicht): Ich bin mit drei älteren Geschwistern aufgewachsen, die alle auf ihre Art unseren Eltern immer wieder Sorgen bereitet haben. Das Resultat für mich als Jüngsten war, dass mir die Rolle des Artigen zufiel. In meiner Pubertät bekam ich immer wieder zu hören, wie schön es doch sei, dass ich im Gegensatz zu meinen älteren Geschwistern nicht die üblichen pubertären Anwandlungen zeigen würde. Also wurde ich ein Meister darin, nach außen dieser Rolle gerecht zu werden und meine Sperenzien nur im Geheimen auszuleben. Ähnlich wie auf meine Geschwister übte aber unter anderem das Nachtleben eine große Anziehungskraft auf mich aus. Statt wie sie die Grenzen im offenen Konflikt auszutesten, ging ich dann abends, brav gescheitelt, mit einem guten Buch ins Bett, wartete, bis meine Eltern schliefen, und stieg dann nachts aus dem Fenster und machte mich in Richtung P1 auf, einen damals in München beliebten Nachtklub. In der Kunst der Täuschung entwickelte ich eine perfide Perfektion. Von einem Klassenkameraden, einem überaus begabten Nerd (er machte später als Programmierer bei Siemens Karriere), ließ ich mir sogar eine Wanze bauen. Sie hatte die Größe einer Streichholzschachtel. An Abenden, an denen ich ausgehen wollte, platzierte ich sie im elterlichen Schlafzimmer, stellte an meinem Radio die entsprechende Frequenz ein, wartete, bis ich Schnarchgeräusche hörte, dann stahl ich mich davon. Dabei blieb es allerdings nicht. Mit der Zeit wurde es mir zur Gewohnheit, Dinge, an denen ich Spaß hatte, im Geheimen auszuleben. Allerdings wurde das – ehrlich gesagt – anstrengend, denn irgendwann bereiteten mir Dinge überhaupt dann erst Vergnügen, wenn ich sie heimlich tat. Das hatte durchaus sei-

Muss man sich bei der Security-Kontrolle am Flughafen alles gefallen lassen?

Ja. Uneingeschränkt. Keiner will Schuhe und Gürtel und was weiß ich was ausziehen. Aber wenn Sie ein Gewese darum machen, halten Sie nur die Passagiere hinter sich auf, und das ist rücksichtslos.

Wo trinkt man Cocktails?

In einer Cocktailbar. »Während es prätentiös oder peinlich oder einfach nur dumm wäre, in einer Kneipe Cocktails zu bestellen, ist es überhaupt kein Problem, in einer Cocktailbar nur Bier zu trinken. Oder Wein. Underdressing ist jedenfalls immer besser als sein Gegenteil, auch beim Trinken.« (Peter Richter) nen Reiz, und als ich später die Fernsehserie »Dexter« entdeckte, glaubte ich, im Protagonisten meinen Seelenpartner zu erkennen, tagsüber Forensik-Experte der Kriminalpolizei von Miami, Spezialgebiet Rekonstruktion von Tathergängen anhand von Blutspuren, nachts Serienkiller. Der hielt seine beiden Leben beneidenswert säuberlich auseinander.

Mein eigenes Doppelleben war vielleicht nicht ganz so spektakulär, aber es führte immerhin zu chronischen Rückenschmerzen. Ich musste erst vierzig Jahre alt werden, um festzustellen, dass die Rückenprobleme mit meiner Heimlichtuerei zu tun hatten. Das Versteckspiel war eine Last. Seit ich die bewusste Entscheidung getroffen habe, keine Geheimnisse mehr zu haben, sind die Schmerzen weg. Hätte ich das früher entdeckt, hätte ich mir viele Stunden bei Physiotherapeuten und die teure Mitgliedschaft bei Kieser (»Ein starker Rücken kennt keinen Schmerz«) sparen können. Aufrichtigkeit hat eben tatsächlich mit einer geraden Haltung, mit Rückgrat, zu tun.

Warum tun wir das dann überhaupt – lügen – trotz Risiken und Nebenwirkungen? Wie müsste der Beipackzettel formuliert sein, um zu wissen, was für ein Gift man da schluckt?

Zunächst lügen wir natürlich, weil wir glauben, dadurch Vorteile zu ergattern. Im Leben jedes halbwegs wachen Kindes kommt, etwa zwischen fünftem und sechstem Lebensjahr, der Moment, an dem es feststellt, dass es Vorteile bringen kann, die Unwahrheit zu sagen. »Hast du die Vase zerbrochen?« – »Ja« bringt Ärger, »Nein« erspart Ärger. Je älter man wird, je komplexer das Leben wird, desto komplexer werden auch die Lügen. Lügen werden zu Lügengebäuden.

Lügen, das ist vielleicht schon der wichtigste Warnhinweis, haben die unangenehme Eigenart, sich immer weiter zu verzweigen, sodass man am Ende einen ganzen Strauch von unübersichtlichen Unter- und Nebenlügen vor sich hat, wie Anthony Weiner, noch legendärer Bill Clinton, bei dem es mit einem simplen *»I did not have sex with that woman«* begann und in einem Riesengewusel aus Verdunkelungsbemühungen,

Beeinflussung von Zeugen, Schweigegeldern und einem komplizierten Geflecht aus Komplizen und Mitwissern endete. Und noch legendärer: die großartige Szene in Walt Disneys »Pinocchio«, in der die arme Holzpuppe von der Fee ins Kreuzverhör genommen wird und nicht zugeben will, dass der Fuchs und der Kater ihr eine ihrer fünf Goldmünzen abgezockt haben. »Ich bin in die Hände von Mördern geraten«, sagt Pinocchio der Fee. Lüge Nummer eins, seine Nase wächst ein Stück. »Und die restlichen vier Münzen?«, will die Fee wissen. Er hat Angst, die übrig gebliebenen Goldstücke auch noch rausrücken zu müssen, und sagt: »Ich habe sie im Wald verloren.« Lüge Nummer zwei, wieder wächst die Nase ein Stück, in Wahrheit hat er sie nämlich in seiner Hosentasche. »Wenn du sie im Wald verloren hast, gehen wir jetzt danach suchen und werden sie auch finden«, sagt die Fee, »denn alles, was in diesem Wald verloren wird, taucht wieder auf.« Pinocchio verheddert sich in immer tollpatschigere Ausflüchte (»Ich hab sie gar nicht verloren, ich hab sie aus Versehen geschluckt …«), bis seine Nase armlang ist und neue Triebe wachsen, sodass ein Vogel es sich darauf bequem macht und im Gestrüpp sein Nest baut. In diesem Bild ist das ganze Unglück des Pseudologen enthalten. Lügen verzweigen sich zu immer komplexeren Gebilden, »ach, was für ein verworrenes Netz wir weben, wenn wir trügen und täuschen«, heißt es in Sir Walter Scotts »Marmion« – am Ende wirkt man nur noch lächerlich und bemitleidenswert.

Augustinus, einer der vier lateinischen Kirchenlehrer, er lebte von 354 bis 430 n. Chr. in Nordafrika, war der erste Philosoph, der sich mit dem Thema systematisch beschäftigte. Er war sehr streng. Die Sprache zur Täuschung zu benutzen war für ihn Sünde. Punkt. Keine Ausnahmen. Zwar räumt er ein, dass es schwerere und leichtere Lügen gibt, aber selbst um Menschenleben zu retten, lehnt er Lügen ab. Ein bisschen radikal. Am anderen Ende des Spektrums steht Friedrich Nietzsche, geboren 1844 in Röcken (Sachsen-Anhalt), gestorben 1900 in Weimar. Für ihn war das Lügen, dass sich die sprichwörtlichen Balken biegen, völlig in Ordnung. Er sagte: »Wer denkt, der versteht es auch zu lügen.« Nietzsche in einem Satz? »Nichts ist wahr, alles ist erlaubt.« Auch ein wenig extrem.

Hätte Augustinus recht, dürfte man, wenn Christoph Waltz in »Inglourious Basterds« als »Judenjäger« auftaucht, um ein Glas Milch bittet und höflich die Frage stellt, ob man Juden versteckt halte, selbst dann nicht lügen, wenn Leben damit gerettet werden würden. Wenn Nietzsche recht hätte, könnte man sich jedes Wort, jeden Satz, jedes Buch, jedes Gespräch sparen; wenn es gar keine Verbindlichkeit mehr gibt, wenn man bei seinem Gegenüber nie annehmen darf, dass er die Wahrheit spricht, wenn alles Täuschung ist, ist jedes soziale Miteinander dahin, und man kann sich jegliche Kommunikation und sogar die Fahrpläne des öffentlichen Personennahverkehrs sparen.

Die Antwort muss also irgendwo dazwischenliegen. Und es lohnt sich, sie zu suchen, denn die Frage ist entscheidend, nicht nur aus gesundheitlichen Gründen. Schließlich leben wir in einer Zeit, in der manche behaupten, jede Wahrheit sei »individuell« (»Jeder hat seine eigene Wahrheit, ich will niemandem meine Wahrheit aufdrängen«, sagte mir einmal eine Heilpraktikerin, der ich daraufhin gründlich misstrauen musste). Außerdem leben wir in einer Zeit, in der wir uns alle willentlich von Lügen verführen lassen. Manchmal aus Gutgläubigkeit, meistens aus Bequemlichkeit. Jedes Mal, wenn wir die Nutzungsbedingungen der Apps auf unserem Handy ungelesen akzeptieren, geben wir stillschweigend unser Einverständnis, ausgehorcht und, *excuse my language*, verarscht zu werden. Und jedes Mal, wenn wir eine spektakuläre Story, die im Internet kursiert, mit unseren Freunden teilen, ohne auch nur die leiseste Ahnung zu haben, ob sie wirklich stimmt, beteiligen wir uns an der uns umgebenden Unwahrhaftigkeitsökonomie.

Die präziseste Unterscheidung zwischen Lüge und akzeptabler Verschleierung habe ich bei Sissela Bok gefunden. Diese aus Schweden stammende amerikanische Philosophin ist übrigens der einzige Mensch auf der Welt, deren Vater *und* Mutter Nobelpreisträger sind. In »Lying – Moral Choice in Public and Private Life«, ihrem 1978 verfassten und bis heute maßgebenden Standardwerk zu dem Thema, schreibt sie, eine falsche Aussage sei, streng genommen, nur dann eine Lüge, wenn ihr ein Täuschungsvorsatz zugrunde liege, wenn man – um es umgangssprachlich auszudrücken – andere willentlich hinters Licht führt. Unabsichtliche Täuschungen oder auch Konfabulationen sind nach dieser Definition keine Lügen. Bei Letzteren handelt es sich um falsche Aussagen, die zum Beispiel von krankhaften Lügnern oder Alzheimer-Patienten getroffen werden, die auf Einbildung, falschen Erinnerungen oder gestörten Wahrnehmungen beruhen. Meine Großmutter, die an Alzheimer litt, war demnach also keine Lügnerin, auch wenn sie – sehr zur Verblüffung unserer Nachbarn – manchmal aufgeregt durch unser Wohnviertel lief und laut »Der Kronprinz und Tante Sophie sind in Sarajevo ermordet worden!« rief – sie erlitt schlicht einen Erinnerungs-Flashback an ein für sie offenbar einschneidendes Ereignis. Auch Trivialitäten, etwa wenn man sich artig für ein Geschenk bedankt, sind keine Lügen, und erst recht nicht Falschaussagen in Extremsituationen, in denen Menschenleben gerettet werden (da wären wir wieder bei Christoph Waltz' Figur in »Inglourious Basterds«). Jede absichtliche und böswillige Täuschung lehnt Bok aber kategorisch ab. Sie schadeten nicht nur dem Gegenüber, sie schadeten, sagt sie, vor allem einem selbst, man untergrabe damit seine eigene Integrität. Inmitten einer Welt voller Unwahrheiten sei es vor allem an uns, an jedem Einzelnen, für mehr Ehrlichkeit zu sorgen. Aber, so ihre ausdrückliche Bitte, mit dem notwendigen Takt.

Takt, gilt es festzuhalten, ist sehr hilfreich. Leute, die sich zu Wahrheitsfanatikern aufmandeln und auf menschliche

Schwächen keine Rücksicht nehmen, die jeden ungefragt mit ihrer Wahrheit zumüllen und für die Aufrichtigkeit vor allem ein Mittel ist, Menschen zu kränken, sind unerträglich. Der Wahrheitsfanatiker, heißt es beim großen Theologen und Widerstandskämpfer Dietrich Bonhoeffer, der im Alter von 39 Jahren im KZ Flossenbürg hingerichtet wurde, »verletzt die Scham, entheiligt das Geheimnis, bricht das Vertrauen, verrät die Gemeinschaft, in der er lebt, und lächelt hochmütig über das Trümmerfeld, das er angerichtet hat, über die menschliche Schwäche, die ›die Wahrheit nicht ertragen kann‹.«

Das stimmt natürlich. Dennoch plädiere ich – das hat aber vielleicht auch mit meiner Biografie zu tun und damit, dass ich in puncto Ehrlichkeit ein wenig Nachholbedarf habe – für mehr Aufrichtigkeit. Auch auf die Gefahr hin, damit manchmal ein wenig anzuecken. Das lässt sich aber vermeiden, wenn man erst einmal bei sich selbst anfängt. Bei anderen ist Takt angebracht. Mit sich selbst muss man nicht so schonend umgehen. Der schon erwähnte Jordan B. Peterson sagt, dass jede noch so unscheinbare Handlung, jedes auch nur beiläufig ausgesprochene Wort, die Welt entweder ein bisschen besser oder ein bisschen schlechter macht. Und die einfachste und wirksamste Art, die Welt zu verändern, sei es, auf die kleinen Lügen zu verzichten, mit denen man sich selbst und das eigene Umfeld betrüge. Sein Kronzeuge für diese auf den ersten Blick überraschende Verbindung ist der 2008 verstorbene Literaturnobelpreisträger Alexander Solschenizyn, der Verfasser von »Der Archipel Gulag«, dieses berühmten Erfahrungsberichts aus einem sowjetischen Arbeitslager. Solschenizyn hatte als schlecht ausgerüsteter und mies ausgebildeter Soldat im Krieg gegen die Nazis gekämpft, war nach Kritik an Stalin an der Front verhaftet worden, hatte Folterungen und Misshandlungen erleiden und mit ansehen müssen. Solschenizyn hätte also allen Grund gehabt, die Welt zu verfluchen und das sowjetische Unrechtssystem für sein Schicksal verantwortlich zu machen. Doch statt mit Rachegefühlen und Hass zu reagieren, fing er an, sich selbst unangenehme Fragen zu stellen: Hatte er selbst seinen Teil dazu beigetragen, dass sein Land in so eine Tyrannei schlittern konnte? Und wenn ja, wie? Er fragte sich, wann und wo in seinem Leben er seine Integrität verraten hatte. Wie oft er selbst gegen sein eigenes Gewissen gehandelt hatte. Wann hatte er wo mitgemacht, obwohl er wusste, dass das falsch war? Wie oft hatte er sich selbst betrogen und gelogen? Bis er schließlich auf die entscheidende Frage stieß: die Frage, was er im Hier und Jetzt ändern könnte – an sich selbst. Er hielt im Arbeitslager nach Vorbildern Ausschau, an denen er sich aufrichten konnte, führte lange Gespräche mit Mithäftlingen, zwang sich selbst zu kompromissloser Ehrlichkeit, und dann schrieb er alles auf. Das Buch, das daraus entstand, wurde in den 1970er-Jahren veröffentlicht, führte kurz darauf zu seiner Ausweisung aus der Sowjetunion und brachte ihm den Literaturnobelpreis ein.

Die Art und Weise, wie Peterson einen direkten Zusammenhang zwischen persönlicher Integrität und der großen Politik herstellt, entspricht exakt der von Václav Havel. Die Grundthese dieses 2011 verstorbenen Poeten, Dandys, Dissidenten und späteren Präsidenten war eine ganz ähnliche, sie lautete: Wahrheit gewinnt dort Raum, wo jeder Einzelne in seinem persönlichen Mikrokosmos für sie aufsteht. In seinem Buch »Versuch, in der Wahrheit zu leben« erzählt er die Geschichte eines Prager Gemüsehändlers, der in seinem Schaufenster zwischen Zwiebeln und Möhren ein Spruchband mit dem Schriftzug »Proletarier aller Länder, vereinigt euch!« aufgehängt hatte: »Das Spruchband wurde unserem Gemüsehändler zusammen mit Zwiebeln und Möhren vom Betrieb angeliefert, und er hängte es einfach deshalb in das Schaufenster, weil er das schon seit Jahren tut, weil das alle tun, weil es so sein muss.« Havel stellt klar, dass der Gemüsehändler kein überzeugter Kommunist war, dass dieses Spruchband nur als Signal an die Obrigkeit fungierte. Er wollte lediglich seine Ruhe haben.

Darf man »Scheiße« sagen?

Die Autorin Emma Byrne behauptet in ihrem Buch »Swearing is Good for You: The Amazing Science of Bad Language«, dass die Nutzung von Wörtern wie F*** und Sh** unerlässlich sei – das helfe, mit unangenehmen Situationen umzugehen, es stärke das sogenannte soziale Bonding, es baue sogar Vertrauen zwischen Menschen auf. Ich finde das Bullshit.

»Stellen wir uns jetzt vor«, heißt es in Havels Text, verfasst 1978, in der Zeit der schlimmsten Unterdrückung durch das kommunistische Regime, »dass sich der Gemüsehändler eines Tages auflehnt und aufhört, Spruchbänder auszustellen, die er, nur um sich lieb Kind zu machen, ausstellt; aufhört, zu Wahlen zu gehen, von denen er weiß, dass es keine sind; anfängt, bei den Versammlungen das zu sagen, was er wirklich denkt, und genug Kraft findet, sich mit denen zu solidarisieren, mit denen sich zu solidarisieren ihm sein Gewissen befiehlt. Durch eine solche Rebellion wird der Gemüsehändler aus dem *Leben in Lüge* austreten, das Ritual ablehnen und die ›Spielregeln‹ verletzen. Er wird seine unterdrückte Identität und Würde finden, seine Freiheit verwirklichen. Seine Rebellion wird ein Versuch für das *Leben in Wahrheit* sein.« Die Veränderung der Nation, sagte Havel, beginnt mit der Veränderung des einzelnen Menschen. Elf Jahre später kollabierte der Kommunismus in Osteuropa, und Havel, der ehemalige Dissident, wurde der erste Präsident der freien Tschechisch-Slowakischen Republik. Havel und seine Freunde hatten gewonnen, weil sie fest davon überzeugt waren, dass mit jedem Satz, mit dem wir mehr Aufrichtigkeit, mehr Rückgrat zeigen – und zwar im privaten, unmittelbaren Umfeld –, die Kraft der Wahrheit wächst.

Wenn Peterson, Solschenizyn und Havel richtig liegen, dann kann das Denken über Aufrichtigkeit eigentlich nur eine Folge haben. Wir müssen uns selbst ein paar taktlose Fragen stellen:

Wo in unserem eigenen Leben können wir mehr Aufrichtigkeit, mehr Wahrheit Platz geben? Wie aufrichtig sind wir im Umgang mit unseren Partnern? Mit unseren Kindern? Gegenüber unserem Chef? Wo sind wir in unserem eigenen kleinen Leben unaufrichtig? Wo erlauben wir uns kleine Schwindeleien? Wo geben wir aus Bequemlichkeit Einverständniserklärungen ab? Wo gehen wir aus Bequemlichkeit Konflikten aus dem Weg? Wo zeigen wir angepasstes Verhalten und lassen uns verbiegen? Und wenn wir diese Fragen beantwortet haben, müssen wir darangehen, ein paar Dinge zu ändern.

Man darf dabei aber nicht den Fehler begehen, sich seine kleinen Unaufrichtigkeiten schönzureden. Neulich musste ich eine kostspielige verkehrspsychologische Beratung über mich ergehen lassen. Zur Vorbereitung einer sogenannten Medizinisch-Psychologischen Untersuchung (MPU), vulgo Idiotentest, bei der nach ein paar läppischen Verstößen gegen die Straßenverkehrsordnung (eine davon war die Missachtung des Rotlichts auf dem Fahrrad auf einer völligen leeren, gefahrlosen Kreuzung am Abend, zweimal wurde ich mit 25 Stundenkilometern oberhalb des Tempolimits auf der Autobahn geblitzt) begutachtet werden sollte, ob ich für die Teilnahme am Straßenverkehr geeignet sei. Der Psychologe, der mich auf die MPU vorbereitete, gab mir dabei einen sehr hilfreichen Tipp. Das Wort »läppisch«, riet er mir, sollte ich aus meinem Vokabular streichen: »Bagatellisieren Sie Ihre Delikte nicht! Übernehmen Sie Verantwortung!« Und dann sagte er einen Satz, den ich so schnell nicht vergessen werde: »Schauen Sie Ihrem inneren Kriminellen in die Augen! Geben Sie offen zu: Ja, ich bin immer wieder über Rot gefahren, und ja, ich bin auf der Autobahn gerne und oft zu schnell gefahren. Alles andere ist unglaubhaft. Wenn Sie die Gutachterin zu überzeugen versuchen, was für ein gesetzestreuer Bürger Sie sind, werden Sie garantiert durchfallen.«

»Schauen Sie Ihrem inneren Kriminellen in die Augen!« Ich finde, dieser Satz wäre eines Solschenizyn würdig. Alles in einem sträubt sich, wenn man so einen Satz hört. Dabei ist er so wahr. Vielleicht geht es Ihnen anders, aber ich neige dazu, mir meine Fehler – vor allem meine Unaufrichtigkeiten – schönzureden.

Wie man den Dingen auf die Spur kommt, bei denen man sich Schwindeleien leistet?

Dafür noch mal ein Blick auf die Geschichte von Pinocchio. Es gibt darin eine ziemlich interessante Figur: die sprechende

Grille. Es gehört nicht viel Fantasie dazu, um in ihr das Gewissen zu erkennen. In dem berühmten Kinderbuch von Carlo Collodi (1826–1890) hat sie keinen Namen und wird bereits im ersten Kapitel von Pinocchio zerquetscht. Collodi war ein Kind seiner Zeit. Als 1881 »Le Avventure Di Pinocchio« erstmals als Fortsetzungsreihe in einer italienischen Wochenzeitung erschien, saß Friedrich Nietzsche gerade an »Die fröhliche Wissenschaft«. Auch in diesem Text wird die nagende Stimme erschlagen, nur ist sie bei Nietzsche natürlich ein paar Nummern größer. Nietzsche verkündet dort den Tod von Gott höchstpersönlich (»Wir haben ihn getötet – ihr und ich!«). Liest man Collodis Geschichte mit Nietzsche im Hinterkopf, wird die harmlose Kindergeschichte zu einer Allegorie über die menschliche Autonomie. In »Also sprach Zarathustra« (erschienen 1891) behauptet Nietzsche, dass der Mensch drei Entwicklungsstufen durchleben muss: Erst ist er abhängig von Autoritäten und Meistern, dann reißt er sich von diesen los und erkämpft sich die Freiheit, zuletzt findet er eigene Werte und Ziele und wird dadurch frei. Exakt Pinocchios Geschichte.

In Walt Disneys Version wird die Grille nicht zerquetscht, sondern zu Pinocchios ständigem und manchmal etwas nörgeligem Begleiter.* Die Disney-Version ist definitiv die sympathischere Fassung (im Original ist Pinocchio auch kein süßer Holzjunge, sondern eine unausstehliche und hässliche Nervensäge, Collodi mochte Kinder nicht). Die Grille zu unterdrücken, auch wenn sie manchmal lästig scheint, ist generell eine schlechte Idee. Sie zu erschlagen, wie das Collodi und Nietzsche tun, sollte sich schon aus Gründen des Tierschutzes verbieten. Wenn Dinge an einem nagen, ist das immer ein

* Die Grille (engl. *cricket*) bekommt bei Walt Disney auch einen bemerkenswerten Namen – nämlich Jiminy Cricket, ein alter amerikanischer Slang-Ausdruck, um den Ausruf »Jesus Christus!« durch Verballhornung gottesfürchtig zu umschiffen.

ganz gutes Zeichen dafür, dass da eine unbequeme Wahrheit schlummert. Mit anderen soll man taktvoll, mit sich selbst darf man ruhig ehrlich sein.

Was geht's mich an?

Um die Welt ehrlicher zu machen, gibt es ein gutes Rezept: die Schwindeleien aus dem eigenen Leben tilgen. Wo lasse ich mich hinters Licht führen? Wo belüge ich mich selbst? Gehe ich mit den Menschen in meinem Umfeld ehrlich und aufrichtig um? Gibt es Bereiche in meinem Leben, in denen ich angepasstes Verhalten an den Tag lege? Wo gehe ich Konflikten aus Bequemlichkeit aus dem Weg? Wo lasse ich mich verbiegen? Kurz, entdecken Sie den Kriminellen in sich, und hören Sie auf, andere für Ihre Unaufrichtigkeiten verantwortlich zu machen. PS: Die MPU habe ich bestanden.

18 GROSSZÜGIGKEIT

Die Sache mit der Largesse

Gerade setze ich mich hin, um zu schreiben, da klingelt mein Handy. Meine Frau ist dran. Sie sagt, sie sei gerade bei Max Mara gewesen und habe dort die schönste Handtasche der Welt gesehen, 30 Prozent heruntergesetzt. Dass sie bald Geburtstag hat, wissen wir beide. Sie hat nie große Wünsche, mir bleibt wenig anderes übrig, als ihr diesen zu erfüllen. Ich bin gleich wieder da, ich muss das sofort erledigen, angeblich gibt es den Rabatt nur heute. Also bis gleich. Mal sehen, ob es stimmt, was Wissenschaftler sagen, dass bei einem Akt der Großzügigkeit (die Tasche ist schweineteuer) tatsächlich das hochgelobte Oxytocin fließt, das sogenannte Kuschelhormon, das angeblich Vertrauen stärkt und soziale Bindungen fördert. Bin gespannt.

Mission erledigt.

Die Dame an der Kasse wollte lieber eine EC-Karte, ich gab ihr die VISA, bei der die Tilgung häppchenweise erfolgt (und dafür ein bisschen Zinsen kostet). Oxytocin hab ich keines bemerkt, vielleicht stellt sich der Hormonschub ja bei der Übergabe ein. Dummerweise ist Großzügigkeit eines der Gebiete, auf denen ich mich weit unterhalb meiner eigenen Ideale bewege. Um mir selbst ein neues iPhone zu gönnen, hätte ich keine Mühe, mir einzureden, es sei ein Arbeitsgerät, bei einer Handtasche für meine Frau tue ich mich schwer. Das ist umso beschämender, als Nobilität, also das, was ich hier bewerbe, ursprünglich nichts anderes bedeutet als: Großzügigkeit. Das

Wort »generös«, auf Englisch *generous*, auf Französisch *généreux*, ist ursprünglich gleichbedeutend mit »adelig«. Das lateinische Wort *generosus* heißt wörtlich »von hoher Geburt«. Der Wortstamm *gen* verweist immer auf die Geburt, die Etymologen leiten das von den indoeuropäischen Wurzeln und uralten Wörtern für »Sex« her, jedenfalls haben alle Fremdworte, die mit *Gen* anfangen, etwas mit Verwandtschaft, also im weitesten Sinne mit Geschlechtsverkehr, zu tun, ob Genesis, Generation, Genitalien, Gentleman, Generosität, all das hängt nach uralter Vorstellung mit dem Begriff »Geburt« zusammen.

Nobilität ohne Generosität geht leider nicht. Interessanterweise hat für Aristoteles Großzügigkeit etwas mit Freiheit zu tun. In seiner Einführung in die »Nikomachische Ethik« tut sich Michael Pakaluk sogar schwer damit, das von Aristoteles verwendete Wort *eleutheriotes*, das wörtlich »in einem freien Zustand sein« bedeutet, mit »Generosität« zu übersetzen. Er schreibt: »Eleutheriotes ist die Tugend, die es dem Menschen erlaubt, sich nicht von Besitz gebunden zu fühlen, es beschreibt eine Haltung, die einem erlaubt, sich über das Materielle zu erheben und es mit einer gewissen Sorglosigkeit zu sehen. Eleutheriotes bewahrt einen davor, von seinem Besitz besessen zu werden. Das als Großzügigkeit zu beschreiben ist nicht wirklich treffend, weil dieses Wort suggeriert, dass man mehr gibt, als erwartet wird, was nicht unbedingt eine Tugend ist. Auch das Wort Freigebigkeit beschreibt es nicht, weil es wiederum nach wahllosem Verteilen klingt – Generosität ist also von allen verfügbaren Worten die am wenigsten schlechte Übersetzung.«

Wie immer bei Aristoteles ist eine Tugend nicht absolut, sondern befindet sich in der Mitte zwischen zwei Extremformen – in diesem Fall zwischen Verschwendung (*asotia*) und Geiz (*aneleutheria*), wenn auch näher an ersterer. Auf der einen Seite also Mr. Pink in der Eröffnungsszene von »Reservoir Dogs«, der grundsätzlich kein Trinkgeld gibt (»*I don't tip because society says I have to*«), auf der anderen Seite George Clooney. Von ihm wird erzählt, dass er einmal – er hatte durch den Verkauf einer Tequila-Firma, an der er sich aus Spaß beteiligt hatte, plötzlich so viel Geld auf dem Konto, dass es fast ein bisschen unheimlich war – eine Gruppe alter Freunde und Weggefährten einlud, »*the boys*«, wie er sie nennt: Es saßen also vierzehn Mann bei ihm zum Abendessen, und jeder fand auf seinem Platz am Tisch einen Aktenkoffer, gefüllt mit je einer Million Dollar in Zwanzigerscheinen. In einer kleinen Tischrede erklärte Clooney das sinngemäß so: »Leute, ihr bedeutet mir so viel, seit ich nach L. A. kam. Damals habt ihr mich durchgefüttert, und ich durfte auf eurer Couch schlafen. Ich verdanke es euch, dass ich heute da bin, wo ich bin. Ich will einfach, dass ihr euch keine Gedanken mehr darüber machen müsst, wie ihr die Schulen eurer Kinder finanziert oder die Schulden für euer Haus abzahlt.«

Ich kannte einen Menschen, der ähnlich nobel war. Onkel Jocki, der Fürst Fürstenberg. Er war der generöseste reiche Mann, den man sich ausmalen kann. Auch das hatte er im Blut, es entspricht uradeliger Mentalität. In Giuseppe Tomasi di Lampedusas »Gattopardo« gibt es eine schöne Stelle, die den Freigebigkeitsgeist, der im Idealfall für den Adel typisch ist, auf den Punkt bringt: »Sie tun viel Gutes. Wenn ihr wüsstet – um nur eines zu sagen –, wie vielen Familien, die sonst im tiefesten Elend leben würden, sie in ihren Palästen eine Zuflucht geben! Und sie verlangen nichts dafür, nicht einmal, dass die Aufgenommenen sich kleiner Diebstähle enthalten sollen. Das geschieht nicht aus Prahlerei, sondern aus einer Art dunklem, uraltem Instinkt, der sie dahin treibt, so dass sie gar nicht anders können ... für jedes Glas Champagner, das sie trinken, bieten sie den anderen fünfzig.« So sind die Fürstenbergs, so waren sie immer, eine der wenigen Familien übrigens, die sogar noch lange nach dem Verlust ihrer Souveränität an das Großherzogtum Baden bis ins 19. Jahrhundert das Recht hatten, Untergebenen Adelstitel zu verleihen.

Gibt es gute Geschenke?

Ja. Aber sie müssen überflüssig sein. Das ist die ganze Idee hinter dem Geschenk. Man ehrt den anderen, indem man ihm etwas gibt, obwohl er nichts nötig hat. Wenn ein König dem anderen König ein Geschenk macht, wird er sich hüten, etwas zu schenken, was der andere braucht. Das hieße ja, ein Defizit aufzuzeigen, das hieße, ihn zu beschämen. Nur komplett überflüssige Geschenke sind elegant, daher sind Blumen zu Recht beliebt, sie sind eine reine Zier, niemand braucht sie, gerade deshalb sind sie so schön. Für Juwelen gilt das Gleiche.

Meine Familie wurde nach dem Krieg und der Flucht aus dem Osten von Fürstenbergs aufgenommen und durchgefüttert, und zwar in einer Dimension, die heute nicht mehr vorstellbar ist. Mein Vater flüchtete, wie erwähnt, im Alter von siebzehn mit seinen jüngeren Geschwistern vor den anrückenden Russen aus Sachsen, sämtlicher Besitz wurde zurückgelassen. Er kehrte noch einmal zurück, nur um bald darauf mit einer abermaligen Flucht seiner Ergreifung und Deportation als Klassenfeind nach Sibirien zu entgehen. Sein Vater, mein Großvater, war zu dem Zeitpunkt schon tot. Meine Großmutter und ihre *acht* Kinder fanden Obdach in einem Schloss seiner Schwester. Der Vater von Onkel Jocki, der alte Fürst Max Egon Fürstenberg, war mit der Schwester meines gefallenen Großvaters verheiratet. Natürlich waren die Flüchtlinge, die aus dem Osten kamen, die engsten Verwandten des alten Fürsten, es waren seine Nichten und Neffen, aber die Selbstverständlichkeit, mit der meine und andere Familien (wie etwa die Nostitz), aufgenommen wurden, war schon ungewöhnlich.

Onkel Jocki, 1923 geboren, war nach Ende des Krieges Anfang zwanzig, Erbe eines der größten Forstbesitze Deutschlands, einer großen Brauerei und diverser Unternehmen. Der Ansturm verarmter Verwandter aus dem Osten hätte bei ihm Unbehagen auslösen können, stattdessen freute er sich über die vielen Vettern und Cousinen. Schloss Donaueschingen (die Stadt heißt so, weil im Garten des Schlosses die Donauquelle liegt) wurde zu einem Ort legendärer Feste, und jeder, der halbwegs rechnen und schreiben konnte, fand irgendwo in der Verwaltung der Fürstenbergs Anstellung, und wer dies nicht konnte, bekam trotzdem eine Aufgabe oder wenigstens eine kleine Apanage. Bis zu Onkel Jockis Lebensende (er starb 2002) bekam jeder ehemalige Angestellte, jeder Verwandte, jeder, der auch noch im Entferntesten mit dem Hause Fürstenberg verbunden war, zu Weihnachten eine Kiste Fürstenberg-Sekt, an dem grundsätzlich ein Umschlag, gefüllt mit Bargeld, klebte.

Gibt es eine Erklärung für so viel Largesse? Man könnte argumentieren, dass Nobilität und Generosität nicht nur sinnverwandt sind, sondern dass Largesse im Adel aus ganz praktischen Gründen einfach dazugehörte. Zu Roms besten Seiten waren aufsteigende, aristokratische Politiker dazu gezwungen, mit Geldgeschenken um sich zu schmeißen, ein Julius Caesar wäre fast nicht zu seinem Gallischen Krieg gekommen, weil er vor lauter Pflichtgeschenken so hoch verschuldet war, dass er die Stadt nicht verlassen durfte und wiederum von einem aristokratischen Gönner freigekauft werden musste. Als der historische Adel Mitteleuropas entstand, zwischen dem 8. und 11. Jahrhundert, demonstrierte man nicht nur durch Freigebigkeit Führungsanspruch, man benötigte sie als Mittel zur Macht. Hatte ein Adeliger Territorium gewonnen, brauchte er zur Sicherung Gefolgsleute, und die fand er sowohl unter Landarbeitern und Landbesitzern (die durch den Kriegsdienst von der lästigen Feldarbeit freigestellt waren) als auch unter landlosen Söhnen anderer Adeliger, die auf Ausstattung mit Waffen, Rüstung und Unterkunft angewiesen waren. Je größer die Zahl der Gefolgsleute, je mehr Leute man durchfüttern musste, desto mehr baute man gleichzeitig seine Position gegenüber dem Nachbarn aus, je mehr Leute man unterhalten konnte, desto größer die reale Macht. Mit genügend Gefolgschaft und hinreichend Territorium war man ein Fürst und konnte sogar dem König Konkurrenz machen.

Für Descartes ist *générosité* gleichbedeutend mit der Fähigkeit, frei von sich selbst zu sein, frei von der Enge der Selbstbezogenheit, vom »Selbstischen«, wie Kierkegaard sagen würde. Überhaupt Kierkegaard. Wahrscheinlich muss man einen radikalen Denker wie ihn zurate ziehen, um die Dimensionen des Themas zu ergründen. 1847 legte Kierkegaard, wie oben schon erwähnt, den Band »Der Liebe Tun« vor und stellte einen inneren Zusammenhang von Großzügigkeit und Liebe her. Er unterschied sehr genau, zwischen berechnender Liebe, zu der die meisten Menschen fähig seien, und jener radikalen Liebe, die auf kompletten Überfluss ausgerichtet sei. Echte, umfassende, »un-selbstische« Liebe rechne nicht, »der Liebende kann nicht rechnen, wenn die linke Hand niemals erfährt, was die rechte tut, so ist es unmöglich, eine Rechnung aufzumachen«.

Obwohl man ja normalerweise durch Empfangen in Schuld gerate, behauptet Kierkegaard, geschehe beim liebenden Geben paradoxerweise, dass jemand, »indem er seine Liebe gibt, und eben dadurch, dass er sie gibt, in eine unendliche Schuld« gerate. Das Sein und Bleiben in gegenseitiger, untilgbarer Schuld ist in Kierkegaards Augen »Ausdruck für die Unendlichkeit der Liebe«. Er schreibt: »Es muss also etwas getan werden; und was muss getan werden, damit man in der Liebe Schuld gegeneinander bleibt? Wenn der Fischer einen Fisch gefangen hat, und er ihn lebendig halten möchte, was muss er dann tun? Er muss ihn sogleich in Wasser setzen ... Und weshalb muss er ihn in Wasser setzen? Weil Wasser des Fisches Element ist, und alles, was lebendig gehalten werden soll, muss in seinem Element gehalten werden; aber das Element der Liebe ist Unendlichkeit, Unerschöpflichkeit, Unermesslichkeit.«

Am Ende seines selbst für seine Verhältnisse sehr ernsten Traktats beklagt er in ironischem Ton, dass man »zuweilen mit Betrübnis christliche Vorträge hört«, die die Gefahr ausließen, die mit echter Liebe verbunden sei. Den Menschen, die solche erbaulichen Vorträge hörten, werde vorgespiegelt, dass es einem gut ergehen werde, wenn man sich christliche Liebe wirklich zu Herzen nehme – das sei aber ein Betrug. Das Gute, sagt Kierkegaard fast schon bitter, werde auf der Erde mit Hass, Verachtung und Verfolgung belohnt. Er hingegen besteht darauf, seine Leser nicht mit falschen Versprechungen locken zu wollen: »Wir getrösten uns, das Christliche freimütig anpreisen zu dürfen auch mit dem Zusatz, dass sein Lohn, mildest gesprochen, Undank der Welt ist.« Das Christentum, sagt Kierkegaard, kann in Wahrheit nur eines versprechen: »der Welt Undank, Widerstand, Hohn, und zwar in stets höherem Maße, je ernsthafter einer Christ wird.«

Hat Kierkegaard recht? George Clooney kann sich über mangelnde Popularität nicht beklagen. Auch wenn ich an Onkel Jocki denke, sehe ich nicht, dass die Welt ihm seine Largesse mit Hohn gedankt hätte. Lassen Sie uns doch den Gedanken der Largesse, um der Spekulation über den Lohn der Welt auf den Grund zu gehen, in einem extremen Fallbeispiel begutachten.

Der Fall Mariam Vattalil zum Beispiel. Ein Extrembeispiel, wie gesagt, aber es verdeutlicht den Punkt. Schwester Mariam war eine indische Nonne. Sie arbeitete als Religionslehrerin in kleinen christlichen Gemeinden bei Indore, einer Zweimillionenstadt im zentralindischen Bundesstaat Madhya Pradesh, 80 Prozent Hindus, 15 Prozent Muslime, ein paar Prozent Jainisten und ein paar versprengte Christen. Am 25. Februar 1995 ging Schwester Mariam, wie jeden Morgen, nach der Frühmesse an eine Haltestelle, um ihren Bus vom außerhalb Indores liegenden Kloster Richtung Stadt zu erwischen, sie war auf dem Weg in den Heimaturlaub im südindischen Bundesstaat Kerala. Als der Bus kam, wurde sie dazu aufgefordert, hinten im Bus Platz zu nehmen – was ungewöhnlich war, normalerweise durfte sie immer vorne sitzen. Auf den hinteren Plätzen saßen drei Männer, die, als der Bus losfuhr, sie wüst zu beschimpfen begannen. Nach einer Weile brachte einer der drei den Busfahrer dazu anzuhalten, er kaufte ein paar Kokosnüsse, verteilte das Fruchtfleisch an die zunehmend verängstigten Passagiere, doch als er vor der Nonne stand, verhöhnte er sie und beschimpfte sie als »schlechte Inderin«, die Kinder mit fremdländischen Gedanken verführe. Dann zog er ein Messer und stach es ihr in den Bauch. Immer wieder. Insgesamt fünfzig Mal. Er zog die blutüberströmte Leiche aus dem Bus, warf sie in den Straßengraben und befahl dem Busfahrer weiterzufahren. Das war gegen acht Uhr morgens. Um 10.45 Uhr nahm die Polizei

**Gast-
geschenk
ja oder
nein?**

Jeder bringt heutzutage etwas mit, wenn er zum Abendessen kommt. Ich finde das spießig. Am schlimmsten sind Wein-Geschenke. Mit leeren Händen kommen, die Blicke aushalten, am nächsten Tag einen Blumenstrauß nebst handgeschriebener Dankkarte, das hat Stil.

**Was tun,
wenn ein Freund/
eine Freundin sich
eine größere
Summe Geld
leihen will?**

Wenn es Ihnen irgendwie möglich ist, sollten Sie geben, geben, geben! Ein Segen für andere zu sein wirkt sich meist positiv aufs Leben aus.

Kontakt mit dem Kloster auf und teilte den Nonnen mit, was geschehen war. Als zwei von ihnen kurz nach 14 Uhr an den Ort des Verbrechens kamen, lag dort immer noch der blutige Leichnam. Er wurde geborgen und in das Kloster gebracht. Der Täter, Samundar Singh, wurde festgenommen, vor Gericht gestellt und zu lebenslanger Haft wegen Mordes verurteilt. Aufgeputscht von den hindu-nationalistischen Slogans der Bharatiya-Janata-Partei, hegte die örtliche, mehrheitlich hinduistische Bevölkerung wenig Sympathie für die Nonnen, in der Lokalpresse standen mitfühlende Berichte über den Täter. Das änderte sich aber, als bekannt wurde, dass eine der Schwestern der Ermordeten, ebenfalls eine Nonne, schon bald nach der Verurteilung Singhs angefangen hatte, diesen regelmäßig im Gefängnis zu besuchen. Die verblüffende Botschaft, die sie ihm von ihrer Familie überbrachte, lautete: »Wir haben dir vergeben.« Am 25. Februar 2003 besuchte auch Mariam Vattalils Mutter den Mörder ihrer Tochter und küsste ihm, wie die lokale Presse erstaunt notierte, als Zeichen ihrer Vergebung die Hände. 2006 wurde Singh wegen guter Führung entlassen. Er lebt seitdem bei der Familie von Mariam Vattalil, die ihn bei sich wie einen Sohn aufgenommen hat. Als Mariam Vattalil am 4. November 2017 in Indore von der katholischen Kirche seliggesprochen wurde, saß Singh, der Hindu, in der ersten Reihe. Die Atmosphäre in Indien ist angespannt, seit der Fundamentalist Narendra Modi, der Chef der Bharatiya-Janata-Partei, regiert. Viele Priester und Klosterschwestern sitzen wegen angeblicher Vergehen gegen das Bekehrungsverbot im Gefängnis, in manchen Regionen Indiens wird es mit Freiheitsstrafe geahndet, wenn man zu einer anderen Religion als der hinduistischen übertritt. Indore hingegen ist seit der Freilassung Singhs 2006 eine Insel der Eintracht zwischen Hindus und Christen geworden. Bei der Seligsprechung schob sich eine Prozession aus Tausenden Hindus, Moslems und Christen gemeinsam durch die Straßen, um Mariam Vattalil zu feiern. Manchmal, so scheint es, kann Großzügigkeit in ihrer überbordenden, die Vernunft scheinbar verletzenden Extremform eine Wirkung haben, die auch in unserer Welt Eindruck macht und Spuren hinterlässt.

Was geht's mich an?

Wer nobel ist, ist großzügig. Punkt. Das verrät schon die Umgangssprache, man spricht von einer »noblen Spende«, und wenn jemand eine Lokalrunde schmeißt, ist das »ganz schön nobel«. Echte Largesse ist deshalb schön und edel, weil sie unendlich, unerschöpflich, unermesslich – und daher komplett unvernünftig ist. Großzügigkeit ist gut für die Verdauung und steigert das Allgemeinbefinden. Idealerweise fordert man sie nicht von anderen ein, sondern übt sie im unmittelbaren Umfeld selbst.

19 MASS

Nur für Fortgeschrittene

Es ist leicht, ein Asket zu sein. Wenn man sich *gar nichts* mehr erlaubt, sind die Spielregeln sehr übersichtlich. Auch komplette Zügellosigkeit ist einfach hinzukriegen (ich habe beides probiert). Wirklich schwierig ist nur das Maßhalten. Es ist eine Tugend für Fortgeschrittene, deshalb kommt sie so spät in diesem Buch, obwohl sie eine der vier klassischen Kardinaltugenden ist, also eigentlich weit nach vorne gehört. Wie frustrierend Maßhalten ist, wird uns alljährlich spätestens Mitte Januar bewusst, wenn wir mal wieder mit dem Scheitern von Neujahrsvorsätzen konfrontiert sind. Ich halte daher nicht viel von großen Vorsätzen und glaube eher, der Trick besteht darin, jeden Tag aufs Neue der eigenen Schwerkräfte Herr zu werden, bis gute Dinge – hoffentlich allmählich – zur Gewohnheit werden. Das kann, im Idealfall, zu immer größerer Freiheit führen. Ein Mensch, der bei einem Homer-Simpson-Impuls à la »Ich brauche jetzt einen Donut« die *Wahl* hat, dem Impuls nachzugeben oder eben nicht, ist der freiere Mensch. Wer immer und überall über die Stränge schlägt, bei dem endet das in Langweile, im *ennui*. Die Häufung von Exzessen führt dazu, dass sie keine Wirkung mehr entfalten, da es ja die Natur des Exzesses ist, dass er die Ausnahme darstellt. Wer versucht, immer wieder solche Ausnahmezustände herzustellen, wird scheitern. Deswegen haben ja auch kalendarisch tradierte Bräuche wie das ekstatische Feiern im Fasching oder das Schlemmen an Weihnachten keinen wirklichen Sinn mehr, weil schlicht der Kontrast fehlt.

Wer sich hartnäckig dieser Erkenntnis verwehrt, sind die Feier-Spießer, die jeden Samstag auf die Piste gehen und es dann wie bestellt krachen lassen. In Ibizas legendärem »Amnesia« oder in Berlins »Berghain« wird man hauptsächlich artigen Büroangestellten begegnen, deren Lebensinhalt es geworden ist, einen Ausnahmezustand nach dem nächsten zu erzwingen. Da das nicht geht, müssen synthetische Rauschmittel herhalten, um wenigstens die Illusion zu erzeugen, dass es eben doch machbar ist.

Das große Aber: Der völlige Verzicht auf gelegentlichen Exzess oder völlige Abstinenz in ihrer Leib- und Freudlosigkeit sind nicht minder armselig. »Es ist ein Irrtum zu glauben, alle Christen müssten Abstinenzler sein, die Religion der Abstinenzler ist der Islam«, schreibt C. S. Lewis. Zwei Dinge beklagt er in den Passagen seiner legendären BBC-Vorträge »Mere Christianity«, in denen es um Maß und Mäßigung geht, am meisten: Erstens, dass die, denen es besser gelingt, Mäßigung zu üben, auf die diejenigen, denen das weniger gut gelingt, herabschauen. Wer etwas aufgibt, zum Beispiel das Rauchen, will dann plötzlich, dass alle mit dem Rauchen aufhören. Jemand kann, heißt es bei C. S. Lewis, auf allerlei verzichten, auf Fleisch, auf Bier oder aufs Kino, was auch immer, »sobald er aber behauptet, diese Dinge seien an sich etwas Schlechtes, und andere Leute, die sich daran erfreuen, verachtet, ist er auf einem falschen Weg«. Zweitens: Durch die Einschränkung des Wortes »Mäßigung« auf leibliche Dinge, allen voran Alkohol und Essen, haben wir das Wesentliche aus dem Blick verloren: »Ein Mann, der sein Golfspiel oder sein Motorrad zum Mittelpunkt seines Lebens macht, oder eine Frau, deren ganzes Dasein um Kleider, um Bridge oder um ihren Hund kreist, sind genauso unmäßig wie einer, der sich jeden Abend betrinkt.« Um biblische Sprache zu verwenden: Jeder hat Götzen in seinem Leben, Freiheit heißt, sich von ihnen trennen zu können.

Die Dinge des Lebens zu genießen, ohne sich von ihnen

vereinnahmen zu lassen, das ist die Kunst. In den Augen des großen Thomisten Josef Pieper sind weder das Wort »Maß« noch das Wort »Mäßigung« angemessene Begriffe, um den Sinn des lateinischen *temperantia* auszuschöpfen. »Maß« und »Mäßigung« klingen für ihn verneinend, nach »Einschränkung, Einhalt-Tun, Zurückdämmung, Abschnürung, Zügelung, Kandare«. Das viel bessere Wort sei das griechische *sōphrosýnē*, unter Gymnasiasten *also known as* σωφροσύνη, das sich vom Wort *sōphrōn* (σώφρων) ableitet, was so viel bedeutet wie »verständig, einsichtig, weise sein« – und interessanterweise auch »gelassen«, also lässig. Die deutsche Sprache halte, so Pieper, kein Wort bereit, »das auch nur einigermaßen den Kern und den Umfang des Begriffes ›temperantia‹ widerzuspiegeln vermöchte«. *Temperantia* bedeutet ursprünglich »ordnende Verständigkeit« und leitet sich vom lateinischen Verb *temperare* ab – das heißt »richtig mischen«. Im englischen Verb *to temper*, »mildern, beimischen«, ist der Ursinn noch enthalten. Unser Wort »Temperatur« kommt von *temperatura*, das hat aber ursprünglich nichts mit warm oder kalt zu tun, sondern heißt »richtige Mischung, rechtes Verhältnis«, so wie man einen Drink richtig mischt oder bei einem Backrezept die rechte Mischung aus den Zutaten verwendet. Es geht also nicht um Verzicht und Gängelung, sondern darum, von allem gerade so viel zu nehmen, dass es passt. Ein Bartender fühlt sich nicht gegängelt, wenn er für einen Old Fashioned Cocktail nur einen Spritzer Angosturabitter und nur *ein* Stück braunen Würfelzucker verwendet – würde er anders dosieren, wäre der Drink eben verfälscht.

Leider hat man im Leben für Genüsse und Leidenschaften nicht immer eine präzise Dosierungsanleitung parat, deshalb ist Maß – wir verwenden den Begriff weiter, aber eben mit dem Sinn der *temperantia* im Hinterkopf – im täglichen Leben so schwer umzusetzen. Aber – und das ist die schlechte Nachricht – nach Thomas von Aquin ist die Fähigkeit, Maß halten zu können, für ein halbwegs gelungenes Leben leider unabdingbar, deshalb ist sie ja auch eine der Kardinaltugenden. Die Fähigkeit, Maß zu halten, berührt nach Thomas nicht irgendeinen Seitenaspekt des menschlichen Charakters, sondern das, was Pieper in seinen Aquin-Auslegungen als »Entscheidungsmitte des Menschen« bezeichnet, den »innersten Raum des Menschenwesens«. Das Ziel der *temperantia* – wir müssen doch noch einmal das bessere Wort verwenden – ist nichts Geringeres, als in sich selbst die rechte Ordnung zu verwirklichen. Pieper schreibt: »Es ist ein zwar alltäglicher, aber darum nicht weniger geheimnisvoller Sachverhalt, dass die innere Ordnung des Menschen nicht – wie die von Kristall, Blume und Tier – einfach hingegebene und selbstverständliche Wirklichkeit ist, dass vielmehr die gleichen Kräfte, aus denen das menschliche Dasein sich erhält, jene innere Ordnung auch bis zur Zerstörung der geistig-sittlichen Person verkehren können.«

Ein Gedanke, bei dem es sich lohnt, ihn einen Moment sacken zu lassen. Stimmt, ein Stein, ein Tier, eine Pflanze kann von sich aus seine Natur nicht verdrehen und verderben, wir können das mit einer Pflanze tun, indem wir sie pflücken, in die Vase stellen und dadurch quasi zweckentfremden, wir können es mit einem Elefanten tun, dem wir ein rosa Röckchen anziehen und den wir im Zirkus zu wesensfremden Kunststücken dressieren, aber von sich aus würde es keiner Blume, keinem Elefanten oder keinem Stein einfallen, auf Abwege zu geraten. Wir Menschen können das sehr wohl. Und wie. »Schwer begreiflich ist vor allem«, so Pieper, »dass wirklich das innerste menschliche Selbst es ist, das sich selber bis zur Selbstzerstörung in Unordnung zu bringen vermag.« Das ist für den Thomisten zentral, weil es ja oft so dargestellt wird, als gäbe es irgendwo in unserem Kopf einen Kampfplatz widerstreitender Kräfte, die miteinander ringen wie im Comic Engelchen und Teufelchen. Tätlich seien immer und einzig wir selbst: Täter von Maßlosigkeit, Unzucht, Selbstzerstörung und was es da alles gibt. Pieper: »Immer ist es die Entscheidungsmitte der ganzen und unteilbaren Person, von der aus die innere Ordnung gewahrt oder verkehrt wird.« Im Römerbrief (7,19) schreibt Paulus ja auch: »Ich tue eben nicht das Gute, das ich will, sondern führe das Böse aus, das ich nicht will.« *Ich* tue …!

Auf fast geheimnisvolle Weisen sind es für Pieper gerade diejenigen Kräfte des menschlichen Wesens, die am ehesten als die eigentlichsten Kräfte der Selbstbehauptung und Selbsterfüllung zu gelten haben, die auch das Gegenteil, also die Selbstzerstörung, bewirken. In Thomas von Aquins »Summa theologica« findet sich folgender, geradezu unheimlicher Satz: Die Kräfte, die zu ordnen das Amt der *temperantia* sei, »vermögen am meisten Unruhe in das Gemüt zu tragen, und zwar deswegen, weil sie dem Wesen des Menschen zugehörig sind«. Wie meint er das? Ein schmaler Zugang des Verständnisses öffnet sich für Josef Pieper in einem Satz von Thomas von Aquin, den er gleichzeitig als das Fundament seiner Lehre vom handelnden Menschen bezeichnet, der besagt: Es ist dem naturhaften Wesen des Menschen gemäß, Sehnsucht nach Gott zu haben und ihn mehr zu lieben als sich selbst. *Dadurch* empfängt die Verletzung der Gottesliebe ihre selbstzerstörerische Schärfe, weil sie auf Gier und Misstrauen beruht – nämlich dem Misstrauen, dass Gott es eigentlich nicht gut mit uns meint, dass es daher besser ist, für sich selbst zu sorgen und möglichst überall das Beste und Maximale für sich rauszuholen. Der Mensch, der nichts so sehr liebt, wie sich selbst, wird für den Kirchenlehrer vom Bewahrer zum Zerstörer, der seinen Wesenssinn verfehlt. Denn der Wesenssinn des Menschen, so der heilige Thomas, ist nicht das blinde Sichselbstsuchen, sondern das Sehen der ganzen, wahren Wirklichkeit, die über den eigenen kleinen Horizont hinausragt – hin zum Nächsten und hin zum Höchsten. Wem das fehlt, der schafft es auch nicht, Ordnung in sein Leben zu bringen, weil er selbst nicht naturgemäß lebt.

Wie lebt man also naturgemäß? Wie kriegt man das hin? Das mit dem Maßhalten? Der richtigen Ordnung?

Wer hat in Hotels Trinkgeld verdient?

Niemand weiß mehr, wie man sich in Fünfsternehäusern benimmt. Fünfsternehotels sollte man erst gar nicht ohne ein Bündel von Fünfeuroscheinen betreten. Händigen Sie die einfach einzeln jedem vom Personal aus, dem Sie begegnen (außer dem Concierge, der könnte sich durch ein Trinkgeld, ohne dass er etwas für Sie getan hat, beleidigt fühlen). Und beim Einchecken an der Rezeption müssen Sie auch kein Trinkgeld geben. Aber sonst *jedem*. Riesenfehler: seine eigene Tasche tragen. Viele tun das aus falscher Bescheidenheit. Für Porter ist das eine Beleidigung, sie haben ein Recht darauf, Gepäck zu tragen, und sie haben auch ein Recht auf Trinkgeld. Bevor Sie Ihr Zimmer verlassen, legen Sie einen Fünfeuroschein auf Ihr Kopfkissen. Bei Vertreterhotels, in denen die Rollkoffer-Brigaden verkehren, kann man sich solche Trinkgeld-Orgien ersparen.

Für Thomas von Aquin ist die Antwort klar: Ohne Gott sind wir verloren. Für den Christen hat der Mensch seit dem Sündenfall einen kleinen Knacks. Die Auflehnung Adams und Evas bestand darin, dass sie es sich anmaßten, *selbst* bestimmen zu wollen, was Gut oder Böse ist, selbst Herr ihrer Welt sein zu wollen. Das große Paradox des Christentums, so der Philosoph Slavoj Žižek, besteht darin, dass die Konfrontation mit der Sünde und der Sündenfall erst die Entstehung menschlicher Moral möglich gemacht haben. Ohne freie Entscheidung für das Schlechte und gegen das Gute gäbe es keine Freiheit, und ohne Freiheit keine Sünde. Warum, fragt Žižek, warnte Gott Adam und Eva denn ausdrücklich davor, eine Frucht vom Baum der Erkenntnis zu essen? Warum stellte er ausgerechnet diesen Baum mitten in den Garten? Warum machte er ausdrücklich auf ihn aufmerksam? Weil erst die freie Entscheidung uns zu moralischen Wesen macht. Nur die freie Entscheidung lässt so etwas wie Ethik überhaupt entstehen. Das ist auch die zentrale Aussage der Geschichte von Adam und Eva und anderer archetypischer Geschichten, wie etwa Anthony Burgess' »A Clockwork Orange«. Dort wird ein missratener Junge einer Gehirnwäsche unterzogen, die ihn zu einem braven Bürger machen soll. Der Katholik Burgess lässt in seinem Roman den Gefängnispfarrer vor dem Experiment warnen: *»If a man cannot choose he ceases to be man«* (Wenn ein Mensch nicht wählen kann, hört er auf, Mensch zu sein). Ohne Freiheit keine Ethik.

Auch Menschen, die mit Religion nichts zu tun haben, räumen in der Regel ein, dass Geschichten, die seit so vielen Tausend Jahren erzählt und aufgeschrieben werden, auf denen ganze Weltreligionen gründen, gewisse archetypische Wahrheiten innewohnen. Was ist die archetypische Wahrheit der Adam-und-Eva-Story, wenn nicht die ihrer Auflehnung? Die Versuchung kommt ja selten in der Form des Bösen auf uns zu, sondern meistens in der Form des falschen Guten. Die Philosophin Hanna-Barbara Gerl-Falkovitz vergleicht die archetypische Entscheidung des von Adam und Eva verkörperten Menschen mit dem Rad, das sich aus Stolz von der Radachse und dem damit verbundenen Motor löst: »Der Mensch hält sich nur, weil er von innen gehalten wird. Wirklicher Halt liegt im Gehaltensein. Wir aber wittern in solch zufließender Energie Demütigung, Unterwerfung, den eifersüchtig Größeren.« Die ganze Bibel kann man so lesen, dass sie eigentlich die Geschichte der Rückkehr ins Paradies darstellt. Diesmal aber auf freiwilliger Basis. Erst mit dem Sündenfall machten sich Adam und Eva – machte sich die Menschheit – von der mit dem Gehaltensein verbundenen Kraft frei. Die Idee ist jetzt, dass wir wieder zu unserer ursprünglichen Bestimmung, zurückfinden.

Der altmodische Begriff wäre »Gnade«. Moralische Athleten bekommen es vielleicht ohnedem hin, ich empfinde die Anforderungen des Christentums, von der Bergpredigt bis zu der Tugend des Maßhaltens, als einzige große Zumutung. Alles, was Gott geschaffen hat, ist gut, *»omnis creatura Dei bona est«* (Paulus), aber wie krieg ich es hin, von der Pasta, die bei uns im Kühlschrank für den nächsten Tag aufbewahrt wird, nachts nicht zu schnabulieren? Geht es auch, nur die Hälfte oder ein Viertel des Häagen-Dazs-Topfs zu essen? Wenn ich sage, dass ich das nicht alleine hinkriege, würde Pieper mir ausdrücklich beipflichten. Für ihn ist Demut (sie »gründet darin, dass der Mensch sich so einschätzt, wie es der Wahrheit entspricht«) eine Grundvoraussetzung für *temperantia*, Demut ist Hinnahme, dass der Mensch und die Menschheit nicht Gott und nicht »wie Gott« sind und dass sie auf seine Hilfe angewiesen sind. Sünde, so Pieper, sei immer die Abwendung von Gott und die Hinwendung zum »Selbstischen«, zur Vergötzung egoistischer Vergnügen. Das ende immer in der Verzweiflung: »*Intemperantia* und Verzweiflung sind durch einen verborgenen Kanal miteinander verbunden.« Das, was einem erlaube, die Dinge zu genießen, ohne ihnen zu verfallen, ist für Pieper allein das Hingeordnetsein, das »Sichspannen des Geistes auf die großen Dinge«, letztlich auf Gott. Nur dort findet man die Erfüllung der tiefsten Sehnsüchte. Wer die letzten Dinge im Auge behält, kann die vorletzten entspannter genießen. Daraus entsteht das, was Pieper »Hochgemutheit« nennt: »Der Hochgemute ist in gewissem Sinn wählerisch«, er lasse sich nicht von allem Begegnenden ansprechen, sondern nur von dem Großen. »Der Hochgemute klagt nicht, denn sein Herz lässt sich nicht besiegen von irgendeinem äußeren Übel. Hochgemutheit schließt in sich eine unbeugsame Festigkeit des Hoffens, eine geradezu herausfordernde Zuversichtlichkeit und die gänzliche Ruhe eines furchtlosen Herzens. Der Hochgemute unterwirft sich nicht der Verwirrung des Gemütes, nicht irgendeinem Menschen, nicht dem Schicksal – nur Gott.«

Temperantia ist letztlich nichts anderes als ein anderes Wort für »Schönheit« – weil rechtes Maß immer ein Geordnetsein ausstrahlt –, die den Glanz des Wahren und Guten in sich trägt. Das hat für mich immer etwas mit Gott zu tun. Vielleicht kriegen das manche auch ohne Gott hin, ich stell mir das ziemlich schwer vor.

Was geht's mich an?

Maßhalten ist die schwierigste aller Tugenden. Wer da allein auf seine athletische Kraft vertraut, der überhebt sich. Das Geheimnis liegt nicht in feierlichen, strohfeuerartigen Resolutionen, sondern in der täglichen Kleinarbeit. Einigen wenigen scheint das mit purer Disziplin zu gelingen, am effizientesten ist aber eine gehörige Portion Demut.

20 DISKRETION

Die Freude am Lästern

Wer eine Gesellschaft frühzeitig verlässt, weiß das: Sobald man aus dem Raum geht, wird man dort ein paar Momente lang Thema sein. Wenn dem nicht so wäre, hieße das nur, dass man ein Langweiler ist. In einer der meistaufgeführten Komödien Großbritanniens, »The School for Scandal« aus dem Jahr 1777, ein Meisterwerk des Iren Richard Brinsley Sheridan, verlässt jemand eine noble Gesellschaft mit diesen Worten: »Sie müssen mich jetzt bitte entschuldigen. Aber ich lasse Ihnen ja meinen Charakter da.« Wirklich kritisch wird es, sagte schon Oscar Wilde, wenn *nicht* über einen getuschelt wird. Antoine de Rivarol, der französische Satiriker, ein Zeitgenosse Sheridans, behauptete: »Unter zehn Personen, die über uns sprechen, sagen uns neun Böses nach, und der Einzige, der Gutes sagt, sagt es schlecht.«

Üble Nachrede ist kein Problem des Internetzeitalters. Lukian beklagt schon im 2. Jahrhundert, dass wir dazu neigen, unwahre Angaben, »wenn sie auch nur den kleinsten Anschein von Wahrheit enthielten, ohne weitere Nachprüfung zu glauben«. Aber das Internet erschließt völlig neue Möglichkeiten. Stellen Sie sich vor, Sie wachen eines Morgens auf und sind plötzlich Freiwild! Sie sind Bademeister eines öffentlichen Schwimmbads in Oberhaching bei München. Sie fordern eine Mutter auf, ihr drei Jahre altes Kind nicht nackt herumlaufen zu lassen, was für die Mutter Grund genug ist, Sie auf Facebook zu diffamieren. Andere User geben ihre Kommentare dazu ab. Eine Frau will gehört haben, dass Sie die Tochter Ihrer Freundin sexuell belästigt haben. Eine andere raunt, Sie seien pädophil. Am Ende stehen Sie am Pranger und müssen sich öffentlich rechtfertigen, obwohl Sie völlig unschuldig sind. Das ist keine erfundene Geschichte. Oder die: Ein Wirt in Köln macht gerade vor der Eingangstür sauber, als er eine Taube sieht und sie verjagt, indem er seinen nassen Mopp laut auf den Boden klatschen lässt. Das sehen zwei Tierschützer und verbreiten auf Facebook die Geschichte vom Wirt, der eine Taube totgeschlagen habe. Die Geschichte macht »viral« die Runde, und das Lokal, nun ein Hassobjekt von Tierschützern, wird mit schlechten Bewertungen in den einschlägigen Bewertungsportalen geflutet.

Damit es einen erwischt, muss man nicht hochrangiger Politiker, Manager oder Kirchenmann sein, obwohl eine entsprechende Fallhöhe nicht schadet, man muss nicht mal einen besonders lupenreinen Leumund haben, der digitale Lynchmob sucht sich seine Opfer an den außergewöhnlichsten Orten. Eine amerikanische Pornodarstellerin wurde Opfer einer einzigartigen landesweiten Hasskampagne, weil sie gesagt hatte, dass sie keine Sexszenen mit männlichen Darstellern drehe, die auch in Schwulenpornos mitmachten. Sie wurde als Schwulenhasserin gebrandmarkt, den Mob interessierte dabei nicht, dass sie keineswegs homophob (weil bisexuell) war und dass die meisten weiblichen Pornodarstellerinnen sich exakt so verhalten (weil die Gefahr von Geschlechtskrankheiten bei schwulen Pornodarstellern höher ist).

Die Dimensionen, die Verleumdungskampagnen in der Welt der sozialen Medien annehmen können, sind aber nicht das Hauptproblem. Auch Fake News sind nicht das Problem. Die Katastrophe ist, dass unsere Kultur durch die digitale Verführung quasi auf den Kopf gestellt wird. Kultur löste eigentlich schon immer einen Nachahmungseffekt aus. Der Ritter in der alten, modrigen Burg, in der noch die Knochen hinter sich geschmissen werden, sieht, wie in der Nebenburg artig bei Tisch gesessen wird, die Damen anständig behandelt werden und Troubadours rumschwirren, und will auch so sein. Zu jeder Zeit bedeutete nacheifern, sich nach oben zu strecken. Heute schauen wir nach unten. Die kleinen Bildschirme verleiten uns dazu, unseren Blick im physischen *und* im übertragenen Sinne nach unten zu richten. Wir lassen uns von einem Entrüstungssturm zum nächsten treiben, vor lauter Empörung gehören Wut und Furor zum Grundrauschen unseres Seins.

Der englische Philosoph Roger Scruton hat einen konkreten Vorschlag, wie dem gegenzusteuern sei: »Wir sollten eine Sendeanstalt einrichten, eine Art *Ministry of Truth*, sie in ein juristisch möglichst isoliertes Land verpflanzen (Russland zum Beispiel), die Aufgabe sollte darin bestehen, über so viele Menschen, Prominente und nicht Prominente, rund um die Uhr so viele Verleumdungen und Lügen wie nur möglich zu verbreiten. Wenn dann irgendwann jeder zum Opfer digitaler Böswilligkeit geworden ist, werden die Menschen anfangen, die sozialen Medien zu verachten, sie werden zu Orten werden, an denen man nicht gesehen werden will, vergleichbar mit einer dunklen Gasse im Rotlichtbezirk.«

Unsere Kultur wird von übler Nachrede, mangelnder Diskretion und Geschwätzigkeit beherrscht. »Facebook ist eine soziale Bestätigungsmaschine, die sich die Verletzlichkeit der menschlichen Psyche zunutze macht«, sagt beispielsweise Sean Parker, einer der Mitgründer von Facebook. Sie dockt am offenbar tief verwurzelten menschlichen Klatschbedürfnis an. Die Evolutionsforschung vermutet, Klatsch und Tratsch seien für unsere frühen Vorfahren überlebenswichtig gewesen, um in der Horde ihren jeweiligen Status zu behaupten. Vermutlich stiegen auch die Fortpflanzungschancen von denen in der Gruppe, die über wichtige Figuren in der Gemeinschaft Geheimnisse wussten. Gerüchte sind ein Mittel, um sich selbst hervorzutun, das ist heute nicht anders als vor fünfhunderttausend Jahren. Wir neigen alle zu Klatsch, die einen mehr, die anderen weniger, aber gefeit dagegen ist *niemand*. Die

Was tun, wenn Sie eine Mail erreicht, die nicht für Sie bestimmt war?

Ich hatte das Problem einmal mit Naomi Campbell. Sie hatte mir unvorsichtigerweise ihre private Mailadresse gegeben, und als ich sie ein paar Wochen später anschrieb, um sie zu fragen, ob sie mir ein Interview geben würde, antwortete sie mir mit einer äußerst höflichen Absage. Wenige Minuten später erhielt ich eine Mail, die sie an ihre PR-Dame verfasst hatte, bei der ich versehentlich ins cc geraten war. Dort standen dann Dinge wie »Halte mir gefälligst diesen lästigen Typen vom Hals«. Ich schrieb ihr freundlich zurück, machte sie darauf aufmerksam, dass ich ihre Mail in Kopie erhalten hatte, und versprach ihr, sie künftig nicht mehr zu kontaktieren und ihre Mailadresse aus meinem Adressbuch zu tilgen. Ich bin sicher, sie hat sich danach furchtbar gefühlt, gerade weil meine Mail ausgesprochen freundlich formuliert war. Genau das war mein Ziel.

Frage ist, wie wir mit unserem offenbar fest installierten Hang zur Indiskretion umgehen – heute, in einem Zeitalter, in dem dieser Hang auf nie da gewesene Weise multipliziert wird.

Vielleicht hilft uns »Parzival« bei der Frage weiter, wie wir mit Neugier und Schwatzhaftigkeit umzugehen haben, schließlich geht es in der Geschichte – dem vielleicht berühmtesten höfischen Epos des Mittelalters – zentral um die Frage der Diskretion. Der junge Parzival gelangt auf dem Höhepunkt der Erzählung an die Gralsburg und darf am Mahl der Gralsritter teilnehmen. Dort geschehen seltsame Dinge. Eine blutende Lanze wird hereingetragen, dann ein Kelch, dann der kranke König Amfortas, alle Ritter brechen in Wehklagen aus. Parzival, stets der perfekte Gentleman, beachtet die Generalregel gut erzogener Leute: keine überflüssigen Fragen stellen. Er lässt sich nichts anmerken. Gerade das ist aber sein schwerer Fehler. Würde er die Frage stellen, woran der König leide, wäre der Bann, der über Burg Munsalvaesche liegt, gebrochen. Er besteht die Probe nicht. Als er am nächsten Morgen nach schlechten Träumen aufwacht, ist die Burg menschenleer, beim Verlassen wird er vom Torwächter noch beschimpft: *»ir sît ein gans/möht ir gerüeret hân den vlans/und het den wirt gevrâget!/vil prîses iuch hât betrâget«*, »Ihr seid eine Gans! Hättet Ihr den Schnabel gebraucht und den Burgherrn gefragt! Große Ehre habt Ihr verpasst!«

Dazu muss man wissen, dass Parzival nur einen vierzehntägigen Crashkurs in ritterlicher Ethik erhalten hat, also gesellschaftlich noch ein bisschen unsicher ist. Seine Mutter hat ja alles getan, um ihn vom höfisch-ritterlichen Leben fernzuhalten, sein Vater sein ganzes Leben ausschließlich der *âventiure* und dem Krieg gewidmet. Parzival soll ja am Ende als idealtypische Mischung zwischen der zarten Mutter und dem draufgängerischen Vater und somit als Idealbild des Ritters schlechthin dastehen. Jedenfalls hat er, bevor er auf der Gralsburg scheitert, gerade erst die ritterliche Erziehung absolviert und höfische Benimmregeln im Schnelldurchlauf erlernt. Sein Lehrer war eine Art früher Meister Yoda, der Ritter Gurnemanz. Der stellte bei seinem jungen Eleven eine *»tumpheit«* fest, die sich unter anderem in der ziemlich unhöfischen Neigung manifestierte, vorlaute Fragen zu stellen. Gurnemanz brachte ihm Folgendes bei: *»Irn sult niht vil gevrâgen«*, »Ihr sollt nicht viel fragen«, »Ihr könnt hören und sehen, schmecken und riechen«, *»daz solt euch witzen machen«*, »das sollte Euch weise machen«. Er soll sich also lieber auf seine Sinne verlassen, die Dinge, die er sieht, hübsch in seinem Kopf bewahren, sie dort abwägen und nicht alles gleich hinausposaunen.

Im Moment seiner größten Prüfung, als er auf der Gralsburg die Bedrücktheit der Leute um sich herum und all das Wehklagen sieht, steht ihm die Erziehung im Wege. Er will höflich und zurückhaltend sein und macht sich seine Gedanken lieber im Stillen, statt frei heraus zu fragen, was los ist, wörtlich heißt es: »Er wollte nicht ungezogen sein und scheute sich zu fragen.«

Erst beim Einsiedler Trevrizent, in dessen karger Klause Parzival Zuflucht findet und das asketische Leben kennenlernt, erfährt er, wie er hätte reagieren sollen. Richtig wäre gewesen, er hätte die Ideale der Diskretion gegen die Tugend der Nächstenliebe abgewogen. Er hätte aus Mitleid fragen, er hätte sich nicht starr an Regeln halten, er hätte seinen Kopf einschalten müssen. Parzival bekommt auf dem Höhepunkt der Geschichte, wie es sich gehört, eine zweite Chance. Als er da endlich die Worte *»Oeheim, waz wirret dier?«*, »Oheim, was tut dir weh?«, spricht, kommt es zum Happy End, der König ist vom Fluch erlöst, und Parzival wird zum Gralskönig berufen.

Auf den ersten Blick wirkt das wie eine Kritik an allzu großer höfischer *zuht*. Hemmte Parzivals Erziehung ihn, das Gebot der Diskretion zu brechen? Das kann nicht die Botschaft sein, denn nach der Berufung Parzivals zum König wird das Diskretionsreglement bei Hofe noch einmal verschärft.

Darf man Menschen fragen, was sie beruflich tun?

Die englische Snob-Prawda *Tatler* hat einmal einen Feldversuch angestellt, wie lange es in unterschiedlichen Milieus dauert, bis die gefürchtete WTSB-Frage (»Was tun Sie beruflich?«) fällt. Bei Medien- und Werbeleuten ist es meist die erste Frage überhaupt. Am besten schnitten Richter, Hochschulprofessoren und Landwirte ab. Da fällt die Frage fast nie. Johannes Schwarzenberg, Erbprinz des alten böhmisch-österreichischen Adelshauses, reagiert äußerst ungehalten auf die WTSB-Frage (arbeiten im strengen Sinne tut er nicht). Er antwortet meist bewusst abweisend mit: »Ich bin im Erbengeschäft.« Meist erübrigt sich damit jedes Nachhaken.

»Weil der liebe Amfortas sich so lange quälen musste«, heißt es am Ende, »und die Frage lange Zeit nicht zu ihm kommen wollte, sind sie nun immerfort sehr empfindlich gegenüber Fragen.« Und dann steht da noch der – nach dem ganzen Theater eigentlich verblüffende – Satz: *»Als des grâles pfliht-gesellen/von in vrâgens niht enwellen«*, »Die Ritter der Gralsgesellschaft wollen keine Fragen hören.« Ritterliche Selbstbeherrschung wird also nicht als etwas Negatives dargestellt. Im Gegenteil, die Regeln der Diskretion werden einem zum Ausklang der Geschichte noch einmal aufs Neue eingebläut.

Wieso?

Weil Parzival eben nicht falsch handelte, als er damals das Fragen unterließ. Dem Text Wolfram von Eschenbachs ist zu entnehmen, dass er sich wohl Gedanken machte, er wägte die seltsamen Dinge, die er sah, so wie gelernt, in seinem Kopf ab. Hätte er aber gefragt, dann hätte er es aus den falschen Beweggründen getan: aus Neugier. Parzival wunderte sich über den langen und weiten Zobel des kranken Königs, er staunte über die Pelzhaube, die der König trug (»mitten darauf ein kleiner Knopf, das war ein durchscheinender Rubin«). Die Erklärung für den Prunk wäre es gewesen, die Parzival interessiert hätte. Der oberflächliche Schnösel wunderte sich über die falschen Dinge, andere, viel verblüffendere Ereignisse beschäftigten ihn gar nicht. Er wurde von der Hofgesellschaft ja als verheißener Retter behandelt, ohne dass diese in der Lage gewesen wäre, zu erklären, warum sie ihm mit so großer Generosität begegneten. Er bekam ja VIP-Treatment. Dass er sich darüber *nicht* wunderte, war die eigentliche Unverschämtheit. Es ist, als gingen Sie ins Kino und würden plötzlich behandelt, als wären Sie Leonardo DiCaprio höchstpersönlich. Der Direktor führt Sie zum besten Platz, der extra ausgepolstert ist, Sie bekommen als Einziger im Kino Getränke gebracht, und all das nehmen Sie als selbstverständlich hin. Es sind also Neugier und unreifer Stolz, die Parzival daran hindern, sich *selbst* die richtigen Fragen zu stellen. Dem Erzähler tun beide leid, Parzival und der kranke König. Der eine, weil er noch ein unreifer Idiot ist, der andere, weil er so sehr auf Erlösung hofft und sie von diesem Typen offenbar nicht erwarten kann.

Damit Parzival der strahlende Held werden kann, als der er in die Literaturgeschichte eingegangen ist, wird der dann folgende Charakterbildungsprozess entscheidend. Er war subjektiv unschuldig, als er die Probe nicht bestand. Er handelte so, wie Gurnemanz es ihn gelehrt hatte, und er war eben noch nicht in der Verfassung, die richtigen Fragen zu stellen. Er war noch nicht der noble Ritter, zu dem er später werden sollte. Der Vorfall auf der Gralsburg, das ist der wesentliche Twist der Geschichte, zwang ihn zu einem Weg der Selbsterkenntnis. An dessen Ende stand die Einsicht, dass man ohne die Gnade Gottes aufgeschmissen ist. »Parzival braucht lange, bis er sein Schicksal, schuldlos schuldig zu werden, akzeptieren kann«, wie es in Volker Mertens Standardwerk »Der deutsche Artusroman« heißt. Mertens sagt, die Absicht des Epos sei eindeutig, den Hörer und Leser an diesem Selbst- und Wertfindungsprozess teilhaben zu lassen, dessen Kern die Auseinandersetzung mit ungewollter Schuld sei. Es geht also darum, Schuld zu akzeptieren. Erst die Akzeptanz eigener Schuld brachte Parzival überhaupt in die Verfassung, beim zweiten Mal anders zu handeln und *»Oeheim, waz wirret dier?«* zu fragen. Es werden nicht, wie ein flüchtiger Blick auf die Geschichte vermuten lassen könnte, Neugier und Geschwätzigkeit gegen das höfische Frageverbot ausgespielt. Schweigsamkeit wird ganz im Gegenteil so hoch angesiedelt, dass sie es wert ist, dafür auch Schuld auf sich zu laden, und es nur die allerlautersten Motive erlauben, am hohen Gut der Diskretion zu rütteln.

Wenn Parzival uns heute etwas lehrt, dann das: im Zweifelsfall lieber mal die Klappe zu halten. Die Neugier ist eine Gier, die man aktiv bekämpfen muss. Sie ist eine »Wollust, da man nach neuen und ungewöhnlichen Sachen begierig ist, um sich dadurch zu belustigen und die Zeit hinzubringen«, wie es in einem alten Universallexikon in meinem Bücherschrank heißt. In den allerseltensten Fällen darf man sie zulassen, Wolfram von Eschenbach brauchte fünfundzwanzigtausend Verse (der »Parzival« ist fast doppelt so lang wie Dantes »Göttliche Komödie«), um so einen Ausnahmefall zu schildern.

Was geht's mich an?

Wir gieren nach Klatsch, wir sind eingebildet, neugierig und indiskret. Das sollte man, wie Parzival, erst einmal akzeptieren. Dieses Eingeständnis erlaubt uns überhaupt erst, diese Neigung in den Griff zu bekommen. Dass dies gelingt – also sie in den Griff zu bekommen – ist heute durch die Möglichkeiten des Internets notwendiger denn je.

21 COOLNESS

Versuch's mal mit Gelassenheit

Drei Dinge sind besonders schwer, sagt Chilon von Sparta, einer der sieben Weisen des antiken Griechenlands: ein Geheimnis zu hüten, richtig über seine freie Zeit zu verfügen und widerfahrenes Unrecht zu ertragen.

Die vielleicht coolste Person, der ich je begegnet bin, ist William Burroughs. Einer meiner Mentoren, der Basler Kunstsammler Carl Laszlo, war eng mit dem Beatnik-Schriftsteller befreundet, so kam es, dass ich ihn gemeinsam mit Carl sowohl in seinem legendären Bunker in New Yorks Bowery besuchen als auch Jahre später noch einmal erleben durfte, als Burroughs für einen Besuch nach Basel kam. Selten habe ich einen mustergültigeren Gentleman gesehen. Burroughs stammte aus großbürgerlichem Haus, Industriellenfamilie, seinem Vater gehörte eine große Schreibmaschinenfabrik. Burroughs konnte stockbesoffen sein (Bourbon hauptsächlich), Heroin nahm er damals (in den Achtzigern) nicht mehr, seine Krawatte saß immer perfekt, er saß kerzengerade, ging gemäßigten Schritts, sein Ton war immer freundlich und gedämpft, seine Manieren makellos. Dennoch ist allbekannt, dass Burroughs ein amoralischer Junkie war, in der Lage, seinen besten Freund für ein bisschen »H« zu verraten, der nicht mit der Wimper gezuckt haben soll, als er seine Frau (er liebte Waffen) bei einer Schießübung im Stile von Wilhelm Tell erschoss. Burroughs war es auch vollkommen egal, wen er um sich hatte, meist mischten sich Gentlemen, andere Beatniks, seine Freunde wild mit Schmarotzern, Betrügern und

Gaunern, das war ihm, wie er mir selbst sagte, vollkommen einerlei. Unter seinem Gefolge waren aber auch entzückende Menschen, wie sein *boyfriend*, der Poet und Maler John Giorno. Das für mich Faszinierende war, dass John charakterlich das absolute Gegenteil von Burroughs war. Äußerlich kein feiner Herr, eher Typ italienischer Familienvater auf dem Land, doch im Gegensatz zu Burroughs empfindsam und die Wärme einer Zentralheizung ausstrahlend. Also uncool. Kühle und Lässigkeit sind John komplett fremd. John ist Buddhist und das, was sein und Burroughs' gemeinsamer Freund Allen Ginsberg einen »moralischen Kiffer« nannte. John Kerouac, die neben Burroughs und Ginsberg dritte zentrale Figur der sogenannten Beat-Generation, ordnet in dem Buch »Beat. Glückselig. Über den Ursprung einer Generation« den Wesenstypen sogar zwei Musikstile zu, auf der einen Seite den warmen beziehungsweise heißen Jazz »in der Art von Willis Jackson und dem frühen Lucky Thompson«, also Musik, die auch als Auflehnung gegen Missstände empfunden werden kann, auf der anderen Seite die »formalistischen und musikalisch ausgezeichneten Gruppen wie Lennie Tristano oder Miles Davis«. Also den teilnahmslosen Cool Jazz.

Der Literaturwissenschaftler Dirck Linck hat bei einer wissenschaftlichen Tagung über Popkultur vor ein paar Jahren im Hamburger Bahnhof dargelegt, wie diese beiden eigentlich widersprüchlichen Pole von der Beat-Generation um Burroughs und Ginsberg versöhnt wurden: »Weil beides, hotness und coolness, mit den sachlichen Normen, den ästhetischen Konventionen und den traditionellen Charakterrollen einer bürgerlichen Gesellschaft kollidierte …, konnten die ›Heißen‹ und die ›Kühlen‹ sich zu einer Handlungsgemeinschaft zusammenfinden, die sich über einen gemeinsamen Gegner definierte, die squares (Spießer, Anm. d. Autors), die als weder heiß noch kalt wahrgenommen wurden.« Das zentrale Element der weltmännischen Coolness, der Habitus der Teilnahmslosigkeit, so Linck, sei es, stets auf Distanz zu allem und jedem zu sein – wie Burroughs –, das entsprechende Rauschmittel sei das Heroin. William Burroughs sagte übrigens vom Heroin, es verschaffe einem »die heitere Gelassenheit einer Pflanze«.

Aber ist diese Coolness wirklich erstrebenswert? Burroughs war schon ein lässiger Hund, aber John Giorno ist der deutlich angenehmere Zeitgenosse. Im Grunde kommen wir damit auf die eingangs diskutierte Frage nach der Vereinbarkeit von Coolness und Kindness zurück, zwischen dem kalten und ebenmäßigen Heldenideal der Antike und dem postantiken ritterlichem Ideal, in dem Milde die zentrale Rolle spielt. Die Synthese zwischen Stärke und Milde und damit von Coolness und Kindness liegt in der Ritterlichkeit. Und nicht zum Beispiel in der Stoa, von der, wenn wir schon von Coolness sprechen, kurz die Rede sein muss.

Das Ideal der Gelassenheit, verkörpert durch Seneca, einen der Väter des Stoizismus, hat fünfhundert Jahre lang in Europa gewirkt. Die Stoa ist völlig zu Recht fester Bestandteil der Weisheitstradition des Abendlandes geworden, aber sie hatte auch eine ziemlich abstoßende Seite. Seneca, Sohn aus reichem Hause, ein Finanzgenie, eigentlich der Prototyp des Investmentbankers, formulierte die einfühlsamsten und weisesten Gedanken über Tugenden, die beim Leser regelrechte Hochgefühle auslösen (sein »Handbuch des glücklichen Lebens« ist absolute Pflichtlektüre!), gleichzeitig war er der Hauslehrer und engste Berater Neros, eines der grausamsten Tyrannen der Weltgeschichte, und lebte sehr bequem in einer Welt, in der Menschen zur öffentlichen Belustigung hungrigen Löwen zum Fraß vorgeworfen wurden. Die Gefühlskälte der Stoa gibt ihr bei aller äußerlichen Eleganz etwas Unheimliches.

Dennoch tut man der stoischen Denkweise unrecht, wenn man sie auf ihre gefühlskalten, zur Teilnahmslosigkeit und zum Defätismus neigenden Elemente reduziert. Die Stoiker hatten nichts gegen Gefühle, im Gegenteil, die Freude, das *delicium*, das Entzücken über die schönen, alltäglichen Dinge spielte sogar eine herausragende Rolle für die Stoa, es ging ihr nicht darum, Gefühle loszuwerden, sondern negative Gefühle möglichst zu meiden und mit Dingen wie Trauer, Reue, Bitterkeit und Angst besser umzugehen. Seneca schrieb lange Essays darüber und gibt Ratschläge, wie man mit dem Verlust eines Kindes oder eines Geliebten umgehen solle. Er schreibt, dass Trauer ein menschlicher Reflex wie das Niesen sei, den man zwar nicht vermeiden, aber mildern könne, und er beschreibt Wege, wie man sich aus einem Zustand der Verzweiflung wieder so weit bringt, dass man die Schönheiten des Lebens erkennen und genießen kann. Es gibt hier richtiggehende Techniken, die die Stoa empfiehlt. Wenn man sein Kind abends zu Bett bringt, soll man sich wenigstens für eine kurze Sekunde vorstellen, dass das Kind morgens nicht mehr aufwacht, um es dann am nächsten Tag umso herzlicher umarmen und den Tag mit ihm aus vollem Herzen genießen zu können. Man könnte sagen: Lädt man da nicht Depressionen geradezu ein? Der Stoiker würde dem entgegenhalten: So verhinderst du es, das Leben deines Kindes als etwas Selbstverständliches zu betrachten, und kannst die Freuden dieser Welt umso mehr wertschätzen. Es geht auch um konkrete Prophylaxe gegen Verzweiflung. Es gibt richtig ausformulierte Instruktionen für Techniken, um die heiß ersehnte *tranquilitas* zu erreichen, die größtmögliche Vermeidung negativer Emotionen. Eine der Techniken ist die gerade erwähnte, am Beispiel des Kindes erklärte, negative Visualisierung. Selbst wenn es dir gut geht, stell dir kurz vor, dass es dir auch viel schlechter gehen könnte, dann kannst du den Moment viel besser auskosten.

Man soll über solche Gedanken natürlich nicht herumgrübeln, das wäre eine Gebrauchsanweisung zum Unglücksein, aber man erlaube sich – immer mal wieder und immer nur ganz kurz – einen Vergleich, wie viel schlimmer es sein könnte. Streng genommen, ist das nicht so sehr ein philosophischer Gedanke, sondern ein psychologischer Trick. Für den Stoiker ist der Großteil menschlichen Leidens selbst verschuldet, weil der Mensch einfach nicht genug zu schätzen weiß, was er hat.

Stoikern wird auch vorgeworfen, nicht an der Verbesserung der Gesellschaft interessiert zu sein, weil es keine Philosophie sei, die die Verhältnisse zu verändern proklamiere, aber dieser Vorwurf geht ins Leere. Es geht immer nur darum, persönlich integer zu sein, und nicht darum, ein Instrumentarium zu finden, die Welt zu verbessern; es geht immer nur darum, persönlich, im eigenen Mikrokosmos für Ordnung zu sorgen, was dann wiederum, weil jeder von uns eine direkte Wirkung auf die Welt hat, paradoxerweise doch die Welt verändert. Die Stoa hält die gesellschaftliche Verantwortung des Einzelnen sogar ganz besonders hoch. Jeder hat die Pflicht, sich nützlich zu machen. Der Stoiker schaut aber nur auf das, was in seiner unmittelbaren Kontrolle liegt. Dinge wie Glück, Schicksalsschläge, Lottogewinn, Tod liegen außerhalb der eigenen Kontrolle, also lohnt es sich nicht, ein großes Gewese darum zu machen. Die Stoa teilt die Welt in drei Teile: die Dinge, die man selbst in der Hand hat, die Dinge, die man ein bisschen in der Hand hat, und die Dinge, auf die man überhaupt keinen Einfluss hat. Über Ersteres muss man nicht groß nachdenken, man hält es ja fest in der Hand, auf das Letztere muss man keinen Gedanken verlieren, denn es liegt außerhalb der eigenen Einflussmöglichkeiten. Bleibt nur der klitzekleine Teil in der Mitte, die Dinge, die man ein bisschen kontrollieren kann, sich selbst, die Kindererziehung, das Einüben von Tugenden. Wenn man diesem Rezept tatsächlich folgt, erspart man sich wahrscheinlich viel Leid. Man versteht auch, warum Teile der Stoa ins Denken der Christen übergegangen sind.

Die Frage ist nur, ob sich da nicht doch ein Abweg verbirgt. Das höchste Ziel des Stoikers ist ein dem Leiden gegenüber gleichgültiges Leben. Aber ist ein Leben ohne Leid wirklich so wünschenswert? Im berühmten Monolog des Großinquisitors in »Die Gebrüder Karamasow« geht es genau darum. Der alte Kardinal, der Großinquisitor, wirft dem während der Spa-

Muss man an Betriebs-partys teil-nehmen?

Wenn Sie es immer tun, gelten Sie bald als Schnapsnase. Wenn Sie es nie tun, als arrogant. Faust-regel: Bei jeder dritten muss man wenigstens kurz sein Gesicht zeigen.

Wie erkundigt man sich nach der »Örtlichkeit«?

Das Wort »Toilette« ist spießig. Inzwischen hat es sich leider durchgesetzt, dass die Leute gar nicht mehr verstehen, was man meint, wenn man sagt: »Wo kann ich mir die Hände waschen?« Ich mache mir lieber in die Hose, als »Toilette« zu sagen.

nischen Inquisition auf die Welt zurückgekehrten Jesus vor, eine Welt geschaffen zu haben, in der er Leiden dulde, erklärt ihm, dass es nun an den Menschen sei, eine gerechte und von Leiden befreite Welt zu errichten, und kündigt ihm an, ihn am nächsten Morgen – ein weiteres Mal – hinrichten zu lassen.

Juden und Christen beantworten die Frage nach dem Leid anders als die Stoa. Sie gehen so weit, im Leid einen geheimnisvollen, tieferen Sinn zu sehen. Für Juden spiegelt sich das ganze Drama dieser Frage am prominentesten in der Geschichte von Hiob wider, bei der interessanterweise die am schlechtesten wegkommen, die diesen Sinn mit menschlichen Maßstäben zu definieren versuchen.

Das Schlechte ist in der Welt. Manchmal kommt aber aus dem vermeintlich Schlechten und Krummen auf lange Sicht auch etwas Gutes hervor, und manchmal verkappt sich das Schlechte als das Gute. Vielleicht müssen wir uns, wie Hiob, damit abfinden, dass wir nie den Sinn des Leids herausfinden. Ein Beispiel, das ich einmal von einem sehr klugen Mann gehört habe: Ein kleiner Junge hat seinen ersten Schultag. Die Schultüte ist fast so groß wie er selbst, er hat zum Frühstück keinen Bissen heruntergekriegt, sein Magen ist ganz hohl vor Aufregung. Er verlässt das ihm vertraute Leben und wird in eine ihm fremde, ihm sogar feindlich vorkommende Welt geschubst. Wenn man ein mitfühlender Mensch ist, müsste man eigentlich voll Mitleid sagen: Leute, können wir das dem Kleinen nicht ersparen? Das ist doch traumatisch! Schaut doch mal, wie er leidet! Befreit ihn von diesem unangenehmen Gefühl, das ist zu viel für ihn. Lasst uns traumatische Erfahrungen wie diese ausradieren!

Die Frage ist nur: Tut man ihm Gutes damit? Ist das nicht einer der Momente, in denen man, gerade als Liebender, nun sagt: »Da musst du jetzt durch!«? Wartet nicht auf der anderen Seite dieses »unguten Gefühls« ein riesiges Reservoir an Erfahrungen, Bestätigungen und Charakterbildung und am Ende so etwas wie Reife und eine Robustheit, die einen für das Leben besser wappnet als die Aussicht, in Watte gepackt von allen negativen Erfahrungen verschont zu bleiben? So manches Glück gäbe es schlicht nicht ohne die Erfahrung von Negativem. Wenn man nun diese jedem einleuchtende Alltagsweisheit etliche Stufen höherschraubt, landet man bei Heldenfiguren wie Janusz Korczak, Maximilian Kolbe und Dietrich Bonhoeffer. Ihr heiligmäßiges Verhalten wäre ohne den Terror der Nazis schlicht nicht möglich gewesen. In Thomas von Aquins »Summa« heißt es: »Die Geduld der Märtyrer gäbe es nicht ohne die Verfolgung durch Tyrannen.« Das ist keine Rechtfertigung für die von Menschen verursachten Qualen, es erklärt nicht »das Böse«, zu dem Menschen fähig sind, es löst nicht die Rätsel der menschlichen Existenz und ist auch nicht der Schlüssel zur Enträtselung sämtlicher Paradoxien der *condition humaine*, aber es ist doch eine Tatsache, dass Dinge wie Mitleid ohne Leid zum Beispiel schlicht nicht denkbar wären.

Anders gesagt: Auch wenn es durchaus ehrbare Motive sind, die uns zu unserem Enthusiasmus verleiten, das Leiden aus der Welt zu verbannen – Stichwort Pränataldiagnostik, Sterbehilfe oder die Hoffnung, durch Gentechnologien wie der CRISPR/Cas-Methode endlich Herr über sämtliche Erbkrankheiten zu werden –, tappen wir vermutlich in eine Falle. Der Schmerz gehört zum Leben, weil er Anständigkeit erst ermöglicht.

Die Synthese von Coolness und Kindness ist die Ritterlichkeit, weil sie die Ideale der Stärke und Wehrhaftigkeit alter Sagen und der antiken »Herrengesellschaft« mit der Kindness, der Mildtätigkeit und Barmherzigkeit des christlichen Mittelalters verbindet. Diese dreifache Fusion war zugleich der Zündfunken der uns bis heute prägenden europäischen Kultur. Wir verraten diese Kultur, wenn wir den heute vorherrschenden europäischen Geist, der sich längst vom Christentum verabschiedet hat, aber bis ins Mark von dessen altruistischen Idealen geprägt ist, so deuten, dass wir Schwäche als Tugend sehen. Unsere Gesellschaft hat ja ihr eigenes Scheitern schon hingenommen, und darin schlummert ein Opfergeist, der völlig unritterlich und damit auch unchristlich ist. Das Ritterliche im Christentum hat eine Balance zwischen altertümlichen Stärke- und neuzeitlichen Milde-Idealen hergestellt, und wurde so zum Inkubator für die aufblühende Kultur Europas. Das Rittertum begriff den kämpferischen und revolutionären Charakter des Christentums. Einen jungen römischen Fürsten, der mir als Autorität erschien – er studiert in der Stadt Theologie –, hat mir gesagt: *»Il principio di cavalleria«*, das Prinzip der Ritterlichkeit, verlange, aus der Position der Stärke für die Schwachen zu kämpfen, Wagnisse einzugehen, bereit zu sein, für das Gute alles aufs Spiel zu setzen, einschließlich des eigenen guten Rufes. »Das ist Heldentum. Unser Herr Jesus Christus ist der größte Held, er war ein muskulöser, starker Typ, als Zimmermann hat man damals viel Zeit beim Straßenbau verbracht, er war einer der braun gegerbten Typen mit den orangenen Westen, mit der Fluppe im Mund, an denen wir an Autobahnbaustellen vorbeifahren, seine Freunde waren Leute, die mit den Händen arbeiteten, keine Intellektuellen, aber Typen, die bereit waren, für ihre Kameraden, für die Wahrheit ihr Leben zu geben. Die Kirche hätte eigentlich die Pflicht, Helden auszubilden, nicht Jammerlappen.«

We've come a long way from there ... Wir sind abgedriftet. Aber die Erinnerung daran, dass man nur aus einer Position der Stärke heraus wohltätig und milde sein kann, ist in den ritterlichen Idealen und in den Geschichten unserer archetypischen Helden noch wach.

Was geht's mich an?

Wenn Sie sich das nächste Mal also richtig besch... fühlen, verschwenden Sie einen kurzen Augenblick auf den Gedanken, wie viel schlimmer es um Sie stehen könnte! Aber vor allem machen Sie sich klar, dass es ohne Dunkelheit auch keine Helligkeit gäbe. Dass Schwierigkeiten nun einmal zum Leben gehören. *Tranquilitas*, Coolness, Gelassenheit sind schön und gut – aber wenn sie einen dazu verleiten, angesichts des Leidens gar nichts mehr zu machen (»nützt ja nix« oder »in zwei Millionen Jahren spielt das keine Rolle mehr«), oder man sich einbildet, das Leiden ganz abschaffen zu können, hat man irgendwo eine falsche Abzweigung erwischt und muss beim Navi den Resetknopf drücken.

22 FLEISS

Die unbeliebte Gouvernante

Der Hype um »Tiger-Mamis« ist glücklicherweise wieder verflogen. Dazu beigetragen hat die Erkenntnis, dass Kleinkinder, die in die Fänge von überehrgeizigen Eltern und Privatlehrern geraten, spätestens in ihrer Pubertät zu Monstern und Totalverweigerern mutieren. Wenn extrinsische (also von außen herbeigeführte) Disziplin intrinsische Motivation ersetzt, fällt das Kartenhaus in dem Moment zusammen, in dem das Extrinsische nicht mehr wirkt (die intrinsische Motivationsfähigkeit ist nämlich zu diesem Zeitpunkt meist schon verkümmert).

Wie aber erziehen wir unsere Kinder – und vor allem uns selbst – zu intrinsischer Motivation? Zur Fähigkeit, Dinge anzugehen, auf die wir keinen Bock haben?

Die Aufforderung fleißger zu sein, also dazu, uns abends nicht mehr in Netflix zu verlieren und uns endlich liegen gebliebenen Aufgaben zu widmen, klingt wie die einer nervigen Gouvernante, ähnlich diesem Satz von Marie von Ebner-Eschenbach: »Müde macht uns die Arbeit, die wir liegen lassen, nicht die, die wir tun.« Jaja, das stimmt schon. Aber ist Prokrastination nicht die einzig mögliche Gegenwehr in Zeiten der kompletten Überforderung? Statt dies zu schreiben, müsste ich eigentlich meine längst überfällige Steuererklärung vorbereiten, für meinen Arbeitgeber die Bestätigung meiner Krankenversicherungsausgaben heraussuchen und mich um ein paar dringende Überweisungen kümmern. Stattdessen schreibe ich. »Jeder Mensch kann beliebige Mengen Arbeit bewältigen, solange es nicht die Arbeit ist, die er eigentlich machen sollte«, schrieb Robert Benchley in seinem 1949 erschienenen Buch »How to Get Things Done«, und wenn man den Satz konsequent zu Ende denkt, folgt daraus eigentlich das exakte Gegenteil eines der wichtigsten Ratschläge aller modernen Anti-Aufschieberitis-Ratgeber: nämlich dem, sich immer nur einer Sache anzunehmen und nie eine lange To-do-Liste vor sich her zu schieben. Die Konsequenz daraus kann im Grunde nur sein, sich möglichst viel vorzunehmen, denn hat man zehn Sachen vor sich, wird man garantiert zwei oder drei davon erledigen (gegebenenfalls jedoch die weniger dringlichen und daher weniger bedrohlichen Dinge, es müssen ja nicht gleich eindeutige Ersatzbeschäftigungen wie Wäschefalten oder Sockensortieren sein). Getreu dem Motto: *»If you want something done, give it to a busy man!«* Leute, die viel um die Ohren haben, haben in der Regel auch einen ziemlich hohen Output. Der Autor und Astrophysiker Aleks Scholz sagt, er habe in der Zeit, in der er am »Lexikon des Unwissens« (ein hervorragendes Buch!) gearbeitet habe, nicht weniger, sondern mehr Astronomie betrieben. »Arbeit«, sagt er, »ist irgendwie magnetisch. Fängt man einmal damit an, kann man gar nicht mehr aufhören.« So landet der, der sich viel vorgenommen hat, meinetwegen via Wäschewaschen und Sockensortieren, nolens volens irgendwann bei jenen Dingen, die er – meist mit schlechtem Gewissen – lange vor sich her geschoben hat.

Paul Graham unterscheidet in seinem Essay »Good and Bad Procrastination« zwischen drei Varianten der Aufschieberitis. Erstens: Arbeit vermeiden durch Nichtstun. Das ist sicher die dämlichste Variante. Da bewegt man sich etwa auf dem Niveau jenes Mädels im Tarantino-Film »Jackie Brown«, das auf die Vorhaltung des Waffenhändlers Ordell – »Kiffen und Fernsehen ruinieren jeden Ehrgeiz« – antwortet: »Nicht, wenn Kiffen und Fernsehen dein ganzer Ehrgeiz ist.« Die zweite Variante: Etwas weniger Wichtiges tun. Auf diesem

Weg arbeitet man Stück für Stück die To-do-Liste ab und kommt, wenn auch mit Verspätung, irgendwann an die weniger angenehmen Aufgaben. Oder drittens: Man tut etwas, irgendwas, notfalls etwas, das einem Spaß macht. Letztere Form von Prokrastination kann überaus vorteilhaft sein, weil man, wie Kathrin Passig und Sascha Lobo in ihrem Buch »Dinge geregelt kriegen – ohne einen Funken Selbstdisziplin« anhand eindrucksvoller Beispiele nachweisen, ja oft erst im Rückblick feststellen kann, wie wichtig welche Tätigkeit wirklich war: »Die Flickr-Gründer entwickelten die Foto-Sharing-Plattform, die sie später reich machen sollte, nebenbei und zum Spaß, während sie ein heute vergessenes Spiel für ihre ›eigentliche Arbeit‹ hielten. … Isaac Newton vernachlässigte die Arbeit auf der Farm seiner Mutter, weil er lieber Bücher las. Robert Schumann spielte Klavier, anstatt sich seinem Jurastudium zu widmen.«

»Ja. Die Welt ist zu kompliziert«, heißt es in ihrem wegweisenden Buch (in dem sich auch dieses grandiose Aperçu findet: »Jedem Anfang wohnt ein Zaudern inne«): »Es ist kompliziert, sich einen Studienplan zusammenzustellen, es ist kompliziert, einen Router zu installieren, es ist kompliziert, die Papiere für eine Wohnungsanmietung zusammenzustellen, es ist kompliziert, bei der Deutschen Bahn die gesammelten Bonus-Punkte einzulösen, es ist kompliziert, sich eine absetzbare Quittung korrekt ausstellen zu lassen, und für den gesamten Kontakt mit Administration und Apparat muss dringend ein beschreibendes Wort erfunden werden, weil ›kompliziert‹ nicht ausreichend die dahinterstehende Bedrohung für das seelische Wohlbefinden durch bunte Briefe wiedergibt.« Alltagsüberforderung ist laut Passig und Lobo keine Schande, sondern die Normalität des Menschen im 21. Jahrhundert, und Aufgaben vor sich her zu schieben ist für sie kein Zeichen von Resignation oder Kapitulation, sondern im Gegenteil für viele Menschen die einzige Möglichkeit, überhaupt zu kämpfen – nämlich nicht an allen Fronten gleichzeitig. Wir tun das alle ständig. Unser Arbeitgeber will uns rund um die Uhr mit Haut und Haaren, unsere Familie verlangt das auch, nur mit größerem Recht, wir sind technisch, beruflich, informationell und sozial ständig überfordert – in dieser Situation Dinge aufzuschieben oder zu ignorieren ist schlicht Selbstschutz. Laut Passig und Lobo gibt es – außerhalb von Trappistenklostern – in der zivilisierten Welt überhaupt nur zwei Arten von Menschen: diejenigen, die überfordert sind, und diejenigen, die nicht merken, dass sie überfordert sind. Die verschiedenen Verantwortungsbereiche des Lebens einigermaßen im Griff zu haben erfordert heute ein Höchstmaß an Multitasking-Fähigkeit und distributive Aufmerksamkeit, unser aller Leben ist vergleichbar mit einem Computer, auf dem stets vier bis fünf Fenster gleichzeitig geöffnet sind, in denen wir parallel arbeiten. Dem modernen Menschen in so einer Situation mehr Fleiß einreden und neue Methoden zur Priorisierung aufschwatzen zu wollen ist daher abwegig.

Man kann die Quintessenz sämtlicher Anti-Prokrastinations-Ratgeber, auch der ernsthaften, in einem Ratschlag zusammenfassen: Geh Stück für Stück vor! Mit dem Fleiß, mit der Fähigkeit, Dinge durchzuziehen, die einem kein Vergnügen bereiten, verhält es sich nicht anders als mit den anderen Tugenden, wie immer ist alles nur eine Frage der Gewohnheit, und die kann man trainieren. Zum Beispiel, indem man jeden Tag zehn Minuten Verwaltungskram erledigt, statt einmal im Monat oder seltener den ganzen Stapel. Und indem man kleine Erfolge feiert. Nichts fühlt sich so gut an, wie Dinge bewältigt zu haben, die einem gegen den Strich gehen.

Natürlich sind To-do-Listen hilfreich, die man priorisiert Stück für Stück abarbeitet (wenige Dinge wirken so befreiend wie das physische Durchstreichen von To-do-Punkten, und wenn es nur das besorgte Klopapier ist). Was wir allerdings heute sehr viel dringender benötigen als mehr Effizienz, ist die Einsicht, dass wir alle zu viel auf unserem Teller haben. Wirklich gut gebrauchen könnten wir ein ausgiebiges Durchatmen.

Das Beste wäre, wir stellten zunächst einmal unsere Maschinen auf STOP.

Deshalb muss der erste Rat an alle, die wieder ein wenig Disziplin in ihr Leben bekommen und die Dinge wieder so auf die Reihe kriegen wollen, dass die bösen bunten Briefe fernbleiben, paradoxerweise zunächst einmal lauten: Relax! Mein Vater hat mir einmal erzählt, wie er reagierte, als der Ton der Mahnungen und der amtlichen Post zu rau wurde. Er schnappte sich einen der Briefe und schrieb sinngemäß zurück: »Vielen Dank für Ihr Schreiben, et cetera pp., aber wenn Sie so einen groben Ton anschlagen, werden Ihre Schreiben künftig aus der monatlichen Ziehung ausgeschlossen, bei der einer der Briefe ausgelost und bearbeitet wird.«

Ruhe bewahren, das ist heute die erste Bürgerpflicht. Ein indischer Arzt, in London gilt er als Fitnessguru, hat mir einmal gesagt, sein Lebensrezept ruhe auf vier Säulen: Entspannung, guter Schlaf, gute Ernährung und Bewegung. Wobei die ersten beiden die wichtigsten seien. »Früher war das Hauptproblem meiner Patienten schlechte Ernährung oder mangelnde Bewegung, heute ist es Stress. Sie wachen morgens auf und sind von da an gestresst, ab der ersten Minute heißt es ›*Go! Go! Go!*‹, sie sind ständig in *fight-or-flight-mode*, ihr System ist randvoll mit Cortisol, aber sie werden nicht von einem Löwen angegriffen, sondern von den Anforderungen des Alltags, sie bringen die Kinder in die Schule, jonglieren dabei ihre verschiedenen Pflichten übers Handy, am Abend, wenn die Kinder im Bett sind, geht's geradewegs wieder an die E-Mails, und bevor man das Licht ausmacht, gibt es noch einen Blick auf die letzten Nachrichten.«

Die Regel Nummer eins für jeden, dem es ernst damit ist, sein Leben in geordnete Bahnen zu lenken, muss also lauten, erst einmal wieder Ruhe hineinzubringen. Und zwar systematisch. Jeden Tag. Mein Bekannter, der indische Arzt, empfiehlt täglich mindestens eine halbe Stunde »Ich-Zeit«. Besser noch eine ganze Stunde. Da soll man egoistisch sein, alle Verpflichtungen fallen lassen und »seinen Körper daran erinnern, dass er nicht attackiert wird«. Diese Ich-Zeit soll man täglich fest einplanen, egal, ob man sie in der Badewanne, in einem Kaffeehaus oder auf dem Sofa verbringt und dabei Musik hört. Ein Kollege von mir bei BILD hat jeden Donnerstagabend eine Verabredung mit sich selbst, er geht dann – egal, was kommt – in die Berliner Gemäldegalerie, wo jeden Donnerstag um 18 Uhr einer der ansässigen Professoren eine kleine Führung zu einem Spezialgebiet anbietet. Es ist völlig egal, was man tut, um die Maschinen anzuhalten, nur wirklich Fortgeschrittene kriegen das hin, was dem Bär Paddington gelingt, der sagt: *»Sometimes I sits and thinks, and sometimes I just sits.«* Um wirklich gar nichts zu tun, muss man schon ein Zen-Meister oder eben Paddington sein.

Faulheit kann große Effizienz bewirken, wenn man gezwungen wird, zwischen »dringlich« und nur »wichtig« zu unterscheiden, ohne Faulheit wäre das Rad nicht erfunden worden. Andererseits ist Faulheit, Trägheit, *acedia*, wie der Lateiner sagt, eine Urverführung (besonders für Männer). Das Wort *acedia* bedeutet »Nachlässigkeit, Sorglosigkeit, untätig sein«. Es beschreibt exakt die Haltung Adams, der ja dabei war, als die Schlange Eva verführte (Gen 3,6): »Und sie nahm von seiner Frucht und sie aß. Und sie gab davon auch ihrem Mann, der bei ihr war, und auch er aß.« Er hing also irgendwo unbeteiligt in der Nähe rum, nuckelte an seinem Bier oder daddelte auf seinem Handy, seine Rolle ist jedenfalls dezidiert passiv; es spricht nicht für ihn, dass er später alles auf seine Frau zu schieben versuchte. Hätte er ritterlich gehandelt, wäre es nicht so weit gekommen, er hätte Eva vor der Schlange beschützt, und, wenn schon Sündenfall, dann hätte er sich vor seine Frau gestellt und Verantwortung übernommen. Es wäre interessant gewesen, wie dann die Geschichte weitergegangen wäre, wahrscheinlich wäre die Bibel so kurz geworden wie das Take-away-Menü einer Pizzeria.

Wenn Trägheit zu den zentralen Motiven einer solch archetypischen Geschichte gehört, scheint sie doch ein sehr grundsätzliches Problem zu sein. Das englische Wort für »Faulheit« ist gemeinerweise *sloth*, was insofern ungerecht ist, als es im Englischen zugleich der Name für das Faultier ist. Diese niedlichen kleinen Viecher haben zwar einen extrem niedrigen Stoffwechsel (sie gehen nur einmal die Woche aufs Klo, weil die Wahrscheinlichkeit, beim Kacken von einem Raubtier erwischt zu werden, so hoch ist) und hängen ihr ganzes Leben in den Bäumen herum, aber sie sind viel zu sympathisch, um den Namen mit einer Todsünde zu teilen. Wenn man sich schon einer Anleihe aus dem Tierreich bedienen will, sollte man die bereits erwähnten Wassergurken nehmen, Holothurien tun ihr ganzes Leben nichts als fressen, rumliegen und das Gefressene wieder ausscheiden. In der Tiefsee bestehen laut Wikipedia 90 Prozent der bodennahen Biomasse aus Wassergurken. Wenn es mit unserer Übertechnisierung so weitergeht, sind wir alle bald auch nur noch Biomasse, und den Rest nimmt uns die Technik ab. Trägheit ist in unserer hochtechnisierten, durchgeplanten, komplexen Welt jedenfalls verführerischer als zu biblischen Zeiten, nicht nur, weil es mehr eskapistische Verführungen gibt, sondern weil man den Tag voller Termine haben und dennoch träge sein kann. Je weniger freie Zeit man hat, desto mehr wird man auch davon abgehalten, nach den letzten Dingen Ausschau zu halten. Man kann äußerlich höchst aktiv und zugleich geistig und spirituell träge sein.

Grob gesagt, gibt es vier Arten von Faulheit: Die offensichtlichste ist die rein körperliche. Morgens nicht aus den Federn kommen, jede körperliche Anstrengung meiden. Dann ist da die intellektuelle Trägheit. Sie ist weit verbreitet, es genügt heutzutage, sich dreißig Sekunden mit einem Thema zu befassen, um sich ein abschließendes festes Urteil zu bilden, das man dann mit Hashtag versehen kann. Es gibt moralische Trägheit, da wischt man moralische Fragen und Entscheidungen unter den Teppich, geht den Weg des geringsten Widerstands. Unsere relativistische Kultur macht es einem leicht, da ethische Fragen nicht mehr »schwarz und weiß« gesehen werden, wie es so schön heißt. Christen bedienen sich moralischer Trägheit gern, um nicht für die Wahrheiten einzustehen, an die sie eigentlich glauben. Sie ducken sich zum Beispiel bei Themen wie Abtreibung, Pornografie und Promiskuität lieber weg, weil sie nicht anecken wollen.

Die schlimmste Form von Trägheit ist die geistige und spirituelle. Die Seele bleibt ruhelos und leer, wenn sie sich nicht auf die Suche nach Mehr (großgeschrieben) macht. Zu den gängigsten Methoden, um diese Leere zu füllen, gehört der Konsum, das Essen, der Körper- und Selbstverwirklichungskult und der Sex. Wenn man dieser Form von Trägheit verfallen ist, erleidet man vermutlich den schlimmsten Schaden, weil man irgendwann der Suche nach dem Wahren, Guten und Schönen aus dem Weg geht und sich nur noch seiner Selbstverwirklichung widmet.

Wir benötigen also körperlichen, mentalen und spirituellen Fleiß, damit wir nicht zu Holothurien werden. Obwohl, wenn es nach den Visionären im Silicon Valley geht, wäre das gar nicht so schlimm, weil wir unsere Körper ohnehin bald gar nicht mehr benötigen, weil unser Bewusstsein irgendwann auf Servern gespeichert werden kann, die gut gekühlt in Finnland oder Norwegen stehen. Damit wäre dann der Traum von der körperlosen, weil sorgenfreien Existenz erfüllt, den Alan Turing hegte. Die Geschichte des Alan Turing ist unendlich traurig. Sie soll nicht ausgebreitet werden. Nur so viel: Der Mann, den viele als Vater der Künstlichen Intelligenz bezeichnen und der während des Zweiten Weltkrieges mit der Entschlüsselungsmaschine »Enigma« bei der Entzifferung der deutschen Funksprüche half, hatte einen konkreten Grund, sich in Gedanken von technischer Biologie zu verlieren. Er wünschte sich selbst weg. Turing litt zeitlebens unter Depressionen und unter seiner Homosexualität. 1952 wurde er wegen »grober Unzucht« verurteilt, er hatte einen Neunzehnjähri-

Muss man persönliche E-Mails immer beantworten?

Ja. Leider. Die alte Regel, dass es innerhalb von 24 Stunden sein muss, gilt allerdings längst nicht mehr – zum Glück.

Sind Visitenkarten noch zeitgemäß?

Im Geschäftsleben meinetwegen. Im privaten Umgang nicht. Wenn Sie Adressen austauschen wollen, nehmen Sie Ihr Handy und tippen Sie die Adresse ein oder lassen Sie sich die Mailadresse Ihres Gegenübers geben und versprechen Sie, ihm morgen eine Mail mit all Ihren Daten zu schicken. Ob Sie das dann tun, bleibt Ihnen überlassen.

gen zu sich nach Hause genommen, sein Haus wurde von einem Bekannten des Jungen ausgeraubt, bei der polizeilichen Untersuchung gab Turing den sexuellen Kontakt zu dem jungen Mann zu und wurde – homosexuelle Handlungen waren damals eine Straftat – verurteilt. Er willigte ein, sich einer chemischen Kastration zu unterziehen (es wurde ihm Diethylstilbestrol gespritzt), was seine latente Depression verschlimmerte, zwei Jahre später brachte er sich um. 2009 bat der damalige britische Premierminister Gordon Brown offiziell im Namen der Regierung um Vergebung für die »entsetzliche Behandlung« Turings, 2013 sprach ihm die Queen postum ein *Royal Pardon* aus, sie gewährte ihm eine Königliche Begnadigung. Man kann die Geschichte der Computertechnologie und des Transhumanismus nicht verstehen, wenn man die persönliche Geschichte Turings nicht kennt, der davon träumte, nur noch Geist, nur noch Maschine, alles, nur kein Körper, zu sein. Es ist der alte Traum des Alexej Kirillow, einer der Nihilisten in Dostojewskis »Dämonen«, der den Atheismus zu Ende denkt und die These vertritt, dass die einzig logische Folge der Nichtexistenz Gottes die absolute Herrschaft des menschlichen Willens ist. »Wenn Gott nicht existiert«, sagt Kirillow, »dann gehört alles mir«, dann sei man geradezu dazu verpflichtet, der Welt seinen Willen aufzudrücken. Bis hin zum Tod. Deshalb ist er entschlossen, sich selbst zu töten, nur um einen Punkt zu machen: Dass man sich nicht vor dem Tod fürchten muss und dass die Überwindung dieser Angst gleichbedeutend mit der Befreiung von allem Glauben und mit dem Beginn einer Zeit ist, in der der Mensch sich endlich als Gott erkennt. »Die volle Freiheit«, sagt Kirillow in seinem berühmten Monolog, »wird dann sein, wenn es dem Menschen ganz egal sein wird, ob er lebt oder nicht. Das ist das Ziel für die Gesamtheit. (…) Es wird einen neuen Menschen geben, einen glücklichen und stolzen Menschen (…) Der Mensch wird ein Gott sein und er wird sich physisch umgestalten.«

Die *next frontier*, der nächste große Dammbruch, wird die Fusion von Mensch und Maschine sein. Der russische Philosoph Nikolai Berdjajew sagte schon 1934 voraus, dass die Kombination aus menschlicher Trägheit und technischem Fortschritt auf einen Endkampf zwischen Mensch und Maschine hinauslaufe. Es werde ein Endkampf sein, bei dem es um die menschliche Seele gehe. In seiner Studie »Der Mensch und die Technik«, er verfasste sie, als Turing gerade junger Student in Cambridge war, heißt es prophetisch: »Die Arbeit des Menschen wird in der technischen Kultur durch die Maschine ausgeführt. Diese Änderung scheint ein Fortschritt zu sein, eine positive Leistung, die das Elend und die Versklavung des Menschen aufheben soll. Die Maschine will sich aber den Forderungen des Menschen nicht unterwerfen und hält ihm ihre eigenen Gesetze entgegen. Der Mensch hat der Maschine gesagt: ich brauche dich, um mein Leben leichter zu machen und meine Kraft zu mehren. Die Maschine hat aber dem Menschen geantwortet: ich brauche dich nicht; ich übernehme die ganze Arbeit, wenn du auch dabei zugrunde gehen wirst. ... Die Technik kennt kein Erbarmen dem Leben und allem Lebendigen gegenüber; die Herrschaft der Technik zerstört die menschliche Persönlichkeit. Der Kampf gegen die Herrschaft der Technik geht also um die Rettung des Menschen, der menschlichen Gestalt ... Die Technisierung der Kultur hat eine neue Gefahr heraufbeschworen: die Gefahr der Dehumanisierung, der Entmenschlichung des Menschen. Jetzt geht es nicht um die Wahl zwischen dem alten und dem neuen Menschen, sondern um die Existenz des Menschen überhaupt.«

Was ist die Antwort von uns Menschen? Brauchen wir in einer Zeit der Übertechnisierung überhaupt noch Fleiß, nehmen uns die Maschinen mittelfristig die Arbeit nicht ohnehin ab? Die Antwort kommt aus überraschender Richtung. Jack Ma, einer der reichsten und mächtigsten Männer Chinas, er ist Gründer und Vorstandsvorsitzender des Technologiekonzerns

Alibaba, wurde einmal gefragt, was er als ehemaliger Lehrer zum Thema Bildung zu sagen habe. Menschen pures Wissen einzutrichtern sei Unsinn, sagte er, in puncto Wissen seien uns Computer schon bald voraus. Stattdessen sollten wir endlich unsere Kinder die Dinge lehren, die uns von Maschinen unterschieden: »Wir können unseren Kindern nicht beibringen, mit Maschinen zu konkurrieren. Maschinen sind schlauer. Lehrer müssen aufhören, lediglich Wissen zu vermitteln! Kinder sollten etwas Einzigartiges lernen, dann können Maschinen sie nicht einholen.« Dann zählte er die Dinge auf, auf die wir bauen sollten: »Zuallererst Werte. Dann Überzeugung, unabhängiges Denken, Teamwork, Mitgefühl – Dinge, die nicht durch reines Wissen vermittelt werden. Wichtig sind Dinge wie Sport, Musik, Kunst. Wir müssen auf die Dinge bauen, die uns von Maschinen abheben!« Fleiß kann auch bedeuten, dass man sich endlich zu grundlegenden Dingen Gedanken macht.

Was geht's mich an?

Man kann überbeschäftigt und trotzdem träge sein. Man muss wieder Ruhe in sein Leben bringen. Täglich! Und damit Platz schaffen für die Dinge, die wirklich zählen. Das funktioniert mit kleinen Schritten. Durch Wiederholung schafft man Gewohnheiten. Im Guten wie im Schlechten.

23 ZUCHT

Gesten des zivilen Widerstands

Das Wort »Zucht«, mittelhochdeutsch *zuht*, spielt in der ritterlichen Literatur eine zentrale Rolle; die moderne Übersetzung lautet »Selbstbeherrschung«. Darauf laufen Manieren eigentlich hinaus: die Verzögerung des Genusses. Kultur ist immer Beherrschung und Verzögerung von Triebbefriedigung. Aus der Notwendigkeit, sich etwas in den Mund zu stopfen, wurde die Tischkultur, aus der Notwendigkeit, sich warm zu halten, wurde Mode, aus unserem Begehren, übereinander herzufallen, die *minne*. Deutschland war in diesen Belangen immer Entwicklungsland. Anfang des 16. Jahrhunderts, zu einer Zeit, in der man in den großen europäischen Handelsstädten schon sehr bequem wohnen konnte, in Florenz zum Beispiel im Hotel Porta Rossa, in Venedig im Baglioni, in Zürich im Storchen, schilderte der ansonsten sehr zurückhaltende Erasmus von Rotterdam deutsche Herbergen so: »Überall spuckt man hin«, »jeder taucht sein Brot in die allgemeine Platte«, »die Teller sind schmutzig«. 1589 muss in der Braunschweiger Hofordnung noch eigens gemahnt werden, die Treppenhäuser nicht mit Urin oder anderem Unrat zu verunreinigen. Der Anfang des 18. Jahrhunderts aus Hannover nach London exportierte König George I. schmiss zum Erstaunen des dortigen Hofpersonals noch nach heimischer Sitte beim Essen die Knochen hinter sich. Sein direkter Nachkomme, Ernst August Hannover, der heutige Chef des Hauses, fiel einmal in Salzburg unangenehm auf, weil er im Goldenen Hirschen mit Mini-Mozzarella-Bällchen nach den Kellnern warf*, tatsächlich stand er damit aber in guter Tradition des Welfenclans, der seine urige Art trotz aller Königswürde nie ganz abschütteln konnte und wollte. Deutschland war immer rustikaler als seine westlichen und südlichen Nachbarn, noch 1813 schilderte Madame de Staël nach ihrer Deutschland-Reise (sie wollte unbedingt Goethe kennenlernen), zu einer Zeit, in der man andernorts überzüchteter Manieren bereits schon wieder überdrüssig wurde, etwas erschrocken die ungehobelte Art der Deutschen, führte aber entschuldigend hinzu, wahrscheinlich müsse man mit Menschen, die nicht in Paris aufgewachsen seien, nachsichtig sein, und dürfe sie nicht mit den gewohnten Maßstäben messen.

Nun leben wir in einer Zeit, in der das Urige glorifiziert und das Unzeremonielle gefeiert wird. Alles muss leger sein. Leger heißt leicht. Wir leben also in einer Zeit, in der alles immer möglichst bequem und leicht zu sein hat. Selbstbeherrschung wird uns – außer in Diätfragen – systematisch aberzogen, wir sind zu unablässigem Genuss angehalten. Die ganze Welt muss unserem Vergnügen dienen. Und das Wichtigste ist unsere Bequemlichkeit.

Neulich traf ich einen Berliner Senator bei einem Festkonzert in der Philharmonie, er trug Turnschuhe und ein offenes, über die Jeans hängendes Schlabber-T-Shirt. Von Karl Lagerfeld stammt ja ein Satz, der eines Apostels Paulus würdig wäre: »Wer Jogginghose trägt, hat sein Leben nicht im Griff.« Berlins Politiker haben ihre Stadt jedenfalls nicht im Griff. Das Grundproblem unserer Zeit ist, dass wir nur noch auf Bequemlichkeit aus sind, dass wir uns nicht mehr im Griff haben und das nicht einmal mehr als Manko sehen, sondern uns als Fortschritt verkaufen lassen. Die Art und Weise, wie wir essen, trinken, lieben und uns kleiden, sind die deutlichsten Zeugnisse dafür. Seit wann wird eigentlich nicht mehr zwischen

* Er wurde dafür von dem Dirigenten Enoch zu Guttenberg vor allen Leuten streng gerügt.

privater und beruflicher Kleidung unterschieden? Wer hat damit angefangen? Waren es die Banker mit ihren *Casual Fridays* Anfang der Neunzigerjahre des 20. Jahrhunderts? Tony Blair jedenfalls fing Mitte der Neunziger damit an, bei Kabinettssitzungen ohne Krawatte aufzutauchen. Hat er sich damit einen Gefallen getan? Seine von legerer *Call-me-Tony*-Atmosphäre geprägte Amtszeit – alle mussten sich plötzlich mit Vornamen anreden, Krawatten galten als spießig – endete jedenfalls ziemlich unrühmlich in einem verlogen begründeten und schlampig vorbereiteten Irakkrieg. Ob da ein Zusammenhang besteht? All die gierigen und salopp gekleideten Banker der Neunzigerjahre führten uns unbekümmert in die Subprime- und die folgende Banken- und Weltwirtschaftskrise. Ob da ein Zusammenhang besteht? Die liberale kalifornische Silicon-Valley-Kultur mit ihren offenen Hemden und ihrer Alles-ist-*easy-going*-Mentalität hat sich auch nicht als so menschenfreundlich erwiesen, wie sie mal angepriesen war. Ob *da* ein Zusammenhang besteht?

Für mich gibt es einen Zusammenhang zwischen Regellosigkeit im Kleinen und Regellosigkeit im Großen. Das Außergewöhnliche an der Elite unserer Tage ist ja nicht die Regellosigkeit an sich, sondern vielmehr, dass Regellosigkeit als Fortschritt gefeiert wird. Das Stichwort ist »Disruption«. Das Credo der heute stilprägenden Menschen, der kalifornischen Tech-Oligarchen, war immer: Stören, das Gewohnte unterbrechen, Regeln aufheben. In allen Lebensbereichen. Mit Amazon, mit Uber, mit Airbnb wurden ganze Branchen und lieb gewonnene Lebensgewohnheiten *disrupted*.

Der Olymp unserer Tage, auch das ist ja eigentlich ein Treppenwitz der Weltgeschichte, ist ein Tal, das Silicon Valley. Um den Spirit dieses Ortes zu verstehen, muss man sein zentrales Credo, seinen Ruf nach Zügel- und Regellosigkeit, im Hinterkopf haben. Dieser Spirit wird im Geschäft wie im Privaten demonstrativ ausgelebt. Was Essensmanieren und Kleidung anbetrifft, muss man bei Silicon-Valley-Milliardären da-

Wann darf man sich beeilen?

Nur am Bahnhof oder am Flughafen. »Nur Kellner haben's eilig«, sagte mir einmal Paris Hilton. In Wien kennt man das Sprichwort: »Ein eleganter Mensch eilt nicht, wundert sich nicht und ärgert sich nicht.« In Budapest gibt es das Sprichwort in leicht abgeänderter Form. Da heißt es: »Ein Herr eilt nicht, wundert sich nicht und zahlt nicht.«

Sind bunte Socken erlaubt?

Seit Krawatten immer seltener werden (sehr schade!), bin ich dazu übergegangen, Socken als *fashion statement* zu nutzen. Mittlerweile tragen alle knallbunte Socken. Seitdem rudere ich wieder zurück. Es war lustig, als man damit noch Aufsehen erregen konnte. Herren sollten nur Kniestrümpfe tragen, kurze Socken sind Kindern vorbehalten. Damen tragen zu Röcken und Kleidern immer Seidenstrümpfe, auch im Sommer.

rauf gefasst sein, dass sie in pyjamaähnlicher Kleidung zum Abendessen kommen und ihnen der Gebrauch von Messer und Gabel fremd ist. Eigentlich kennt man an der amerikanischen Westküste nur noch Fingerfood, man missachtet die grundlegendsten Regeln des Miteinanders. Man stellt sich nicht vor, bricht Gespräche mitten im Satz ab, kommt und geht, wann man will. An den modernen Königshöfen wird Regellosigkeit geradezu zur Regel.

Wie sich der Kult der Regel- und Zügellosigkeit auf das Miteinander der Geschlechter auswirkt, beschreibt die Bloomberg-Journalistin Emily Chang sehr eindringlich in ihrem Buch »Brotopia«. Der Titel spielt auf den Anspruch der Silicon-Valley-Elite an, ein allseits vernetztes, brüderliches Utopia zu schaffen, in dem jeder der Kumpel (*bro*) des Nächsten ist. Sie schildert die Sexpartys an Bord von Superjachten und in Silicon-Valley-Palästen, zu denen Frauen, die auf Karriere hoffen, und ausgesuchte Ehepaare geheimnisvolle Einladungen erhalten, und Abende, die ein wenig an Stanley Kubricks »Eyes Wide Shut« oder das untergehende Rom erinnern. Chang schreibt, dass die milliardenschweren Jungs, nun in ihren Vierzigern und Fünfzigern, mit diesen Partys die Jugend nachholen, die sie, als Nerds vor Bildschirmen sitzend, verpasst haben. Das eigentlich Interessante aber ist, dass die Beteiligten dies mit dem Anspruch tun, zeitgemäß und modern zu handeln. Einer der von Chang interviewten Tech-Milliardäre gab zu Protokoll, man müsse soziale Tabus brechen, um die Gesellschaft »nach vorn« zu bringen. Das Gleiche habe man schließlich mit der Informationstechnologie und der gesamten Wirtschaft getan. Stören, Regeln brechen, Disruption ...

Auf die Frage, wie man sich dem von der urbanen Elite vorgelebten Zivilisationsverfall entgegenstemmen will, gibt es für mich nur eine Antwort: mit kleinen, persönlichen Akten des zivilen Widerstands. Wenn Regellosigkeit im Kleinen wie im Großen Wirkung hat, dann gilt das genauso für Regeltreue.

Kurz gesagt: Jeder noch so kleine Akt der Regeltreue macht die Welt ein bisschen geregelter, ein bisschen zivilisierter oder ein bisschen roher. Jede Geste, jede Handlung, die Art und Weise, wie man redet und wie man sich kleidet, hat Auswirkungen auf die Welt – und auf einen selbst. Wer mit Schlabberjeans reist, fühlt sich wie jemand, der in Schlabberjeans reist, und wird vom Flughafenpersonal wie jemand behandelt, der in Schlabberjeans reist. Die Art, wie wir morgens aufstehen, wie wir unsere Partner und Kinder begrüßen, wie wir frühstücken, uns anziehen, wie wir uns im Straßenverkehr, in der U-Bahn, in der Arbeit und abends zu Hause verhalten, definiert, wer wir sind und wie die Welt um uns herum aussieht. Jeder von uns ist Teil eines sozialen Netzwerks, alles, was wir tun, hat Wirkung. »Die Menschen unterschätzen das«, sagt der schon ein paarmal erwähnte Jordan B. Peterson, »die Leute glauben immer, dass es um das Große geht, dabei ist es viel schwieriger, das Kleine erst einmal auf die Reihe zu bringen. Morgens sein Bett machen, den Müll runtertragen, sich anständig anziehen.« Jeder verfügt über einen kleinen Bereich, in den er Ordnung bringen kann. Selbstbeherrschung bedeutet schlicht, sich die Souveränität über gewisse Entscheidungen vorzubehalten. Für oder gegen das Bequeme, für oder gegen das Leichte, für und gegen das, worauf man gerade Lust hat. Gerade in Dingen, die unseren Selbsterhaltungstrieb berühren, sagen die Alten, beim Essen und beim Sex, wirken die Kräfte, die uns zu mangelnder Selbstbeherrschung verführen wollen, am stärksten. Womöglich hat Selbstbeherrschung deshalb auch so einen schlechten Ruf und gilt als spaßfeindlich. Der moderne Mensch fragt zu Recht: Soll man denn nicht so viel Genuss haben wie möglich? Ist dafür nicht das Leben da? Die Antwort lautet: Echten Genuss erlebt man dann, wenn man nicht jedem Impuls zwanghaft nachgibt und sich stattdessen in die Lage versetzt, Entscheidungen zu treffen. Wer die Freiheit besitzt, manches ein wenig hinauszuzögern, steigert damit den Genuss. Und wer auch mal auf das eine oder andere verzichten kann, lernt Genüsse erst wirklich zu schätzen. Die Idee hinter der Zügelung von Impulsen ist die Steigerung, nicht die Leugnung des Vergnügens.

Nach Augustinus schlummert aber noch ein tieferes Geheimnis hinter der Genusssucht und der Kunst ihrer Bändigung: Wir haben alle Sehnsüchte, die nach Erfüllung verlangen. Er verkennt auch nicht den Stellenwert unserer urtümlichsten Bedürfnisse, das Bedürfnis nach Ernährung und das nach Erhaltung der Art. Der Fehler sei aber, diese irdischen Genüsse nicht als Weckruf zu höheren transzendenten Sehnsüchten zu begreifen, sondern sie bereits für das eigentliche Ziel zu halten. Die irdischen Genüsse sind für Augustinus quasi Ortsschilder, die auf einen höheren Ort hinweisen. Wir verhalten uns also, wenn wir Essen, Trinken und Sex bereits als die endgültigen Genüsse betrachten, so, als würden wir beim Ortsschild München schon jubeln und uns damit zufriedengeben, statt aufs Oktoberfest zu gehen. Diese Genüsse sind für ihn nur Vorahnungen und können uns nie befriedigen, denn unsere eigentlichen Sehnsüchte sind Liebe, Intimität, Schönheit, Freundschaft und verweisen auf das höchste Ziel: Gott, die einzige Instanz, die alle Sehnsüchte zu erfüllen vermag. Wenn wir uns nun aber von den unstillbaren, irdischen Genüssen zu satt essen, übertünchen wir damit, sagt Thomas von Aquin, nur unsere eigentlichen, tiefsten Sehnsüchte.

Es ist ein bisschen wie mit dem köstlichen gerösteten Weißbrot, das man beim Griechen vor dem Essen bekommt. Wenn man alles, was vor einem steht, gleich in sich reinstopft, hat man auf das Eigentliche, also wenn die eigentlichen Vorspeisen kommen, die Dolmades, der Saganaki-Käse, das Taramosalata und all das delikate Zeug, gar keinen Appetit mehr. Der Mensch ist zu mehr gemacht als nur Weißbrot. Wir sollen das, was uns die Welt bietet, durchaus genießen, aber so, dass wir die ultimativen Genüsse, die wirklich wichtigen Dinge, nicht aus den Augen verlieren. Dazu führt nämlich der Verlust von Selbstbeherrschung für Augustinus.

Wann darf ich mit den Fingern essen?

Die Frage muss lauten: Wann muss ich mit den Fingern essen? Selbstverständlich beim Spargel zum Beispiel. Was aber tun, wenn alle um dich herum Messer und Gabel benutzen, obwohl das falsch ist? Selbstverständlich muss man in dem Fall schiefe Blicke in Kauf nehmen und das Richtige tun. Ich würde ja auch nicht Austern mit Messer und Gabel schneiden, nur weil das jeder tut. Die Spargelfrage rührt an Grundsätzlichem: Man darf den Verfall der Sitten nicht mitmachen. Es herrscht eine große Begeisterung für Veränderung, dass Veränderung aber nicht automatisch Verbesserung bedeutet, wird außer Acht gelassen.

Denn: Mangel an Selbstbeherrschung ist immer egozentrisch. Sich selbst und seinen Gelüsten Vorrang einzuräumen ist immer einfacher, die egoistische immer die bequemere Option. Wer immer nur seine eigenen, unmittelbaren Bedürfnisse im Auge hat, verliert unwillkürlich den Blick für die Bedürfnisse anderer, für Freunde, Familie, Partner. Irgendwann nimmt man die Bedürfnisse der Menschen um sich herum gar nicht mehr wahr. Aristoteles nennt Zügellosigkeit bei Erwachsenen ein »kindisches Versagen«, weil diese Menschen damit, kurz gesagt, unter Beweis stellen, dass sie die »Ich! Will! Milch! Jetzt!«-Phase nie hinter sich gelassen haben. Wir lachen über den Teenager, der den ganzen Nachmittag auf YouTube rumzappt, auf seiner Konsole Videospiele spielt, dann an seinem Handy WhatsApp checkt, dann zum Kühlschrank schlurft, wo er sich schnell etwas Fertiges in den Mund stopft, und weiterspielt, dabei ist der stereotype übertechnisierte Teenager in seiner nur auf sich selbst fixierten Lebensweise lediglich eine Karikatur von uns allen, den modernen Menschen, die von einem selbstbezogenen Genuss zum nächsten schlurfen und ihr ganzes Leben auf die schnellstmögliche Befriedigung ihrer unmittelbaren Bedürfnisse ausgerichtet haben. Man müsste jetzt nur eine Tüte Chips (am liebsten mit Balsamico-Geschmack) vor mich stellen, damit meine ganze Argumentation kollabiert.

Für Thomas von Aquin ist Zügellosigkeit das schlimmste aller Laster. Er führt dafür zwei Gründe an: Erstens, so heißt es bei ihm, widerspreche sie der menschlichen Würde. Zwar sei uns, wie den Tieren, das Bedürfnis nach Essen, Trinken und Fortpflanzung gegeben, darüber hinaus aber sei uns die Gabe verliehen worden, Bedürfnisse im Zaum zu halten. Tiere könnten so etwas nicht. Ergo: Wo wir diese Selbstbeherrschung vermissen ließen, seien wir nicht besser als die Tiere. Dann nennt er aber noch einen zweiten, interessanteren Grund. Zügellosigkeit sei so schädlich, schreibt er, weil sie unser höchstes Gut, den Verstand, beschädige. Wer seine Gelüste nicht beherrscht, beeinträchtigt damit sein Urteils- und Entscheidungsvermögen, quasi die zentrale Schaltfläche. Wenn dieser Kasten durch Zügellosigkeit beschädigt ist, so Thomas, beeinträchtigt dies den ganzen Menschen. Vereinfacht gesagt: Wer immer nur auf die Stimme des unerzogenen Kindes in sich hört, das ständig »Ich will! Ich will!« plärrt, vernimmt irgendwann die Stimme, die zur Zurückhaltung mahnt, gar nicht mehr. Egal, was wir uns dann vornehmen oder was uns unser Gewissen flüstert, wir überhören es oder finden Ausreden. Ich sollte nicht nachts an den Kühlschrank gehen. Egal, dieses eine Mal noch, nächste Woche gibt's ab 18 Uhr nix mehr. Ich brauche dieses Kleidungsstück nicht, egal, ich kauf's trotzdem, ist ja ein Schnäppchen. Ich schaue zu viele Netflix-Serien. Stimmt. Egal. Nur diese Folge noch. Und noch eine.

Die Kunst des rechten Maßes besteht darin, Genüsse zu pflegen, ohne ihnen zu gestatten, Herr im Haus zu sein. Einfach ist das nicht. Augustinus gestand offen ein, dass, je mehr er sich seinem Genussbedürfnis hingab, sein Wille, auch mal zu widerstehen, umso geringer wurde. »Sobald ich meiner Lust nachgab, wurde daraus Gewohnheit und als ich versuchte, der Gewohnheit zu widerstehen, war sie zur Notwendigkeit geworden«, heißt es in seinen »Confessiones«, seinen Bekenntnissen, verfasst im 4. Jahrhundert, der ersten Autobiografie der Literaturgeschichte.

Was Augustinus damit meint, wird von einem japanischen Sprichwort auf den Punkt gebracht: »Erst nimmt der Mann den Drink,/dann nimmt der Drink den Drink,/und dann nimmt der Drink den Mann.« Schlechte Gewohnheiten haben die Eigenart, dominant zu werden. Der Geheimtipp ist, schlechte Gewohnheiten mit guten Gewohnheiten zu bekämpfen. Zunächst mit den kleinen Dingen beginnen. Peterson macht mit seinen Studenten gerne folgendes Experiment: Er fordert jeden von ihnen dazu auf, genau eine Sache zu identifizieren, von der er oder sie weiß, dass sie nicht rundläuft. Nun verlangt er, diesen Bereich anzugehen und dort für Veränderung zu sorgen. Dann solle man beobachten, was passiert und darüber Protokoll führen. Die Resultate sind überwältigend. Die Menschen, berichtet er, geraten manchmal durch nur winzige Veränderungen in positive Aufwärtsspiralen, die ihr ganzes Leben verändern.

Das nervende innere Kind, das immer nur auf Bequemlichkeit aus ist und bei allen Bedürfnissen »Jetzt!« schreit, kann gebändigt werden. Am besten funktioniert das mit konkreten Übungen. Zur Natur der Übung gehört es, dass man mit kleinen Schritten beginnt und mit der Zeit an Trittfestigkeit gewinnt. C. S. Lewis vergleicht dieses Vorgehen mit dem Tennisspiel: »Auch einem schlechten Tennisspieler gelingt hin und wieder ein guter Schlag. Doch unter einem guten Spieler versteht man einen, dessen Auge, Muskeln und Nerven durch unzählige gute Schläge so trainiert sind, dass er sich auf sie verlassen kann.« Irgendwann fällt es einem gar nicht mehr schwer, sich zu zügeln, dann stellt sich ein Gefühl der Freiheit ein. Frei sein in der Gezügeltheit. Dahin muss man kommen.

Was geht's mich an?

Wie kriegt man sich in den Griff? Durch kleine, konkrete und realistische Vorsätze. Selbstbeherrschung ist schlicht eine Frage der Übung. Schlechte Gewohnheiten wird man nur los, indem man sich gute Gewohnheiten antrainiert. Stück für Stück. Eine Gewohnheit nach der anderen. Mit realistischen Zielen. Und: Vorsätze nie in die Zukunft schieben. Sollten Sie einen Vorsatz haben, dann ist genau *jetzt* der richtige Zeitpunkt, um mit seiner Umsetzung zu beginnen.

24 MUT

Die Sehnsucht nach *âventiure*

Das Märchen von dem, der auszog, das Fürchten zu lernen, erzählt nicht von einem Helden, sondern von einem Vollidioten. Nach Aristoteles ist die »Größe« des Mutes an der »Größe« der zu überwindenden Furcht zu messen. Wer keine Furcht kennt, der braucht auch keinen Mut. Er kann ungerührt Gehenkte vom Galgen nehmen oder mit Toten kegeln gehen, es macht ihm ja nichts aus. Mit Tapferkeit hat das nichts zu tun.

Ein ganz anderer Fall ist Don Quijote. Als Cervantes, der sich selbst freiwillig zum Kampf gegen die Türken gemeldet hatte und dabei schwer an der Hand verletzt wurde, seinen Roman schrieb, war das ritterliche Zeitalter schon lange mausetot. Mehr als hundert Jahre vor »Don Quijote« hatte sich der Gebrauch von Gewehren und Kanonen durchgesetzt. Mit diesen sei ein Moment der Verpöbelung, Barbarisierung und Mechanisierung des Kriegswesens gekommen, sagte Egon Friedell, der weiter behauptete, dass daraus nicht nur größere Grausamkeit in der Kriegsführung folgerte, sondern dies Rückwirkung auf die Gesellschaft als Ganzes gehabt habe. Der Mensch sei durch die Mechanisierung der Kriegsführung zu einem ersetzlichen Teil des Ganzen geworden, ein Stück Fabrikware quasi: »Der Begriff ›Menschenmaterial‹ ist erst durch die Erfindung des Schießpulvers geschaffen worden.«

Die Figur des Don Quijote lehnt sich gegen diese Degradierung des Menschen auf. Er ist nicht der versponnene Nostalgiker, als der er oft dargestellt wird. Er weigert sich, die Hässlichkeit der Welt anzuerkennen, und schafft sich im Geist eine eigene Welt, in der all die altmodischen Dinge wie Ritterlichkeit, Nobilität, Edelmut noch gebraucht werden – eine Welt, in der es noch *âventiure*, Abenteuer, gibt. Don Quijote versucht, sein Leben so auszurichten, dass er inmitten der Banalitäten des Alltags jede Chance erkennt, sein nobles Gemüt unter Beweis zu stellen.

Einmal sieht er in der Ferne eine Reisegruppe mit Regenschirmen und verkündet seinem Sancho Pansa erwartungsfroh: »Entweder ich täusche mich sehr, oder dies wird das prächtigste Abenteuer, das man je gesehen – denn diese schwarzen Gestalten, welche sich dort zeigen, müssen Zauberer sein, ja sind es ohne Zweifel, die eine geraubte Prinzessin in dieser Kutsche fortführen ...« Er blendet die banale Erklärung aus, beschirmte Reisegruppen interessieren ihn nicht.

Der »Don Quijote« kann als Manifest gegen eine Moderne gelesen werden, in der es keine *âventiure*, eines der tiefsten menschlichen Bedürfnisse, mehr gibt, weil wir, wie Konrad Lorenz es formulierte, der »Verhausschweinung« anheimgefallen sind. Der Homo domesticus hat sich ein Leben geschaffen, das auf Komfort, auf Absicherung gegen existenzielle Herausforderungen angelegt ist. Dass uns das weitgehend gelungen ist, ist eine riesige Errungenschaft – aber gleichzeitig ein Riesenproblem.

Eines der in Amerika in den vergangenen Jahren meistdiskutierten Bücher war Sebastian Jungers »Tribe«. Darin wird das Dilemma des modernen Menschen auf den Punkt gebracht: Die Ironie der modernen Zivilisation, sagt Junger, ist: Wir haben Mühsal und Gefahr aus dem Alltag beseitigt, blöderweise sind es aber gerade Mühsal und Gefahr, die uns in die Lage versetzen, uns lebendig und als unverzichtbarer Teil einer Gemeinschaft zu fühlen. Junger war jahrzehntelang als Reporter in Krisenregionen auf der ganzen Welt unterwegs (von ihm stammt übrigens auch die Sachbuch-Vorlage zum Film »Der Sturm« mit George Clooney, der ja auf eine wahre

Begebenheit, den Untergang eines Fischtrawlers im Nordatlantik, zurückgeht). Nach zahlreichen Aufenthalten in der Dritten Welt, in Kriegsgebieten und von Naturkatastrophen heimgesuchten Ländern hat er eine interessante Überschneidung festgestellt: Die meisten Menschen, die noch Jahre nach ihrer Rückkehr aus Krisenregionen an Depressionen oder unter posttraumatischen Belastungsstörrungen litten, ob Kriegsveteranen oder Mitarbeiter von NGOs, waren gar nicht unmittelbar in menschliche Tragödien verwickelt gewesen, sie litten unter dem Verlust des für Krisensituationen typischen Gefordertseins, sie vermissten das Gebrauchtwerden, die Kameraderie. Womit sie nicht klarkamen, war die geordnete und befriedete Welt zu Hause, in der man sich seine Einpersonen-Fertigportion einfach im 24/7-Lebensmitteldiscounter kaufen kann, in der alles bestens geregelt ist, in der niemand auf den Nächstbesten angewiesen ist. Jungers Buch heißt »Tribe«, weil er die These vertritt, Menschen seien für kleine, überschaubare Gemeinschaften geschaffen, Stämme, die wie eine Art Großfamilie organisiert seien; anonyme Singlehaushalte bezeichnet Junger als widernatürlich. Die interessantesten Passagen beschreiben das Lebensgefühl von aus dem Irak oder Afghanistan zurückgekehrten Kriegsveteranen. Sie vermissten die Zeit der Krise, weil sie in diesem Zustand für eine gewisse Dauer die beste Version ihrer selbst verkörperten. Bei zivilen Hilfskräften und Ortsansässigen in New Orleans, die den Wirbelsturm Katrina überlebt hatten, hörte er ganz Ähnliches. Und die Überlebenden der Unterbeschussnahme Sarajevos sagten das Gleiche aus. Meistens wurde es etwas verschämt ausgesprochen, aber der Kern war immer der gleiche: »Ich vermisse manchmal diese Zeit. Wir waren bessere Menschen damals, weil wir uns gegenseitig geholfen haben und jeder gebraucht wurde, damit wir überlebten.« Die Tragik unseres Zeitalters ist, dass wir uns eine vor allen Unbilden des Lebens geschützte Welt mit fertig verschweißtem Essen und Haftpflicht- und Hausratsversicherungen schaffen, aber, sobald alles so ist, wie wir es uns erträumen, vor lauter Wohlstand und Bequemlichkeit Depressionen bekommen. »*We gained comfort and lost pleasure*«, um es mit dem Wirtschaftswissenschaftler Tibor Scitovsky zu sagen.

Die Lösung?

Manche meinen, durch Simulation. Man solle im Freundeskreis oder beim Engagement für eine gemeinsame Sache sein »Tribe«-Gefühl sublimieren, dem Alltag entfliehen, zumindest immer wieder vorübergehend zu neuen Horizonten und Abenteuern aufbrechen. Andere suchen Reisepfade fernab von Touristenrouten, Flagship-Stores und Autobahnraststätten, Rumänien ist da zurzeit sehr beliebt. Manche versuchen es mit regelmäßiger körperlicher Verausgabung, andere mit sozialem Engagement. Wieder andere wählen den hedonistischen Weg. Dann gibt es noch jene, wie Christian Kracht, die sich unsichtbar machen oder wie sein Freund Eckhart Nickel »Ferien für immer« (so hieß auch ein gemeinsames Buchprojekt der beiden). Manche versuchen es mit einer Art »Waldgang«, werden zu Natur-Freaks, umarmen Bäume und lesen dabei irgendein schwärmerisches Eso-Buch, in dem Gewächs vermenschlicht wird. Dann gibt es noch den Hipster-Ausweg. Man entflieht der mechanischen Existenz, indem man im Privaten der Vermassung Widerstand leistet, man gibt sich hyperindividualistisch, trägt Pullover aus handgesponnener finnischer Lammwolle und sitzt zu Hause an einem Esstisch aus einem Bauernhaus in Österreich, Seife und Rasierwasser bestellt man bei einem Klostershop, dessen Adresse man eifersüchtig hütet. All das sind nur Aushilfsmaßnahmen.

Der von mir verehrte Essayist Alexander Pschera, er ist unter anderem Deutschlands Léon-Bloy-Aficionado Nr. 1, hat noch eine interessante Alternative im Ärmel: den Weg des Schmerzes. Wenn von Mut die Rede ist, meint man meistens jenen Mut, bei dem nicht die körperliche Unversehrtheit aufs Spiel gesetzt wird. Pschera sagt, dass heutzutage jedes Unbehagen weggedrückt werde, man heute eigentlich nur noch dadurch Mumm beweisen könne, indem man sich der Anästhesierung verweigere und Schmerz bewusst erlebe und aushalte. Mut heute bedeutet für ihn das Ertragenkönnen von Ungemach. Um seinen Vorschlag zu unterfüttern, zieht Pschera seinen neben Bloy zweiten Hausheiligen herbei, Ernst Jünger. Bei dem steht:

»Es gibt einige große und unveränderliche Maße, an denen sich die Bedeutung des Menschen erweist. Zu ihnen gehört der Schmerz; er ist die stärkste Prüfung innerhalb jener Kette von Prüfungen, die man als das Leben zu bezeichnen pflegt. ... Der Schmerz gehört zu jenen Schlüsseln, mit denen man nicht nur das Innerste, sondern zugleich die Welt erschließt. Wenn man sich den Punkten nähert, an denen der Mensch sich dem Schmerze gewachsen oder überlegen zeigt, so gewinnt man Zutritt zu den Quellen seiner Macht und zu dem Geheimnisse, das sich hinter seiner Herrschaft verbirgt. Nenne mir dein Verhältnis zum Schmerz, und ich will Dir sagen, wer Du bist!«

Ich finde das einen verlockenden Gedanken: das Hinnehmen von Schmerz als eine Art zeitgemäßer *âventiure*. Auch C. S. Lewis war dem auf der Spur. Er schwärmt in seinen Büchern geradezu von der Kunst, Verwundung hinnehmen zu können. Dabei geht es ihm nicht nur die körperliche Verwundung, sondern alles irgendwie Schmerzliche, Unbequeme, Bedrückende. Die ganze Verheißung der Moderne ist ja, dass Lasten überflüssig gemacht werden, dass Schmerzen unzumutbar sind. C. S. Lewis spricht vom Zusammenhang zwischen Menschsein und Schmerzen. Für ihn sind wir wie Kinder, die darauf Anspruch erheben, dass jedes Wehwehchen weggekuschelt wird. Dass wir uns in einem fortgeschrittenen Stadium der Infantilisierung befinden, streitet ja hoffentlich niemand ernsthaft ab. Wie sonst hätte es die TV-Serie »Friends« zum Opus Magnum des Infantilismus-Kultes gebracht. Eine der lustigsten und zu Recht erfolgreichsten Sitcoms der ganzen Sitcom-Historie und zugleich ein Denkmal der Ver-

Darf man noch Instagram und Facebook nutzen?

Ich finde, nein. Facebook nutzt eigentlich kein halbwegs vernünftiger Mensch mehr, und auch Instagram und Twitter sind inzwischen *demodé*. Tim Cook, der Boss von Apple, hat keine eigenen Kinder – aber seinen Nichten und Neffen hat er geraten, sich von sozialen Netzwerken fernzuhalten. Guter Tipp.

hätschelungssehnsucht. Was ist denn vor allem hängen geblieben von »Friends«? Dass es okay ist, wenn Erwachsene wie Teenager leben, dass es irgendwie cool ist, möglichst wenig Verantwortung zu übernehmen, und dass die ideale Daseinsweise eine Art ewiges Kinderkrabbelparadies für Erwachsene ist.

Der Evolutionsbiologe und Verhaltensforscher Irenäus Eibl-Eibesfeldt hat mir, als ich ihn einmal mit meiner Schwester Gloria besucht habe, etwas erzählt, das ich hier einflechten möchte: Alle Naturvölker, sagte Eibl-Eibesfeldt, kannten, bis sie von der Moderne eingeholt wurden, Initiationsriten – und zwar quer über Kulturen und Kontinente. Mit diesen Initiationsriten wurden junge Menschen aufs Erwachsenwerden vorbereitet. Dazu gehörten meistens Isolation in der Wildnis, Mutproben und meistens eine symbolische Form der Skarifizierung, ein Schnitt auf der Haut oder eine andere harmlose Verletzung. Überall, sagte er uns, sei die Botschaft an den Heranwachsenden die gleiche gewesen: »Gewöhne dich an zwei Dinge: Das Leben ist hart, du wirst Schmerzen erleiden, und es dreht sich nicht alles um dich!« Es ist unwahrscheinlich, dass es bald entsprechende Ermannungskurse im Unterholz des Spreewaldes geben wird (obwohl man sich bei den Aushängen im Biomarkt ja mal umsehen kann), aber die Grundaussage, dass Schmerzen zum Leben gehören und dass sich die Welt nicht die ganze Zeit um einen selbst dreht, scheint uns irgendwie langsam bewusst zu werden. In unseren archetypischen Heldenfiguren, in Figuren wie James Bond und Lara Croft, ist das Bild noch lebendig, dass Schmerz und Widerstand heroisch sind, die Gesellschaft strebt aber nach größtmöglicher Bequemlichkeit und lebt *âventiure* lieber virtuell aus. Unsere Gesellschaft ist infantil, weil Schmerzensvermeidung zur Top-Priorität geworden ist.

Wie könnte die ritterliche Antwort aussehen?

Vielleicht liegt sie tatsächlich darin, Schmerzen und Ungemach hinzunehmen. Dafür müssen wir uns erst einmal unsere eigene Verletzlichkeit eingestehen. Doch wer will das schon? »Nur keine Schwäche zeigen« ist ein tief verwurzeltes Echo in unserem Bewusstsein. Dabei ist Schwächezeigen die eigentliche Stärke. Wer keine Schwächen zeigen will, geht mit eingezogenen Schultern durch die Welt, den Blick nach unten gerichtet, immer bereit, Unannehmlichkeiten aus dem Weg zu gehen, um nicht verletzt zu werden. Wer aufrecht und mit geradem Blick durch die Welt geht, sagt damit: Ja, ich bin verletzbar, aber ich fürchte keine Verletzung.

Die Soziologin Brené Brown, die an der University of Houston lehrt und deren Vortrag über »The Power of Vulnerability« mit dreißig Millionen Zuschauern zu den legendärsten TED-Talks überhaupt gehört, vertritt dazu übrigens eine interessante These: Das Verstecken unserer Wunden, das Verheimlichen unserer Schwächen, der Zwang, immer gut dazustehen, sagt sie, mache uns krank. Im Kern unseres Wesens wollten wir gemocht, geliebt, gekannt, anerkannt werden. Aus Furcht davor, abgelehnt zu werden, versteckten wir unsere Schwächen. Das führe aber zum Gegenteil des Erwünschten: Wir isolierten uns, statt *»connection«* aufzubauen, wie Brown es nennt. Beziehungen, das, wonach wir uns im Innersten sehnten, könnten nur gelingen, wenn wir den Mut aufbrächten, die eigene Schwäche, die eigene Verletzbarkeit offen herzuzeigen.

Brené Brown sieht in unserer Angst vor Ablehnung einen häufigen Grund dafür, warum wir Ablehnung ernteten, weil Scham uns voneinander isoliere. Sie unterscheidet übrigens sehr genau zwischen Schuld und Scham. Schuld heiße, etwas Falsches getan zu haben, Scham bedeute die Angst, fehlerhaft zu *sein*: »Du bist nicht gut genug, klug genug, hübsch genug, erfahren genug, um geliebt und akzeptiert zu sein«, das sei Scham. Menschen, die bewusst oder unbewusst von Schamgefühlen geplagt würden – das sind laut Brown sehr viele – lebten mit einem tief empfundenen Gefühl der eigenen Wertlosigkeit und dem Glauben, dass sie es nicht verdient hätten, geliebt zu werden. Das, so Brown, führe dazu, dass sie ihr Innerstes noch mehr verheimlichten, was wiederum die Isolation verstärke. Man fühlt sich wertlos und versteckt sich, wer sich versteckt, hat Schamgefühle, wer Schamgefühle hat, isoliert sich, wer sich isoliert, fühlt sich wertlos und so weiter und so weiter ... Die meisten Menschen versuchen, den Schmerz, den dieser Teufelskreis auslöst, mit Selbstmedikation zu behandeln, Alkohol, Drogen, Fressen, Pornografie, Arbeit, Shoppen, was auch immer, Betäubung eben. Vielleicht ist es an der Zeit, statt vor Schmerzen und Mühsal davonzulaufen, uns zu betäuben, wieder ein wenig aufrechter durchs Leben zu gehen. Vielleicht sollten wir seinen Unannehmlichkeiten zur Abwechslung mal mit geschwellter Brust entgegengehen.

Verletzungen hinnehmen heißt zum Beispiel, der Erste zu sein, der »Ich liebe dich« sagt. Der Erste zu sein, der um Verzeihung bittet. Mitsamt allen Gefahren zurückgewiesen zu werden. Der Mut, Zurückweisung hinzunehmen, der Mut, hinzunehmen, dass man nicht bei jedermann beliebt sein kann, ist vielleicht die größte Herausforderung. Eine absolute Heldin ist für mich in diesem Bereich meine Schwester Gloria. Sie ist völlig unerschrocken. Sie weiß, dass sie mit ihren ungenierten Aussagen aneckt und dass manche Politiker auf dem gesellschaftlichen Parkett ihr lieber aus dem Weg gehen. Begegnet man sich dann doch, etwa bei den Bayreuther Festspielen, geht sie grundsätzlich Kopf voran und mit ausgesuchter Herzlichkeit auf alle zu. Erleidet sie dann eine Abfuhr, richtet sie sich ihr Krönchen, steckt die Schramme gelassen weg, geht auf den Nächsten zu. Wenn ich in eine solche Situation komme, versuche ich meistens, mich an den ein, zwei Bekannten im Raum festzuhalten, meine Schwester geht auf alle zu, die Angst vor Zurückweisung kennt sie nicht. Ich halte mir gerne zugute, dass ich einfach ein bisschen zurückhaltender und bescheidener bin, in Wahrheit versteckt sich dahinter ein narzisstischer Zug, die Angst vor Kränkung. Meine Schwester nimmt Kränkung hin, und das mit einer Lässigkeit, von der ich zu lernen versuche. Einmal war ich mit ihr bei einem Staatsempfang auf Schloss Bellevue. Sie sah den damaligen Kanzler Schröder, ging, mit mir im Schlepptau, direkt auf ihn zu, begrüßte ihn feierlich und mit größter Ehrerbietung, er hingegen drehte uns mitten im Satz den Rücken zu. Ich wäre, wenn ich alleine gewesen wäre, vor Pein zu Eis erstarrt, meine Schwester machte es nicht das Geringste aus, sie ging einfach und schmiss sich in die nächstbeste Konversation. Ich glaube, das eigentlich Paradoxe ist, dass Leute, die keine Verletzungen scheuen, die »mannhaft« Schrammen hinnehmen, seltener Verletzungen erleiden. Und wenn sie sich Schrammen holen, dann schmerzen sie nicht so, und sie tragen sie wie Ehrenabzeichen. Wenn es schmerzt, nimmt man das hin und jammert nicht.

Verletzungen in Kauf nehmen heißt auch, nicht immer gemocht, geachtet, anerkannt werden zu müssen. Dazu gehört auch, zu seiner eigenen Garstigkeit zu stehen. Wer immer gemocht werden will, wer Everybody's Darling sein will, geht mit einem gequälten Lächeln durchs Leben. Wer nicht immer gemocht werden will, muss auch zubeißen können. Wer so aussieht, als könnte er beißen, muss das in den seltensten Fällen, sagt die Psychologie.

Im Rahmen der #MeToo-Debatte meldete sich in der *Süddeutschen Zeitung* eine Zugbistro-Chefin zu Wort, die sehr deutliche Worte fand. »Der Mann ist ein Neandertaler«, schrieb sie, »er sieht Arsch und Titten und dreht durch – Intellekt und Kultiviertheit hin oder her. Mir ist noch nie ein Professor begegnet, den eine Frau kaltgelassen hat.« Im Job trage sie Rock, Bluse und Weste, »ich habe einen strammen Po und viel Busen, alles verpackt und zugeknöpft. Fällt aber das Spiegelei vom Teller, bücke ich mich, dann spannt's hinten, dann schaut schon mal ein Kollege oder ein Fahrgast, na und?« Männer, schreibt sie, testeten ihre Grenzen aus, immer, »bei Frauen, bei denen sie Grenzen spüren, kommen sie nicht weit. Ich will eine selbstbewusste Frau sein, die den Männern keine Macht über mich gibt. Wenn jemand lästig wird, dann ich.« Wahr ist eben auch, dass Männer, die regelmäßig Grenzen austesten, einen Blick dafür haben, ob Frauen wehrhaft sind, und Täter sich am liebsten Schwache ausgucken. Konflikte in Kauf nehmen, sich nicht immer bei allen lieb Kind machen wollen, den Mut haben anzuecken sind die besten Mittel gegen Schwäche.

Und dann gibt es da noch eine Form von Mut, die keinesfalls unerwähnt bleiben darf. Zivilcourage.

Mut kann auch bedeuten, sich quer zum Zeitgeist zu stellen. Ein tolles Beispiel ist der große Mr. Wilberforce. Ein Säulenheiliger des Kampfes gegen die Sklaverei. William Wilberforce war ein britischer Unterhaus-Abgeordneter. Ab dem Jahr 1789 stellte er jedes Jahr – als einziger Hinterbänkler – einen Antrag im Londoner Unterhaus auf, ein Gesetz gegen den Handel mit Menschen. Zwanzig Jahre lang. Jedes Jahr aufs Neue. Er wurde verhöhnt, er wurde gesellschaftlich gemieden, er wurde zum Außenseiter. Wilberforce führte seinen Kampf nicht wie Don Quijote, also nicht seine Niederlage schon in Kauf nehmend, sondern – ausgesprochen fortschrittlich – mit einprägsamen Logos und Slogans: Er erfand das Emblem eines knienden schwarzen Mannes in Ketten mit dem umwerfenden Satz: *»Am I not a man and a brother?«* Er fand prominente Mitstreiter, einer der wichtigsten Josiah Wedgewood, der für die Verbreitung des Logos mit dem Slogan sorgte, weil er es auf jedes Stück von ihm ausgelieferten Porzellans brennen ließ. Irgendwann zeigte Wilberforce' Handeln Wirkung. Am 24. Februar 1807 wurde im britischen Unterhaus, nach zehnstündiger Debatte um vier Uhr morgens, das Gesetz gegen den Sklavenhandel (»Slave Trade Act«) verabschiedet, die USA schlossen sich 1808 an, wenige Jahrzehnte später wurde die Sklaverei ganz verboten.

Könnte man heute nicht mit ähnlicher moralischer Autorität wie damals Wilberforce die Frage »Bin ich etwa kein Mensch?« auch im Hinblick auf das Lebensrecht ungeborener

Behinderter stellen? Meine Nichte Pilar ist körperlich und geistig schwer behindert und einer der glücklichsten Menschen, die ich kenne, und sie ist in unserer Familie eine ganz zentrale Person. Durch die heutigen Möglichkeiten der Pränataldiagnostik gibt es immer weniger Menschen wie sie. Wenn ein Bundestagsabgeordneter heute aufstehen und es beklagen würde, dass neun von zehn Embryonen, bei denen ein Down-Syndrom diagnostiziert wird, abgetrieben werden, er würde Mut beweisen, weil er damit jede Aussicht auf eine weitere politische Karriere verwirkte.

Was geht's mich an?

*Everybody's darling ist everybody's a**hole.* Wer immer allen gefallen will, wer nicht anecken will, wer mit aller Gewalt beliebt sein will, ist nicht mutig. Wer die Entscheidung trifft, offen und verletzbar zu sein, der muss sich in Gefahren und Konflikten nicht mehr wegducken – und lebt dadurch paradoxerweise sogar sicherer. Kurz gesagt: Raus aus der Komfortzone!

25 TOLERANZ

Eine Frage der Ehre

Haben Sie auch schon Ihren Platz im Schützengraben eingenommen? Sitzen Sie bequem? Um herauszufinden, auf welcher Seite Sie kämpfen, genügen ein, zwei Fragen. Irgendetwas mit Gender, dann noch eine Frage, in der das Reizwort »Immigration« fällt, schon ist Ihre Position im Partisanenkrieg der Meinungen klar. Eigentlich ist das schade. Sitzt man erst einmal im Schützengraben, hat man denen auf der Gegenseite nichts mehr zu sagen. Es geht dann nur noch darum, wer die knalligeren Argumente hat. Moralisierende Abwertung, Verunglimpfung und Hohn sind jetzt die Waffen der Wahl. Es geht ab dem Moment nicht mehr darum zu debattieren – es geht nur noch ums Gewinnen, darum, das bessere, clevere, spöttischere Argument zu haben.

Woran liegt das? Wie sind wir dahin geraten?

Leidenschaftliche politische Auseinandersetzungen sind ja nichts Neues. Als ich aufwuchs, stritten die Leute zum Beispiel über die Stationierung von Pershing-2-Raketen und über Atomkraft. Auf meinem Schulranzen prangte ein Aufkleber mit dem Schriftzug »Lieber 'ne Pershing im Garten als 'ne SS-20 aufs Dach!« Die meisten meiner Klassenkameraden hatten »Atomkraft? Nein danke!«-Aufkleber. Das Schöne damals war, dass wir uns über letztlich abstrakte Dinge stritten, jedenfalls Dinge, die ziemlich weit weg waren. Ich habe jedenfalls nie eine Pershing-2-Rakete gesehen. Heute ist das anders. Die »asozialen Medien« für die Verrohung des Tons verantwortlich zu machen ist zu einfach. Man kann andere –

und sich selbst – dort zwar in Nanosekunden zum Idioten machen, man kann sich bepöbeln, ohne seinem Gegenüber je in die Augen zu sehen, aber das erklärt noch nicht die Tiefe der Schützengräben, in die wir geraten sind. Ich glaube, es liegt daran, dass die Fundamente, auf denen wir stehen, wenn wir miteinander streiten, wie tektonische Erdplatten auseinanderdriften. Die Gegner in unserem gegenwärtigen Kulturkampf können sich kaum noch auf ein paar gemeinsame Grundwerte einigen, tatsächlich argumentieren sie aber aus unterschiedlichen Positionen, und dadurch wird es immer schwieriger, echte Gemeinsamkeiten zu finden. Gestritten wird über grundlegende und zum Teil sehr persönliche Fragen. Letztlich sind es sogar theologische Fragen: Was ist der Mensch? Ein Geschöpf? Oder ist er selbst Schöpfer? Finden wir Wahrheit vor? Oder gestalten wir Wahrheit? Die Postmoderne hat uns unendlich viele Interpretationsmöglichkeiten der Wahrheit beschert, und zugleich hat sie es unmöglich gemacht, diese Interpretationsmöglichkeiten mit einer Hierarchie zu versehen – jede Sicht ist so gültig wie die nächste. Das hat zu der Misere geführt, dass wir, wenn wir miteinander über substanzielle Dinge streiten, keine gemeinsame Basis mehr haben. Und weil wir uns seit Neuestem über Dinge streiten, die ans Eingemachte gehen, fühlt sich jeder auch immer sofort persönlich verletzt.

Ein Beispiel: Wenn ich den Satz »Ich halte es für richtig, dass ein Kind in einer Familie mit Vater und Mutter aufwächst« schreibe, ist das für die einen eine Binse, für andere eine Provokation. Ich müsste in meinem Kollegenkreis nicht lange suchen, um jemanden zu finden, der mich wegen dieses Satzes als »intolerant« bezeichnen würde.

Wir driften auseinander, weil wir uns auf die fundamentalsten Dinge nicht mehr einigen können. Aber ist das eine Entschuldigung dafür, uns gegenseitig Integrität abzusprechen? Müssen wir uns deshalb mit Dreck bewerfen? Vor allem: Muss man sich gleich in seiner Identität verletzt fühlen, wenn ein anderer eine Haltung offenbart, die sich mit der eigenen nicht vereinbaren lässt? Vis-à-vis den Gift und Galle spuckenden rechtspopulistischen Bewegungen hat sich eine empörungspopulistische Bewegung gebildet, die mit Hysterie und sogar mit Militanz alles mundtot machen will, was ihr nicht passt.

Wenn wir uns nicht langsam besinnen und aus dem Schützengraben steigen, endet das böse. Ein paar Beispiele von jenseits des Atlantiks, denn die Amerikaner sind uns, wie so oft, bei manchen Dingen einen Tick voraus. Da kann man ganz gut sehen, wohin die Reise geht.

An amerikanischen Universitäten werden Professoren inzwischen dazu verpflichtet, sogenannte *trigger warnings* auszusprechen, bevor sie mit einer Vorlesung beginnen. Der Begriff ist zu idiotisch, um angemessen übersetzt zu werden. Warnung vor anstößigem Inhalt? Manche Ausdrücke sind so absurd, dass sie von sich aus schon preisgeben, aus welch schiefer Denkweise sie geboren werden. *Trigger warnings* sollen den jungen Leuten im Hörsaal die Chance geben, sich zu entfernen, bevor die Vorlesung beginnt – so sie befürchten, sie könnten am Gegenstand der Vorlesung Anstoß nehmen. So geriet zum Beispiel an der elitären Columbia University eine Vorlesung über Ovids Dichtung »Metamorphosen« auf die Liste der Themen, die mit einer Warnung versehen wurde. Die Begründung: Die dort geschilderte Szene, in der der Spanner Aktäon die nackte Jagdgöttin Diana begafft, in einen Hirsch verwandelt und von den Hunden der Göttin zerrissen wird, könnte manche Literaturwissenschaftsstudenten traumatisieren. Auch F. Scott Fitzgeralds »Der große Gatsby« landete auf dem Index – wegen der frauenverachtenden Passagen. Amerikanische Universitäten, schreibt Jonathan Haidt, Psychologiedozent an New Yorker Stern School of Business, seien zu Kuschelräumen geworden. In einem aufschlussreichen Essay für das Magazin *The Atlantic* zitiert er die Foundation for Individual Rights in Education, die Hunderte Vorlesungen auflistet, die abgesagt wurden, weil Studentenschaften Vorbehalte angemeldet hatten. So wurden zum Beispiel Vorlesungen von Gastrednern wie der ehemaligen US-Außenministerin Condoleeza Rice und Christine Lagarde, der ehemaligen Chefin des Internationalen Währungsfonds (IMF), abgesagt. Deren Ansichten, so die Begründung, seien der Studentenschaft nicht zumutbar, Erstere, weil sie mitverantwortlich für Krieg, Letztere, weil sie mitverantwortlich für wirtschaftliche Ausbeutung sei. Amerikanische Studenten, schreibt Haidt, würden mittlerweile konsequent von Inhalten ferngehalten, die sie geistig herausfordern könnten – aus lauter Angst, sie könnten den Inhalt befremdlich finden. Der ganze Sinn des Studiums, seinen Horizont zu erweitern, sich geistig herausfordern zu lassen, sei damit passé. Aus der Sicht des Psychologen Haidt ist das eine gefährliche Entwicklung, weil man durch diese Verhätschelungsstrategie pathologische Reaktionen fördere. Er zieht einen Vergleich zur Verhaltenstherapie. Das probateste Mittel, um zum Beispiel Angststörungen zu heilen, sei, Patienten mit Phobien schrittweise mit den Objekten ihrer Angst zu konfrontieren, um sie so zu desensibilisieren. Indem man Menschen aber dafür belohne, wenn sie sich in Aufregung versetzt und verletzt fühlten, tue man exakt das Gegenteil – man verleihe den angeblichen Verletzungen übergroße Bedeutung. Das führe zwangsläufig zu pathologischen Reaktionen. Je lauter man »Autsch« rufe, mit umso größerer Beachtung werde man belohnt, man entwickle geradezu ein Interesse daran, sich verletzt zu fühlen.

Jordan B. Peterson geht noch einen Schritt weiter. Er sagt: »Es gibt schlicht kein Recht auf geistige Behaglichkeit. Dieses Recht ist mit dem Leben unvereinbar. Wenn das Recht, nicht vor den Kopf gestoßen zu werden, das Recht, Behauptungen aufzustellen, überragt, dann garantiert nur eine Methode, Verletzungen auszuschließen, nämlich, dass wir überhaupt nicht mehr miteinander kommunizieren. Denn sobald ich etwas von tief gründiger Bedeutung sage, wird sich garantiert irgendwo irgendjemand finden lassen, der daran Anstoß nimmt. Die einzige logische Konsequenz daraus ist also Schweigen. Da wird dann garantiert niemand verletzt. Aber das heißt auch, dass wir ins geistige Koma gleiten.«

Das Lästern über politische Korrektheit fand ich immer langweilig. Aus Trotz über angebliche Sprechverbote möglichst mit Pointen um sich zu werfen, die Andersdenkende schockieren, kann zwar befreiend wirken, hat aber auch etwas sehr Kindisches. Ich fand *political correctness* nie so schlimm, wie gern behauptet wird, im Gegenteil, für mich war das immer nur ein neumodischer Begriff für etwas Uraltes und ziemlich Schönes: Takt. Wie sagt Konfuzius so schön? »Man muss schonend mit den Menschen umgehen.« Aber auch damit kann man es übertreiben. Die Ich-fühle-mich-durch-deine-Ansichten-verletzt-und-muss-dich-deshalb-zum-Schweigen-bringen-Mentalität führt entweder geradewegs in die Tyrannei oder in die geistige Umnachtung, weil alles, was nach Kontroverse riecht, ausgesondert wird. In Oxford wurde Nigel Biggar, Professor am Christ Church College, Opfer einer einzigartigen Hasskampagne, weil er in einem Beitrag für die *Times* gewagt hatte, darauf hinzuweisen, dass der Kolonialismus auch gute Seiten hatte, den Bau der einen oder anderen Schule und diverser Krankenhäuser zum Beispiel. Er wurde dafür öffentlich hingerichtet. In Berlin geriet der Historiker Herfried Münkler in das Fadenkreuz der Gesinnungspolizei, seine Vorlesungen an der Humboldt-Universität wurden systematisch gestört und im Internet ein »Münklerwatch« eingerichtet, das seine Äußerungen nach gesinnungspolizeilichen Erkenntnissen durchforstet. An derselben Universität wurde gegen einen Professor eine Beschwerde bei der Antidiskriminierungsstelle des Bundes eingereicht, weil er Texte von Kant lesen ließ, was nach Ansicht des Allgemeinen Studierendenausschuss (AStA) wegen dessen »eurozentristischen, weißen Perspektive« unzumutbar sei.

Die Populärkultur persifliert die hysterische Hexenjagd-

Stimmung bereits ziemlich gekonnt. Es gibt Folgen der Comedy-Zeichentrickserien »Simpsons« oder »Family Guy«*, die diese Entwicklung besser auf den Punkt bringen als jeder Leitartikel in der *Zeit*. In der siebten Staffel der vielfach preisgekrönten amerikanischen Fernsehserie »American Horror Story« steht eine wohlhabende, lesbische Adoptivmutter im Mittelpunkt, die bei der letzten US-Präsidentschaftswahl die grüne Kandidatin Jill Stein gewählt hat, weil sie sicher war, dass eine Reality-TV-Figur ohnehin keine Chance auf das Amt habe. Nach dem Wahlsieg Donald Trumps macht sie sich Vorwürfe und fällt in eine tiefe Psychose mit Visionen von Horrorclowns. Ihr Arzt rät ihr dann übrigens, neben Psychopharmaka, sich bei Twitter und Facebook abzumelden und sich stattdessen auf ihr eigenes, privates Leben zu konzentrieren. Weil sie unter Angstattacken leidet, schwatzt ihr ein Nachbar eine Pistole auf, mit der sie in einem Panikschub während eines Stromausfalls versehentlich einen Hispanoamerikaner erschießt, der an ihrer Haustür klingelt. Als sie anschließend zum Feindbild ihrer eigenen liberalen Community wird und es zu Demonstrationen gegen sie kommt, versucht sie vergeblich, in der Sicherheit ihres emissionslosen Luxusautos auf die Protestierenden zuzufahren und nietet diese (»Ich bin doch kein Rassist! Ich bin eine von euch!« rufend) dabei fast um. Nach einer Weile kommt der Zuschauer dahinter, dass psychotische Visionen und Realität sich vermischen – es gibt die mordenden Horrorclowns wirklich, ein rechtsradikaler Kult will die ganze Stadt, angefeuert vom Fernsehen und dem Internet, in den Wahnsinn treiben, um

* Es gibt eine Folge von »Family Guy« (Staffel 16, Episode 6), die diese Entwicklung auf ziemlich geniale Weise aufs Korn nimmt. Sie finden Ausschnitte daraus auf YouTube. Geben Sie ins Suchfenster »Family Guy S16E06 – SJW Mob« ein. Danach schauen Sie sich bitte an, wie sich der Intellektuelle der Familie, der Hund Brian, für seinen Fehl-Tweet entschuldigt.

Darf man in Gesellschaft über Politik reden?

Wenn Sie politisch irgendwo in der Mitte stehen, sind Ihre Ansichten zu langweilig, um Würze in die Konversation zu bringen, haben Sie radikalere Ansichten, sorgen Ihre Äußerungen für betretene Blicke unter den Anwesenden. Also lieber nicht.

dann inmitten des Chaos die Macht zu übernehmen. Es ist erstaunlich, wie die amerikanische Kultur immer wieder zur Selbstreflexion fähig ist. Auch da hinken wir hinterher.

Die Frage ist nun, wie wir es schaffen, zu einem zivilisierten Diskurs zurückzukehren.

Eine erste Hilfe könnten ein paar ritterliche Prinzipien sein. Ehre zum Beispiel. Die Helden der großen Ritterepen waren fortwährend mit Gegnern konfrontiert, die weltanschaulich auf anderen Fundamenten, ja auf anderen Planeten standen. In den mittelalterlichen Epen wird das Publikum oft mit dem völlig Fremden konfrontiert, den »Sarazenen«, den »Heiden«, den »Mauren« und »Mohren«. Aber aus jeder Begegnung mit den Fremden spricht dieser schöne, altmodische Begriff: »Ehre«. Das Wort fällt ja heute kaum noch, und wenn es fällt, geht es immer nur um die eigene Ehre. Dabei hat Ehre in allererster Linie mit *dem anderen* zu tun. Zu den Grundprinzipien der ritterlichen Ethik gehört die Verpflichtung, den Gegner zu ehren. Ein Kampf mit jemandem, den man nicht ehrt, ist kein würdiger Kampf. In allen großen ritterlichen Epen werden – am allerdeutlichsten im »Parzival« und im Rolandslied – den orientalischen Gegnern ausdrücklich die Qualitäten edlen Rittertums zuerkannt. Und ein edler Ritter hat den Feind zu ehren. Das ist in der ritterlichen Epik eine der wichtigsten Spielregeln überhaupt. Der orientalische Gegner wird bekämpft und gleichzeitig als ebenbürtig geachtet. Ein Herrscher wie Saladin, der die Kreuzritter aus Jerusalem verjagte und Richard Löwenherz besiegte, wird von den Chronisten der Kreuzzüge geradezu als Urbild des »edlen Heiden« gefeiert. Die Geschichten, wie Richard bei der Belagerung von Akkon erkrankte und Saladin ihm darauf die Dienste seines Leibarztes anbot, wie er ihm Pfirsiche und Schnee vom Berg Hermon zur Kühlung schicken ließ, werden – unter anderem bei Walther von der Vogelweide – ausgeschmückt, um dem ritterlichen Publikum genau das einzubläuen: Wer Würde besitzt, ehrt seinen Gegner. In der

Realität sah es wahrscheinlich meist ein bisschen anders aus, der französische König Philip II. muss im Morgenland fürchterlich gewütet haben, und der in der Dichtung verklärte Saladin war wahrscheinlich nicht so milde, wie er dort dargestellt wird, nach der Schlacht bei Hattin (1187) ließ er zum Beispiel sämtliche überlebenden Ordensritter (bis auf den Templermeister) hinrichten und die übrigen Gefangenen in die Sklaverei verkaufen. Entscheidend ist aber, wie immer, die Botschaft der ritterlichen Geschichten: Wer seinen Gegner nicht ehrt, hat selbst keine Ehre.

Wie lässt sich das heute leben?

Wenn ich einer/m militanten LGBT-Aktivist*en gegenüberstehe und mit ihr/ihm/x streite, bringt das, muss ich offen eingestehen, in der Regel das Schlechteste in mir hervor. Ich will sie/ihn/x in Grund und Boden argumentieren, fertigmachen. Es gibt allerdings einen Trick, dem zu widerstehen: Wenn ich mich möglichst schnell darauf besinne, dass auch sie/er/x ein Geschöpf Gottes ist, das von *Ihm* geliebt wird, habe ich die Chance, einen Gang zurückzuschalten, ihr/ihm/x mit Respekt zu begegnen, statt ihr/ihm/x an die Gurgel zu wollen. Man sollte sich immer wieder in Erinnerung rufen, dass die tiefste Realität eben nicht unbedingt sichtbar ist. Ich sehe den Menschen, ich sehe, wie er aussieht, wie er spricht, wie er mir auf die Nerven geht, was ich dabei aber übersehe, ist die Würde dieses Menschen. Man kann die Würde und Kostbarkeit in jedem sehen, auch in Claudia Roth, Jutta von Ditfurth, Pfarrer Fliege, jedem.

Jemand anderen zu ehren bedeutet nicht, ihn mit meinen Argumenten besiegen zu wollen, sondern zunächst einmal, die Fähigkeit zu schulen, ihn als einzigartigen, souveränen und würdevollen Menschen wahrzunehmen und tatsächlich zu hören, was er sagt, inklusive aller seiner Ressentiments, seiner Widersprüche und inklusive seiner individuellen Einsichten. Dazu gehört dann auch die Fähigkeit, sich in die Position des anderen hineinversetzen zu können. Und es bedeutet im Zweifelsfall sogar, die Bereitschaft zu pflegen, vielleicht tatsächlich etwas Neues erfahren, etwas dazulernen zu können – statt einfach nur gewinnen zu wollen.

Aber selbst, wenn man dazu nicht bereit ist, wenn also ein Streitgespräch tatsächlich ein Wettkampf der Worte ist, den man mit allen rhetorischen Mitteln gewinnen will, nimmt eine Dosis Ehre dem Gesagten das Gift, das jeden nur zwingt, sich noch tiefer in den Schützengraben einzubuddeln. In meiner Studienzeit genoss ich es, die eine oder andere Debatte in der Besuchernische im britischen Unterhaus zu verfolgen. Der Stil, der im englischen Parlament herrscht, ist einmalig. Die Wortwahl ist viel schärfer als bei uns. Die Abgeordneten sind polemisch, manchmal sogar verletzend, die Briten lernen schon in den *debating societies* an den Schulen und Universitäten, Hohn und Spott als rhetorische Waffen einzusetzen. Aber wenn sie übereinander reden, dann sprechen Abgeordnete im Unterhaus sich grundsätzlich als »*The Most Honourable*«, den »Höchst Ehrbaren«, an. Eine Phrase? Meinetwegen, aber eine, die bei allem Gift und aller Galle signalisiert: Ich ehre Sie! Im House of Commons kann man begutachten, wozu das führt: Man bewirft sich mit Gülle – aber danach findet es jeder normal, dass die, die sich gerade noch bekämpft haben, in der Bar des Unterhauses gemeinsam Gin Tonic trinken. Das hat Stil. Nicht unser »Mit dem kann ich nicht reden«-Spießertum.

Das Gegenteil des Gesinnungspartisanen ist übrigens nicht der Allesversteher. Ich finde Allesversteher fast noch schlimmer als Gesinnungspartisanen. Sie glauben an die Unterwanderung der Elite durch exterritoriale Echsen? Fordern ein Verbot der Landwirtschaft, weil alles, was einen Schatten wirft, unantastbar sein sollte? Sie lehnen Antibiotika ab, weil damit lebende Wesen getötet werden? Sie leben mit einer Katze in eheähnlicher Gemeinschaft? Alles supi, kein Problem, man ja soll ja nicht urteilen. Das ist in meinen Augen völliger Unsinn. Wir sollen streiten! Wir sollen uns fetzen! Aber eben mit Respekt! Neulich hörte ich im Radio ein Interview mit jemandem, der sich als »genderfluid« bezeichnete. Er behauptete, dass er weder Mann noch Frau sei beziehungsweise dass er mehrmals täglich zwischen männlicher und weiblicher Identität hin- und herwechsle. Als er dann auch noch mit großer Ernsthaftigkeit schilderte, wie er, wenn er »schlecht drauf« sei, »eher zum Mann« werde und in heiteren Momenten eine Frau sei, fühlte ich mich als Mann »ein Stück weit« diskriminiert. Dem Radiointerviewer hingegen kam es nicht in den Sinn, eine intelligente Gegenfrage zu stellen. Wir sind scheinbar nicht mehr in der Lage, uns miteinander zu streiten, weil wir nur noch zwischen zwei Extremen schwanken: Wir sprechen uns gegenseitig jede Menschenwürde ab, oder wir nehmen alles mit gleichgültigen Relativismus hin.

Die Stärke unserer westlichen Kulturen war stets, dass wir Kollisionen von unterschiedlichsten Denkweisen absorbiert haben und dies sich rückblickend immer als sehr belebend herausgestellt hat. Das fing schon im antiken Griechenland an. Die Peleponnes war wie der verstopfte Hals eines Trichters, die Endstation der unendlichen eurasischen Landmasse, aus der in immer neuen Schüben neue Kulturen aus dem Norden kamen und mit den bereits Ansässigen zusammenprallten. Das Ergebnis war die vielleicht geistig vitalste Kultur, die es in der Menschheitsgeschichte je gegeben hat. Diesem fortwährenden Zusammenprall verdanken wir so ziemlich alles, was wir heute als Wissenschaft, als Medizin, als Philosophie bezeichnen. Sir Karl R. Popper, der vielleicht wichtigste liberale Denker des 20. Jahrhunderts, war es, der das Prinzip der intellektuellen Kollision – ausgehend von Athen – als das zentrale Wesensmerkmal europäischer Kultur bezeichnete. Bei ihm heißt es: »Schon die ältesten überlieferten literarischen Werke der Griechen, die ›Ilias‹ und die ›Odyssee‹, sind beredte Zeugnisse des Zusammenpralls von Kulturen; ja dieser Zusammenprall ist ihr eigentliches Thema.« Charakteristisch an der Glanzzeit der antiken griechischen Kultur ist für Popper die bewusste Hinnahme einer kritisch-distanzierten Beurteilung der eigenen Sitten und Haltungen. Erst das hat in seinen Augen überhaupt die rationale und kritische Weltsicht, die Erfindung der Naturwissenschaft und in ihrem Gefolge der Philosophie möglich gemacht. Die antike griechische Kultur war für ihn ein Festival des fortwährenden »Ist das wahr?« und »Kann das wahr sein?«. Es gab den Pnyxhügel, auf dem pausenlos und jederzeit Reden geschwungen und diskutiert werden konnte und jeder gehört wurde, egal, wie abstrus seine Meinung war. Für Popper war das alte Österreich übrigens eine Art spätes Echo des eigenartigen Athener Geistes. Wenn er im Ausland gefragt wurde, wie der schöpferische Geist in Wissenschaft und Kultur im Wien der Zwischenkriegsjahre zustande gekommen sei, erklärte er das mit der Kollision der Kulturen im Vielvölkerstaat.

Können wir so etwas nicht wieder hinkriegen? Wir müssen begreifen, dass das Merkmal einer agilen geistigen Kultur eben nicht eine Vielzahl von Subkulturen ist, die isoliert voneinander existieren und dadurch nie in Verlegenheit komme, sich zu streiten und so miteinander abzugleichen. Genauso wenig zeichnet es eine geistig rege Kultur aus, dass alles mit einer Soße aus Konsens- und Harmoniezwang bedeckt wird. Es muss gezankt werden! Es muss knallen! Aber eben auf zivilisierte Weise.

Mein bereits erwähnter, leider lange schon verstorbener Mentor Carl Laszlo, Auschwitz-Überlebender, Ungar, Jude, Homosexueller, Bonvivant, Büchernarr, Kunstsammler (er gehörte zu den Entdeckern von Giacometti, Christian Schad, Johannes Grützke), Initiator der Kunstmesse Art in Basel, enger Freund von William Burroughs, Allen Ginsberg und Patricia Highsmith, eine Art Reich-Ranicki mit LSD in der Schublade (er war schließlich auch mit dem unweit wohnenden Entdecker des Wirkstoffs, Albert Hoffmann, befreundet), Carl Laszlo jedenfalls rief spätabends, wenn er befürchtete, es könne langweilig werden, immer gern ein forderndes »Behauptet was!« in die Runde und war erst dann wieder glücklich, wenn sich alle leidenschaftlich stritten.

Die besten Partys, die ich je erlebt habe, waren die meines damals in Hamburg lebenden Freundes Friedrich von Stumm. In seiner Dachterrassenwohnung an einem der Kanäle der Außenalster standen der Innensenator, Linksradikale aus der Hafenstraße, der rechtsradikale Fürst Bismarck, Milieugrößen, Reedereierben und Kommunisten, Gunter Sachs und Domenica (die berühmteste Hure der Stadt) dicht gedrängt beieinander, stritten miteinander, soffen miteinander, feierten miteinander.

Mit denen zu reden, die auf der gleichen Wellenlänge liegen, ist keine Kunst. Zivilisiert und taktvoll zu bleiben, wenn man sein Gegenüber und alles, was es denkt, ablehnt, das ist die Kür. Reibung macht das Leben erst interessant. *»Il mondo è bello, perché è vario«*, wie man in Rom sagt, »Die Welt ist schön, weil nicht alles gleich ist.« Ich für meinen Teil habe die Entscheidung getroffen, dass Konflikte etwas Großartiges sind, weil sie Brücken zu einem besseren Verständnis bauen.

»Warum ist das Leben nicht, wie wir es erträumen: poetisch, befriedet, intelligent, spekulativ, widersprüchlich, aber so, dass jede Meinungsverschiedenheit, jede Zänkerei sich nach einer zünftigen Diskussion in einem Glas Rotwein auflösen kann – und nicht in einer Blutlache?« Das schrieb der Ökonom Bernard Maris, Verfasser der »Oncle Bernard«-Kolumne in der Zeitschrift *Charlie Hebdo*, drei Jahre bevor er beim Terroranschlag am 7. Januar 2015 in Paris getötet wurde.

Sein Tod sollte uns als Mahnung dienen, wohin es führen kann, wenn man nicht mehr fähig ist, Andersdenkende zu ertragen.

Was geht's mich an?

Wer sich seiner Sache sicher ist, darf sich nicht vor einer Debatte scheuen. Ohne Streit verblöden wir. Lasst uns wieder mehr miteinander streiten! Aber bitte mit Takt und gegenseitigem Respekt. Auch in einer hitzigen Diskussionsrunde sollten wir unsere Gegner immer ehren.

26 SELBSTBEWUSSTSEIN

Du bist ein Elefant!

Elefanten finden uns ja angeblich niedlich. Angeblich sehen sie auf uns mit einer ähnlich gerührten Faszination, wie wir auf Häschen schauen. Das eigentlich Lustige ist aber, hat mir ein Priester in Kenia mal erzählt, der es wissen muss, denn er ist in einem Buschdorf aufgewachsen und weiß, wovon er redet: Elefanten wissen angeblich gar nicht, wie groß sie sind. »Es ist wegen ihrer großen Ohren«, sagte er, »sie sehen ja nicht, wie groß ihr Körper ist.« Father Tom meinte das natürlich nicht wörtlich, er gebrauchte dieses Bild, weil er glaubt, dass es den meisten von uns so geht: »Es wohnen unfassbare Kräfte ins uns, den meisten von uns ist das gar nicht bewusst.« Für ihn ist die Kraft natürlich eine, die sich aus einer transzendenten Quelle speist. »Wer sich bewusst macht, dass er ein Kind Gottes ist und die Anerkennung der Welt nicht braucht, weil er – gerade in den schwersten Momenten – getragen wird, geht sorgenfrei durchs Leben.« Das Grübeln, das Sichsorgen und Abquälen in der Annahme, um jeden Preis alles selbst tun zu müssen, ist für ihn die Ursache dafür, dass wir uns unserer Größe nicht bewusst sind.

Wie das die schaffen sollen, die den Glauben an das Gehaltensein nicht hinkriegen, verrät er nicht. Geht es denn auch ohne? Wie inzwischen durchgesickert sein sollte, ist die Idee der Nobilität nicht von der christlichen Ethik zu trennen, aber kann man nicht auch ohne all das ein anständiges Leben führen?

Aus politisch-soziologischer Warte ist das seltsamerweise

schwieriger denn als Einzelner. Ein völlig moralischer Staat, eine völlig gerechte Gesellschaft, ist utopisch. Eine Gesellschaft ohne Einigung auf ein Minimum gemeinsamer Werte und Moralvorstellungen ist allerdings auch nicht vorstellbar. Unsere Gesellschaft hat sich auf die christlich-abendländische Grundprämisse geeinigt und ist damit einigermaßen gut gefahren. Gerade sind wir dabei, das alles zu entrümpeln, und begehen damit einen Kulturraub, der erst in ein paar Jahren offenbar werden wird. Ironischerweise geschieht genau das, was Karl Marx in seinem »Kommunistischen Manifest« vorausgesagt hat, dass die Bourgeoisie als Agent des Kapitalismus »alle patriarchalischen Verhältnisse« zerstört, den »rührend-sentimentalen Schleier« der Familie abreißt, die »spießbürgerliche Wehmut« ertränkt, den »Fremdenhass der Barbaren« zur Kapitulation zwingt und alle Länder »kosmopolitisch« gestaltet. Der französische Philosoph Guillaume Paoli, eigentlich ein traditioneller Linker, schmiss mit seinem Buch »Die lange Nacht der Metamorphose – Über die Gentrifizierung der Kunst« eine Stinkbombe in sein eigenes Milieu, indem er darauf hinwies, dass sämtliche Steckenpferde der heutigen Linken eigentlich kapitalistische Anliegen sind, allen voran der Hyperindividualismus. Seit der Postmoderne werden die Grundvoraussetzungen unserer Kultur systematisch infrage gestellt, wie Paoli schildert. Es gibt nun alles, alles ist erlaubt. »Der gepiercte Manager. Die SM-Investorin. Der transsexuelle Notar. Der Pop-Oberstaatsanwalt.« Das ist unterhaltsam und irgendwie auch befreiend, aber die Freestyle-Welt stützt sich größtenteils auf Werte, die geradewegs aus der konservativen Ecke kommen. Um nicht zu sagen: direkt aus der Bibel. Der Hyperindividualismus der Bibel hat den Hyperindividualismus der Postmoderne erst möglich gemacht. Eine der zentralen – nein, *die* zentrale Behauptung der Bibel, die sich mit rein wissenschaftlichen Methoden nicht begründen lässt, ist die Menschenwürde, auf der unsere Verfassung ruht. Aus biblischer Sicht lässt sich diese einfach begründen: Du bist ein

Geschöpf Gottes, jeder ist von Gott geliebt, du hast eine persönliche Beziehung zum Schöpfer, mehr Würde geht nicht, und sie lässt sich auch durch nichts wegnehmen. Sie gibt einem im eigentlichen Sinne erst das »Ich«, den Individualismus. Mit rein säkularen Argumenten kommt man bei der Begründung für die Menschenwürde recht schnell an Grenzen. Auch das »Ich«, die grundsätzlichste Prämisse unseres Miteinanders überhaupt, ist mit rein szientistischen Methoden schwer nachzuweisen. Dennoch ist auch der säkularen Welt klar: Eine Gesellschaft, die nicht die Würde des einzelnen Menschen ins Zentrum stellt, rutscht ab. Egal, ob man sie, wie im 20. Jahrhundert, als übergeordneten Zielen zu opfernde oder, wie im 21. Jahrhundert, als durch Maschinen ersetzbare Masse betrachtet.

Ein Staat ist dennoch, so gerecht und friedlich er auch sein mag, kein moralisches Organ, Moral vom Staat zu erwarten, wäre absurd. Von Menschen kann man das sehr wohl erwarten. Man kann von uns auch erwarten, dass wir darüber nachdenken, was eigentlich unser Besonderssein, was unsere Würde begründet. Aristoteles sagt, man müsse sich wundern können. Für ihn ist sich wundern der Beginn aller Philosophie. Unser Geist ist so geschaffen, dass er sich nicht mit vorletzten Wahrheiten zufriedengibt. Wir wollen zu den allerletzten Wahrheiten vordringen. Wir sezieren Regenwürmer und fliegen zum Mars. Wir möchten alles über alles wissen, wir möchten über die Schallmauer hinaus, wir haben das Bedürfnis, unseren Kopf aus der Käseglocke unserer sichtbaren Realität hinauszustrecken. Was ich eigentlich sagen will: Um uns darüber klar zu werden, welche Würde wir haben, müssen wir über das Sezierbare und Beweisbare hinausblicken. Ich habe mich aus guten Gründen auf diesen Seiten damit zurückgehalten, mit Zeilen aus Liedtexten zu argumentieren. Das ist immer ein bisschen grenzwertig. Diese hier muss aber sein, sie stammt aus dem Lied »Anthem« von Leonard Cohen, den Satz hat er sich von G. K. Chesterton entliehen: *»There is a*

Muss man mit seinem Partner zu Familienbesuchen, wenn man diese Verwandten unangenehm findet oder sie einen erwiesenermaßen nicht leiden können?

Bei modernen Beziehungen ist das verzichtbar. Wenn man verheiratet ist, hat man da keine Wahl. Man heiratet immer auch die Familie mit. Sich mit Leuten bestens zu unterhalten, die man mag, ist keine Kunst. Die Kür ist, sich mit denen zivil und freundlich zu unterhalten, die einem auf die Nerven gehen.

crack in everything, that's how the light gets in.« Unsere Welt ist eine Käseglocke, nur das Messbare können wir untersuchen, Chesterton wollte darauf hinaus, dass es da noch andere Dinge gibt, und die werden erst sichtbar, wenn man auf die kleinen Risse in unserer Käseglocke achtet, weil von dort Licht eindringt.

Es gibt eine Sehnsucht in uns, die von nichts rein Materiellem befriedigt werden kann. Das hat jeder schon gespürt, der ein bisschen herumgekommen ist. Hinter dem schönsten Genuss steckt noch mehr. Und mehr. Und mehr. Und am Ende ahnt man, dass das nicht alles ist. Deswegen sagen Leute wie C. S. Lewis ja auch, dass man gerade in den vermeintlich intensivsten Momenten die transzendente Dimension des Lebens spürt. Man genießt etwas Irdisches und merkt auf einmal, dass das Auge vom Sehen nicht satt, das Ohr nicht vom Hören satt wird, wie es in Paulus' Brief an die Korinther (1,8) heißt. Das ist das hungrige Herz, von dem Bruce Springsteen singt, das sich ultimativ durch nichts Irdisches befriedigen lässt.

Für C. S. Lewis ist diese Sehnsucht sogar ein Gottesbeweis. Auf die Frage, warum wir Wünsche und Sehnsüchte haben, die nichts in dieser Welt befriedigen kann, gibt es für ihn nur drei mögliche Antworten. Erstens: Wir sind nie zufrieden, weil wir in dieser Welt nach den falschen Dingen streben. Also müssen wir unseren Blickwinkel erweitern, was zu einer langen und hoffnungslosen Suche nach etwas führt, was wir nie finden. Zweite Möglichkeit: Wir geben die Suche überhaupt auf in der verzweifelten Überzeugung, dass es nichts gibt, das die Sehnsucht in uns stillt. Weitersuchen hätte da keinen Sinn. Die dritte Antwort ist für ihn: »Wenn es diese Sehnsucht gibt, dann gibt es auch etwas, das diese Sehnsucht stillt.« Es gibt nach C. S. Lewis in der ganzen Natur keine Sehnsucht ohne Ziel: »Ein Baby hat Hunger: Nun, es gibt so etwas wie Nahrung. Ein Entenküken möchte schwimmen: Nun, es gibt so etwas wie Wasser. Menschen empfinden sexuelles Verlangen: Nun, es gibt so etwas wie Sex. Wenn ich aber in meinem Innern ein Verlangen verspüre, das durch kein Erlebnis in dieser Welt befriedigt werden kann, dann ist die wahrscheinlichste Erklärung dafür die, dass ich für eine andere Welt gemacht bin. Wenn keine meiner irdischen Freuden dieses Verlangen stillt, dann beweist das nicht, dass das Universum lauter Lug und Trug ist. Wahrscheinlich waren die irdischen Freuden nie dazu gedacht, es zu stillen, sondern nur dazu, es zu wecken und uns auf das Eigentliche hinzuweisen.«

Natürlich lässt sich Gott vom Menschen nicht beweisen, das ist schon deshalb nicht möglich, weil wir zwar Begriffe wie »Unendlichkeit« sagen können, sie aber nicht ermessen können, weil wir nichts kennen, was unendlich ist. Der Verstand kann nur beweisen, was nicht jenseits von ihm liegt, auf ihn ist nicht Verlass. Wenn wir den Verstand nutzen, um den Verstand zu beurteilen, wäre er Richter und Beklagter zugleich! »Wenn der Maßstab nicht unabhängig ist vom zu messenden Gegenstand, dann können wir nicht messen«, so C. S. Lewis. Das ist auch, was Heidegger mit dem Satz »Die Wissenschaft denkt nicht« meinte. Als er in einem Interview einmal auf diesen Satz angesprochen wurde, sagte er: »Dieser Satz, der viel Aufsehen erregte, als ich ihn in einer Freiburger Vorlesung aussprach, bedeutet: Die Wissenschaft bewegt sich nicht in der Dimension der Philosophie, sie ist aber, ohne dass sie es weiß, auf diese Dimension angewiesen. Zum Beispiel die Physik. Sie bewegt sich im Bereich von Raum und Zeit. Was das ist, kann die Wissenschaft nicht entscheiden. ... Ich kann zum Beispiel nicht mit physikalischen Methoden sagen, was die Physik ist, das kann ich nur denkend, philosophierend sagen. Der Satz ›Die Wissenschaft denkt nicht‹ ist kein Vorwurf, sondern nur eine Feststellung ...«

C. S. Lewis besteht darauf, dass die »größere Welt«, also die Welt außerhalb unserer Käseglocke, Hinweise für ihre Existenz in unserer Welt hinterlässt. Er benutzt das Bild eines Bogenschützen, der aus seiner Welt Pfeile in die unsrige schießt, die unser Herz durchbohren, um uns so auf die andere, größere Welt aufmerksam zu machen. Das sind die Momente, in denen ein Wort, ein Blick oder ein Ton einen Stich der Wonne auslöst. Sind das dann nur Neuronen, bedeutet deren Aufblitzen irgendetwas, oder ist das alles nur in Zahlen und Formeln messbare Natur, wie die Rationalisten behaupten? Nach Heidegger hat die technische Wissenschaft eine wichtige Aufgabe »am Prozess der Weltentdeckung«, aber durch unsere Reduktion auf das technisch Messbare verlieren wir die eigentliche Bedeutung der Dinge.

Philosophie beginnt nach Aristoteles, wie gesagt, mit dem Sichwundern. Die postmoderne und atheistische Philosophie aber lässt den Ball trotzig genau dann fallen, wenn es an die letzten philosophischen Fragen geht, wenn es also erst richtig interessant wird. Etwa, wenn es um die Frage nach dem Ursprung unserer Naturgesetze geht. Warum leben wir in einem ganz offenbar geordneten Universum, dessen Gesetze uns durch wissenschaftliche Berechnung zugänglich sind? Die Frage nach dem Wie wird in der Wissenschaft gestellt, die Frage nach dem Warum kommt im wissenschaftlichen Diskurs nicht vor.

Ist schon recht, könnte man jetzt sagen! Meinetwegen gibt es Dinge, die wir letztlich nicht erklären können. Aber muss man darum so ein Trara machen? Was ist mit denen, die sich diese Fragen zwar stellen, aber zu keinem eindeutigen Schluss kommen? Muss man gläubig sein, nur weil man anerkennt, dass es so etwas wie Geheimnisse gibt?

Der Weg der philosophischen Sinnsuche steht jedem offen. Früher oder später trifft man dabei, ob man will oder nicht, auf Fragen, die ans Eingemachte gehen. Man kann sie vertagen, man kann sie ignorieren, man kann sie durch den gelebten Alltag betäuben, aber es gibt sie, ob man will oder nicht. Man kann sich dann selbst seine Spiritualität zurechtzimmern oder an Geister glauben oder eben religiös werden. An irgendetwas glauben die Menschen eigentlich immer (spätestens, wenn jemand Professor ist und einen weißen Kittel und Brille trägt, glauben wir ihm eigentlich alles), wahrscheinlich müssen Menschen an irgendetwas glauben. Wahrscheinlich ist uns der Sinn für das Geheimnisvolle in die Seele gelegt, vielleicht ist es sogar das, was uns erst zu Menschen macht.

Für manche ist der Mensch nichts als ein hochkomplexer Organismus auf einem mittelgroßen Planeten irgendwo im Nirgendwo, eine chemische Verbindung, die man irgendwann nachbauen können wird. Um es mit den Worten des 2018 verstorbenen Physikers Stephen Hawking zu sagen: »Die menschliche Rasse ist nichts weiter als eine chemische Substanz auf einem mittelgroßen Planeten, der um einen ziemlich durchschnittlichen Stern am Rand einer von Hunderten Milliarden anderer Galaxien kreist.«

Das führt geradewegs in den Nihilismus. Da zählt dann gar nichts mehr, und alles ist erlaubt. Es ist nämlich leider so, dass es keine vorgeblich wertfreie Weltsicht gibt. Jeder Weltsicht, ob sie Sinn im Leben sieht oder nicht, wohnt ein Wertesystem inne oder, um es einfacher zu sagen: Auch kein Wert ist ein Wert und eine Aussage. Es gibt keine neutrale Sicht. Jedes Wertesystem basiert auf irgendwelchen Aussagen, die Frage ist nur, auf welcher Grundannahme das menschliche Leben betreffend es beruht: auf der Annahme, dass das Leben sinnlos ist und *»nasty, brutish and short«* (Hobbes), also brutal und gnadenlos, dass also jeder möglichst für sich selbst zu sorgen hat und am besten zum eigenen Vorteil lügt, betrügt und stiehlt und alle Genüsse so weit wie möglich auskostet, auch das notfalls auf Kosten anderer; oder auf der Annahme, dass es eine Grundordnung von Liebe und Harmonie gibt, die von uns Menschen nur gestört wird, wie die Geschichte von Adam und Eva uns versucht bildhaft klarzumachen, eine Ordnung, zu der es gilt so weit wie möglich aus freien Stücken zurückzukehren. Man kann in der menschlichen Existenz als Einzelner und als Ganzes Sinn sehen oder man kann sich mit simplen intellektuellen Tricks einreden, dass nichts, was man tut im Großen und Ganzen irgendeine Relevanz hat. Man kann sich ganz leicht Dimensionen ausmalen, in denen nichts mehr zählt, in denen alles insignifikant wird. Egal, was wir jetzt tun, was zählt das schon in zwei Millionen Jahren? Aber ist das menschenwürdig? Ist das unserer Größe angemessen? Oder zählt jede unserer Handlungen? Haben wir Wirkung auf dieser Welt? Macht es einen Unterschied, was wir tun oder was wir lassen? Befinden wir uns auf einem Weg mit Anfang und Ziel, hat unser Weg eine Geschichte, oder ist das alles egal? Man muss sich schon entscheiden.

Was geht's mich an?

Selbstbewusstsein ist zunächst eine Frage der Selbstdefinition. Bin ich ein Genklumpen irgendwo in der Unendlichkeit des Alls, dessen Handeln in zwei Millionen Jahren keinen mehr interessiert? Oder bin ich ein Geschöpf, ein Gotteskind, ein Jemand, der zählt und gewollt ist, dessen Handeln eben nicht egal ist. Fällt keiner von uns zur Erde »ohne den Willen des Vaters«, und sind »sogar die Haare auf dem Kopf alle gezählt«, wie es bei Matthäus (10, 29-30) heißt, oder sind wir nur zufällige chemische Verbindungen? Man kommt um die letzten Fragen nicht herum, wenn man sich die Frage nach Selbstbewusstsein stellt.

27 DANKBARKEIT

Das tolle Universum

Eine der hässlichsten deutschen Städte ist meiner Meinung nach mit Abstand Dortmund. Die ganze Stadt sieht aus wie ein auseinanderfallender alter Karton, alles ist gleichmäßig mit einem Grauschleier überzogen, wenn man hier durch die Straßen geht und sie mit Städten in Sachsen und Thüringen vergleicht, sind das im Osten tatsächlich blühende Landschaften. Wenn man sich allerdings von Vossi die Stadt zeigen lässt (Vossi ist ein Freund von mir), leuchtet sie plötzlich auf, er versöhnt einen mit der sturen Schönheit verranzter Bierkneipen, die eben noch nicht – wie in Berlin-Mitte – dem internationalen Deli oder Bagelshop gewichen sind, er führt einen über die Möllerbrücke, erzählt, dass dies seit den Zwanzigerjahren ein Verkehrsknotenpunkt war, dass sie nach dem Erfinder dieser Art von Brücken benannt ist, erzählt vom Ruhrsandstein, aus dem die Brücke gebaut ist, und meint plötzlich: »Wenn man ein bisschen die Augen zukneift und sich dort statt der S-Bahn-Gleise einen Fluss vorstellt, könnte das Paris sein.« Die Fähigkeit, noch auf einem Misthaufen eine Blume zu erkennen, die hat Vossi.

Und Dr. Ruth. Von ihr will ich erzählen. Keine Sorge, es geht in diesem Kapitel nicht wieder um Sex. Dr. Ruth ist zwar die berühmteste Sexualtherapeutin der Welt, ihr Beruf ist aber für das, worauf ich hinauswill, nicht entscheidend. Geboren wurde sie 1928 als Karola Ruth Siegel in einem Ort, der offiziell Karlstadt heißt, bei den Mainfranken aber als »Karscht« beziehungsweise »Karscht am Mee« bekannt ist. Aufgewachsen ist Karola, so wurde sie als Mädchen gerufen, in Frankfurt am Main, sie war das einzige Kind der Eheleute Irma und Julius Siegel, beides orthodoxe Juden. Ihre Mutter arbeitete erst als Hausmädchen bei der Familie eines Kurzwaren-Großhändlers und heiratete später den Sohn des Hauses, Julius. Der nahm seine Pflicht als religiöser Jude ernst und gab seinem einzigen Kind Karola Tora- und Talmudunterricht, und als die Tochter alt genug war, nahm er sie auch jeden Freitag in die Synagoge mit. Sie wohnten in der Brahmsstraße im Frankfurter Nordend. Julius Siegel schickte Karola aber nicht auf das nahe, renommierte Philanthropin, eine der Schulen der israelitischen Gemeinde Frankfurts, er bestand darauf, dass sie die weiter entfernte Samson-Raphael-Hirsch-Schule besuchte, akademisch auf dem gleichen Niveau wie das Philanthropin, aber strenger auf orthodoxe Regeln bedacht. Ihre Kindheit verbrachte Karola zwischen dem Haus in der Brahmsstraße und dem Bauernhof der Großeltern in der zu »Karscht« gehörenden Gemeinde Wiesenfeld. Karola verbrachte hier wunderbar unbeschwerte Jahre, eine Zeit, auf die sie bis ins hohe Alter gerne zurückblickt, weil die Zeit ihr, wie sie selbst sagt, ein Grundreservoir an Glück verschaffte, aus dem sie in den schwersten Zeiten schöpfen konnte.

Kurz nach den Pogromen im November 1938 wurde Julius Siegel, ein völlig unbescholtener Bürger, festgenommen und in ein Arbeitslager deportiert. »Es gab kein Geschrei, nichts«, erzählte seine Tochter einmal, »sie haben nur gesagt: Komm mit. Meine Großmutter hat ihm noch Geld gegeben und gesagt: Passt gut auf ihn auf. Und dann ist er in einen Lastwagen gestiegen, hat sich noch mal umgedreht und gewunken und gelächelt. Das war das letzte Mal, dass ich meinen Vater gesehen habe.«

Aus dem Arbeitslager heraus sorgte Julius Siegel dafür, dass seine Tochter auf einem der Kindertransporte einen Platz bekam, die nach der Konferenz von Évian nach Holland, Belgien, Frankreich und in die Schweiz gingen. Im Dezember

1938 wurde Karola in einen Zug in die Schweiz gesetzt. Bis 1941 erhielt sie noch Briefe von ihrer Mutter und Großmutter. Dann nicht mehr. Später fand sie heraus, dass sie nach Lodz deportiert worden waren, ihre Großeltern fanden den Tod im Konzentrationslager Theresienstadt, wo ihre Mutter umgekommen ist, ist unsicher.

Noch als junges Mädchen, gleich nach Kriegsende, sie war damals siebzehn, emigrierte die völlig auf sich allein gestellte Karola Siegel ins britisch verwaltete Palästina. Im Waisenhaus in Wartheim im Kanton Bern war sie in Kontakt mit der zionistischen Bewegung gekommen, »die Zionisten haben sehr gut aussehende junge Männer geschickt, um uns zu beeinflussen«, sagte sie später. Sie trat in einen Kibbuz ein, wo man ihr riet, den zu deutsch klingenden Namen Karola abzulegen und ihren zweiten Vornamen Ruth als Rufnamen zu verwenden. Sie behielt aber den Namen Karola als Zweitnamen bei, als Therapeutin, als Buchautorin und Person des öffentlichen Lebens in Amerika bestand sie stets ausdrücklich auf dem »K.« nach ihrem Vornamen. In Palästina meldete sie sich freiwillig bei der paramilitärischen Untergrundorganisation der Zionisten, der Haganah, wo sie trotz ihrer ausgesprochen geringen Körpergröße angenommen und zur Scharfschützin ausgebildet wurde. »Ich war nie bei einem Kampf dabei«, sagte sie in einem Interview, »uns, die Mädels, hat man benutzt, um auf den Dächern von Jerusalem aufzupassen, während die Männer unten die Autos nach Waffen durchsucht haben.«

Beim Israelischen Unabhängigkeitskrieg 1948 verletzte ein Schrapnell sie an beiden Füßen, ein deutsch-jüdischer Chirurg flickte sie wieder, 1951 ging sie nach Paris, ihr damaliger Mann studierte dort Medizin. Als er nach Israel zurückkehrte, blieb sie, studierte Psychologie an der Sorbonne, leitete nebenbei einen Kindergarten, wanderte nach Amerika aus, lernte dort ihren dritten Mann kennen, Fred Westheimer, mit dem sie 38 Jahre lang verheiratet war. Sie studierte Pädagogik an der

Columbia University, wurde US-Staatsbürgerin und neben Henry Kissinger zur berühmtesten Mainfränkin der Welt.

Ihre öffentliche Karriere begann, als sie Gastgeberin einer Radiosendung zum Thema Sexualität im New Yorker Radiosender WYNY-FM wurde, die auf Anhieb so populär war, dass schon nach kurzer Zeit NBC auf sie aufmerksam wurde und die Radiosendung landesweit ausstrahlte – die »Dr. Ruth Show«. Ihren Aufstieg hat sie vor allem ihrem Witz, Charme und Takt zu verdanken, mit denen sie über die heikelsten und intimsten Dinge sprechen konnte, aber auch, wie sie sagt, ihrem starken mainfränkischen Akzent (»des kommt bei mir immer wieder dusch, auch im Englischen«), an dem man sie, wenn sie im Radio zu hören war, immer sofort erkannte. Ein Fernsehkritiker hat ihre Stimme einmal als »eine Mischung aus Henry Kissinger und Minnie Maus« beschrieben. Spätestens ab Ende der Achtzigerjahre war sie auch ein nationaler Fernsehstar, den Namen Dr. Ruth kennt in Amerika jeder, sie lehrte in Princeton und Yale, ihre Bücher wurden internationale Bestseller, sie wurde zur berühmtesten Sexualtherapeutin der Welt, der *Playboy* wählte sie unter die hundert einflussreichsten Menschen Amerikas des 20. Jahrhunderts, 2013 gab es sogar ein Off-Broadway-Theaterstück über ihr Leben – »Becoming Dr. Ruth«.

Zwei Dinge kommen ganz deutlich zum Vorschein, wenn man sich mit ihrem Leben beschäftigt, allein deshalb sind ihre Memoiren (»Lebe mit Lust und Liebe«) eine wichtige Leseempfehlung: ihre tiefe Verwurzeltheit im jüdischen Glauben, dem sie, obwohl sie nicht mehr streng orthodox lebt, immer treu geblieben ist, und die Dankbarkeit. Es ist das Wort, das sich durch das ganze Buch zieht. Selbst in den traurigsten Momenten gelingt es ihr, irgendetwas aus ihrer Situation zu destillieren, für das sie Dankbarkeit empfinden kann. Wenn sie an die schmerzhafte Trennung von ihrer Mutter und ihrer Großmutter damals am Frankfurter Hauptbahnhof zurückdenkt, ist das wohl der traurigste Moment ihres Lebens, dennoch sagt sie heute: »Es war meine zweite Geburt. Meine Eltern haben mir damals zum zweiten Mal das Leben geschenkt.« Im Waisenhaus in der Nähe von Bern wurde sie ziemlich grob behandelt, einen Satz später spricht sie aber wieder voll Dankbarkeit über die Schweizer, die ihr das Leben gerettet haben. Nur um im nächsten Satz wiederum zu sagen: »Andererseits kann ich nicht anders, als auch an all die jüdischen Kinder zu denken, die sie nicht aufnehmen wollten.« Immer gelingt es ihr, neben das Schlechte geistig auch das Gute zu stellen und vice versa. Die Passage, in der sie erzählt, wie sie im Unabhängigkeitskrieg 1948 schwer verletzt im Lazarett landete, geht einher mit der Beschreibung eines jungen Mannes, der sie immer wieder im wahrsten Sinne des Wortes »auf Händen getragen hat«, nämlich aus dem Krankensaal nach draußen an die frische Luft, wo die Sonne schien. In ihrer Schilderung, wie sie in New York Anfang der 1970-Jahre für wenig Geld hart arbeitete, verschweigt sie nicht, dass das, weil sie schon Mutter war, mühsam und manchmal bedrückend war, im gleichen Atemzug sagt sie aber über ihre Tochter Miriam: »Sie war so süß, das war es alles wert.« In allen Situationen des Lebens scheint sie immer in der Lage, Dankbarkeit *neben* Traurigkeit zu stellen. Dankbarkeit und Traurigkeit stehen bei ihr nebeneinander, ohne sich gegenseitig zu bedrängen.

Sie vertritt dabei aber keinesfalls banale *Positive-Thinking*-Philosophie, die das Traurige einfach unter den Tisch kehrt, dennoch besteht sie darauf, dass jeder Gutes in seinem Leben hat, auf das es zu schauen lohnt. Vom Verdrängen unangenehmer Emotionen oder Gefühle, indem man sie als »schlecht« etikettiert, hält sie nichts, in »Lebe mit Lust und Liebe« schreibt sie: »Ich kann meine traurigen Erinnerungen wegschieben, wenn es nötig ist, aber sie lauern immer irgendwo im Hintergrund, und manchmal drängen sie sich in den Vordergrund, wenn ich am wenigsten damit rechne. … Doch wenn Sie die Freude in den Vordergrund und in die Mitte Ihres

Lebens rücken wollen, müssen Sie Ihre Emotionen spüren, selbst die traurigen. Sie müssen trauern und die Tränen fließen lassen. Wenn Sie die Trauer in sich unterdrücken, bleibt zugleich auch die Freude auf der Strecke.«

Bei einem Gespräch, das ich einmal auf der Frankfurter Buchmesse mit ihr führen konnte, sagte sie mir sinngemäß: »Ich bin die Einzige aus meiner Familie, die überlebt hat, Millionen andere jüdische Kinder sind umgekommen, deshalb habe ich gewusst, dass ich etwas aus meinem Leben machen muss. Wenn ich an die vielen Kinder denke, die den Holocaust nicht überlebt haben, empfinde ich geradezu eine Pflicht, einen Fußabdruck in der Welt zu hinterlassen. Das Credo meines Lebens lautet: Es gibt schreckliche Sachen im Leben, jeder hat Probleme, mancher ganz schlimme Krankheiten, Verlust, bei anderen ist es nur die Schwiegermutter: egal, alles kann subjektiv schrecklich sein, aber du musst die Fähigkeit trainieren, dankbar zu sein!«

In ihren Memoiren gibt Dr. Ruth dafür einen sehr konkreten Tipp. Eine *Happiness*-Mappe. In so eine Mappe oder so ein Heft kommen dann schöne Dinge. Ein Liebesbrief. Eine Kinderzeichnung. Fotos. Ausschnitte. Eine Auszeichnung, die man bekommen hat ... Sie will, dass jeder eine hat. »Wenn ich mal traurig bin, hol ich mir das Heft raus, setz mich hin und lese darin.« Gute Laune, sagt sie, kann man lernen. »*Joie de vivre* springt einem nicht auf den Schoß wie ein Hündchen, man muss sich schon ein bisschen Mühe geben, um glücklicher zu leben.«

In dem Theaterstück über ihr Leben zeigt sie auf ein Bild ihrer Enkelkinder und sagt: »Hitler wollte nicht, dass ich lebe, er wollte nicht, dass ich Kinder habe, Hitler hat verloren, und ich habe gewonnen. Macht das Beste aus eurem Leben!« – »Becoming Dr. Ruth« ist ein Theaterstück über die gute Laune und die Kunst, sie auch über alle Untiefen des Lebens hinweg zu behalten, Dr. Ruths größte Stärke war immer die, Dinge zu finden, für die sie Dankbarkeit empfand.

Der Fachbegriff, der das, was Dr. Ruth predigt, beschreibt, ist *Positive Psychology*. Der Begriff wurde in den 1950ern von Abraham Maslow geprägt und in 1990ern von Martin Seligman wieder aufgegriffen, beides Pioniere der Psychologie. Seligman predigte die *Three-Blessings*-Methode: Da empfiehlt er zum Beispiel, man solle sich ein Heft und einen Stift neben das Bett legen und, bevor man schlafen gehe, drei Dinge aufschreiben, für die man dankbar sei. Für Neurologen ist es angeblich messbar, dass so die Gehirndrähte – gerade weil es unmittelbar vor dem Schlaf geschieht – neu verlinkt werden und neue Gedankenmuster entstehen. Man kann sein Gehirn durch regelmäßige Übung dazu erziehen, glücklicher zu sein – und der Weg führt ganz offensichtlich über die Dankbarkeit.

Das mag sich zunächst etwas simpel und schlicht anhören, ist tatsächlich aber das Ergebnis handfester Studien. Seligman hat nachgewiesen, dass die Übung (jeden Abend zehn Minuten, schriftlich, das Aufschreiben war ihm wichtig) zum Beispiel bei Depressionspatienten schon nach einer Woche signifikante und messbare Auswirkungen zeigt. Seligman behauptet, wer heute mit dieser Praxis beginne, der werde in etwa sechs Monaten ein messbar glücklicherer Mensch sein.

Wenn wir hier schon gemeinsam quasi auf der Couch liegen, der Wiesenkräutertee in der Tasse dampft, an dieser Stelle noch ein Wort zum sogenannten Universum. Gemäß moderner esoterischer Lehren kann man qua *cosmic ordering* die schönen Dinge im Leben wie bei Amazon bestellen. Auch beim *cosmic ordering* spielt Dankbarkeit eine große Rolle. Man wünscht sich dann zum Beispiel, ganz banal, einen Parkplatz, bestellt ihn mit lauter positiver Energie oder so beim Universum, dann kommt auch der Parkplatz, oder eben die Gehaltserhöhung, die Beförderung, der Wunschpartner, was auch immer. Darüber kann man sich lustig machen, aber es gibt etliche spirituelle Spielarten dieses modernen Aberglaubens, man findet sie in den Wohlfühlbüchern, die von Oprah Winfrey in ihrer Fernsehshow angepriesen werden und in der

Lebenshilfe-Ecke der Buchhändler Longseller sind (wie »Eat, Pray, Love«), man findet sie in zeitgemäßen, aus diversen Quellen zusammengefügten Lehren eines Deepak Chopra oder Eckhart Tolle. Meistens laufen sie auf sogenanntes Empowerment, eine Art »Gott in uns selbst«-Glauben, hinaus, zum Ziel alles spirituellen Strebens wird da ultimativ man selbst und die eigene materielle Zufriedenheit.

Leute, die das oder Ähnliches predigen, berufen sich auch gern auf die Bibel. Und zum Teil sogar mit Recht. Von Oprah Winfrey, Chopra, Tolle hört man immer wieder Stellen aus dem Neuen Testament. Sie bauen Elemente christlichen Denkens in ihre Botschaft ein, weil es tatsächlich Dinge gibt, auf die sie sich im Christentum berufen können. Da ist zum Beispiel die sogenannte Erfolgstheologie, auch »Wohlstandsevangelium« genannt. Nach diesem ist christliche Ethik eine Art Kuhhandel, bei dem Gott sagt: »Halte dich an diese und diese Vorschriften, dann wirst du belohnt.« Wer die Erfolgstheologie predigt, kann sich zum Beispiel darauf berufen, dass Gott dem Volk Israel ein Land, in dem Milch und Honig fließt, ausdrücklich verspricht. Auch das Buch Deuteronomium ist voller sehr konkreter Verheißungen. Wenn Israel sich an Gottes Gebote halte, heißt es dort, werde es dafür mannigfaltige irdische Belohnungen erhalten. Jesus selbst sagt: »Seid also nicht besorgt und fragt nicht, Was sollen wir essen? Was sollen wir trinken? Womit sollen wir uns bekleiden? Denn nach alldem trachten die Heiden. Euer himmlischer Vater weiß ja, dass ihr das alles nötig habt. Sucht vielmehr zuerst das Reich Gottes und seine Gerechtigkeit, und dies alles wird euch hinzugegeben werden« (Mat 6,32-33). Hinzugegeben! Das hört sich nach einem Versprechen der Fülle an, in allen Bereichen des Lebens.

Allerdings hat das Buch Deuteronomium ein bedeutendes Pendant im Buch Hiob. Dort lernen wir, dass weltliches Glück eben keine Korrelation zur Treue und Gottesfürchtigkeit hat. Und Jesus selbst erfährt auf Erden nicht gerade das, was man allgemeinhin als Erfolg bezeichnet: geboren als Obdachloser, mit 33 auf die schmachvollste Weise gefoltert und hingerichtet. Laut Erfolgstheologie wäre Jesus der reichste Mann von Nazareth gewesen und in Jerusalem mit einer echten – statt mit einer Krone aus Dornen – gekrönt worden.

Vielleicht hat das Buch Deuteronomium aber auf andere Weise recht, denn wenn es Überfluss verspricht, meint es damit nicht notwendigerweise rein materiellen Dinge. Vielleicht verspricht Gott tatsächlich Belohnungen? Aber andere. Ein Thomas Morus, Kanzler unter Englands Heinrich VIII., folgte der Stimme seines Gewissens, als er seinem König die Zustimmung zur Wiederheirat versagte, und verlor dadurch seine Position, sein Vermögen und seinen Kopf. Aber war er nicht aus übergeordneter Perspektive erfolgreich? Zumindest wird er als Heiliger verehrt, und in London (in Chelsea, direkt an der Themse, beim Cheyne Walk) steht eine Statue von ihm, es sind Lehrstühle und Universitäten nach ihm benannt, sein »Utopia« gibt es in Dutzenden Taschenbuchausgaben, und es wird bis heute gelesen. Der erste Märtyrer der Kirche war Stephanus. Er wird in Jerusalem verehrt, täglich pilgern Menschen zu seinem Grab, es befindet sich im Garten der französischen École Biblique im arabischen Westteil der Stadt neben der Stephanskirche, in der noch Bodenmosaike aus der 1187 durch Saladin zerstörten und ursprünglich im Jahre 460 geweihten Kirche zu sehen sind. Stephanus war vermutlich ein gebürtiger Grieche, er war ein Armenpfleger, eine Art Mutter Teresa der Jerusalemer Urgemeinde, aber auch ein Heißsporn und ein guter Prediger und Redner, er machte sich schnell bei den Juden unbeliebt, die ihn mit dem Vorwurf der Gotteslästerung vor den Hohen Rat zerrten. Als er zum Tode verurteilt wurde, erschien der Legende nach den ihn verurteilenden Ratsmitgliedern »sein Gesicht wie das eines Engels«, er hielt mit verzücktem Gesicht eine flammende Rede, an deren Ende er »den Himmel offen sah«. Er wurde gesteinigt. Sterbend betete Stephanus für seine Feinde.

Vielleicht leiden solche Menschen anders, weil sie auf andere Art erfolgreich sind, weil sie in anderen Maßstäben denken. Vielleicht sind sie beschützt, aber nicht im Sinne von »Du wirst immer Butter auf dem Brot haben«, vielleicht ist die Verheißung eher der Art, wie sie beim Propheten Jesaja (43,2) anklingt: »Gehst du durch Wasser, ich bin bei dir, durch Ströme, sie werden dich nicht überfluten. Gehst du durch Feuer, du wirst nicht verbrennen, die Flamme wird dich nicht versengen.«

Vielleicht ist es aber auch einfach so, dass jede kleine Entscheidung, die man aus seinem innersten Kern, der Entscheidungsmitte des Menschen, trifft, diesen ein wenig verändert. Im Laufe eines Lebens verwandelten unsere unzähligen Entscheidungen unseren innersten Kern ganz allmählich, behauptet C. S. Lewis, so werde man peu à peu zu einem Wesen, das entweder im Einklang mit Gott, mit anderen Geschöpfen und mit sich selbst stehe – »oder ... eines, das voller Krieg und Hass steckt gegen Gott, seine Mitgeschöpfe und sich selbst«. Das eine sei der Himmel, sei Friede, Erkenntnis und Kraft. Das andere bedeute Verzweiflung, Wut, Ohnmacht und ewige Einsamkeit. »Jeder von uns bewegt sich in jedem Moment entweder auf den einen oder auf den anderen Zustand zu«, schreibt Lewis.

Am klarsten ist mal wieder Thomas von Aquin. Er stellte die Frage, die uns allen geläufig ist, paraphrasiert so: Warum sind die, die sich um Moral einen Scheißdreck scheren, in der sozialen Hierarchie oft so weit oben und die »Gerechten«, die sich an Recht und Gesetz halten, so oft die Gearschten? Thomas dreht die Frage um. Er fragt, ob nicht vielmehr die materiell vom Leben Benachteiligten eher einen Zugang zu transzendenten Dingen haben und deshalb im Vorteil sind, während die, die angeblich vom Leben verwöhnt sind, eigentlich die Bestraften sind, weil sie sich mit materiellem Wohlstand begnügen und ihnen die spirituelle Dimension des Lebens deshalb oftmals verschlossen bleibt. Außerdem ist doch

»alles Glück mit einem Widerspruch infiziert«. Möchte man wirklich so sein wie der Rockstar, dessen Musik man hört, der schon vier Ehen und drei Entzug-Rehas hinter sich hat? Wie viel Unglück ist unter Bergen von Geld begraben und wird dadurch kein bisschen gelindert?

Der christliche Glauben beharrt selbst angesichts von Leiden und Unrecht darauf, dass das Sein an sich gut ist. Es ist wie in dem Horrorfilm »A Quiet Place« von John Krasinski. In einer apokalyptischen Landschaft, die Erde wurde von Aliens erobert, lebt die Familie, ein Mann (John Krasinski), seine Frau (Emily Blunt) und drei Kinder, in absoluter Stille. Sie sind von Monstern umgeben, die durch kleinste Geräusche angelockt werden. Die Familie trauert um einen Jungen, der von einem der Monster verschlungen wurde, nachdem er Lärm verursacht hatte. In der surrealen Horrorwelt überlebt die Familie nur, weil sie sich absolut leise verhält. Sie ernährt sich von Blättern, die Kinder benutzen Spielfiguren aus Stoff, der Vater hat Sandpfade ausgestreut, damit jeder sich geräuschlos bewegen kann. Was hält die Monster, das Böse fern? Das vormoderne, fast klösterliche Familienleben aus Stille, Arbeit und Gebet. Die Familie heißt Abbott, also Abt, ein klarer Hinweis auf das monastische Prinzip des Rückzugs, um in der Isolation neue Kraft zu tanken. Der Film ist voller biblischer Bezüge. Der Vater des Filmemachers ist Pole, die Mutter Irin. Im Laufe des Films findet der Zuschauer heraus, dass die Mutter schwanger ist. Ein Baby? Ist das nicht ein Todesurteil für alle? Müsste man es nicht sofort nach der Geburt töten? Die Szene mit dem über dem Baby lauernden Monster kann, wer die Offenbarung des Johannes kennt, nicht sehen, ohne an die entsprechende Stelle im 12. Kapitel dort zu denken: »Der Drache stand vor der Frau, die gebären sollte; er wollte ihr Kind verschlingen, sobald es geboren war.« Der Film ist eine Meditation über einen Vater und eine Mutter, die unter den schlimmsten Umständen bereit sind, ein Kind auf die Welt zu bringen. Auch mitten im Horror, sagt der Filmemacher, gebe es die Pflicht, das Gute zu verteidigen.

Es gibt kein Recht auf ein gutes Leben, aber die Pflicht, dafür zu kämpfen. »Rebellion gegen Gott«, schreibt Christopher Lasch, »ist die natürliche Reaktion auf die Entdeckung, dass die Welt nicht so beschaffen ist, wie es unseren persönlichen Wunschvorstellungen entspricht.« Das ist (wie an anderer Stelle schon erwähnt) auch das Thema des Monologs des Großinquisitors in Dostojewskis »Gebrüder Karamasow«, in dem der alte Kardinal dem gefangenen Jesus zur Last legt, eine Welt zugelassen zu haben, in der es Leid gibt. Im Leid betet man, dass alles so wird, wie man es sich wünscht. Wahrscheinlich ist das die tiefste und ursprünglichste Form des Betens. Mach du da oben, dass ich Jagdglück habe, dass meine Pflanzen wachsen und kein Unwetter kommt und wir von Krankheit und Plagen verschont bleiben. Das ist ganz tief in uns drin, ob wir das wollen oder nicht. Aber am Ende ist das immer ein wenig so, als ginge man zum Arzt, bäte um eine Behandlung, wollte dem Arzt aber vorschreiben, wie die auszusehen habe. Das »Dein Wille geschehe« aus dem Vaterunser deutet in eine andere Richtung.

Jonathan Edwards, der berühmte Prediger der protestantischen Erweckungsbewegung im 18. Jahrhundert, bezeichnete »dankbare Bereitwilligkeit« – jenes »Lieber Gott, mach, dass morgen …« – als ursprünglichste, aber zugleich ungenügende Art religiösen Empfindens. Der Mensch fühle sich da nur zur Dankbarkeit verpflichtet, wenn Gott sich seinen Interessen widme. Der Mensch habe aber keinen Anspruch auf die Gunst Gottes. Er müsse anerkennen, dass es der Macht Gottes obliege, die Dinge so zu ordnen, dass sie am Ende gut werden würden. Wie das geschehe, sei für uns nicht immer ganz transparent, er tue das, schreibt Edwards, »ohne über seine Absichten in irgendeiner Weise Rechenschaft abzulegen«.

Das hat dann natürlich nichts mehr gemein mit der Vaterfigur des kindlich-naiven Menschen, der, wie Freud behauptete, aus unserem unbewussten Bedürfnis nach Abhängigkeit stammt. Es ist kein Gott, von dem wir erwarten dürfen, dass er sich unseren Vorstellungen anpasst, *Er* ist eben kein Produkt einer diffusen, nach menschlichen Bedürfnissen zurechtgezimmerten »Eat, Pray, Love«-Spiritualität. Wer an diesen Gott glaubt, versteht eines der Paradoxa der jüdischen und damit auch christlicher Lebenskunst: dass das eigentliche Glück manchmal darin besteht, auf das Recht auf Glück zu verzichten. Und neben das Unglück das Glück zu stellen. Wem das gelingt, der hat, wie Ruth Westheimer, in einem Leben voller Sorgen immer wieder Grund zur Dankbarkeit.

Was geht's mich an?

Dankbarkeit ist der Schlüssel zum Glück. Punkt. Man hat kein Anrecht auf Glück. Noch mal Punkt. Dankbarkeit kann man üben. Man kann sein Gehirn dazu erziehen, auf einem Misthaufen Blumen zu sehen.

LETZTE FRAGEN

Vor etwa hundert Jahren verfasste Ulrich Hegendorff, er ist heute weitgehend vergessen, einen »Zur Rehabilitierung der Tugend« betitelten Aufsatz für *Die weißen Blätter*, jenes legendäre Berliner Monatsblatt, in dem auch Franz Werfel, Robert Musil und Else Lasker-Schüler veröffentlichten. Dort heißt es: »Das Gute wird schön, indem es leicht wird.« Ein besseres Resümee für mein Buch gibt es nicht, finde ich. Hegendorffs Hauptanliegen war es, die Tugend vom Ruf des Gouvernantenhaften zu befreien. Es ist ihm nicht wirklich gelungen. Und mir? Mir ging es ja noch um mehr. Ich wollte das Unangestrengte von Schönheit, die Lässigkeit, die Attraktivität des Guten beweisen. Einen Versuch war es jedenfalls wert. Bei fast allem, das über die Zubereitung eines Marmeladentoasts hinausgeht, gibt es ja immer einen Abstand zwischen dem, was man sich vorgenommen hat, und dem Resultat. Von G. K. Chesterton stammt der tröstende Satz: *»If a thing is worth doing, it is worth doing badly.«* Wenn etwas wirklich wichtig ist, muss man es anpacken, auch wenn es einem nicht gelingt. Wir legen viel zu viel Wert auf Perfektion. Man muss die höchsten Ansprüche im Blick haben, aber es geht nicht darum, sie zu erreichen. Deswegen sind es ja, wie gesagt, auch 27 und nicht 28 Tugenden, die hier behandelt werden.

Noch gefährlicher sind nur die, die leugnen, dass es Perfektion gibt. Wenn es nach Platon Grundideen von Dingen gibt, wie Stuhl und Rad, gibt es diese auch von Güte und Liebe und Treue. Wer das nicht einsieht, wem nichts mehr heilig und für wen alles verhandelbar ist, endet unwillkürlich in Beliebigkeit,

Banalität und Nihilismus. Die völlige Relativierung aller gesellschaftlichen Werte führt ins Nichts.

Der Entschluss der postmodernen Linken, allem den Kampf anzusagen, was gewachsen und tradiert ist, da angeblich alle gesellschaftlichen Strukturen und kulturellen Identitäten überwunden werden müssten, weil sie alle Teil eines großen, unsichtbaren Unterdrückungsapparats seien und dass man den Menschen neu erfinden und selbst gestalten kann, hat sich als unattraktiv herausgestellt. Nicht alles, was gewachsen ist, ist per se schlecht. In Ridley Scotts Scifi-Klassiker »Blade Runner« gibt es eine sehr berührende Szene mit einem sterbenden Androiden: In den letzten Sekunden seiner Existenz beweint der menschenähnliche Roboter, dass alle seine Erfahrungen, alle seine Erinnerungen nun für immer ausgelöscht werden. Nun handelt es sich, wie gesagt, um einen Androiden, der keine Seele hat. Aber wir Menschen haben Seelen, davon bin ich fest überzeugt. Wir sind nicht einfach maschinenhafte Organismen, die sich nachbauen lassen. Und deshalb ist jede Erfahrung, jede Erinnerung, die uns verloren geht, eine Tragödie. Unsere Erinnerungen und die Erfahrungen, die wir als Menschen machen, vor allem auch die von Liebe und Trauer, bilden unsere Identität. Das, was man Tradition nennt, ist unsere kollektive Erinnerung, unsere kollektive Identität. Nicht jede Generation kann sich einfach neue Wahrheiten backen – man findet Wahrheiten vor. Natürlich bewegen wir uns nach vorne. Vergangenen Zeiten nachzuweinen ist läppisch. Wenn wir aber vor lauter Begeisterung für den Fortschritt *alles* verwerfen, was jemals gedacht und für richtig gehalten wurde, werden wir irgendwann so austauschbar wie Androiden. Nach Chesterton bedeutet wahre Demokratie, auch den Menschen vergangener Generationen eine Stimme zu geben. Warum maßen wir uns an, immer alles besser zu wissen als die Leute, die vor uns da waren? Noch einmal der einsichtige Pornostar aus dem Buch von Helmut Krausser: »Jede neue Generation tut so, als seien die Hunderttausenden

Generationen, die zuvor auf der Erde lebten, allesamt blöde und brutal gewesen. Aber stetig fortschreitende Libertinage bedeutet doch zwangsweise, dass man eines Tages zu weit gegangen ist und wieder zurückrudern muss.«

Die Auflösung aller Maßstäbe hat nun eine Rückbesinnung auf unsere Grundwerte verursacht. Wir haben kapiert, dass die postmoderne Kulturrevolution kein Ende haben kann. Die Alternative wäre, dass sie sich immerzu fortsetzt, bis alle Werte und Normen aufgelöst sind, und das will ernsthaft niemand. Wenn man sich nach Platon einen perfekten Stuhl vorstellen kann, kann man sich auch eine gelungene Beziehung, eine gelungene Liebe vorstellen. Es gibt alles in einer Art Reinversion, zumindest in unserer Vorstellungskraft. Nicht nur sollte man nach der jeweiligen Reinversion streben, ohne sich einzubilden, man könne sie je erreichen, vor allem muss man sich mit diesen Reinversionen befassen und sich darüber streiten, wie sie aussehen könnten, statt zu glauben, was uns eingeredet wird, nämlich, dass es diese Reinversionen gar nicht gibt und alle Wahrheiten nebeneinander gleichberechtigt sind. Es geht nicht darum, Perfektion zu erreichen, es geht darum, Perfektion als eine Art ferne, man könnte hochtrabend sagen, eschatologische Möglichkeit anzuerkennen.

Wenn dieses Buch *alles* erfüllt hätte, was es hätte erfüllen können, wenn ich hier wirklich alles auf den Punkt gebracht hätte, was über das rechte Leben zu sagen wäre, dann müsste es nach Erscheinen des Buches einen großen Knall geben, und sämtliche Bücher dieser Welt würden sich sofort in Luft auflösen. Mit anderen Worten: Es kann gar nicht gelingen. Das, was wirklich wahr ist, lässt sich ohnehin nicht, fein säuberlich in Formeln und Sätzen abgepackt und in Folie verschweißt, darbieten. Das behauptete jedenfalls Ludwig Wittgenstein in seinem legendären »Vortrag über Ethik«. Seine genauen Worte waren: »Wäre jemand imstande, ein Buch über Ethik zu schreiben, das wirklich ein Buch über Ethik wäre, so würde dieses Buch mit einem Knall sämtliche anderen Bücher auf dieser Welt vernichten.« Sie können gerne eine Stichprobe im Buchladen Ihres Vertrauens machen, aber ich vermute … Egal.

Was erschwerend hinzukommt: Selbst wenn wir begreifen, was gut, wahr und schön ist (wir tun das sogar manchmal, jedenfalls für Sekunden, zum Beispiel beim Kunstgenuss, behauptete Dostojewski), selbst wenn wir vollends begreifen, wie das gelungene Leben, wie *eudaimonía*, auszusehen hat, so bleiben wir doch immer hinter unserer Vorstellungskraft zurück. Wir bleiben wir. Mitsamt unseren Mankos.

Und überhaupt. Wie realistisch ist das mit den Tugenden? Handeln wir nicht in einer Welt, die uns ständig Kompromisse abverlangt? Ist die Welt nicht voller Widersprüchlichkeiten und Ambivalenzen? Bei Dante schmort Brutus als Verräter im tiefsten Kreis der Hölle, bei Shakespeare ist er ein musterhafter Römer, integer bis auf die Knochen, über den sein Gegner Mark Anton nach dessen Tod sagt: *»This was the noblest of them all.«* Müssen wir Brutus nicht zugutehalten, dass er das Schlimme tat, um noch Schlimmeres zu verhindern, nämlich die Tyrannei? Er wollte das Allgemeinwohl über seine persönlichen Loyalitätsgefühle stellen, und dafür schmort er nun in der Hölle? Können persönlich integre Menschen Ungeheuer sein? Und große Helden im Privaten Scheusale? Denken wir an Martin Luther King: Vermindert das, was wir über seine dunkle Seite wissen (Ehebruch, Sexsucht, seine Betrügereien), seinen Status als einen der größten Kämpfer der Weltgeschichte für die Menschenrechte? War Rommel tugendhaft, als er als Zivilisten verkleidete Soldaten, die mit einem Attentat scheiterten, nicht – wie es das Kriegsrecht erlaubt hätte – standrechtlich erschoss, sondern wie Kriegsgefangene behandelte und damit Gnade vor Recht ergehen ließ? Gibt es Mischformen? Gibt es tugendhafte Menschen, die Schlechtes tun, und lasterhafte Menschen, die Gutes tun? Muss ein Held immer picobello sein? Kann man im Falschen das Richtige tun?

Jemand, der sich mit diesen Fragen sehr intensiv auseinandergesetzt hat, war Dietrich Bonhoeffer, der lutherische Theologe, der sich als junger Privatdozent in Berlin bei den Nazis unbeliebt machte, weil er offen gegen die gleichgeschaltete evangelische Kirche unter »Reichsbischof« Müller opponierte und sich bereits kurz nach Ausbruch des Krieges, 1940, dem Widerstand um Admiral Canaris anschloss. Bonhoeffer wurde im April 1943 verhaftet und fast genau zwei Jahre später, am 9. April 1945, als Deutschland schon längst in Schutt und Asche lag, noch auf persönlichen Befehl Hitlers im KZ Flossenbürg hingerichtet. Sein Gedicht »Von guten Mächten« ist überall verbreitet. In der Haft verfasste er Texte, die nur zum Teil erhalten sind und gerade heute nach neuer Lektüre verlangen. Kurz vor seiner Verhaftung, an der Jahreswende 1942/43, verfasste Bonhoeffer unter dem Titel »Nach zehn Jahren« einen persönlichen Rechenschaftsbericht, der ein paar wenigen Freunden zugedacht war und zwischen Dachziegeln Hausdurchsuchungen und Bomben überstanden hat. Ich möchte abschließend ein wenig ausführlicher daraus zitieren, weil dort so ziemlich alles resümiert ist, was ich gehofft habe, in diesem Buch zu vermitteln.

»Die große Maskerade des Bösen hat alle ethischen Begriffe durcheinander gewirbelt«, heißt es dort zum Beispiel. Für ihn als Christen sei es allerdings keine Überraschung, dass das Böse in der Gestalt des Lichts, der Wohltat, des geschichtlich Notwendigen, des sozial Gerechten daherkomme. Für den aus der »tradierten ethischen Begriffswelt Kommenden« möge das verwirrend sein, für ihn, der aus der Bibel lebe, sei das »gerade die Bestätigung der abgründigen Bosheit des Bösen«: »Wer es aber unternimmt, in eigenster Freiheit in der Welt seinen Mann zu stehen, wer die notwendige Tat höher schätzt als die Unbeflecktheit des eigenen Gewissens und Rufes, wer dem fruchtbaren Kompromiss ein unfruchtbares Prinzip oder auch dem fruchtbaren Radikalismus eine unfruchtbare Weisheit des Mittelmaßes zu opfern bereit ist … wird in das Schlimme willigen, um das Schlimmere zu verhüten, und er wird dabei nicht mehr zu erkennen vermögen, dass gerade das Schlimmere, das er vermeiden will, das Bessere sein könnte. Hier liegt der Urstoff von Tragödien.«

Nach Bonhoeffer ist die naheliegende und auch heute am weitesten verbreitete Reaktion auf schwierige ethische Fragen, die Flucht in die Privatheit, zugleich die verlogenste: in den eigenen vier Wänden tugendhaft zu sein und ansonsten weitgehend die Schnauze zu halten. Das Dandytum. Das Aussteigen. Die Flucht. Das Cocooning. Ja, auch das Hipstertum, die Veganabteilung des Biomarkts. Für Bonhoeffer bedeutet die Isolation in der privaten Tugendhaftigkeit, die Augen vor dem Unrecht um uns herum zu verschließen. Da werde man, behauptet er, entweder an innerer Unruhe zugrunde gehen oder zum »heuchlerischsten aller Pharisäer« werden. Bonhoeffer ist der Überzeugung, dass man sich der Verantwortung draußen in der Welt stellen muss und auf dem *offenen Feld* für das Gute kämpfen muss – selbst wenn es einem Kompromisse abverlangt. »Es ist eben doch so, dass der geschichtliche Erfolg den Boden schafft, auf dem weiterhin allein gelebt werden kann, und es bleibt sehr fraglich, ob es ethisch verantwortlicher ist, als ein Don Quijote gegen eine neue Zeit zu Felde zu ziehen oder im Eingeständnis der eigenen Niederlage und schließlich in freier Einwilligung in sie einer neuen Zeit zu dienen.« Es ist nach Bonhoeffer schlicht »ungeschichtlich und unverantwortlich«, die ethische Bedeutung des Erfolges zu ignorieren: »Die Rede von heroischem Untergang angesichts einer unausweichlichen Niederlage ist im Grunde sehr unheroisch, weil sie nämlich den Blick in die Zukunft nicht wagt. Die letzte verantwortliche Frage ist nicht, wie ich mich heroisch aus der Affäre ziehe, sondern wie eine kommende Generation weiterleben soll.« Das war es auch, was Winston Churchill forderte, als er schrieb: »Come on now all you young men, all over the world. You are needed more than ever (...) You have not an hour to lose. You must take your places in Life's fighting line.« Die Kurzfassung: Übernehmt Verantwortung, ihr werdet gebraucht.

Eine große Versuchung, angesichts weitverbreiteter Dummheit (»ein gefährlicherer Feind des Guten als Bosheit«), ist für Bonhoeffer die Menschenverachtung. »Die Gefahr, uns in Menschenverachtung hineintreiben zu lassen, ist sehr groß.« Wer aber einen Menschen verachte, der werde niemals etwas aus ihm machen können. Und:

»Nichts von dem, was wir im anderen verachten, ist uns selbst ganz fremd. Wie oft erwarten wir von anderen mehr, als wir selbst zu leisten willig sind.« Dummheit erklärt er übrigens nicht als intellektuelles, sondern als soziologisch-psychologisches Problem: »Bei genauerem Zusehen zeigt sich, dass jede starke äußere Machtentfaltung, sei sie politischer oder religiöser Art, einen großen Teil der Menschen mit Dummheit schlägt ... Der Vorgang ist dabei nicht der, dass bestimmte – also etwa intellektuelle – Anlagen des Menschen plötzlich verkümmern oder ausfallen, sondern dass unter dem überwältigenden Eindruck der Machtentfaltung dem Menschen seine innere Selbständigkeit geraubt wird.« Gilt das nicht heute genauso?

Das Tröstliche für Bonhoeffer ist, dass dem, was er »das Böse« nennt, letztlich jede Vitalität und Attraktivität fehlt: »Es gehört zu den erstaunlichsten, aber zugleich unwiderleglichsten Erfahrungen, dass das Böse sich – oft in einer überraschend kurzen Frist – als dumm und unzweckmäßig erweist. Damit ist nicht gemeint, dass jeder einzelnen bösen Tat die Strafe auf dem Fuße folgt, aber dass die prinzipielle Aufhebung der göttlichen Gebote im vermeintlichen Interesse der irdischen Selbsterhaltung gerade dem eigenen Interesse dieser Selbsterhaltung entgegenwirkt.« Man könne diese Erfahrung verschieden deuten, »als gewiss scheint jedenfalls dies aus ihr hervorzugehen, dass es im Zusammenleben der Menschen Gesetze gibt, die stärker sind als alles, was sich über sie erheben zu können glaubt, und dass es daher nicht nur unrecht, sondern unklug ist, diese Gesetze zu missachten«.

Es gibt nun einmal Dinge, Gesetzmäßigkeiten und Wahrheiten, die einfach unverrückbar sind, ob man sie nun benennt oder nicht. Der eine ist religiös und nennt es »Glauben«, andere sprechen von »höherer Macht« oder lassen wenigstens das Wort »Spiritualität« gelten, wieder andere sprechen von »ewigen, archetypischen Wahrheiten«. Tatsache ist, dass gewisse Ideen zu allen Zeiten vorkommen und sich sogar spontan von selbst bilden können, gänzlich unabhängig von Migration und Tradition. Archetypische Wahrheiten werden, wie C. G. Jung sagt, nicht vom Individuum gemacht, sondern sie passieren ihm, sie drängen sich dem individuellen Bewusstsein geradezu auf. Sie sind einfach da. Von hier aus wird uns verständlich, warum die aristotelisch-thomistische Ethik die Klugheit zu einer der Kardinaltugenden erhob, weil erst durch die klare Sicht auf grundlegende, nicht verhandelbare und unveränderliche ethische Grundwahrheiten Tugend, Anstand, das gute Tun und das gute Leben überhaupt möglich sind. »Es ist einfach in der Welt so eingerichtet«, schreibt Bonhoeffer, »dass die grundsätzliche Achtung der letzten Gesetze und Rechte des Lebens zugleich der Selbsterhaltung am dienlichsten ist.«

Noch eine weitere Passage des Bonhoeffer-Vermächtnisses muss ich in Zusammenhang mit dem hier unternommenen Versuch, die klassischen Tugenden zu rehabilitieren, zitieren: Er spricht einerseits von der Massengesellschaft, die uns alle nach unten, zur Dummheit und Ignoranz zieht, aber zugleich von der sich dadurch eröffnenden Möglichkeit einer sich neu formierenden Elite. Es steht dort der große Satz:

»Wir stehen mitten in dem Prozess der Verpöbelung in allen Gesellschaftsschichten und zugleich in der Geburtsstunde einer neuen adligen Haltung, die einen Kreis von Menschen aus allen bisherigen Gesellschaftsschichten verbindet.«

»Adel«, schreibt Bonhoeffer weiter, »entsteht und besteht durch Opfer, durch Mut und durch ein klares Wissen um das, was man sich selbst und was man anderen schuldig ist, durch die selbstverständliche Forderung der Achtung, die einem zukommt, wie durch ein ebenso selbstverständliches Wahren der Achtung nach oben wie nach unten.« Und dann kommt diese unfassbar aktuelle Passage: »Es geht auf der ganzen Linie um das Wiederfinden verschütteter Qualitätserlebnisse, um eine Ordnung auf Grund von Qualität. Qualität ist der stärkste Feind jeder Art von Vermassung. Gesellschaftlich bedeutet das den Verzicht auf die Jagd nach Positionen, den Bruch mit allem Starkult, den freien Blick nach oben und nach unten, besonders was die Wahl des engeren Freundeskreises angeht, die Freude am verborgenen Leben wie den Mut zum öffentlichen Leben. Kulturell bedeutet das Qualitätserlebnis die Rückkehr von Zeitung und Radio zum Buch, von der Hast zur Muße und Stille, von der Zerstreuung zur Sammlung, von der Sensation zur Besinnung, vom Virtuosenideal zur Kunst, vom Snobismus zur Bescheidenheit, von der Maßlosigkeit zum Maß.« Was unsere Welt brauche, was also auch den neuen Adel ausmachen werde, seien nicht Genies, nicht Zyniker, nicht Menschenverächter, nicht raffinierte Taktiker, sondern schlichte, einfache, gerade Menschen. Sein Vermächtnis schließt Bonhoeffer mit den Worten: »Ich glaube, dass Gott aus allem, auch aus dem Bösesten, Gutes entstehen lassen kann und will. Dafür braucht er Menschen, die sich alle Dinge zum Besten dienen lassen. Ich glaube, dass Gott kein zeitloses Fatum ist, sondern dass er auf aufrichtige Gebete und verantwortliche Taten wartet und antwortet.«

Es gibt also keine Ausreden für schlechte Entscheidungen. Es ist feige, sich hinter Ambivalenzen zu verstecken. Selbst in der Hölle könne man sich mehr oder weniger human benehmen, sagt der amerikanische Moralphilosoph Michael Walzer. Es gebe keine Situation, die so verfahren sei, dass man sie nicht durch eigenes Zutun verschlimmern oder verbessern könnte, sagt der Astronaut Chris Hadfield. Wenn man ganz tief unten sei, könne schon die Entscheidung, aufzustehen, sich die Zähne zu putzen, bedeutsam sein, sagt Jordan B. Peterson. Man könne in einer Welt, die einem falsch vorkomme, in die Verzweiflung fallen, oder man könne aufrecht stehen, die Schultern nach hinten ziehen, Verantwortung übernehmen und den Anspruch erheben, in seinem Teil der Welt einen kleinen Unterschied auszumachen.

Alle denken bei Heroismus immer an große Heldentaten, dabei sind es die kleinen, alltäglichen Unannehmlichkeiten, denen man nicht aus dem Weg geht, die zählen. Der Alltag ist die Herausforderung, entscheidend sind die Dinge, die man jeden Tag macht, wie man mit seinem Partner, den Kollegen, mit sich selbst umgeht, da soll man heldenhaft sein, nicht im Spektakulären, sondern im Alltäglichen entscheidet sich, wer wir sind. Auf unseren eigenen Mikrokosmos, das unmittelbare, beeinflussbare Umfeld kommt es an und die Welt direkt um uns herum. Nur 13 Prozent der deutschsprachigen Bevölkerung haben direkten persönlichen Kontakt zu armen Menschen, zu Suchtmittelabhängigen sind es 7 Prozent, zu vereinsamten Menschen 6 Prozent, zu obdachlosen Menschen nur 1 Prozent. Viele suchen außergewöhnliche Herausforderungen, um sich als gute Menschen zu beweisen, dabei befinden sich die Herausforderungen in unserem direkten Umfeld und im Alltag, und manchmal ist, um es als Christ zu sagen, auch nur das Annehmen des Alltags das Kreuz, das man schleppen muss, um ein Held oder eine Heldin zu sein. Im Alltag gilt es Stück für Stück kleine Verbesserungen durchzusetzen, nicht in Mosambik oder sonst wo draußen in der weiten Welt. Vergessen Sie große Pläne, konzentrieren Sie sich erstmal auf die kleinen. Um es mit dem spanischen Heiligen Jose María Escrivá zu sagen: »Gib deine Vorliebe für große Grundsteinlegungen auf und setze den Schlusstein hinter einen einzigen deiner Pläne.«

»Die Grenze zwischen Gut und Böse verläuft durch das

Herz eines jeden Menschen«, heißt es bei Alexander Solschenizyn, und das gilt im Gulag ebenso wie im Büro oder in der Familie. Mit jeder noch so kleinen Entscheidung trägt man dazu bei, dass man ein Mensch ist, der näher oder weiter von seinem Idealbild entfernt ist. Mit jedem Akt der Zivilcourage, mit jedem Akt echter Liebe, mit jedem heilsamen Wort, mit jeder Wahrheit, mit jeder guten Tat tragen wir dazu bei, dass die Welt ein bisschen besser oder, wenn wir die falschen Entscheidungen treffen, ein bisschen schlechter dasteht. Der Tag ist voller kleiner Heldentaten oder voller Versäumnisse, mit allem, was man tut, spendet man Licht oder Schatten. Solschenizyns große Erkenntnis war, dass jeder Mensch eine unmittelbare Wirkung auf die Verfassung der Welt hat.

Natürlich gibt es Situationen, in denen wir nicht leuchten. Und natürlich gibt es in allen von uns Licht- und Schattenseiten, selbst ein Brutus, ein Rommel, eine Heidi Klum sind nicht nur schlecht. Der entscheidende Punkt, den es zu kapieren gilt, lautet: Wir sind alle immer nur auf dem Weg. *»In via«*, wie Thomas von Aquin sagen würde. Aber um auf dem Weg zu sein, muss man eine Vorstellung davon haben, wohin es geht. Deswegen sind der Relativismus und das *everything goes* der Postmoderne ebenso gefährlich wie Leute, die glauben, alles schon kapiert zu haben und keinen Rat mehr zu brauchen. Wer der Meinung ist, dieses ganze Gerede von Tugenden nicht nötig zu haben, weil er bereits ein »guter Mensch« sei, der ist ein wirklich hoffnungsloser Fall.

Vielleicht ist das überhaupt der größte Fehler, den man begehen kann – zu glauben, man sei schon angekommen. Dieses täuschende Gefühl des Angekommenseins ist ein wiederkehrendes Motiv in den Arthussagen. Man reitet in den Wald, weil große und hehre Abenteuer auf einen warten, man muss Drachen besiegen und Jungfrauen befreien, aber im Wald passt einen eine holde Maid ab, die einem einredet, dass man schon am Ziel sei – wehe dem Ritter, der vom Pferd steigt und sich zu ihr legt, er schläft ein und wacht nie mehr auf. Der

Weg zu Tugendhaftigkeit ist nie abgeschlossen, es handelt sich um einen fortwährenden Kampf, in den durchaus auch Drachen involviert sein können.

1793 schrieb der irische Philosoph Edmund Burke mit Blick auf den Tod der französischen Königin Marie-Antoinette: *»... the age of chivalry is gone; that of sophisters, economists, and calculators has succeeded, and the glory of Europe is extinguished forever«*. Die Zeit der Ritterlichkeit sei vorbei, gewonnen hätten die Wortverdreher, die Ökonomen und Bleistiftspitzer, die glorreiche Zeit Europas sei unwiederbringlich verloren. Er hat sich getäuscht. Ich bin auch ein Bewunderer von Marie-Antoinette, eine Frau, die ihren Henker um Pardon bittet, weil sie ihm auf dem Weg zum Schafott versehentlich auf die Füße getreten ist, kann man gar nicht elegisch genug beweinen. Trotzdem war Burkes Urteil voreilig. Die Ideale des Rittertums sind nicht totzukriegen. Vielleicht war Rittertum, auch in der Epoche seiner angeblichen Glanzzeit, immer nur eine Idee – eine Sache der Äußerlichkeiten, der Konventionen, der Dichtung. Aber das hieße dann auch, dass es sich um eine Idee handelt, die ziemlich hartnäckig ist und in neuer Form immer wieder Renaissancen erleben kann. Wie heute.

QUELLEN UND LITERATURHINWEISE

Anderson Carl A. und Granados, José: Zur Liebe berufen – Eine Einführung in die Theologie des Leibes von Johannes Paul II. fe-Medienverlags GmbH, Kißlegg 2014

Arendt, Hannah: Reflections on Literature and Culture. Stanford University Press, Stanford 2007

Ariely, Dan: The Honest Truth about Dishonesty – How We Lie to Everyone, Especially Ourselves. Harper Perennial, New York City 2013

Augustinus: Confessiones. Reclam-Verlag, Stuttgart 2009

Balthasar, Hans Urs von: Glaubhaft ist nur Liebe. Johannes Verlag, Einsiedeln 1963

Barron Robert: To Light a Fire on the Earth. Image Books, New York City 2017

Baum, Wolfgang: De nobilitas rebus – Entstehung und Struktur der römischen Oberschicht. GRIN Verlag, München 2010

Beck, Ulrich: Der kosmopolitische Blick oder: Krieg ist Frieden. Suhrkamp Verlag, Frankfurt a.M. 2004

Beck, Ulrich: Weltbürger aller Länder, vereinigt euch! In: Die Zeit, 16. Juli 1988

Berman Lea und Bernard, Jeremy: Treating People Well – The Extraordinary Power of Civility. Scribner, New York City 2018

Berlin, Isaiah: Die Wurzeln der Romantik. Berlin Verlag, Berlin 2004

Bieri, Peter: Wie wollen wir leben? Deutsche Verlagsgesellschaft, München 2013

Bloom, Paul: Against Empathy – The Case for Rational Compassion. Bodley Head, London 2016

Bok, Sissela: Lying – Moral Choice in Public and Private Life. Vintage Books, New York City 1978

Bonhoeffer, Dietrich: Werke, Band VIII. Gütersloher Verlagshaus, Gütersloh 1998

Borkenau, Franz: Ende und Anfang – Von den Generationen der Hochkulturen und von der Entstehung des Abendlandes. Ernst Klett Verlag, Stuttgart 1995

Bumke, Joachim: Der Erec Hartmanns von Aue – Eine Einführung. Walter De Gruyter, Berlin 2006

Bumke, Joachim: Höfische Kultur – Literatur und Geschichte im hohen Mittelalter. dtv, München 1999

Bumke, Joachim: Ministerialität und Ritterdichtung – Umrisse der Forschung. C.H.Beck, München 1976

Byrne, Emma: Swearing is Good for You – The Amazing Science of Bad Language. W. W. Norton & Company, New York City 2018

Cervantes Saavedra, Miguel de: Leben und Taten des scharfsinnigen Edlen Don Quixote von La Mancha (nach der Übersetzung von Ludwig Tieck aus den Jahren 1799–1801). Diogenes Verlag, Zürich 1987

Chang, Emily: Brotopia – Breaking Up the Boy's Club of Silicon Valley. Portfolio, New York City 2018

Claude, Dietrich: Adel, Kirche und Königtum im Westgotenreich. Jan Thorbecke Verlag, Sigmaringen 1971

Collodi, Carlo: Pinocchio. Anaconda Verlag, Köln 2011

Comte-Sponville, André: Ermutigung zum unzeitgemäßen Leben – Ein kleines Brevier der Tugenden und Werte. Rowohlt, Reinbek 2010

Coudenhove-Kalergi, Richard Nicolaus: Adel. Verlag Der Neue Geist, Leipzig 1922

Crawford, Matthew B.: Die Wiedergewinnung des Wirklichen – Eine Philosophie des Ichs im Zeitalter der Zerstreuung. Ullstein Verlag, Berlin 2016

Däuble, Helmut: Die Schuld der liberalen Eliten. In: taz, 14. Februar 2017

DeMarco, Donald: The Heart of Virtue. Ignatius Press, San Francisco 1996

DeMarco, Donald: The Many Faces of Virtue. Emmaus Road Publishing, Steubenville 2000

Döring, Sabine A.: Gut und schön? Die neue Moralismusdebatte am Beispiel Dostoevskijs. Wilhelm Fink Verlag, Paderborn 2014

Dostojewski, Fjodor: Die Dämonen. Anaconda Verlag, Köln 2012

Eifler, Günter (Hrsg.): Ritterliches Tugendsystem. Wissenschaftliche Buchgesellschaft, Darmstadt 1970

Elias, Norbert: Über den Prozess der Zivilisation – Soziogenetische und psychogenetische Untersuchungen, Band 1 und 2. Suhrkamp Verlag, Frankfurt a. M. 2010

Erlinger, Rainer: Moral – Wie man richtig gut lebt. S. Fischer Verlag, Frankfurt a. M. 2011

Erlinger, Rainer: Höflichkeit – Vom Wert einer wertlosen Tugend. S. Fischer Verlag, Frankfurt a. M. 2016

Ernst, Viktor: Die Entstehung des niederen Adels. Scientia Verlag, Aalen 1965

Eschenbach, Wolfram von: Parzival. Anaconda Verlag, Köln 2008

Fank-Landkammer, Barbara: Menschen am Rand der Gesellschaft – Eine bevölkerungsrepräsentative Untersuchung von Sinus Sociovision für den deutschen Caritasverband e.V. In: Neue Caritas 109, Heft 22, Juni 2008

Felderer, Brigitte und Macho, Thomas: Höflichkeit – Aktualität und Genese von Umgangsformen. Wilhelm Fink Verlag, Paderborn 2002

Feser, Edward: The Last Superstition – A Refutation of the New Atheism. St. Augustine's Press, South Bend 2009

Fichte, Jörg O.: Mittelenglische Artusromanzen – Sir Percyvell of Gales, The Awntyrs off Arthure, The Weddynge of Sir Gawain and Dame Ragnell. S. Hirzel Verlag, Stuttgart 2014

Fleckenstein, Josef: Grundlagen der deutschen Geschichte. Vandenhoeck & Ruprecht, Göttingen 1974

Fleckenstein, Josef: Rittertum und ritterliche Welt. Siedler Verlag, München 2002

Florenski, Pawel: Konkrete Metaphysik. Pforte-Verlag, Dornach 2006

Freud, Sigmund: Das Unbehagen in der Kultur. Reclam-Verlag, Stuttgart 2010

Friedell, Egon: Kulturgeschichte der Neuzeit – Die Krisis der Europäischen Seele von der Schwarzen Pest bis zum Ersten Weltkrieg. Kindle Edition, 2014

Gerhardt, Volker: Der Sinn des Sinns. C.H.Beck, München 2014
Gerl-Falkovitz, Hanna-Barbara: Nach dem Jahrhundert der Wölfe – Werte im Aufbruch. Benziger Verlag, Zürich 1992
Gerl-Falkovitz, Hanna-Barbara: Haltung und Gehaltensein, oder: Vom Wechselspiel zwischen Charakter und Charisma. Vortrag in der Philosophisch-Theologischen Hochschule Benedikt XVI., Heiligenkreuz, 12. Mai 2012
Girtler, Roland: Die feinen Leute. Böhlau Verlag, Wien 2002
Graeme Maxton: Die Wachstumslüge – Warum wir alle die Welt nicht länger Politikern und Ökonomen überlassen dürfen. Finanzbuchverlag, München 2012
Greiner, Ulrich: Heimatlos. Rowohlt, Reinbek 2017
Grzimek, Martin: Tristan – Roman um Treue, Liebe und Verrat. Carl Hanser Verlag, München 2011
Guardini, Romano: Der Herr. Matthias-Grünewald-Verlag, Mainz 1997
Guardini, Romano: Ethik – Vorlesungen an der Universität München, Band 1. Grünewald/Schöningh, Mainz/Paderborn 1993
Guardini, Romano: Religiöse Gestalten in Dostojewskis Werk. Grünewald/Schöningh, Mainz/Paderborn 1989
Hacke, Axel: Über den Anstand in schwierigen Zeiten und die Frage, wie wir miteinander umgehen. Verlag Antje Kunstmann, München 2017
Haidt, Jonathan: The Coddling of the American Mind. In: Atlantic Magazine, September 2015
Harrison, Lawrence E. und Huntington, Samuel P.: Streit um Werte. Europa Verlag, Hamburg 2002
Hawk, Ethan: Regeln für einen Ritter. Kiepenheuer & Witsch, Köln 2016
Hegendorff, Ulrich: Zur Rehabilitierung der Tugend. In: Die weißen Blätter, Leipzig, Dezember 1913
Himmelfarb, Gertrude: Two Enlightenments. In: F. M. L. Thomson: Proceedings of the British Academy, Volume 117 – 2001 Lectures, London 2003
Huber, Christoph: Gottfried von Straßburg – Tristan und Isolde, eine Einführung. Artemis & Winkler Verlag, Ostfildern 1994

Huizinga, Johan: Kultur- und zeitkritische Schriften. Wilhelm Fink Verlag, Paderborn 2014

Huizinga, Johan: Herbst des Mittelalters. Alfred Kröner Verlag, Stuttgart 2006

Huizinga, Johan: Homo Ludens – Vom Ursprung der Kultur im Spiel. Rowohlt, Reinbek 2017

Jäger, Lorenz: Autorität und Familie. In: Die Tagespost, 9. Mai 2018

Jessen, Jens: Die Liebe zum Vulgären – Im Fernsehen, in der Mode und in der Werbung ist der Prolet zum Star geworden. Was sagt das über unsere Gesellschaft? In: Die Zeit, 14. März 2013

Jünger, Ernst: Sämtliche Werke, Band IX. Klett-Cotta, Stuttgart 1999

Junger, Sebastian: Tribe – On Homecoming and Belonging. Twelve Books, New York City 2016

Juul, Jesper: Grenzen, Nähe, Respekt. Rowohlt, Reinbek 2009

Juul, Jesper: Leitwölfe sein – Liebevolle Führung in der Familie. Beltz-Verlag, Weinheim 2016

Kaeuper, Richard W.: Medieval Chivalry. Cambridge University Press, Cambridge 2016

Kaeuper, Richard W.: Holy Warriors – The Religious Ideology of Chivalry. University of Pennsylvania Press, Philadelphia 2014

Kaeuper, Richard W. und Kennedy, Elspeth: The Book of Chivalry of Geoffroi de Charny – Text, Content and Translation. University of Pennsylvania Press, Philadelphia 1996

Keen, Maurice: Chivalry. Yale University Press, New Haven 1984

Kartoschke, Dieter (Hrsg.): Das Rolandslied des Pfaffen Konrad – Mittelhochdt./Neuhochdt. Reclam-Verlag, Stuttgart 1993

Kierkegaard, Søren: Der Liebe Tun. Gütersloher Verlagshaus, Gütersloh 2002

Kierkegaard, Søren: Works of Love. Princeton University Press, Princeton 1995

Kierkegaard, Søren: Entweder – Oder: Teil I und II. dtv, München 2005

Konfuzius: Gespräche. Reclam-Verlag, Stuttgart 1982

Krausser, Thomas: Geschehnisse während der Weltmeisterschaft. Berlin Verlag, München 2018

Kühn, Dieter (Hrsg.): Die Geschichte der Liebe von Tristan und Isolde. Reclam-Verlag, Stuttgart 1998

Lampedusa, Giuseppe Tomasi di: Der Leopard. Piper, München 1984

Largo, Remo H.: Babyjahre – Entwicklung und Erziehung in den ersten vier Jahren. Piper, München 2017

Largo, Remo H.: Kinderjahre – Die Individualität des Kindes als erzieherische Herausforderung. Piper, München 2000

Lasch, Christopher: Die blinde Elite – Macht ohne Verantwortung. Hoffmann und Campe, Hamburg 1997

Lewis, C.S.: The Collected Works. Inspirational Press, New York City 1996

Linck, Dirck: Désinvolture und Coolness – Über Ernst Jünger, Hipsters und Hans Imhoff, den »Frosch«. In: Kultur & Gespenster, Ausgabe 3, Winter 2007

Lobo, Sasche und Passig, Kathrin: Dinge geregelt kriegen – ohne einen Funken Selbstdisziplin. Rowohlt Berlin, Berlin 2008

Malory, Sir Thomas: The Works of Sir Thomas Malory. Oxford University Press, Oxford 1977

Maceina, Antanas: Der Grossinquisitor – Geschichtsphilosophische Deutung der Legende Dostojewskijs. Kerle Verlag, Stuttgart 1952

Meilaender, Gilbert: Virtuous Evildoers. In: First Things Magazine, Februar 2018

Mommsen, Theodor: Römische Geschichte. eClassica, 2015

MacIntyre, Alasdair: A Short History of Ethics. Routledge, London 1967

MacIntyre, Alasdair: After Virtue. Bloomsbury Academic, London/New York City 1981

Mertens, Volker: Der deutsche Artusroman. Reclam-Verlag, Stuttgart 1998

Mitford, Nancy: Noblesse Oblige. Oxford Language Classic, Oxford University Press, Oxford 2002

Mosebach, Martin: Die 21 – Eine Reise ins Land der koptischen Martyrer. Rowohlt, Reinbek 2018.

Nicolson, Harold: Good Behaviour – Being a Study of Certain Types of Civility. Constable and Constable, London 1955

Nitobe, Inazo: Bushido – Der Ehrenkodex der Samurai. Anaconda Verlag, Köln 2007

Oliveira, Plinio Corrêa de: Der Adel und die vergleichbaren traditionellen Eliten in den Ansprachen von Papst Pius XII. an das Patriziat und an den Adel von Rom. TFP, Wien 1993
Osho: Vedanta – Seven Steps to Samadhi Talks on Akshyu Upanishad. Rebel Publishing House, Glastonbury 2008
Pakaluk, Michael: Aristotle's Nicomachean Ethics – An Introduction. Cambridge University Press, Cambridge 2005
Paoli, Guillaume: Die lange Nacht der Metamorphose – Über die Gentrifizierung der Kultur. Matthes & Seitz, Berlin 2017
Peterson, Jordan B.: 12 Rules for Life – An Antidote to Chaos. Random House of Canada, Toronto 2018
Pinckaers, Servais O.P.: The Sources of Christian Ethics. T&T Clark, Edinburgh 2001
Pieper, Josef: Muße und Kult. Kösel-Verlag, München 2010
Pieper, Josef: Über die Tugenden. Kösel-Verlag, München 2004
Pieper, Josef: Grundformen sozialer Spielregeln. Herder, Freiburg 1933.
Pieper, Josef: Vom Sinn der Tapferkeit. Verlag Jakob Hegner, Leipzig 1934
Pieper, Josef: Über das christliche Menschenbild. Verlag Jakob Hegner, Leipzig 1936
Pieper, Josef: Traktat über die Klugheit. Verlag Jakob Hegner, Leipzig 1937
Pieper, Josef: Zucht und Maß – Über die vierte Kardinaltugend. Verlag Jakob Hegner, Leipzig 1939
Pieper, Josef: Wahrheit der Dinge – Eine Untersuchung zur Anthropologie des Hochmittelalters. Kösel, München 1947
Popper, Karl R.: Auf der Suche nach einer besseren Welt – Vorträge und Aufsätze aus dreißig Jahren. Piper, München 1987
Probst, Maximilian: Verbindlichkeit – Plädoyer für eine unzeitgemäße Tugend. Rowohlt, Reinbek 2016
Proust, Marcel: Auf der Suche nach der verlorenen Zeit. Suhrkamp Verlag, Berlin 2017
Pschera, Alexander (Hrsg.): Bunter Staub – Ernst Jünger im Gegenlicht. Matthes & Seitz, Berlin 2008
Pschera, Alexander: Immer Don Quijote, niemals Sancho Pansa. In: SWR2 Essay, 20. November 2017

Reichert, Hermann: Wolfram von Eschenbach – Parzival für Anfänger. Praesens Verlag, Wien 2016

Rödder, Andreas: 21.0 – Eine kurze Geschichte der Gegenwart. C.H.Beck, München 2015

Roupenian, Kristen: Cat Person. In: The New Yorker, 11. Dezember 2017

Saake, Irmhild: Immer auf Augenhöhe. In: Süddeutsche Zeitung, 5. Juni 2015

Saint-Pierre, Michel de: Aristokraten. Rowohlt, Reinbek 1964

Scheff, Leonard und Edmiston, Susan. Die Kuh in der Parklücke. Goldmann Verlag, München 2011

Seibt, Gustav: Wider die Gleichgültigkeit – Elite im Untergang: Die Manieren des Geistes können nie besser sein als die der Gesellschaft. In: Süddeutsche Zeitung, 10. Januar 2004

Seneca: Handbuch des glücklichen Lebens. Anaconda Verlag, Köln 2011

Shapiro, Ben: Bullies – How the Left's Culture of Fear and Intimidation Silences Americans. Threshold Editions, New York City 2014

Tanquerey, Adolphe: The Spiritual Life. Tan Books, Charlotte 2001

Thieleck, Jakob: Richtig guten Sex gibt es nur in Beziehungen! https://www.jetzt.de/sex/sexkolumne-unser-autor-ist-der-meinung-dass-es-guten-sex-ausserhalb-einer-beziehung-nicht-geben-kann, 3. Januar 2018

Thomas von Aquin: Summa theologiae, Bd. 10. Reclam-Verlag, Stuttgart 2001

Troyes, Chrétien: Arthurian Romances. Penguin Classics, London 2004

Tugwell, Simon O.P.: Ways of Imperfection – An Exploration of Christian Spirituality. Darton, Longman & Todd, London 1984

Twenge, Jean M.: iGen – Why Today's Super-Connected Kids Are Growing Up Less Rebellious, More Tolerant, Less Happy and Completely Unprepared for Adulthood and What That Means for the Rest of Us. Atria Books, New York City 2017

Veblen, Thorstein: Theorie der feinen Leute. Kiepenheuer & Witsch, Köln 1997

Vallotton, Kris und Johnson, Bill: Eine Frage der Ehre. Fontis Media, Lüdenscheid 2017

Völkl, Stefanie: Gotteswahrnehmung in Schönheit und Leid. Herder, Freiburg 2016

Walzer, Michael: The Problem of Dirty Hands. Philosophy & Public Affairs 2, Princeton 1973

Welty, Ute: Sex ist keine Sünde, sondern Obligation – Ruth Westheimer über Sex und jüdische Tradition. In: Deutschlandfunk Kultur, 10. Dezember 2016

Westheimer, Ruth: Lebe mit Lust und Liebe – Meine Ratschläge für ein erfülltes Leben. Herder, Freiburg 2015

Widmaier, Benedikt und Steffens, Gerd: Weltbürgertum und Kosmopolitisierung – Interdisziplinäre Perspektiven für die Politische Bildung. Wochenschau Verlag, Frankfurt a. M. 2010

Winterswyl, Ludwig A.: Ritterlichkeit. Paulus-Verlag, Fribourg 1940

Wittgenstein, Ludwig: Vortrag über Ethik und andere Schriften. Suhrkamp Verlag, Frankfurt a. M. 1989

Wojtylas, Karol: Liebe und Verantwortung. Kösel-Verlag, München 1981

Etwa ein Jahr später las Leda in der Zeitung eine Ankündigung: Das Wunderkind Jacopo Verdone sollte im renommiertesten Konzertsaal Roms, Santa Cecilia, spielen. Leda kaufte für Paolo und sich selbst Karten. Es wurde ein wundervoller Abend. Leda entdeckte Laura Lombardi und Pia Mastella, die in der ersten Reihe saßen. Sie beschloß, sie nicht mehr zu stören.

Fine

Gianni Verdone und die gesamte Mannschaft weltlicher Betrüger und Wucherer landeten hinter Gittern. Verdone wurde weder wegen versuchten Mordes an Camilla noch wegen der vollendeten Tat an Puccio verurteilt. Es gelang ihm, glaubhaft darzulegen, daß eine höhere Instanz für diese Anschläge verantwortlich gewesen sei. Der wirkliche Mörder wurde nie gefunden. Alle Beteiligten vermuteten, daß es sich um einen von Vinciguerra beauftragten Berufskiller aus den Kreisen der Mafia handelte.

Auf massiven Druck des Vatikans wurde jegliche aktive Beteiligung der Kirche verschwiegen. Sie sei, so die Darstellung, lediglich das bedauernswerte Opfer schändlicher Taten in ihrem Umkreis geworden. Kein einziges Mal wurde während des gesamten Prozesses der Name Vinciguerras erwähnt. Man hätte ihm ohnehin nichts anhaben können, da italienische Strafverfolgungsbehörden auf dem souveränen Staatsgebiet des Vatikan nicht tätig werden dürfen.

Mit Cremonese war eine Informationsstrategie entwickelt worden, wonach die gesamte Schuld bei einem einzigen Mann lag, dem angeblichen Drahtzieher Verdone. So gelang es, den Ruf der Bank in der Öffentlichkeit nicht völlig zu ramponieren.

Drei Monate nach Beendigung der Ermittlungen wurden Leda, Alesi und David von Kardinal Hughes in seine Privatwohnung zu einem Abendessen eingeladen. Die Kardinalskommission sei umbesetzt worden, Vinciguerra habe seinen Posten verloren, und er selbst sei Vorsitzender geworden, berichtete Hughes. Auch Nucci, der Chef der Vatikanbank, würde gehen müssen. Ein Nachfolger, dem er vertraue, sei bereits gefunden.